COLLECTION « QUESTIONS DE SOCIÉTÉ »
dirigée par Olivier MEIER

LEADERSHIP SPIRITUEL EN PRATIQUES

Dirigé par
Catherine VOYNNET FOURBOUL

éditions ems MANAGEMENT & SOCIÉTÉ
136 boulevard du Maréchal Leclerc
14000 Caen

ISSN : 1777-439X

ISBN : 978-2-37687-459-1

SOMMAIRE

REMERCIEMENTS

Je voudrais remercier tous les auteurs de ces chapitres pour leur effort extraordinaire contribuant à faire cheminer le leadership spirituel de la théorie à la pratique et inversement.

Le chemin parcouru en une dizaine d'années de recherche sur ce sujet m'a permis de rencontrer des personnes exceptionnelles, chacune dans sa singularité apporte une pierre à l'édifice du leadership spirituel et cette richesse des productions me semble propice à contribuer à un monde meilleur dans les organisations et peut-être aussi dans la vie en général.

Ce livre est une étape aussi pour les auteurs qui peuvent propager chacun à leur façon leurs idées et les partager au sein de notre groupe de recherches ouvert à la fois aux chercheurs et aux professionnels de l'entreprise et des organisations.

Certaines personnes ont joué aussi un rôle très éclairant comme Denis Duhamel, Professeur à l'École des Ponts, avec qui j'ai eu de nombreux échanges à propos de physique quantique et bien entendu les trois autres membres fondateurs de l'Association Spiritualité au Travail et Management : Stéphanie Carpentier, Richard Major et Sandrine Meyfret qui ont bien voulu se livrer à l'exercice de la conclusion et qui porteront la suite des travaux j'en suis certaine au sein de notre association.

Finalement, j'aimerais aussi exprimer ma gratitude à ma famille, à mes amis, collègues et étudiants qui m'inspirent tous les jours et de qui je tire le courage de construire un espace spirituel pour la gestion et le management.

PRÉFACE

Frank Bournois, Directeur général de ESCP
Président Commission Formation de la Conférence des grandes écoles (CGE)

Je souhaite remercier Catherine Voynnet Fourboul de me faire l'honneur de rédiger la préface de cet impressionnant ouvrage.

Dans les trois mots du titre apparaissent immédiatement les trois champs distincts qui ont mobilisé une équipe importante : le leadership, la spiritualité et la pratique.

L'accomplissement et la prouesse consistent à avoir produit une conjugaison juste et réussie de ces trois éléments. De bout en bout, le lecteur est tenu en haleine par la mise en lumière de ce qu'est le leadership spirituel. Et, nul ne peut se retrouver en situation de dirigeant sans s'être interrogé de la dimension spirituelle dans l'activité professionnelle au sein des entreprises et des organisations.

C'est donc un foisonnement d'expériences relatées qui se rapportent de façon solide à la théorie. En effet, que serait une pratique sans la prise de hauteur théorique et que serait une théorie sans l'illustration des pratiques ? Toutes ces contributions professionnelles sont en effet reliées à l'actualité théorique sur le sujet et le fil directeur permet de clarifier et d'aligner des contributions qui vont de l'éclairage des religions à l'identité en passant par les valeurs, la conscience et la méditation pour n'en citer que quelques-unes.

Cet ouvrage peut se lire de façon sélective en choisissant certaines parties qui seraient davantage évocatrices selon les appétences naturelles de chacun. Il est possible également dans notre univers très compartimenté d'accéder à des connaissances plus générales sur la question du leadership spirituel grâce à l'ensemble de ces contributions mises bout à bout. L'ouvrage permet en effet d'entrevoir un grand nombre de perspectives pour les dirigeants et managers au travers de témoignages nombreux et très concentrés afin de faciliter la découverte et bon nombre des contributeurs font référence à des ouvrages qu'il est possible de découvrir si l'on souhaite approfondir le thème.

Il se veut promoteur de la spiritualité au cœur du leadership pour dépasser les peurs exposées par Peter Drucker à propos du leadership. Or cette promotion est emplie d'une prudence éclairante qui traduit le souci du bien-être des personnes dans l'organisation et de leur développement harmonieux.

Une autre des forces de l'ouvrage consiste à donner par l'évocation des pratiques un sens plus incarné de ce que peut être le leadership spirituel jusque-là défini de façon assez théorique. Si le sujet a beaucoup été évoqué chez les collègues chercheurs anglo-saxons, il est important aussi que dans le monde francophone une parole puisse s'exprimer au nom d'une culture permettant d'enrichir les perspectives et afin d'être diffusée en français. On connaît l'importance de la langue pour exprimer différemment des sensibilités liées à l'exercice du leadership spirituel.

Les nombreux liens entre les auteurs francophones et le groupe de recherches *Management Spirituality and Religion* de l'*Academy of Management* traduisent cette hybridation des idées évoquée dans l'ouvrage et soulignent le caractère universel du sujet. Catherine Voynnet Fourboul dont on connaît le talent relationnel est parvenue à réunir une équipe particulièrement choisie de scientifiques et de praticiens qui viennent de combler des manques à la réflexion sur l'efficacité du leader.

INTRODUCTION

Catherine Voynnet Fourboul

Comment est né l'ouvrage

En 2014, j'ai publié un ouvrage intitulé *Diriger avec son âme : leadership et spiritualité* (Éditions EMS). Cet ouvrage a été fondé sur des travaux scientifiques menés auprès de dirigeants. Il avait pour objet de dévoiler le thème de la spiritualité dans l'univers managérial au travers des épreuves que vivent les dirigeants d'entreprise. Ces épreuves constituent des passages qui permettent d'accroître leur potentiel de leadership. Ce livre permettait d'ouvrir la voie sur ce que la spiritualité peut apporter au leadership.

Depuis six ans, j'ai eu l'occasion de poursuivre mes recherches dans ce domaine et me rapprocher de tout un ensemble de personnes qu'il s'agisse de chercheurs, de consultants, de coachs, de professionnels agissant dans des organisations qui eux aussi sont intéressés par la spiritualité et son retentissement en management.

Nous avons en 2017 avec mes collègues Jean-Yves Duyck et Gaëlle Moal-Ulvoas produit un ouvrage intitulé *Management et spiritualité* (Management Prospective Éditions) dont l'objet était d'étendre le champ de recherche aux différentes disciplines de la gestion. Au sein de cet ouvrage, nous avons réfléchi à une définition de la spiritualité comme relevant de quatre conceptions (Krishnakumar et Neck, 2002), issues de courants religieux, existentialistes, intrinsèques et aussi athéistes. « *La spiritualité est une ideopraxis relationnelle centrée sur une présence spirituelle qui unifie (permet de trouver une harmonie, l'intégration des aspects variés de soi-même), oriente (en permettant de faire sens, de trouver sa place – ce à quoi on est appelé dans la vie – et de se relier à des préoccupations ultimes) et mobilise tous les aspects de la vie (Rojas, 2002 : 37) permettant ainsi la réalisation de soi, de ses aspirations et de son potentiel dans l'intensité et dans la joie.* »

Depuis lors, nous œuvrons au sein du *Lab management et spiritualité*, avec pour objectif d'assurer la diffusion auprès du public de travaux de recherche et de publications des membres de ce groupe de recherches qui sont des professionnels, des enseignants, des chercheurs ou des praticiens, ceci afin de développer le management et la spiritualité en entreprise et dans les organisations publiques. Le *Lab management et spiritualité* est adossé au groupe de recherches thématiques de l'AGRH Association Francophone de Gestion des Ressources Humaines.

Pourquoi cet ouvrage et pour qui ?

Quoi de mieux que de pouvoir présenter les avancées concrètes du leadership et de la spiritualité en faisant référence aux différentes thématiques sur lesquelles les membres de ce groupe de recherche travaillent ! L'intérêt est de disposer à la fois de connaissances théoriques et appliquées grâce à ce creuset original.

Le livre permet d'accéder à un certain nombre de pratiques qui pourraient être mieux comprises et mises en œuvre avec discernement par tous ceux qui aspirent à développer leur leadership amenant les dirigeants, managers et responsables RH à mieux comprendre ce que le leadership spirituel peut leur apporter et contribuer positivement à un développement durable des organisations.

L'enracinement dans les pratiques permet de rendre la spiritualité plus accessible et de contribuer à une gestion à la fois plus humaine et plus spirituelle.

Ce livre s'adresse à une audience large parce que les auteurs qui ont contribué sont à la fois des chercheurs, des consultants et des praticiens d'entreprise et les contextes dans lesquels ils s'expriment s'entrecroisent offrant une vision très étendue de la question. On disposera ainsi d'expériences pratiques et d'une mise en perspective théorique sur de nombreux sujets au niveau des individus, des groupes et des organisations.

Les dirigeants et managers pourront profiter des nombreux cas et exemples de pratiques présentés par les auteurs et trouveront des perspectives nouvelles à propos du bien-être, de l'identité, de l'intelligence spirituelle…

Les enseignants chercheurs et les étudiants de niveau Master ou doctorants trouveront l'ancrage académique pour pouvoir construire leur recherche dans ce domaine.

À leur manière, tous les auteurs sont des leaders sages qui font preuve de compassion et qui apportent une grande variété de perspectives et d'expériences dans cet ouvrage ; aussi tous ceux qui sont intéressés par la dimension spirituelle et en particulier par ce qu'elle peut apporter dans les transformations trouveront matière à enrichir leur compréhension dans ce domaine.

La conviction de tous les auteurs, même si elle est éclairée par une prudence indispensable qui sera d'ailleurs étayée dans l'ouvrage, est que le leadership spirituel constitue la voie attendue et prometteuse, procurant de multiples bienfaits pour les individus, les équipes et les organisations.

La raison d'être du leadership spirituel

Parce que les entreprises connaissent des transformations profondes depuis la crise de 2008, accentuées par celle de la pandémie de la Covid-19 de 2020, les dirigeants font face à des défis qui demandent des capacités complexes de plus en plus multiples et variées. Certes on pourrait s'attendre à ce que les dirigeants des États soient les mieux placés pour accompagner eux-aussi les citoyens dans ce domaine. Mais en France les élites ont désinvesti le champ du bien commun justement chère à la spiritualité à mesure d'un éloignement de la religion chrétienne en privilégiant un ordre social aux intérêts uniquement économiques (Mafesoli & Strohl, 2019). Et elles sont malheureusement relayées avec un certain mépris par l'establishment médiatique au nom d'une arrogante bien-pensance et d'une idéologie qui se veut sans égale.

C'est la raison pour laquelle l'entreprise pourrait offrir une alternative en devenant une sorte de tiers lieu capable de remplir un rôle de médiateur de cette dimension spirituelle qui fait défaut dans la société civile. En effet, le lieu du travail même s'il est à distance depuis la crise du coronavirus reste fédérateur des personnes et offre par les échanges potentiels entre les membres une capacité d'influence sans commune mesure. Par ailleurs cette dimension spirituelle même si elle peut être vécue par certains en dehors des organisations, constitue une étape de l'évolution des organisations.

Comment un tel rôle novateur peut-il s'exprimer dans les organisations ? L'idée est que c'est la voie du leadership et plus particulièrement du leadership spirituel qui pourra le mieux permettre une incorporation de la dimension spirituelle dans le rôle des organisations.

Partageons tout d'abord le scepticisme de Peter Drucker (2005) sans doute marqué profondément par la tragédie de grands gouvernants politiques au cours du XXe siècle avec Hitler, Staline et Mao, l'obligeant à quitter l'Europe pour se réfugier aux États-Unis : « *Nous devrions avoir très peur des dirigeants. Nous devrions nous demander : que représentent-ils ? Quelles sont leurs valeurs ? Pouvons-nous leur faire confiance ou non ?* ». Et plus loin il ajoute que les managers et les administrateurs sont des serviteurs de l'organisation, ils sont là pour le bien de l'organisation et s'ils l'oublient, ils sont de mauvais gestionnaires. C'est peut-être là que se situe la force de l'épithète « spirituel » associée au leadership qui peut permettre de rendre acceptable le leadership.

Toutes les personnes amenées à endosser même la plus petite part de leadership peuvent contribuer à ce nouveau rôle et c'est pour elles que ce livre est destiné. L'objectif de l'ouvrage est donc de donner une suite à la question du leadership spirituel en étant centré sur la mise en œuvre pratique que l'on peut observer dans les organisations. Et cette tâche n'est pas aisée du point de vue scientifique parce que le domaine de la spiritualité incorpore des données qui sont recueillies de façon subjective, intérieure, émotionnelle ou intuitive et que ses modalités ont du mal à entrer dans les canons des paradigmes scientifiques actuels.

Le contexte historique du leadership

Dans l'ouvrage précédent (Voynnet Fourboul, 2014), le leadership est défini comme un processus mettant en scène la personne du leader et de ses suiveurs ou équipiers. Ce processus permet à une personne (le leader) d'obtenir que des individus (les suiveurs), avec lesquels elle noue une relation interdépendante, s'engagent et agissent de façon directe. Les théories du leadership évoluent dans le temps et Peter Northouse (1997) reprenant les travaux de James Macgregor Burns (1978) a montré comment les chercheurs sont passés 1) d'une approche par les traits et caractéristiques du leader, adossé à un leadership classique autoritaire, technocrate et contrôleur au 2) leadership transactionnel (fondé sur les échanges entre leader et suiveur et les récompenses habilement distribuées et marquées par l'école des relations humaines avec l'introduction de la recherche de bien-être et d'harmonie), au 3) leadership transformationnel (fondé sur l'inspiration du leader, ses facultés à stimuler son entourage, à influencer le moral et les motivations des autres en jouant sur le registre de la considération).

De nos jours, l'influence est un important registre du leadership. Pourtant le pouvoir et l'influence peuvent paraître pour certains négatifs, associés à de la tromperie, des comportements souterrains et machiavéliques. Cependant la spiritualité peut aider à expurger cette dimension négative pour aider les dirigeants à se concentrer sur les mécanismes positifs d'influence. Après l'ère du commandement marquée par l'autorité qui constitue l'aspect formel du pouvoir, succède l'ère de la résolution des problèmes caractérisés par la collaboration et le consensus et donc l'influence qui correspond à l'aspect informel du pouvoir. Nous assistons à un glissement d'un pouvoir formel à un pouvoir informel qui joue principalement sur l'univers relationnel. Nul doute que l'influence vertueuse devienne dans ces conditions une des compétences clés du dirigeant.

Bernard Bass (1985, 1999) a adapté les théories du leadership au management organisationnel. Il a montré les quatre composantes du leadership transformationnel :

- une influence idéalisée, proche du charisme, grâce à laquelle le leader articule une vision, montre avec détermination et confiance qu'elle peut être réalisée en travaillant selon des buts communs ;
- un leadership inspiré, qui montre l'exemple, en fixant des objectifs ambitieux pour une performance en équipe et faisant appel aux besoins supérieurs des suiveurs ;
- une stimulation intellectuelle, qui inspire et encourage les suiveurs à devenir plus innovants et créatifs ;
- une considération individualisée, participant aux besoins de développement des suiveurs, la capacité à les aider et les coacher.

Le positionnement du leadership spirituel

Ce que la spiritualité apporte en plus par rapport au leadership transformationnel, c'est sans doute une sorte de modération par rapport aux effets de la transformation sur les autres. En effet, si l'avantage du leadership transformationnel est d'assurer une influence transformante au nom d'une vision, l'inconvénient tient au bien-fondé de cette transformation, à la qualité de la vision, au respect de la dignité des personnes. Grâce au leadership spirituel, le leadership transformationnel se pose dans un cadre vertueux.

Dans ce dernier courant en date le leader valorise les personnes en les écoutant et en mettant en avant les besoins des autres avant les siens, également il construit une communauté en facilitant les équipes, en construisant un univers relationnel rapprochant les personnes plutôt qu'en les séparant (Beazley, 2002). C'est par le jeu des questions posées aux dirigeants que s'annonce cette nouvelle forme de leadership : « *Est-ce que je guide bien les autres ? Est-ce que j'équilibre bien les intérêts de toutes les parties prenantes ?* ».

Le leadership spirituel requiert un haut niveau de confiance particulièrement dans la capacité des membres à résoudre des problèmes collectivement et à prendre des décisions dans l'intérêt de l'organisation. Ce qui est crucial est la communication, qui aide les membres à faire sens par rapport à ce qui se passe et à partager l'information ; l'information circule librement et les décisions sont prises en équipe. La responsabilité est portée par une équipe. Cette forme de leadership que d'autres qualifient d'organique car il s'exerce dans un écosystème marqué par l'interdépendance peut paraître chaotique. En réalité tous les rôles et les fonctions sont couverts par les différents membres selon leur mission. Chaque membre dispose d'autonomie dans ce contexte partagé. Il n'est pas question ici de dépendre d'un leader désigné. Les mécanismes de contrôle réfèrent à de l'autocontrôle et nécessitent de nombreux flux de communication et de partages, ce que l'on appelle les communautés de pratique.

Ces communautés, ces réseaux bouleversent la représentation qu'on se fait d'un leader désigné, fixe, adapté à des modèles organisationnels fondés sur les procédures. Les pratiques organiques sont le fait des équipes projets marquées par une fluidité en matière de leadership : l'émergence d'un leader naturel acceptable pour la communauté peut paraître pour un observateur extérieur comme très éloigné de la représentation qu'on se fait d'un leader, et donner même l'impression qu'il n'y a pas de leader.

S'agissant du comportement (Korac-Kakabadse *et al.*, 2002), le leader spirituel approche les situations avec une attitude de recul et discernement plutôt qu'en intervenant directement. Il adopte une posture d'ouverture et d'acceptation plutôt que de contrôle ; d'humilité plutôt que d'expression forte d'expertise ; le leader spirituel préfère lâcher-prise plutôt que de détenir ou retenir, éclairer plutôt que faire lui-même. Le Servant leadership (Greenleaf, 1973) dans la même veine décrit à partir de la théologie Quaker un leader comme celui qui est au service des autres, mettant l'accent sur une approche holistique du travail, le développement personnel, les décisions partagées, l'inspiration de la confiance, l'art de l'écoute, la pratique des feed-back positifs.

Conscience et connexions

Nous remarquons que nombreux sont ceux qui développent leur leadership beaucoup mieux en évoluant du point de vue de leur conscience et en instituant des pratiques collaboratives, les amenant à sortir d'une centration sur soi, d'intérêt à court terme pour embarquer davantage les autres et tenir compte de l'interdépendance des personnes ceci dans une vision à long terme. Le travail sur la conscience permet de s'ouvrir à une vision plus large du monde, et de recourir à l'intuition, la créativité permettant de sortir des routines encapsulées dans l'organisation lorsque celles-ci deviennent improductives.

C'est ce que des chercheurs (Laszlo, 2020) qualifient de leadership quantique faisant appel à des pratiques d'intuition directe qui offrent aux gens une expérience directe de l'intégralité et de la connectivité (Heaton, Schmidt-Wilk et McCollum, 2011 ; Sheldrake, 2018). De telles pratiques apaisent l'esprit analytique et élargissent la conscience d'une personne afin que nous soyons plus conscients de l'unité essentielle de la réalité. Aussi appelées pratiques de connectivité, elles englobent à la fois les formes orientales et occidentales de la pleine conscience. Elles comprennent la méditation, la marche dans la nature, l'art et l'esthétique, le jardinage, la recherche appréciative, l'exercice physique et la tenue d'un journal, parmi d'innombrables autres. Ajouter une ou plusieurs de ces pratiques quotidiennement peut renforcer le parcours d'apprentissage d'une personne et élever sa conscience avec créativité et résilience.

Lorsque l'on développe la conscience de notre connexion, cela change la façon dont nous pensons et agissons. Il est alors possible de devenir plus empathique et de faire preuve de compassion. Cela permet de ressentir la façon dont nous sommes intégrés plutôt que séparés dans ce monde.

L'impératif de la transformation

La transformation organisationnelle passe par l'action éclairée des personnes ce qui suppose leur transformation intérieure (Neal, 2018).

Elle est aussi mue par la situation internationale qui met en avant la responsabilité sociale des entreprises, le développement durable. En France, la loi Pacte introduit la société à mission et avec elle la raison d'être définissant l'objet social de l'entreprise. Il s'agit de penser l'engagement de l'entreprise au bien de la planète au-delà du seul impératif actionnarial.

Parce que les organisations existent et ont une influence très large, l'un des rôles des dirigeants, spirituellement parlant, est d'aider les organisations à dépasser les intérêts étroits. En devenant plus conscients de la vie spirituelle, en répondant à des buts plus élevés et en aidant à la réalisation de ces buts, les dirigeants aident les organisations à contribuer à l'amélioration de la société. En d'autres termes, une organisation participe à un plan transcendant qui contribue de manière intersubjective à l'amélioration de toute la création tout en étant ouverte, en alignant ses objectifs fondamentaux avec ce plan qui la dépasse et en allant au-delà des intérêts personnels vers l'amélioration des parties prenantes.

De nos jours le monde de l'entreprise est appelé à jouer un rôle bien plus large que celui de la poursuite d'une performance étroite. La question est de conjuguer le profit économique avec le bien social simultanément. Or les dangers suscités par l'évolution climatique ont éveillé les consciences et expliqué l'avènement des politiques de Responsabilité Sociétale d'Entreprise (RSE). Les entreprises qui se démarquent se repèrent parce qu'elles recherchent des solutions d'intérêt public en créant des innovations de rupture qui bénéficieront non seulement à la société mais aussi à l'environnement.

À l'échelle de la planète il existe des menaces environnementales : le changement climatique, taux de perte de biodiversité (terrestre et marine), l'interférence avec les cycles de l'azote et du phosphore, l'appauvrissement de l'ozone stratosphérique, l'acidification des océans, l'utilisation mondiale de l'eau douce, le changement d'utilisation des terres, la pollution chimique et la charge atmosphérique des aérosols (Rockström *et al.*, 2009). Et ces menaces peuvent expliquer en partie l'engouement pour le développement durable et la RSE. Le thème de la RSE rencontre en effet un vif succès d'audience dans le monde des affaires. Cependant on ne peut que constater la pauvreté du volet social interne dans l'évaluation de la performance organisationnelle. Les outils de la RSE ne cessent de se multiplier malgré l'insuffisance de leurs effets (Gilbert et Greffet, 2019). Cela suppose un management incorporant les valeurs en particulier l'éthique par le biais des codes éthiques, de la déontologie, de la formation à l'éthique. Mais le lien entre les valeurs et la réussite économique n'est toujours pas claire dans l'esprit de beaucoup de cadres (Anderson, 1997, p. 25) et on assiste à une montée du désengagement au travail, de détachement qu'il s'agisse d'un utilitarisme raisonné poussant les individus à négocier plus explicitement le rapport entre contribution et rétribution ; d'un retrait politique en limitant leurs investissements à ce que prescrit leur fiche de poste, se terrant dans un comportement « politiquement correct », conformiste ; d'une lassitude de l'acteur l'amenant à réduire la fréquence et l'intensité de sa mobilisation et à protéger son équilibre psychique en développant des stratégies plus égoïstes (Alter, 2011). Ces différentes formes de détachement résultent de l'incapacité managériale de tirer parti de la volonté de donner.

Ce qui manque sans doute aux approches RSE, c'est la capacité à porter l'attention managériale à un niveau plus intérieur et à considérer les perspectives non pas exclusivement d'un point de vue externe mais en tentant l'aventure en profondeur afin de transformer les consciences. Et c'est sans doute un enjeu majeur et complexe dans la mesure où toute intervention dans la sphère privée qu'est la conscience peut facilement devenir abusive non seulement si elle n'est pas guidée par de bonnes intentions mais surtout si elle ne respecte pas la liberté de l'autre. On peut malheureusement glisser sur la pente d'un totalitarisme imposant une idéologie et une perversion de la spiritualité ; c'est pourquoi les questions d'éthique sont si importantes lorsque l'on a compris que la transformation de l'entreprise se fondera sur la transformation de ses membres. Dès lors qu'il est question de transformation individuelle, cela soulève également la question de l'identité même de ceux qui constituent les équipes de travail, et du curseur entre le libre choix opéré par les personnes ou les formes d'influence ou de contrôle voire même d'imposition opérée par les organisations sur les personnes. La garantie de cette liberté passe par la logique du don de soi qui peut permettre l'épanouissement total des autres êtres humains (Izoard Allaux, 2017).

Comment le leadership spirituel en pratiques élève notre conscience

Il est question ici de pratiques c'est-à-dire d'expériences, d'actions situées dans un contexte, dans des interactions avec les équipes et avec des tiers facilitateurs. Il s'agit de témoigner de cette expérience et de relater ce que l'on observe dans la réalité, de mettre ces données à l'épreuve des modèles théoriques dont nous disposons afin que le leadership spirituel ne reste justement pas seulement un modèle théorique. La pratique c'est une forme de connaissance incorporée et internalisée qui aide à transformer le monde, et qui aussi se partage avec les lecteurs de cet ouvrage. Elle peut déboucher sur une véritable praxis combinant à la fois le registre théorique, pratique et idéologique. Posner (2009) souligne combien les pratiques peuvent véritablement permettre la maîtrise du leadership ainsi que des accomplissements remarquables.

Les pratiques spirituelles contribuent à augmenter le sens de la connexion à soi, aux autres et à la nature (Tsao & Laszlo, 2019) et répondent aux besoins de connexion participant à l'épanouissement humain. Ce que toutes ces pratiques ont en commun est de procurer la conscience de se sentir en unité avec les autres et avec le monde pour s'engager entièrement dans un cheminement vers une plus grande harmonie vers une plus grande satisfaction dans la vie. Voici quelques remarques à propos des pratiques :

- C'est par l'expérience directe des pratiques que nous apprenons à internaliser les principes de comportement et à incarner la connaissance tacite afin qu'elle devienne explicite (Nonaka et Takeuchi, 1995).
- Le temps consacré à la méditation permet de créer les conditions véritables de la transformation, par exemple Richard Boyatsis (2008) propose de commencer par construire une vision future désirée, prendre conscience de nos aspirations, passions, valeurs véritables qui sont ensuite rapportées à nos forces et faiblesses afin de fixer un plan apprentissage et d'action pour passer à la pratique de leadership.
- Les personnes apprennent des pratiques dans le contexte de relations et dans le partage d'expérience, c'est ce qu'on observe de nos jours avec les communautés de pratique tandis que les groupes de codéveloppement peuvent s'inscrire dans cette ligne.
- Les types de pratiques sont foisonnantes et il existe de nombreuses façons de classifier celles qui permettent de nous connecter à nous-mêmes, aux autres et au monde. Elles peuvent être groupées par niveau (individuel, équipe, organisationnel, système), activités (réflexion, écoute, rencontre, arts, sport, nature, jardinage, exercices de respiration, marche, lecture, recentrage), compétences (concentration, clarté sensorielle, équanimité), effet (faire sens et être présent, écrire un journal ou danser) et par origine (religieuse, prière, chapelet, bouddhisme...).

La structure de l'ouvrage

L'ouvrage est structuré en sept parties. Toutes les parties font l'objet d'une introduction théorique permettant d'assurer le fil directeur du leadership spirituel et des contributions des différents auteurs.

Un préambule est consacré aux métaphores de la physique classique et quantique qui sont l'objet d'inspiration dans bien des domaines de la gestion et particulièrement dans le domaine du leadership spirituel.

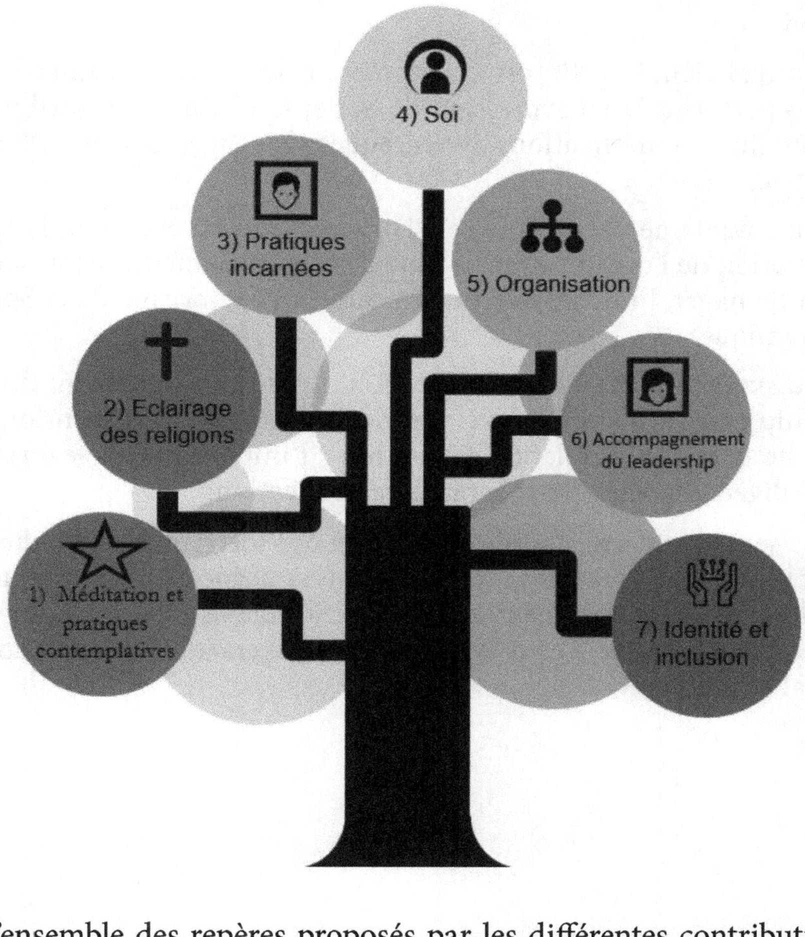

L'ensemble des repères proposés par les différentes contributions peuvent se distinguer selon la figure suivante entre pratiques, outils, travail sur soi et agir. Ces repères peuvent être présentés à différents endroits des sept parties.

La première partie traite de la méditation et des pratiques contemplatives et comporte six contributions à propos du temps de la conscience, des états modifiés de conscience, de la méditation, de la méditation de pleine conscience et du chemin de Compostelle.

La deuxième partie situe l'éclairage des religions, avec le christianisme, l'orthodoxie, le judaïsme, le bouddhisme, le taoïsme, le zen ainsi qu'une comparaison de leaders considérés comme spirituels (Gandhi et Mandela).

La troisième partie est centrée sur les pratiques incarnées avec le rayonnement du leader, l'équilibre de vie, la conciliation vie privée vie professionnelle, le bien-être, l'art de l'éthique et la transformation de soi.

La quatrième partie est consacrée au Soi, avec la vulnérabilité, l'auto-performance, l'expression de Soi et la résilience, l'intelligence spirituelle, les motivations intrinsèques, l'engagement et la liberté créative.

La cinquième partie s'ouvre à l'organisation en évoquant la spiritualisation de l'organisation, la voie de la spiritualité transformatrice d'un manager, l'impact des valeurs, ainsi que le prisme de la Spirale Dynamique.

La sixième partie traite la question de l'accompagnement du leadership avec le thème du développement personnel, la dimension spirituelle au sein de la relation de coaching, l'importance de se former à l'intelligence spirituelle et la place de l'éducation.

La septième partie aborde la question de l'identité et de l'inclusion, avec l'intérêt du leadership spirituel dans la négociation, le rôle inclusif du consultant, la raison d'être des entreprises et leur singularité, le leadership inclusif et d'évocation, l'engagement dans un modèle social et solidaire.

PRÉAMBULE
LES MÉTAPHORES DE LA PHYSIQUE CLASSIQUE ET QUANTIQUE

Catherine Voynnet Fourboul

Nombreux sont les auteurs de cet ouvrage qui évoquent la physique quantique à propos du leadership spirituel. Il existe un véritable engouement à propos du leadership quantique qui n'est peut-être pas suffisamment défini. La physique constitue depuis toujours un attracteur pour les gestionnaires qui puisent des métaphores les aidant à mieux comprendre des situations complexes. De multiples inspirations provenant de certains physiciens paraissent exagérées et hors champ pour les autres et si l'appétence pour ce domaine est indéniable actuellement, il peut être opportun de tenter de relier certains faits scientifiques au champ métaphorique inspirant la spiritualité et la gestion.

La physique classique

Déjà dans la physique classique, des éléments ont pu inspirer les gestionnaires tels que l'entropie (Carnot, 1824). Ce concept provient du développement de la thermodynamique au XIXe siècle, la thermodynamique étant basée sur deux grands principes : l'énergie se conserve selon le premier principe, et dans un système fermé, l'entropie ne peut que croître selon le second principe. L'entropie parle de déclin progressif, d'évolution irréversible qui produit par là même du désordre. L'entropie mesure la croissance de cette désorganisation. Plus le système est désordonné plus son entropie est élevée. Dans un système physique, l'entropie est reliée à la quantité de chaleur reçue par un système et à la température par dQ = dS x T ; dQ est la quantité de chaleur reçue par le système, dS est sa variation d'entropie, T est la température absolue. La température est une mesure indirecte du degré d'agitation microscopique des particules. L'entropie serait en physique plus de l'information que de l'énergie.

Rapportée à l'entreprise on comprend qu'elle puisse inspirer le désordre et le dysfonctionnement. Par exemple selon Richard Barrett (dont les travaux sont accessibles sur le site valuescentre.com), l'entropie est le besoin d'énergie additionnelle qui permet d'assurer le fonctionnement du système, c'est aussi la quantité d'énergie dans un groupe qui est consommé par un travail improductif et non nécessaire. Elle représente une mesure de conflit, friction et frustration qui existe au sein d'un groupe. Le score d'entropie culturelle révèle le degré de dysfonctionnement (friction et frustration) dans une organisation qui est généré par les actions basées sur la peur des leaders tournés vers eux-mêmes. Quand le score d'entropie culturelle augmente, le degré de cohésion interne et de confiance diminue. Eo = Ei - En - E (Eo c'est l'énergie à disposition pour faire un travail utile. Ei est l'énergie délivrée. En est le montant normal d'énergie dont on a besoin pour maintenir le fonctionnement d'un système à haute performance. E est le montant d'entropie du système.) Pour le leadership spirituel, et si l'on prend l'exemple précédent, l'entropie est tirée à partir d'une mesure des valeurs déclarées des individus dans l'organisation. Même si Richard Barrett ensuite développe son analyse sur le plan individuel, c'est-à-dire du leadership et que son modèle permet de caractériser la part spirituelle du leadership de chacun, il n'en reste pas moins intéressant qu'une connexion soit établie entre le leadership de chaque individu et l'entropie du système dans lequel ils évoluent. C'est ce qui justifie la partie cinq de l'ouvrage consacré à l'organisation.

La physique relativiste

La physique **relativiste** tournée à l'origine vers le macroscopique peut apporter également des idées nouvelles en gestion. Il s'agit de la théorie d'Einstein, la **fin de la notion de temps et d'espace absolus**, c'est-à-dire que l'écoulement du temps est fonction de l'observateur. En 1905, Einstein publie la théorie de la relativité restreinte qui montre que l'écoulement du temps n'est pas le même pour tous les observateurs, si l'observateur va plus vite le temps s'écoule plus lentement. Il n'existe pas de temps absolu pour tout le monde comme dans la physique newtonienne. Alors le temps change en fonction du référentiel et donc de l'observateur. En 1915, Einstein publie la relativité générale qui est une théorie de la gravitation dont la principale idée est que l'espace n'a pas une géométrie euclidienne mais est un espace courbe, dont la courbure est engendrée par la distribution de masse et d'énergie dans l'espace. On n'a pas l'espace d'un côté, le temps de l'autre ; on raisonne sur un tout qui est l'espace-temps dans lequel les masses courbent l'espace et le temps ; les objets suivent alors des géodésiques (distance minimale) qui sont les courbes de distance minimum dans l'espace-temps. La masse n'est également qu'une énergie dans la théorie de la relativité. Cette énergie, comme celle de la lumière, peut courber l'espace d'une façon infime. L'espace est beaucoup plus courbé dans les trous noirs où il se replie sur lui-même. La gravitation va jouer sur le temps si l'on a des points avec des champs de gravité différents et l'écoulement du temps y sera différent. Les calculs de GPS tiennent par exemple compte de la physique relativiste pour assurer une précision du positionnement. Peut-on imaginer en gestion s'inspirer de ce couplage espace-temps pour imaginer d'autres façons d'aborder l'observation des faits de gestion ? En tout cas du côté de la spiritualité on remarque qu'il existe un mysticisme quantique (Capra, 1975) rompu aux analogies, par exemple lorsqu'on affirme que la physique relativiste et la spiritualité orientale se libèrent toutes les deux du temps.

La physique quantique

En ce qui concerne la physique quantique celle-ci s'applique principalement au niveau des particules, au niveau atomique en cela les effets qui sont mis en évidence le sont au niveau atomique. Quantique cela vient de quantum, signifiant qu'un certain nombre de choses sont **quantifiées**, par exemple dans un atome les électrons ne peuvent occuper que des niveaux d'énergie quantifiée. Les électrons se répartissent par couches autour du noyau qui correspondent à des niveaux d'énergie quantifiée et l'on passe d'un niveau à un autre en émettant un photon, il s'agit de l'effet photoélectrique qui a valu le prix Nobel à Einstein. Un photon qui arrive sur un panneau photovoltaïque arrache un électron et génère un courant électrique. Si les choses peuvent être quantifiées, cela signifie que tout n'est pas continu.

En physique quantique certaines choses diffèrent fondamentalement de la physique classique. Par exemple, la lumière est portée par des particules, les photons et pourtant a un caractère ondulatoire bien connu lorsque l'on fait interférer deux ondes lumineuses pour créer des zones où les ondes vont s'additionner ou se détruire. D'où l'interrogation du début du XXe siècle est-ce que la lumière est faite d'onde ou de particules ? De même, les électrons qui sont des particules peuvent aussi se comporter comme des ondes. Tout est à la fois onde et particules. Le mouvement des électrons est piloté par une onde (cf. de Broglie). Cette onde donne la probabilité d'événements par exemple celle de trouver la particule à un certain endroit. On observe une certaine similarité avec la théorie du champ de Kurt Lewin comme le remarque Christian Godin (2002) appliqué aux psychologies individuelles capables de générer en elle-même et entre-elles une invariance considérable. Cette propriété, elles la possèdent du seul fait que, par leur structure même, elles constituent des champs. Il faut entendre par là, le fait qu'elles se comportent comme des objets. Elles sont poussées par des forces internes dont l'origine n'est pas seulement dans individu lui-même, mais tout autant dans l'objet qui lui fait face. Les forces psychiques se composent entre elles, s'opposent, se neutralisent et forment des agrégats extrêmement stables qui confèrent la stabilité aux ensembles auxquelles elles appartiennent.

Le rôle de **la mesure** en physique quantique est essentiel. La plupart des propriétés ne peuvent pas être attribuées tant qu'elles ne sont pas mesurées. La mesure étant un élément fondamental de la physique quantique, elle n'est pas abordée de la même façon que dans la physique classique et cela entraîne que les choses n'existent pas tant qu'on ne les a pas mesurées ; avant de faire la mesure, l'électron n'a pas de position, il a juste une infinité de positions possibles dont on connaît la probabilité ; le fait de mesurer va lui donner une position. Il n'existe pas un système en soi dont on va mesurer les propriétés et en cela le processus de mesure va influer sur le système mesuré. Le fait de mesurer le système va changer le système. Le fait de faire des enquêtes et sondages en gestion peut aussi permettre de créer une opinion chez les personnes interrogées. Par exemple un travail de recherche sur le leadership spirituel qui emploierait des méthodes qualitatives avec une mesure directe *via* des entretiens pourrait avoir des effets sur les personnes. C'est ce que nous avons constaté lorsqu'en entreprise des étudiants chargés de mesurer le leadership spirituel de leur mentor (responsable des ressources humaines) vont s'avérer des diffuseurs de ces outils auprès des autres membres du service RH) modifiant le fonctionnement des équipes.

La mécanique quantique est aussi **indéterministe,** c'est-à-dire qu'on ne peut calculer que la probabilité qu'un événement survienne.

Avant d'avoir fait la mesure, la fonction d'onde permet de calculer la probabilité des résultats de la mesure, en ce sens la physique quantique est indéterministe. Pour certaines personnes, en ajoutant des variables cachées, il serait possible de lever cet indéterminisme ; c'est ce qu'a tenté de faire Böhm et c'était la vision d'Einstein et de quelques autres physiciens mais pas de la majorité. L'autre école de Niels Bohr dit qu'il n'est pas possible de lever l'indéterminisme ; c'est l'interprétation de Copenhague de la mécanique quantique. Bell a démontré un théorème énonçant que prenant les théories des variables cachées, les résultats de certaines expériences doivent vérifier une inégalité ; or dans les années 1980 des expériences ont pu être faites contredisant les résultats qui devraient être trouvés à l'aide de la théorie des variables cachées.

On ne peut pas également mesurer tout et n'importe quoi avec une précision arbitraire. En mécanique classique, on peut mesurer la position et la vitesse aussi précisément que l'on veut, en mécanique quantique, c'est intrinsèquement impossible peu importe l'instrument de mesure. Présenté pour la première fois en 1927, par le physicien allemand Werner Heisenberg, il énonce que toute amélioration de la précision de mesure de la position d'une particule se traduit par une moindre précision de mesure de sa vitesse et vice versa. C'est le principe d'incertitude, l'incertitude sur la position multipliée par l'incertitude sur l'impulsion est supérieure à une grandeur fixe, la constante de Planck qui est une des constantes fondamentales de la nature au même titre que la vitesse de la lumière. Ce **principe d'incertitude** est un pilier de la mécanique quantique. L'idée est que l'on ne peut pas tout mesurer avec une précision arbitraire. Certaines mesures de propriété sont incompatibles entre elles. En ce qui concerne le leadership spirituel, ce principe nous interpelle dans la mesure où il nous prépare à la difficulté de mesurer (de façon interne aux personnes) le leadership spirituel ou l'intelligence spirituelle et concomitamment de mesurer certains effets dans l'organisation (de façon externe aux personnes).

Certaines particules, les fermions, obéissent au principe d'exclusion de Pauli qui dit que deux fermions ne peuvent pas être dans le même état quantique. Par exemple, l'état d'un électron (qui est un fermion) dans un atome est déterminé par sa couche et son spin (le moment cinétique d'un objet tournant sur lui-même telle une toupie). Si un premier électron occupe une couche, le deuxième électron ne doit pas avoir le même spin que le premier. Une fois qu'on a mis deux électrons qui ont un spin différent sur une même couche, on ne peut pas en rajouter un troisième, car le troisième devrait avoir un état quantique différent des deux premiers ce qui n'est pas possible. Le troisième électron ne peut donc se loger que dans la couche électronique immédiatement supérieure. En chimie ce sont les électrons situés sur les couches supérieures qui déterminent les propriétés chimiques et électriques. Lorsque le dernier électron est peu lié au noyau il va permettre d'assurer la conductivité électrique ce qui est le cas dans les métaux. Et peut-être que du côté du leadership spirituel, ce sont les éléments les plus extérieurs, les plus apparents des personnes qui permettent de déterminer les propriétés et les effets du leadership spirituel. On peut reprendre à ce sujet l'articulation de certains concepts qui s'enracinent à mesure plus profondément dans l'être humain tels que les comportements, les cognitions, les compétences, les émotions, les valeurs, les croyances. Ce sont les comportements sans doute moins stables que les valeurs ou les croyances qui assureront la communication entre les êtres humains. Il reste que l'articulation de la chaîne précédente demeure particulièrement intéressante à explorer. Une autre idée est que tout objet quantique est représenté par une superposition de propriété virtuelle, c'est-à-dire probable mais non réalisée ; un état quantique est comme un catalogue de toutes les éventualités futures mesurables. Cela peut avoir des conséquences sur l'identité organisationnelle individuelle dans ses propriétés qui représentent un potentiel de comportement.

En mécanique quantique, nous trouvons la notion d'**intrication** : si on prend un système à deux photons intriqués, qui n'est pas réductible à système un photon plus un système à photon, les deux photons constituent un système en soi. Les photons sont intriqués. On peut par exemple créer des couples de photons qui sont de spin opposé (+1 ou –1) et qui constitue un système qui n'est pas réductible à deux photons individuels. On peut ensuite séparer les deux photons, on n'en envoie un à Paris et l'autre à New York ; si on mesure alors le spin de ces deux photons ; on a une chance sur deux de mesurer le spin du photon de Paris et de trouver la valeur +1. Comme la mécanique quantique est probabiliste, il est impossible de l'affirmer. On a autant de chances de trouver +1 que de trouver – 1. C'est la même chose pour le photon de New York. Cependant si par la mesure on trouve +1 à Paris on est sûr de trouver – 1 à New York. Le photon de New York n'acquiert son spin qu'une fois la mesure de Paris effectuée. Avant cela il n'avait pas de spin défini. Tout se passe comme si on ne connaissait rien de chacun mais tout du couple. D'où le fait que le couple n'est pas réductible à deux photons individuels. Ce principe pose l'hypothèse que tout est interconnecté dans la nature et que les fondations du monde matériel sont relationnelles ce qui donne du poids à la spiritualité dans la mesure où sa définition est centrée sur l'idée de connexion.

La **non-localité** : en mécanique classique les choses sont locales. La portée de l'influence est circonscrite à l'environnement proche dans l'espace et dans le temps. Ce n'est pas vrai en mécanique quantique à cause de l'intrication générale décrite au travers de l'expérience des photons. Ce qui se passe à Paris est corrélée à ce qui se passe à New York ceci de façon instantanée. La corrélation se produit dans l'espace et dans le temps. Si on détruit le photon de Paris, tout se passe comme si le photon de New York continue à se souvenir du spin du photon de Paris même si celui-ci a cessé d'exister ce qui montre la corrélation dans le temps. Les ordinateurs quantiques sont basés sur ce principe d'intrication. Les constituants ultimes de l'univers peuvent d'une certaine façon communiquer entre eux en ignorant les distances qui les séparent à nos yeux. Ce principe évoque par exemple la synchronicité jungienne, autrement dit la coïncidence qui s'accorde au sens, lorsque par exemple une image vient à l'esprit directement ou indirectement sous la forme d'un rêve d'une idée, d'une prémonition et coïncide avec l'apparition d'une situation objective. Le principe de non-localité nous permet d'envisager que l'énergie et la matérialité constituent le cadre de phénomènes visibles et qu'il existe un domaine invisible et caché non-matériel qui peut lui être connecté. Le leadership pourrait s'exprimer dans la matérialité et son épithète spirituelle pourrait signifier le plan invisible permettant de faire du leadership spirituel un objet complet. Cela pourrait aller dans le sens proposé par Hagelin (1998) qui en se basant sur l'analyse logique et le calcul mathématique, assimile ce champ non physique à la base de la physique au champ non matériel de l'existence pure décrit dans les anciens textes védiques. Cette découverte retire la dimension transcendantale et non matérielle de la vie du champ de la métaphysique et la place de façon audacieuse dans le cadre de la science moderne.

D'autres conséquences sont possibles, les fluctuations naturelles peuvent être amplifiées de façon que l'évolution des systèmes soit difficilement prédictible. Par exemple lorsqu'une personne par son comportement trouble l'organisation, les effets peuvent être catastrophiques si le système est instable. Si le système est stable ce type d'amplification sera moindre. Or la stabilité sera la résultante du climat social, économique et environnemental. Les particules subatomiques interagissent à travers le temps et l'espace de manière inconnue et inconnaissable (Wheatley, 1992) et cela interpelle le champ des possibles de la spiritualité. Certains vont plus loin en s'appuyant sur des recherches récentes en psychologie, biologie et neurophysiologie suggérant que les êtres humains sont des êtres quantiques (Shelton et Darling, 2001) et qu'il est bon pour les individus de vivre au travail comme des êtres entiers (corps, esprit et âme) (Daft et Lengel, 2000). Les différentes contributions dans l'ouvrage font elles-aussi référence à la physique quantique en reprenant certains des principes présentés dans cette introduction, souvent en s'inspirant de la physique quantique de façon métaphorique.

1

PARTIE

MÉDITATION ET PRATIQUES CONTEMPLATIVES

Dans cette première partie consacrée aux pratiques contemplatives, il est question de situer le leadership spirituel dans des pratiques qui permettent à la personne d'investir son intériorité. Très souvent la méditation constitue l'élément clé de la pratique spirituelle. Mais l'univers plus vaste de la contemplation est marqué par des pratiques variées qui supposent un temps long par rapport à celui que l'on vit en situation de travail, qui conduisent à une expansion de la conscience. Contempler consiste étymologiquement à être avec une portion du ciel, à appliquer son esprit profondément à un objet dans une certaine solitude.

Temps, conscience et états modifiés de conscience

La contemplation amène à reconnaître que l'être humain est construit d'une personnalité (ego, nature inférieure), d'une âme individuelle et d'un esprit (nature supérieure). La personnalité est composée du corps physique, de la force vitale (corps énergétique), des émotions (corps émotionnel) et du sens commun (corps mental). L'esprit est composé de l'intelligence et sagesse (supérieure, pure), de l'amour (inconditionnel) et de la volonté (libre) (puissance). L'âme est une partie intermédiaire qui relie la personnalité à l'esprit (Rana *et al.*, 2017).

Cela suppose aussi de prendre en compte la dimension du temps, c'est pourquoi Élisabeth MARTINI propose d'explorer la question du temps et de l'intériorité ainsi que de l'enjeu du ralentissement du temps dans une époque où ce temps est accéléré. Elle nous fait découvrir les travaux d'Hartmut Rosa, sociologue allemand.

Le but de la vie de l'individu est d'apprendre la sagesse et de nourrir les valeurs spirituelles, de se connaître soi-même et de combiner le matérialisme avec le spirituel à travers l'éveil. De cette façon, il est possible que la conscience se développe. Laurence BARANSKI évoque alors cinq dimensions en situant la spiritualité et la **conscience** dans sa façon d'accompagner les personnes en situation de coaching. À ce propos Young (2002) propose à partir des niveaux de développement établis par Wilber, de repérer les défis de transcendance et les implications pour les dirigeants dans chacun des six niveaux qui caractérisent le développement de la conscience humaine.

Par **transcendance**, on entend généralement tout ce qui se situe au-delà du monde physique et matériel, parfois aussi tout ce qui se situe au-delà du moment présent. Le transcendant donne le sens de l'infini à l'intérieur de nous-même ou à l'extérieur dans le monde qui nous entoure. Ceux qui ont la foi, assimile le transcendant à Dieu, à une expérience mystique. La postulation du domaine transcendantal comme la réalité ultime qui fournit les modèles les plus complets pour l'ordre, la connaissance et l'éthique est essentielle à la réflexion philosophique incorporable en gestion car la transcendance n'est-elle pas un dispositif permettant une conscience ouverte spirituellement (Peltonen, 2019) ?

Le leadership spirituel suppose de gravir les six étapes de la conscience (Voynnet Fourboul, 2014) : 1) reconnaître l'ombre de sa personnalité, cette réalité de soi qui va à l'encontre de la bienséance sociale ; 2) intégrer l'ego (contrôle de l'activité volontaire) et le corps (lieu d'activité involontaire) ; 3) reconnaître l'aspect conventionnel de la perception de la réalité et ses limites ; 4) passer d'une croyance exclusive en un système uniquement rationnel à une expérience transcendante de connexion aux autres ; 5) repérer les coïncidences qui donnent du sens entre des événements psychiques et physiques en cultivant rêve et intuition pour parvenir à des formes de prescience ; et 6) s'écouter avec objectivité sans se juger, faire corps avec l'univers.

Méditation et *mindfulness*

Méditation et *mindfulness* ou méditation de pleine conscience sont abordés au travers de deux contributions, la première porte sur la dimension spirituelle de la méditation proposée par Marie HOLM et Aymeric THON-ADJALIN et la seconde a été réalisée par Michael ROUX, Mathilde GOLLETY et Carole GODARD, qui considèrent qu'il existe une dimension spirituelle dans la méditation de pleine conscience. Pourtant on ne peut que remarquer combien à l'*Academy of Management* les chercheurs distinguent très nettement, la *mindfulness* qui se rapporte à la méditation de pleine conscience et la méditation qui est liée à la spiritualité. Nous sommes face à un problème de frontière qui fait curieusement penser à celui des approches d'analyse de contenu et d'analyse de données qualitatives : les chercheurs américains ont tendance à bien distinguer et séparer les deux champs alors qu'en France on a tendance à ne pas séparer aussi nettement et aussi confortablement ces deux champs. En effet, dans cette production, on nous invite à remarquer le potentiel spirituel de la *mindfulness*, peut-être comme un point de départ qui respecte le contexte de l'entreprise jusque-là peu propice à l'intégration de ces pratiques.

Selon Arthur Zajonc (2012), professeur de physique au Amherst College, Massachusetts, anthroposophe, ayant participé à des dialogues avec le Dalaï-Lama au sujet de la science, la spiritualité et la cosmologie, la méditation tend avant tout vers une forme inédite de connaissance, à laquelle on ne peut accéder qu'en commençant par suspendre les convictions issues des connaissances courantes. Bien qu'elle recherche l'objectivité comme la science conventionnelle, la recherche contemplative diffère de la science sur un point très important. Là où la science conventionnelle s'efforce de se désengager ou de prendre ses distances par rapport à l'expérience directe au nom de l'objectivité, la recherche contemplative fait exactement le contraire. Elle cherche à s'engager dans l'expérience directe, à participer de plus en plus pleinement aux phénomènes de la conscience. Elle atteint l'« objectivité » d'une manière différente, à savoir par la connaissance de soi.

Arthur Zajonc indique par ailleurs le cheminement de la contemplation qui commence 1) par établir un état d'esprit celui de l'humilité. Grâce à elle, nous mettons de côté notre intérêt personnel et nous reconnaissons la grande valeur de l'autre ; 2) par cultiver un équilibre mental et émotionnel ou un bien-être intérieur ; 3) ainsi peut naître le moi silencieux plus profond. 4) Après avoir travaillé sur les distractions mentales et l'instabilité émotionnelle, le praticien détourne son attention du moi pour se tourner vers un ensemble de pensées et d'expériences qui dépassent largement la vie personnelle. Les méditations peuvent être basées sur les mots, les images, les sens, etc. 5) Enfin, il détourne son attention du corps et même de ses pensées, sentiments et intentions, en se concentrant plutôt sur une présence ou une activité qui anime mais transcende tout cela. 6) Il s'agit alors de passer d'une attention concentrée à une attention ouverte. Après une période de concentration intense sur le contenu de la méditation, le contenu est libéré. Ce qui était retenu a disparu. L'attention s'ouvre. Le praticien est entièrement présent et peut accéder à des sentiments d'expansion de conscience et d'union, de vitalité et de mouvement. Ces sentiments peuvent devenir particulièrement apparents pendant la phase d'attention ouverte. 7) Sur le chemin du retour, les mots sont entendus différemment ; ils portent en eux des couches d'expérience et d'images qui peuvent être alors intégrées et le praticien revient à lui-même approfondi, plus éveillé et réaffirmé par son contact avec l'infini, avec les mystères de sa propre nature, avec le divin.

Chemin de Saint-Jacques et développement managérial en extérieur

Ensuite, Muriel DE FABRÈGUES nous invite à partager son expérience du chemin de Saint-Jacques et montre combien l'expérience du chemin s'inscrit dans la définition même du leadership spirituel. Le chemin en effet joue profondément sur la dimension corporelle qui constitue un repère fiable de nos expériences spirituelles. Il pourrait inspirer les gestionnaires sensibles au développement du management « *outdoor* » c'est-à-dire se référant à un éventail diversifié d'activités de développement managérial, se distinguant par son utilisation de l'environnement physique comme moyen de formation à travers lequel les compétences managériales sont développées. Ces approches reposent sur un élément de risque psychologique et physique afin de stimuler l'apprentissage, en supposant que si une personne essaie de faire quelque chose qu'elle pense ne pas pouvoir faire et qu'elle réussit, sa confiance retrouvée peut se traduire dans le travail (Ibbetson & Newell, 1999).

Le développement managérial en extérieur s'appuie sur la **déracination du contexte du travail** (Burletson et Grint, 1996), en utilisant un environnement inconnu pour libérer les managers des normes organisationnelles conventionnelles et des modèles de comportement, les expériences intenses générées par la rencontre de situations nouvelles ou extrêmes produiraient la forme la plus forte d'apprentissage. En supprimant les « accessoires » conventionnels utilisés pour renforcer le sentiment de soi, les praticiens du développement managérial en extérieur suggèrent qu'il est possible de découvrir sa véritable essence (Dainty et Lucas, 1992).

Cependant, à la différence du chemin de Saint-Jacques qui est une activité librement entreprise, dans les activités traditionnelles de développement managérial en extérieur, des facilitateurs interviennent en établissant un moment et un lieu appropriés pour que l'expérience totalisante du développement spirituel se produise, à la fois métaphoriquement et littéralement. En termes de lieu, l'environnement naturel peut être considéré comme un sanctuaire où les participants pratiqueront l'introspection. L'éloignement, la beauté et la tranquillité du contexte des interventions peuvent favoriser une exploration ininterrompue du moi intérieur. De même, l'éloignement spatial suggère une distanciation permettant d'atteindre une dimension sacrée (Nesti, 1990). C'est également le cas des interventions présentées comme des retraites en mettant l'accent sur la possibilité de disposer de temps et d'espace pour réfléchir, récupérer et se recentrer. Se retirer du contexte de travail procure l'espoir de se libérer des contraintes causées par les schémas de pensée et de comportement établis. De même, ce type d'intervention est assorti de nombreuses sessions commençant par une période de méditation silencieuse pour permettre aux individus d'être physiquement, émotionnellement et spirituellement présents, et pour leur permettre de laisser les distractions de leurs autres mondes en dehors de l'espace centré. Il reste des interrogations à propos du retour dans l'univers du travail caractérisé par un rythme peu propice à assurer la continuité.

Par rapport au chemin de Saint-Jacques, le management *outdoor* dispose d'un cadre qui peut orienter les personnes d'une façon beaucoup moins libre que l'expérience décrite par Muriel DE FABRÈGUES. Néanmoins il paraît intéressant de positionner ces approches en perspective l'une de l'autre pour observer des différences marquantes sur ce thème en particulier dans le cas du chemin de Saint-Jacques, la capacité à faire corps avec l'essentiel, pour le management *outdoor* un environnement artificiellement sûr donc limitant sa portée au plan du développement personnel.

TEMPS ET INTÉRIORITÉ

Elisabeth Martini

Il y a quelques années, à la suite de l'enchaînement de postes à responsabilité en RH, dans des environnements de travail certes passionnants mais sous pression, où le temps de l'horloge était réglé sur le « retour sur investissement des actionnaires », j'ai frôlé un burn out. L'expression fréquente que j'employais pour exprimer mon malaise à cette époque était : « je ne m'appartiens plus ». Elle reflétait cette sensation étrange d'avoir la tête saturée, coupée de mon corps, générant vide et perte de sens. J'ai fait le choix de préserver ma santé, mon équilibre familial et ma liberté intérieure en quittant sciemment le statut de salarié.

Il m'a fallu du temps pour me re-construire. Des lectures m'y ont aidée ainsi que des formations. Le retour à l'activité physique, le contact avec la nature et surtout de belles rencontres m'ont été salutaires. Sur ce chemin de retour à soi, j'ai croisé celui de saint François d'Assise. Son choix de conversion radicale m'a touchée. Il est venu étancher ma soif spirituelle. À la manière de François Cheng qui témoigne dans son livre *De l'âme* (2016), je me découvre un peu tardivement une âme, une unité, source de paix intérieure.

Tirant les leçons de mon expérience professionnelle, où j'ai souvent été confrontée à des enjeux de transformation à fort impact, j'ai développé une activité d'accompagnement des organisations en transformation profonde auprès d'équipes dirigeantes, en s'appuyant sur des processus collaboratifs, en particulier le méta-modèle Théorie d'Otto Scharmer (2009), ainsi que sur des méthodes en intelligence collective. Elle incorpore et implique un autre rapport au temps. En effet, il s'agit de créer les conditions pour se relier à son intériorité, écouter et interagir en profondeur pour faire émerger le sens et co-construire le futur désirable.

Ralentir

Au début de ma réorientation professionnelle, j'ai croisé Hartmut Rosa. Son livre *Accélération une critique sociale du temps* (2013) m'a grandement aidée à éclairer la compréhension de notre rapport au temps, en relation avec ce qui caractérise de manière structurelle notre société, qualifiée par Hartmut Rosa de stabilisation dynamique : « *notre société est systématiquement tributaire de la croissance, de la densification de l'innovation pour conserver et reproduire sa propre structure. La stabilité est obtenue dans et par le mouvement qui n'est autre qu'un mouvement d'accroissement qui s'appuie sur la triade croissance, accélération et innovation affectant toutes les sphères de notre vie* ». Ce temps linéaire, marqué du sceau de l'accélération, est pour Rosa source d'aliénation en ce qu'il ne laisse pas ou très peu de place à l'intériorité, au temps réflexif, à la résonnance nécessaire en relation avec les autres, l'environnement, le monde pour être et/ou devenir pleinement acteur.

Dans un processus de transformation profonde qui engage chacun à s'accoutumer à de nouvelles manières de coopérer et de diriger en situation complexe, **ralentir** commence par ce qu'il y a de plus difficile : faire de la place dans les agendas pour ouvrir des temps réguliers de rencontre. En se reliant à son intériorité, il s'agit pour chacun de partager son vécu de la situation présente, ses émotions ainsi que ses perceptions du neuf à faire advenir.

J'ai appris, et maintes fois expérimenté, que le développement d'une culture de l'écoute et de l'attention, en contexte d'urgence et d'accélération, est la porte d'entrée sur le chemin du discernement individuel et collectif. Au tout début d'un processus d'accompagnement, il est déterminant d'amener le groupe à expérimenter une qualité d'écoute large, profonde, authentique, bienveillante qui invite chacun à sortir de ses schémas de fonctionnement habituels tout en se connectant à ses ressentis et à ce qui émerge de soi. Des pratiques invitent à prendre conscience de son écoute, telles les « niveaux d'écoute » ou la « marche dialoguée ». Elles ont la particularité d'être simples dans leur mise en œuvre et puissantes dans ce qu'elles génèrent au niveau des prises de conscience et des changements de comportement dans la durée.

Quelques mots sur ces deux pratiques :

Les **niveaux d'écoute** s'exercent dans un cercle de quatre personnes. Une personne expose une situation qui peut être relative à un projet, une action entreprise, les trois autres personnes écoutent attentivement à partir d'un niveau d'écoute : 1) les faits ; 2) les émotions ; 3) l'énergie, la conviction et/ou l'enthousiasme ressenti. Une fois que la personne a présenté son vécu, chacun énonce dans l'ordre ce qu'il a entendu, ressenti en effet miroir. À la fin de ce retour, la personne exprime ce que cet exercice lui a apporté, ce que cela lui a permis d'appréhender, ce qu'elle a elle-même ressenti de tous ces apports sous cette forme. Puis c'est autour d'une autre personne du cercle de s'asseoir sur la chaise du porteur de situation, chacun changeant de chaise à tour de rôle. Un temps d'une heure est imparti à l'ensemble du processus. Cette pratique permet à la fois de partager des histoires fortes, de ressentir la pertinence et la qualité d'une écoute profonde, qui part de l'intérieur, en dissociant les niveaux d'écoute, de re-lier des personnes à l'essentiel dans ce qui est exprimé et vécu, de procurer la joie de se sentir entendu et compris dans une perception holistique, de créer des liens entre des personnes qui parfois se rencontrent pour la première fois, plus généralement de souder un collectif.

La **marche dialoguée** est une invitation faite de partir marcher à deux, côte à côte, à l'extérieur, si possible dans la nature ou un espace vert proche, soit en début de rencontre, soit en cours lorsque le groupe a cheminé ensemble un certain temps. Elle est particulièrement adéquate lors de moments clés de conscientisation sur ce qu'il va falloir laisser partir comme schémas mentaux, habitudes, façons de faire chacun et ensemble pour grandir et franchir un seuil. Elle se découpe en trois temps sur une durée maximum de 45 mn qui se déroule en marchant, sans s'arrêter : une personne s'exprime sur ce qui est présent pour elle, dans l'ici et maintenant, sans être interrompue, puis c'est le tour de l'autre personne pendant la même durée. À la fin, le binôme partage sur ce qui apparaît essentiel à ce moment-là, en résonance à ce qui a été exprimé et entendu. Ce qui ressort de ce temps hors norme est qu'il offre la faculté de se connecter très vite, et de manière souvent surprenante à sa source intérieure, à son moi authentique. Des propos très forts emprunts d'émotions, souvent reliés au sens, quasi existentiels, sont exprimés et partagés dans ce temps de résonance à deux.

Dialoguer

Ce dont notre époque a le plus besoin dit Hartmut Rosa est d'entrer en résonance pour une nouvelle relation au monde. Il invite à explorer cette voie : « Tout, dans la vie, dépend de la qualité de notre relation au monde, c'est-à-dire de la manière dont les sujets que nous sommes font expérience du monde et prennent position par rapport à lui, bref de la qualité de notre appropriation du monde ». Il distingue trois axes de résonance : horizontal, diagonal, vertical. L'axe horizontal est relatif aux liens familiaux, l'association à autrui, les relations amicales et amoureuses, les aptitudes au pardon, mais aussi les rapports qui se tissent dans le dialogue civil démocratique, à savoir la politique. Dans le deuxième axe diagonal, il s'agit de la résonance avec les choses et les objets. Le dernier axe est vertical, au sens où « ce qui nous "fait face" y est éprouvé comme une totalité dépassant l'individu ». Redonner voix au monde n'est pas hors de notre pouvoir selon Hartmut Rosa. Il n'est pas trop tard pour commencer aujourd'hui à œuvrer à la qualité de notre relation au monde – à la fois individuellement et ensemble, politiquement. Un monde meilleur est possible, un monde où il ne s'agit plus avant tout de disposer d'autrui, mais de l'entendre et de lui répondre. Entrer en dialogue est une manière privilégiée d'entrer en résonance collective. Ce que nous cherchons à amener dans le champ des transformations profondes, qui sont avant tout des transformations culturelles destinées à amener un changement de paradigme dans les manières de collaborer, d'innover et de diriger, c'est de créer les conditions d'un dialogue génératif d'où émergera la conscience et la vision du tout, individuellement et collectivement.

À cette fin, nous nous appuyons sur la pratique du « **Cercle de dialogue** » inspirée entre autres de la méthode de dialogue de David Bohm, physicien quantiste qui a collaboré avec Albert Einstein. Selon lui, communiquer signifie faire quelque chose en commun, faire quelque chose ensemble, par extension, créer quelque chose de nouveau ensemble. Un cercle de dialogue a pour fonction de faire apparaître ce qui nous relie à un niveau plus profond en ralentissant, en étant observateur du fonctionnement de notre pensée, et de la manière dont on écoute : le mouvement plus perceptible de la vie qui circule en nous et entre nous, notre socle vital créateur qui cherche à émerger au travers d'un flux de sens. Un cercle de dialogue, en intelligence collective, répond à des règles très simples, qui sont dans l'axe horizontal dont parle Hartmut Rosa : équivalence des participants à égalité de dignité, diversité du groupe, écoute large, expression libre dans une circulation fluide au centre du cercle. Le cercle de dialogue participe très directement à la qualité de relation au monde et à l'émergence de la sagesse collective : écouter et entrer en résonance pour décider et agir ensemble, avec une clarté de conscience et d'intention.

Être en présence

Notre état intérieur conditionne la qualité de notre relation au monde et de ce que nous apportons au monde. Trouver cet espace de calme intérieur, de pleine présence à soi, aux autres, à la nature, à ce qui nous entoure en étant pleinement conscient et dans nos ressentis est, dans le monde actuel, et des organisations en particulier, une gageure. Cependant, c'est ce dont nous avons le plus besoin aujourd'hui face à la triple crise sociale, environnementale et spirituelle que nous traversons, à laquelle s'ajoute la crise sanitaire. Trouver ensemble les chemins de la Grande Transition requiert de se relier collectivement de manière plus consciente, fluide, avec une clarté d'intention et une qualité d'attention dans la relation. Créer des espaces-temps de pleine présence, dans des accompagnements de transformation dans la durée, est constitutif d'un processus de discernement. À cette fin, il s'agit de proposer des pauses qui peuvent revêtir différentes formes (marche en solo, méditation, mouvements de pleine présence corporels issus du *Social Presencing Theater* ou de Qi Gong, ateliers de dessin individuel ou collectif, de sculpture, journal intérieur. Alterner des temps bien remplis en groupe, avec des temps pour soi est précieux : un retrait fécond pour se relier à sa source d'intuition et de créativité de manière holistique, procurant une sensation d'unité et d'apaisement, de lâcher-prise dans ce qui cherche à émerger en profondeur. C'est parce qu'il y a un processus qui permet d'écouter, de co-percevoir, de co-sentir, de goûter à la qualité de présence dans le Je et le Nous, en se reliant à la Source, que les graines du futur apparaissent dans le juste rythme. Cette étape de cristallisation, fruit de « l'intelligence incarnée », ancrée dans une intention discernée, est toujours un moment magique qui procure joie, étonnement, admiration, communion.

En résumé

Toutes les grandes sagesses nous enseignent que le retour à soi est essentiel pour écouter ce que la vie nous appelle à faire de manière personnelle ou de manière collective, il est nécessaire de ralentir, voire de s'arrêter. La qualité de notre relation au monde et ce que l'on cherche à apporter au monde, en résonance avec lui, dépend de notre intériorité et de la manière dont on la cultive. Ce dont notre société et le monde ont le plus besoin aujourd'hui est d'activer cette capacité d'innovation collective à partir de sa source intérieure au service du bien commun. « *La question, dès lors, est comment notre créativité humaine, nos valeurs, pensées et sentiments peuvent restaurer l'harmonie sur notre planète et donner un sens plus grand à nos relations les uns avec les autres et avec le monde ?* » F. David Peat.

GOUVERNER EN CINQ DIMENSIONS

Laurence Baranski

La spiritualité, une dimension oubliée

L'approche qui suit est l'une de celles que j'enseigne en Master2 « Coaching et développement personnel en entreprise » de l'Université Panthéon-Assas. Elle constitue également le socle de certains de mes ouvrages, s'agissant des parties consacrées à la connaissance que nous avons de nous-même, de notre évolution, et de notre transformation. Elle est un repère que je propose en coaching de dirigeants. Elle est surtout une invitation à développer, sans limite, notre potentiel, notamment sur deux de nos dimensions trop longtemps oubliées : nos dimensions spirituelle et holistique.

Mais partons du début. Nous sommes, nous humains, des êtres incarnés. Autrement dit, nous évoluons, de notre naissance à notre mort, dans un corps physique. Nous sommes aussi des êtres d'émotion, émotions qui pourront se décliner tout au long de notre vie de multiples façons, toujours sur la gamme des premières d'entre elles : la peur, la joie, la colère et la tristesse. Nous sommes également, bien sûr, des êtres capables de penser, d'émettre des hypothèses intellectuelles, et de déduire de notre expérience des enseignements qui viendront à leur tour nourrir de nouvelles hypothèses.

Au fil du temps, et parfois des modes, les approches du management, dans le but d'accroître l'efficacité des collectifs humains, n'ont eu de cesse de prendre en compte ces trois dimensions de l'être humain, la dimension physique, la dimension émotionnelle, et la dimension intellectuelle.

Au début du XXe siècle par exemple, le psychologue et sociologue Elton Mayo, à l'origine du mouvement des relations humaines en management, nous a sensibilisés à l'importance de l'environnement sur le bien-être des collaborateurs d'une entreprise. Il vaut mieux un environnement où l'on a chaud, où la lumière est suffisante, et au sein duquel on tisse des relations agréables avec les autres, plutôt que l'inverse. Cela nous rend plus motivés, plus efficaces, et par conséquent plus productifs. Quant à notre intelligence, elle est devenue ces dernières années « collective », de préférence basée sur des savoirs et des connaissances transdisciplinaires. Notre intelligence est ainsi invitée à s'ouvrir au monde extérieur et à muter, tout comme nos organisations qui passent de la pyramide aux réseaux, au rythme où le permettent les résistances au changement individuelles, culturelles et organisationnelles.

Il y a une dimension que nous avons très peu explorée collectivement. Elle était jusqu'à présent reléguée à la seule sphère privée. Il s'agit de celle du sens et de l'esprit.

Un désir grandissant de sens

Non contents d'être des êtres physiques, capables d'éprouver des émotions et de penser, nous sommes également des êtres en quête de sens. Nous avons besoin de donner du sens à nos actions. Il ne s'agit pas ici du « sens » en lien avec nos perceptions directes, à savoir le toucher, le goût, l'odorat, l'ouïe, la vue. Il s'agit là d'une impression diffuse et indicible qui nous permet de savoir, intérieurement, que les choses que nous vivons et faisons sont justes et cohérentes avec nos valeurs, nos aspirations, notre plus bel idéal.

Les entreprises, et plus largement les systèmes de gouvernance, ne s'y sont pas trompées. Elles ont décelé depuis longtemps ce désir de cohérence et ce besoin de grandir à soi-même, un besoin d'ailleurs mis en évidence, toujours au siècle dernier, par le psychologue Abraham Maslow et connu sous le nom de « besoin de réalisation ». Pour y répondre et attirer à elles les meilleurs candidats, elles ont largement communiqué sur leurs projets. Elles ont rédigé, en chambre ou de manière participative, des chartes de leurs valeurs. Elles ont développé, en interne, des parcours pour les « hauts potentiels », de façon à donner à ces collaborateurs prometteurs la possibilité de s'élever toujours davantage dans l'organisation et d'y exprimer leurs talents. C'est bien, mais c'est à présent insuffisant.

La quête de sens qui nous anime dépasse aujourd'hui le seul cadre des valeurs. Nous ne nous questionnons plus seulement sur le sens de notre travail, mais sur celui de notre vie. Qu'est-ce que la vie ? Qu'est-ce qui est le plus important pour nous dans la vie ? Et, en conséquence, que voulons-nous faire de notre vie ? Ce questionnement est existentiel et ontologique. On le voit grandir dans la société, comme l'illustre par exemple le mouvement des *créatifs culturels*, une « typologie » sociologique d'acteurs qui ont la particularité de faire des choix de vie en conformité avec leurs valeurs profondes, quitte à tout lâcher pour tout reconstruire ailleurs autrement. S'agit-il là d'une réaction d'enfants gâtés qui se permettent de rejeter le système à l'occasion d'une crise d'adolescence tardive ? Ou s'agit-il d'un choix beaucoup plus réfléchi face à un système économique consumériste qui voudrait, semble-t-il, nous transformer en acteurs et en consommateurs atones, à grand renfort de campagnes marketing, belles à l'image, mais dont les mots et les promesses sont déconnectés du réel et de la vie ; déconnectés de toute réponse véritable au sens que nous cherchons, individuellement et collectivement, ce sens qui nous donne envie d'avancer.

La spiritualité, notre quatrième dimension

Cette quête de sens est l'expression de notre quatrième dimension, la dimension spirituelle. Longtemps le mot « spiritualité » a été attaché dans notre culture occidentale à celui de « religion ». Levons tout de suite cette confusion. La spiritualité dont il s'agit ici puise son essence dans l'étymologie même du mot, à savoir « spir – », qui signifie le « souffle ». Quelle que soit notre religion, ou que nous n'en ayons pas, nous sommes toutes et tous traversés et portés par le souffle de la vie. Nous sommes donc toutes et tous des êtres spirituels.

Nous pourrons bien sûr, si nous le souhaitons, laisser cette dimension de côté, sans plus nous questionner. Ou nous pourrons, au contraire, nous en étonner, nous en émerveiller et chercher à en savoir plus sur cette part de nous-même impalpable, qui pourtant nous anime. Une part qui nous rapproche aussi du mystère, car le souffle de la vie elle-même est un mystère. Nul ne peut démontrer ce qu'est la vie et pourquoi elle « est ». Il est étonnant de constater que, quels que soient notre culture ou notre niveau de connaissance, notre intelligence rationnelle ou sensible, nous restons des mystères pour nous-même.

Aller à la rencontre de ce mystère et de soi-même relève d'une démarche personnelle. Chacun pourra avancer sur ce chemin intérieur à l'aide des inspirations et inspirateurs de son choix. Pour qui en a fait l'expérience, ce chemin spirituel nous relie progressivement à ce qui a une véritable valeur à nos yeux. À chaque pas, nous nous rapprochons toujours un peu plus de notre vérité intérieure. Le superflu s'efface pour laisser la place à l'essentiel. Un essentiel qui, comme le disait le renard au petit prince, est invisible pour nos yeux physiques et ne se voit bien qu'avec les yeux du cœur. Un essentiel imprégné de désir de douceur et d'amour. Nous sommes ces êtres animés d'un désir de douceur. D'une douceur vraie, pas d'un succédané. Il semble que nous ayons de plus en plus besoin de le dire, de le vivre, de le ressentir.

S'il est vrai que l'une des fonctions de la société est de contribuer à créer les conditions nous permettant de devenir le meilleur de nous-même, et s'il est vrai que l'une des entreprises, tout au moins au travers des promesses qu'elles font, est de nous permettre de nous épanouir, alors la société, comme les entreprises, doivent et devront prendre en compte, à l'avenir, cette quatrième dimension spirituelle qui va bien au-delà des seules valeurs et des seuls projets. Elle porte sur le sens et la raison d'être de ce que nous sommes et faisons. On peut penser que les retraites spirituelles pour les hauts dirigeants, qui se multiplient actuellement, tout comme le succès de la « méditation de pleine conscience », qui gagne tous les secteurs de la société (entreprise, éducation, sphère politique), sont les prémices de la prise en compte de cette dimension.

Entrer dans notre cinquième dimension

Arrêtons-nous un instant sur l'expression « méditation de pleine conscience ». Ici, le mot important n'est pas vraiment « méditation », chacun méditera comme il l'entend. C'est le mot « conscience ». Car le plus étonnant, dans l'aventure humaine que nous vivons, n'est pas tant que nous soyons des êtres dotés de quatre dimensions. Mais c'est que nous en ayons conscience. Et qu'est-ce que la conscience ? Elle est bien mystérieuse elle aussi, tout comme la vie elle-même. Qu'est-elle ? D'où vient-elle ?

La science contemporaine, influencée par la *pensée matérialiste* occidentale, a jusqu'à présent considéré que notre conscience prenait naissance dans la matière, et plus précisément dans notre cerveau. Notre conscience, selon cette vision, en est une émergence. Une vision scientifique plus récente, dite *post-matérialiste*, propose une tout autre explication. La conscience ne serait pas une émergence de la matière, mais elle la précèderait. Elle existerait avant notre naissance et existerait après notre mort physique. Nous n'en serions qu'une expression temporaire. Dans cette nouvelle approche scientifique, révolutionnaire par rapport à la pensée dominante, notre conscience est première. Cette vision rejoint les traditions spirituelles et de sagesse qui depuis toujours enseignent que la conscience, ou esprit ou âme, chacun choisira son vocable, est première. Aucune de ces deux visions n'est scientifiquement prouvée, toutes deux sont des hypothèses.

Que l'on opte pour l'explication de la *conscience locale* (la conscience est une émergence de notre cerveau) ou de la *conscience non locale* (la conscience ne prend pas naissance dans le cerveau, elle est « ailleurs »), il reste que nous sommes des êtres dotés d'une conscience. Plus que cela, « nous pourrions être connectés à une trame informationnelle partagée » écrit la spécialiste Miriam Gablier. Les scientifiques, notamment quantiques, nous apprennent en outre que cette « mer psychique dans laquelle nous baignons » est riche de propriétés qui dépassent de loin celles de la matière. Le temps n'y existe pas, les informations y circulent plus vite que la vitesse de la lumière, et tout y est relié. Il ne s'agit pas de dire que nous, êtres humains, dans notre dimension physique, disposons de ces propriétés. Mais que notre conscience individuelle, elle, tout comme le champ de conscience collectif, dispose de ces potentialités. Nous étions donc des êtres incarnés, émotionnels, intellectuels, et spirituels. Nous voilà à présent riches d'une conscience qui nous relie au tout.

Avec la conscience, nous entrons dans notre dimension holistique (de « holos », qui signifie « le tout »), notre cinquième dimension qui nous permet de prendre conscience de notre complétude, et qui nous permet de nous sentir reliés à ce qui semble être un continuum d'énergie et d'information.

Figure 1 : Les cinq dimensions pour gouverner

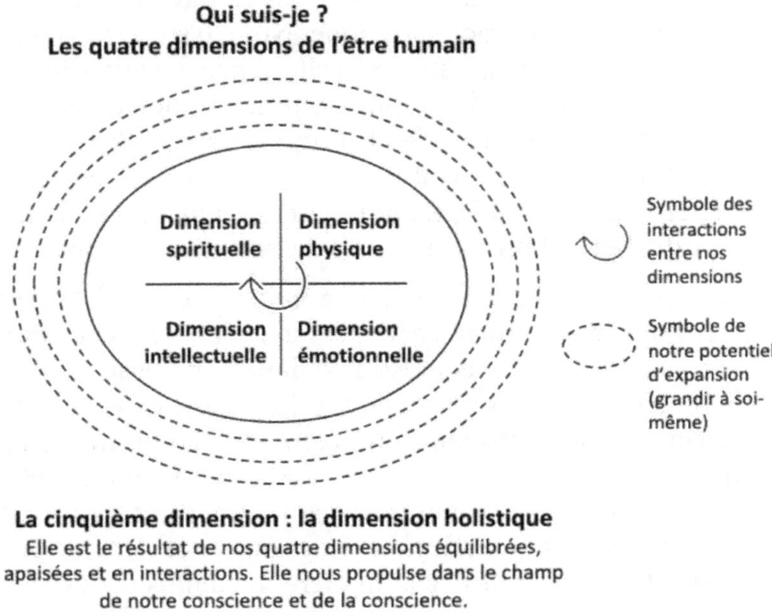

Ce que cela implique

Je le constate en accompagnement, ce modèle simplifié de nous-même agit comme une invitation à nous questionner sur nous-mêmes en toute simplicité, sans tabou ni culpabilité. Quelles dimensions de nous-même avons-nous l'habitude d'activer ? Quelles dimensions de nous-même aimerions-nous libérer plus souvent et plus naturellement ? Comment souhaitons-nous explorer ces parts encore trop peu activées ? Et comment souhaitons-nous les exprimer dans notre quotidien ? Dans quel but ? Pour quels projets de vie, d'entreprise ou de société ?

Le succès actuel des approches spirituelles non religieuses, celui de la méditation de pleine conscience, ou encore celui du coaching témoigne de notre aspiration à être pleinement nous-même, y compris dans nos dimensions les plus sensibles. Cette évolution questionne les managers comme les dirigeants. Comment gouverner, comment accompagner, comment motiver ? Nous pouvons décider de ne rien changer ou au contraire d'adapter nos manières de gérer. Mais comment les adapter ?

À l'aune de la métamorphose du regard que nous portons sur nous-même, celles et ceux qui sont et seront les plus à même d'inventer de nouvelles pratiques adaptées, sont celles et ceux qui auront, pour eux-mêmes, expérimenté leurs quatre dimensions en interaction, jusqu'à activer pleinement leur cinquième dimension. Car pour percevoir la subtilité et la complexité du monde qui nous entoure, il n'y a pas de meilleur et de plus pertinent chemin que celui qui nous permet d'expérimenter, et de ressentir, notre propre subtilité et notre propre complexité, dans toutes nos dimensions.

En résumé

Même si nous sommes parfois maladroits dans l'expression, en société, de nos dimensions physiques, émotionnelles, et intellectuelles, nous avons appris à les connaître et à faire au mieux avec. Notre dimension spirituelle est en train de se réveiller. Cela s'observe concrètement dans la société, comme un désir ardent après une longue privation. Dans le même temps, le champ de la conscience et ses propriétés se dévoilent à nous grâce à des scientifiques audacieux. À titre personnel, cela nous propulse dans notre cinquième dimension, holistique, celle qui nous relie au tout. Nous sommes invités, dès aujourd'hui, à composer avec ces cinq dimensions. La meilleure école pour nous y préparer est notre école intérieure, celle qui conduit à cheminer à la rencontre de soi, de son être intérieur, de sa propre essence.

LES ÉTATS MODIFIÉS DE CONSCIENCE

Patricia Martin

« Notre état normal de conscience éveillée, la conscience rationnelle comme nous la nommons n'est rien d'autre qu'un type particulier de conscience ; partant de là et séparée d'elle par les plus transparents écrans, se trouvent des formes potentielles de conscience entièrement différentes. » (William James, 1890 – anthropologue)

Il n'y a aucune raison de penser que le monde, le réel, se limite à ce que nous percevons d'habitude dans notre état de veille habituelle. Il y a même de bonnes raisons de penser qu'énormément de choses nous échappent. Toutes les cultures de la Terre et ce depuis la nuit des temps, en partant du chamanisme, jusqu'à la mécanique quantique, ont affirmé que d'autres plans de l'univers existent, à côté, imbriqués, parallèles au nôtre. Et elles disent aussi que ces plans sont accessibles, pour peu qu'on change d'état de conscience. Tout se passerait comme si notre état habituel, notre état de conscience ordinaire, ne pouvait prendre en compte qu'une faible « bande » de la Réalité, de ce qui nous entoure. Alors que les États Modifiés de Conscience permettent de percevoir tout ce qui est au-delà de cette « bande », de percevoir d'autres niveaux de la Réalité.

Définition

« Parce que je suis bien plus que mon simple corps physique, je sais percevoir ce qui est au-delà du monde physique. » (Monroe, 1971) C'est ce que nous expérimentons à l'Institut Monroe grâce aux sons Hemi-

Sync®. L'Hemi-Sync consiste en l'écoute de sons très légèrement différents en fréquences sur chaque oreille, dans l'espace stéréo. Le cerveau répond alors en augmentant sur l'EEG (Electro Encéphalogramme) la présence des ondes cérébrales correspondant à cette différence de fréquence. On observe également une réponse en fréquence plus symétrique sur les deux hémisphères. Il est à noter que ce n'est pas une mais entre dix et vingt fréquences, mélangées dans une matrice calculée par Fourier, qui sont entendues en même temps. C'est sans doute ce qui fait la différence entre l'Hemi-Sync et les autres musiques ou sons quelque fois proposés pour l'expansion de conscience.

L'accès aux États Modifiés de Conscience est lié à un entraînement volontaire utilisant certaines techniques, comme ici les sons Hemi-Sync de l'Institut Monroe, ainsi qu'à une démarche initiatique. On peut considérer les États Modifiés de Conscience, comme une initiation. En tant que telle, l'initiation est chargée de révéler l'individu à lui-même. De lui apprendre « les choses de l'Univers » en lui faisant sentir et non penser les formes de l'Energie qui le traversent, en le mettant en contact à travers les symboles et les archétypes universels, avec les mystères de la mort, de la vie, commune à tous les peuples et à toutes les traditions.

Ces techniques, ces méthodes, visent toutes à « fasciner » la conscience ordinaire, à la mettre de côté, afin que la Conscience Non Ordinaire puisse se manifester. Ce qui empêche l'expansion de conscience, c'est notre conscience ordinaire, banale, rationnelle... Et bien souvent aussi un mental fort, qui empêche le lâcher-prise, et une distanciation parfois nécessaire concernant des événements ou des choix de vie importants nous impactant directement c'est pourquoi nous utilisons souvent l'expression populaire « que la nuit porte conseil ».

Notre éducation, en tout cas pour l'Occident, et notre culture sont très matérialistes, nous ont conditionnés notamment dans le cadre de nos acquisitions intellectuelles à favoriser l'accès à l'information filtrée par l'hémisphère gauche. Le cerveau gauche est très rassurant, il quantifie, pèse, mesure, compte... mais il nous rend aussi malheureux car il nous projette dans un passé amer, et un futur incertain, et nous empêche de vivre l'instant présent. L'hémisphère droit, lui est plus imaginatif, créatif, intuitif et permet d'accéder à toutes nos perceptions extrasensorielles, il est quantique en dehors de l'espace-temps (non local et dans l'intrication) ...

Il existe bien d'autres niveaux de connaissance, que ceux auxquels nous nous référons d'habitude. L'approche objective très valorisée dans notre société, et l'approche subjective, plus créative. C'est pourquoi il est important de valoriser un mode de fonctionnement des deux hémisphères cérébraux pour un meilleur équilibre de chacun, mais aussi de la société. Ces différents accès à la connaissance pourraient se décliner de la façon suivante : 1) La pensée scientifique, objective, avec la physique Newtonienne, la géométrie Euclidienne, analytique, rationnelle, prévisible et matérialiste… 2) La pensée systémique, objective, mais imprévisible, relationnelle, émotionnelle, philosophique… 3) La pensée symbolique, analogique. Cela comprend : le rêve, l'inconscient, la poésie, et le domaine artistique… 4) La pensée spirituelle, se situe davantage au niveau du cœur, du merveilleux, de l'imaginal, des champs quantiques, des synchronicités, des mythes et des archétypes, de la magie (de l'âme qui agit) …

Mon expérience de praticienne

Il m'a fallu de nombreuses années de recherches, d'expériences, pour commencer à pouvoir rendre dicible, ce que depuis toute petite je ressentais, je savais, et que j'avais compris instinctivement. Exprimer un ressenti, un vécu intime, n'est pas chose facile. À 3 ans, j'ai eu une expérience, que l'on pourrait nommer aujourd'hui de « transcendantale ». En regardant le ciel étoilé, le jour de mon anniversaire, je me suis laissé absorber, engloutir dans l'expérience de l'infiniment grand et de l'infiniment petit. Chaque petite étoile m'indiquait qu'elle faisait partie d'un grand tout, et qu'elle n'était qu'une infime partie, une particule d'un immense univers.

Après cette expérience, je ne cessais de poser à ma grand-mère, des questions qui me taraudaient fortement : pourquoi vient-on sur Terre ? Pourquoi faire ? D'où venons-nous ? Et que se passe-t-il après la mort ?... J'avoue que je ne comprenais pas bien pourquoi une personne ayant passé déjà autant de temps sur cette Terre ne pouvait me répondre ? Donc je continuais à poser mes questions, pendant que d'autres devaient se demander comment on fait les bébés ? C'est certainement aussi ce vrai désir de « co-naître » qui m'a conduit à toujours chercher et encore chercher, non pas comment ? Mais pourquoi ? J'ai vite compris, que les réponses et la quête engendrée par ce questionnement m'amèneraient vite aux États Modifiés de Conscience, puisque dans le monde habituel, logique, raisonnable et rationnel, ces questions n'étant pas mesurables, les réponses se trouvaient ailleurs. (Comme dans la série *X-Files* « la vérité est ailleurs ».)

J'ai donc expérimenté les États Modifiés de Conscience. Je vous en donne ici les caractéristiques principales : ils permettent d'aller de la relaxation à des niveaux de transes profondes, ces étapes ont été cartographiées par l'Institut Monroe, c'est encore une particularité de cette méthode, qui permet de reproduire à volonté différents états de transes. Ils se caractérisent :

- Dans un premier temps, par l'hyper acuité des sens et une perception du monde extrasensorielle. En effet, en état de conscience ordinaire, nos 5 sens fonctionnent de façons limitées, nous ne percevons pas ce qui est au-delà d'une certaine bande de fréquences, à la fois sonore et visuelle, mais aussi kinesthésique, olfactive et gustative. L'expansion de Conscience permet d'accéder et de transformer des informations, au niveau de la créativité et de l'intuition en connaissances sûres. Il m'est arrivé en séance individuelle dans le cadre d'un accompagnement en psychothérapie, qu'une personne en États Modifiés de Conscience, me dise entendre un chant grégorien absolument merveilleux. En fait, il n'y avait aucun chant grégorien dans la pièce.
- Dans un deuxième temps, par la perte de la notion du temps et la mise en place systématique de **sycnchronicités**. La Conscience n'est pas limitée par le temps, seul le monde physique est régi par ces lois. Des événements synchrones avec des états d'âme particuliers se manifestent depuis que l'homme existe. La synchronicité, phénomène mystérieux et extraordinaire qui accompagne l'homme dans son histoire et constitue son seul lien réel avec son origine spirituelle. Qui n'a jamais fait l'expérience de la synchronicité ? Par exemple, tomber par « hasard » sur un livre que l'on recherchait. Rencontrer une personne à qui nous pensions juste à l'instant.
- Et dans un troisième temps, par la mise en lumière des parties sombres, l'éclaircissement de certaines situations qui pourraient nous paraître sans issues. Il s'agit là de mettre en œuvre l'intuition, la créativité, l'imagination, d'écouter sa petite voix, de suivre notre instinct, afin d'inventer, résoudre, créer. C'est l'idée de génie ! Je vais donc vous en révéler la précieuse recette, dont les ingrédients font appels à la fois à nos ressources mentales conscientes et inconscientes. Savoir imaginer une solution géniale et inédite à un problème abstrait ou à une question, concernant aussi bien notre vie personnelle que professionnelle, repose sur un processus encore en trois étapes :

1) La préparation, qui consiste à penser consciemment durant de longues heures à la nature du problème que l'on espère résoudre. Cette période génère une intense sensation d'effort mental. La période de préparation correspond à la mise en place consciente du problème. Le réseau cérébral conscient s'active nuit et jour, occupé à tourner en boucle. Il génère également des pistes stratégiques pour penser le problème de façon originale. Le plus souvent l'aventure s'arrête là et nos efforts sont vains. Nous restons avec un problème non résolu sur les bras, ou plutôt entre nos deux hémisphères cérébraux. Dans la phase de préparation c'est bien l'hémisphère gauche qui travaille à mettre en place nombre de stratégies logiques à appliquer, qui sont calculées, raisonnées…

2) Après cette étape arrive le lâcher-prise, qui va permettre d'oublier le problème, et de s'abandonner à la détente, à la rêverie, à la méditation… Bref aux Etats Modifiés de Conscience. L'hémisphère droit reprend la question, mais justement à condition de ne rien faire, de ne plus y penser, de faire l'effort de ne pas faire d'efforts. C'est l'activité mentale inconsciente qui agit dans les coulisses de notre psyché, comme une tâche de fond sur nos ordinateurs. C'est précisément lors de cette période, où justement on ne pense plus du tout au problème à résoudre, qu'une idée inédite va être générée inconsciemment. On laisse faire, il s'agit de se faire confiance, et d'avoir confiance en la providence.

3) Ainsi créée cette idée va accéder à la conscience, qui va constituer la plus brutale et la plus courte des trois étapes de cette recette, qui est l'illumination. Tout d'un coup tout s'éclaire. Tout devient si évident ! Comment ne l'avions-nous pas vu plus tôt ! C'était d'une telle évidence ! Là les deux hémisphères sont synchronisés.

Retour d'expérience

Lors des stages que j'animais à Vézelay, il y a quelques années de cela. J'avais un stagiaire qui était veuf, et élevait sa fille seul. La jeune fille adolescente, posait de nombreux problèmes à cet homme, qui se trouvait dans l'incapacité totale de faire quoi que ce soit pour aider sa fille. Le stage durait trois jours, cet homme a passé deux jours et demi, à tourner dans tous les sens sa problématique. À la fin du stage, il m'a avoué que pour lui rien n'avait fonctionné et que c'était un échec total, qu'il n'avait eu aucune réponse, lors des nombreux exercices proposés. Enfin libéré, la dernière demi-journée, il se laissa aller tranquillement dans un état de détente totale, puisqu'il n'avait plus rien à perdre. Et c'est justement à ce moment-là, lors du dernier exercice, qu'il s'est levé et m'a dit : « bon sang bien sûr, c'est évident, comment je n'ai pas pu trouver ça tout seul ? ». Il venait de résoudre son problème.

En ce qui concerne la créativité et le génie prenons par exemple de grands scientifiques et penseurs, qui sont parmi les plus créatifs de l'humanité comme : Mendeleïev avec l'invention du tableau périodique des éléments. L'écriture de la première version du tableau périodique, celle qui est publiée en 1869, s'est déroulée en une seule journée. Mendeleïev essaya d'arranger le tableau des éléments, en vain. Il alla alors inspecter une laiterie, reportant son problème de classement à plus tard. Après cette visite, Mendeleïev écrivit la liste des masses atomiques exactes dans la marge de son ouvrage *Fondement de la chimie.* À partir de cette liste, il recopia sur des fiches séparées les 63 éléments chimiques connus, leur masse atomique et leurs propriétés chimiques essentielles. Il alla se coucher ; à son réveil, il écrivit d'une traite la classification telle qu'elle est publiée dans sa première communication. La légende dit qu'il aurait vu sa classification en rêve.

Nous avons de nombreuses raisons pour pratiquer les États Modifiés de Conscience.

Pour apprendre à se connaître soi-même afin de progresser dans la bienveillance, pour développer notre intuition en connaissance sûre, pour développer notre créativité et apprendre aussi la confiance en soi et en l'autre. Pour nous ouvrir sur le monde spirituel et nous permettre de prendre conscience de ce que nous sommes réellement au plus profond de nous, et de puiser en nous-même le véritable amour, la bienveillance et l'altruisme. Les États Modifiés de Conscience, modifient la façon dont les événements nous affectent.

MÉDITATION

Marie Holm & Aymeric Thon-Adjalin

Certaines formes de pratiques contemplatives sont entrées dans les entreprises ces dernières décennies, par la pratique personnelle et dans le cadre de formations pour les employés. Il s'agit notamment de la sophrologie, du yoga, du tai-chi, et de la méditation transcendantale. La pratique la plus couramment proposée dans ces formations est la méditation de pleine conscience, qui est un état d'esprit qui émerge lorsque l'on prête attention à ce qui se passe à chaque instant.

En général, les formations sur la pleine conscience visent à améliorer le bien-être, la productivité et d'autres résultats fonctionnels, et sont éloignées de la philosophie de leurs origines (Islam, Holm et Karjalainen, 2017). Bien que souvent cultiver la pleine conscience de cette manière puisse améliorer sa qualité de vie, cette pratique offre des possibilités encore plus grandes.

Il y a plusieurs années, il était presque inimaginable de parler ouvertement d'une pratique personnelle de la méditation au travail. Les pratiques contemplatives ont généralement été perçues comme une activité à faire sur son propre temps libre, et si on les effectuait au travail, on risquait d'être perçu comme improductif ou étrange. De fait certaines personnes associent méditation et religion, ce qui les rend critiques et hésitantes vis-à-vis de ces pratiques.

En grande partie, la propagation de la pleine conscience dans les entreprises a été facilitée grâce à un procédé de cheval de Troie consistant à montrer ses résultats et son efficacité éprouvés dans le domaine médical sur l'apaisement du stress et d'autres problèmes mentaux. De fait les processus de *scientisation*, d'instrumentalisation et de marchandisation de la pleine conscience dans les entreprises amènent au mieux à en faire un outil pour apaiser le stress pendant que le capitalisme avance, plutôt que d'amener la société à atténuer collectivement la souffrance et à renforcer la justice sociale (Karjalainen, Islam et Holm, 2019). Cependant ce type d'approche peut réintègrer le fondement philosophique et ses valeurs, y compris le non-matérialisme, l'ouverture au changement et la connexion avec la nature. Ce faisant il induit des tendances et des comportements plus respectueux de l'environnement et de la société (Patel et Holm, 2018). De cette façon, les limites à ses capacités de transformation pourraient potentiellement être surmontées. Ainsi, la pleine conscience est devenue un « buzzword » mais quelles autres possibilités existent ? Comment ces autres méthodes pourraient-elles être bénéfiques pour les leaders spirituels, c'est-à-dire ceux qui souhaitent intégrer la spiritualité dans leurs façons de penser et d'agir ?

La méditation spirituelle

Dans la spiritualité, on commence par des formes de méditation similaires à la pleine conscience, puis on progresse vers des états d'esprit plus larges et profonds. Tandis que la pleine conscience peut servir à réduire le stress, les états d'esprit et pratiques dans la spiritualité sont différents, et ne se concentrent pas sur les objectifs individuels mais sur une approche plus globale et les améliorations collectives de la société.

Il est utile ici de clarifier ce à quoi nous nous référons quand nous parlons de méditation. Alors que tout le monde entre parfois dans des états d'esprit méditatifs, la méditation est une pratique en dehors des autres occupations quotidiennes, et qui se déroule généralement en position assise. Pratiquer ou non la méditation est un choix individuel et il n'est pas besoin d'être leader spirituel, néanmoins, cela peut être une pratique permettant de développer la compassion, la créativité et une connexion avec l'au-delà.

Nos conceptions de ce qui se trouve exactement au-delà de notre monde varient, et parfois cela est appelé conscience collective ou Terre-Mère ou interconnexion ou le divin. Que l'on ait la foi dans une certaine croyance ou non, il est possible de cultiver les états mentaux décrits ici dans la spiritualité, si on le souhaite.

Ici nous explorons l'approche de la méditation telle qu'envisagée dans certains courants spirituels particulièrement le spiritualisme, qui est similaire au spiritisme et au chamanisme.

L'harmonisation, une forme de méditation spiritualiste

La forme de méditation habituelle du spiritualisme est appelée harmonisation ou s'asseoir dans la force (*attunement* ou *sitting in the power*, en anglais) se relier à sa propre puissance intérieure pour se connecter et accueillir l'esprit. Au cours de ce type de méditation, on cultive sa capacité de prendre conscience de sa propre énergie ainsi que de sa capacité à ressentir une connexion avec ce qui est au-delà de soi-même dans l'univers. Comme d'autres formes de méditation, il est conseillé d'être confortablement assis avec une bonne posture dans un espace calme, seul ou en groupe. Il est préférable de ne pas être dérangé pendant la méditation. Cette méditation peut se faire en silence ou en écoutant de la musique ou des instructions, selon les préférences. Si on a besoin d'aide, on peut demander à quelqu'un qui est formé et idéalement certifié en spiritualisme, de faciliter l'induction à un état méditatif. Cette personne peut être attentive à notre rythme et peut prendre connaissance de tout changement qu'elle remarque et faire des suggestions personnalisées.

Voici comment se déroule cette méditation. Pour commencer, **le méditant calme le mental**, en remarquant les distractions de l'extérieur ainsi que de son propre esprit et corps, et permet ensuite à ses pensées et ses sensations de s'estomper. Cela crée un état d'esprit détendu mais concentré pour se préparer aux prochaines étapes. Par exemple, s'il y a des bruits de voitures qui passent à l'extérieur où l'on se trouve, on peut se permettre d'entendre ces sons au début de la méditation, puis de les laisser s'estomper en arrière-plan. De même, on remarquera des sensations dans son corps, puis on plongera plus profondément en soi, afin que ces sensations soient moins perceptibles à mesure que d'autres aspects deviennent saillants. Ensuite, l'attention est portée sur son corps énergétique, l'aura. Cette énergie est autour de soi à travers les **sens psychiques**, ce qui signifie que des couleurs peuvent être mentalement visualisées mais ne sont pas visibles. Le méditant continue sa méditation, les yeux toujours fermés et en respirant doucement, pour augmenter son aura grâce à la **reliance à la joie, à l'amour et la compassion**. Cela peut être fait par exemple en ayant le sentiment de ressentir de la compassion pour les personnes qui luttent et souffrent dans le monde. De cette façon, c'est comme si sa propre aura pouvait rayonner comme les rayons du soleil. Si on pratique avec d'autres personnes, à ce stade, on peut imaginer unir son énergie à celles des autres et on peut remarquer intérieurement ce qu'on ressent avec ses sens psychiques pendant cette fusion. Par exemple, on peut sembler voir des couleurs ou ressentir une impression de refroidissement ou de chaleur. Puis, gardant la conscience de sa propre énergie, **le méditant invite l'esprit** (entité spirituelle qui se manifeste au cours de cette méditation) à se rapprocher et ressent son énergie par rapport à la sienne. Au cours de la période de temps qui suit, le méditant reste dans cette communion et se permet d'être réceptif aux informations communiquées par l'esprit. Après la durée choisie ou lorsque le méditant sent que cette visite touche à sa fin, l'esprit se retire et le méditant revient lentement à un état normal (Kirsebom, 2020). Pendant la méditation, on reste éveillé et conscient, mais au lieu d'être occupé par de nombreuses tâches comme dans la vie quotidienne, on pourrait avoir l'impression de rêver en étant éveillé. On constatera probablement que son esprit se détend dans un état agréable dans lequel les pensées ralentissent pour devenir plus significatives et l'on devient plus réfléchi au lieu d'être préoccupé par une tâche spécifique à accomplir.

Cette méditation est la norme pour les spiritualistes, et pour ceux qui pratiquent le leadership spirituel ; elle peut être utilisée pour se reconnecter avec eux-mêmes et au-delà, revitaliser leur énergie et trouver l'inspiration au sens large. Plutôt que de propager le statu quo, ce type de méditation ouvre de nouvelles possibilités et apporte de nouvelles idées, si on est réceptif et consentant. L'objectif est de renforcer les liens dans l'ensemble de la société, d'approfondir la compassion et d'inciter à agir pour créer un monde meilleur.

Recommandations pour la pratique de la méditation

Il est important de noter que la méditation nécessite de la **prudence** pour ceux qui ont subi un traumatisme ou qui ont des problèmes de santé mentale, car en particulier lorsqu'elle est pratiquée longuement de manière isolée, elle peut faire revenir à la surface des souvenirs désagréables qui doivent être correctement traités. À cet égard, il est nécessaire d'avoir accès à un soutien psychologique ou une assistance médicale si nécessaire.

Aussi, même si la méditation est pratiquée dans la solitude, il est conseillé de faire partie d'un groupe pour partager ses expériences et s'assurer que ses collègues et soi-même sont bien équilibrés et à l'aise.

Il faut aussi faire attention à ne pas répéter les mêmes erreurs qui se sont produites dans la pratique de la pleine conscience dans les entreprises. Il faut donc veiller à ce que le sens de l'éthique soit respecté et agir dans une large perspective en prenant en considération le bien-être de tous, étant conscient que nul n'est entièrement isolé du monde, et même lorsque nous faisons nos propres choix, nous devons répondre aux besoins de l'ensemble de la société.

Applications dans le contexte du leadership spirituel

Dans un contexte du leadership spirituel, le leader spirituel peut lui-même, alors qu'il est dans la partie énergétique jointe (égrégore) de la méditation, envoyer une pensée à l'au-delà, par exemple, pour demander l'inspiration sur la meilleure façon d'interagir avec les autres ou sur les changements qui peuvent être faits pour une plus grande égalité dans la société.

Les leaders spirituels peuvent développer leurs capacités dans ce domaine, afin de pouvoir écouter plus profondément un éventail plus large de sources, c'est-à-dire de voir et d'entendre non seulement ce qui peut être ressenti avec les yeux et les oreilles, mais au-delà, avec le sens psychique pour que leur façon de penser et de se comporter puisse être influencée par une perspective holistique. Le but dans le contexte du leadership spirituel est de **susciter un état d'esprit alternatif** à partir duquel l'authenticité, la créativité et la compassion peuvent émerger.

Parfois, nous avons tendance à prendre des décisions qui servent nos propres intérêts à court terme, alors que là où les pensées et les actions découlent d'un état de connexion avec la conscience collective, il est plus probable que des avantages plus sages, à long terme et collectifs en résulteront.

En résumé, ces différentes pratiques peuvent permettre aux leaders spirituels de discerner leur chemin dans une perspective de développement personnel, avec bienveillance et épanouissement en cultivant une connexion avec l'humanité et au-delà.

MINDFULNESS : EFFET DE MODE OU INNOVATION MANAGÉRIALE ?

Michael Roux, Mathilde Gollety & Carole Godard

Drôle de paradoxe que celui vécu aujourd'hui par les entreprises. Jamais n'a-t-on autant parlé de tensions et souffrances au travail et simultanément observé un intérêt grandissant des entreprises pour les pratiques autour du « développement personnel » comme outil de management. Dans le cadre de ces pratiques, le développement de la *mindfulness* ou pleine conscience suscite de plus en plus l'intérêt des entreprises, et par voie de conséquence, celle des chercheurs en sciences de gestion (Glomb, 2011 ; Liddy *et al.*, 2016). La pleine conscience ou *mindfulness* peut se définir comme le fait de « focaliser intentionnellement son attention sur le moment présent, instant après instant, dans une attitude d'acceptation et de non-jugement » (Baer *et al.*, 2006). Depuis quelques années, les programmes de pleine conscience se développent tant auprès des particuliers que des entreprises, les journalistes s'emparent du sujet et ceux qui contribuent à médiatiser ses bénéfices (comme Christophe André ou Matthieu Ricard) accèdent à la notoriété. La question que nous proposons d'explorer dans le cadre de ce chapitre est la suivante : la pleine conscience bénéficie-t-elle d'un effet de mode ou s'apparente-t-elle à une véritable innovation managériale ? Cette question a émergé à l'issue de l'analyse d'une étude terrain réalisée auprès de deux entreprises qui ont mis en place une formation *mindfulness* auprès de leurs collaborateurs puis l'ont arrêtée. Les motivations d'arrêt de ce dispositif invitent à réfléchir au statut de la *mindfulness*.

Retour sur une étude terrain : la pratique de la *mindfulness* au sein d'Allianz et Ubisoft

L'objectif de cette étude terrain est double : il s'agit d'une part d'évaluer les effets de la formation MBSR[1] (*Mindfulness Based Stress Reduction*) sur l'expérience et les pratiques managériales et d'autre part de comprendre la manière dont les managers ont vécu la formation.

Le terrain est composé de deux entreprises : Allianz (huit managers interrogés) et Ubisoft (cinq managers interrogés), choisies pour leurs différences importantes en termes de modèles organisationnels et relationnels. Allianz est une entreprise de type bureaucratique, avec un modèle plutôt hiérarchique et rigide alors qu'Ubisoft propose un modèle plus souple, privilégiant la proximité relationnelle des individus, avec une distance hiérarchique faible entre les acteurs. Le niveau de *mindfulness* des 13 managers interrogés a été vérifié à l'aide du questionnaire MAAS « *Mindfulness Attention, Awareness Scale* » (Brown et Ryan, 2003). Il est plus élevé après la formation qu'il ne l'était avant pour 9 des managers interrogés, et il est resté stable ou en baisse pour les 4 autres, sachant que 2 d'entre eux ont interrompu la formation.

Les résultats présentés ci-après concernent donc les 11 managers qui ont suivi la formation jusqu'au bout. Ils sont cohérents avec la littérature sur les effets de la formation MBSR sur le lieu de travail : les managers interrogés constatent une réduction de leur stress (Manotas *et al.*, 2014), un meilleur équilibre entre vie privée et vie professionnelle (Crain *et al.*, 2017), un renforcement de la satisfaction au travail (Hülsheger *et al.*, 2013) ainsi qu'un plus grand engagement professionnel (Leroy *et al.*, 2013).

Les résultats corroborent aussi ceux identifiés dans la littérature portant sur les effets de la pleine conscience (en général, pas spécialement la formation MBSR) sur le lieu de travail. L'étude confirme ainsi certaines hypothèses selon lesquelles la pleine conscience renforce l'empathie (Fulton et Craig, 2015), conduit à une meilleure régulation de l'affect impliquant un état émotionnel plus positif (Beach *et al.*, 2016), induit une meilleure capacité à gérer les événements stressants (Glomb *et al.*, 2011), et enfin instaure une communication moins conflictuelle avec l'entourage professionnel (Beach *et al.*, 2016).

1. Pour rappel, la formation MBSR est un programme d'entraînement à la méditation pleine conscience, à l'attention du grand public, développé pour contribuer à soulager les individus de la douleur physique ou pour réduire leur niveau de stress (Kabat-Zinn, 2003).

Au-delà des effets positifs, la recherche met en lumière un certain nombre de limites lors de la mise en œuvre de la formation MBSR en entreprise. Si certaines sont d'ordre opérationnel, comme une charge de travail, liée à la formation, perçue comme difficilement compatible avec le quotidien professionnel (8 séances hebdomadaires collectives de 2,5 heures associées à une pratique quotidienne individuelle de 45 minutes) ou des contenus parfois déstabilisants pour les participants, d'autres, en particulier l'absence de généralisation du dispositif dans les deux entreprises, interrogent la portée même du concept de *mindfulness* en entreprise. En effet, aucune des deux entreprises n'a souhaité poursuivre le projet, qu'il s'agisse de l'étendre à d'autres collaborateurs ou juste le prolonger pour ceux qui en avaient déjà bénéficié. Cet arrêt du projet peut paraître étonnant dans la mesure où les résultats positifs évoqués plus haut ont été communiqués auprès de la ligne managériale au sein des deux entreprises. Cet étonnement est renforcé dans la mesure où, comme nous l'avons vu plus haut, la *mindfulness* rencontre un succès grandissant auprès du public comme des entreprises, avec une multiplication des offres de formation à la *mindfulness* ciblant des managers et directeurs. Pourquoi les dirigeants ont-ils finalement décidé de mettre fin au programme de formation à la *mindfulness* ? Cette interrogation nous amène à analyser les motivations qui ont conduit les managers à stopper les dispositifs de formation à la *mindfulness*.

Analyse des motivations conduisant à l'arrêt des programmes de formation à la *mindfulness*

La manière dont se sont déroulés les projets dans chacune des entreprises apporte un début d'éclairage à la question posée en introduction.

Chez Allianz, dès le début, le projet a été porté par un manager qui avait une expérience personnelle de la *mindfulness* et souhaitait la partager avec son équipe. Le projet a cependant rencontré un scepticisme fort de la part de la Direction qui a demandé que le dispositif ne s'ébruite pas. Dès le départ, le projet était perçu comme peu utile, contribuant de manière marginale voire même limitant la performance de l'organisation. La poursuite du projet était donc dès le départ difficilement envisageable, malgré les effets positifs démontrés lors de l'étude.

Concernant Ubisoft, le projet était porté par l'ensemble de la ligne RH, avec l'appui du directeur général, personnellement intéressé par le concept. L'impulsion qu'il a donnée lors de la mise en place du dispositif était guidé à la fois par le souci d'imiter les acteurs majeurs de la Silicon Valley qui pratiquent la *mindfulness* (en témoigne sa lecture de l'ouvrage *Search Inside Yourself* (Tan, Goleman et Kabat-Zinn, 2014) qui relate l'expérience de *mindfulness* vécue au sein de Google et sur laquelle il s'est largement appuyé) mais aussi par un souci d'amélioration de la performance de l'entreprise. Des attentes claires ont été formulées par la direction et la ligne RH au début de la mise en place du dispositif MBSR dans l'entreprise : développement de la créativité, de l'intelligence émotionnelle, de l'agilité et du leadership. À l'issue de la formation MBSR, seule une de ces attentes a réellement été remplie : le développement de l'intelligence émotionnelle. Les autres effets positifs liés à la mise en place de la formation (réduction du stress, communication apaisée…) ne correspondaient pas aux attentes initiales de la ligne RH. C'est cette « absence » de résultat qui a probablement expliqué l'arrêt du projet.

Ces résultats issus du terrain et notamment cet arrêt du dispositif dans les deux organisations nous amènent à nous poser la question de la nature des dispositifs de formation à la pleine conscience : relèvent-ils d'effet de mode ou peuvent-ils s'apparenter à une innovation managériale ?

Réflexion autour de la nature du concept de *mindfulness*

Les motivations des acteurs organisationnels pour lancer le projet de formation MBSR étaient donc ambiguës entre volonté de développer une innovation managériale et/ou simple mouvement consistant à s'inscrire dans une mode managériale. Explorons plus en profondeur la définition de chacun des termes : mode managériale et innovation managériale.

À la différence de l'innovation managériale, la mode managériale n'apporte pas d'efficacité à l'entreprise (Abrahamson, 1991). Elle revêt un caractère transitoire voire éphémère et résulte de l'existence d'un marché lucratif mettant en lien des fournisseurs (consultants, académiques) et des consommateurs (les managers). Par ailleurs, les modes se succèdent les unes aux autres (Abrahamson & Fairchild, 1999) et engendrent des comportements mimétiques (Zbaracki, 1998). Or, la *mindfulness* revêt certaines de ces caractéristiques : un certain nombre d'avocats de la *mindfulness* promeuvent le concept auprès des entreprises, avec des promesses d'accroissement de la performance *via* un développement de compétences (leadership, résistance au stress, développement du bien-être et de la performance au travail, créativité).

À l'aune de l'étude terrain, et si on considère la perception qu'en a notamment la Direction d'Allianz, la *mindfulness* est à ranger au sein de ces modes. Chez Ubisoft, les conclusions sont plus nuancées. Nous avons vu que si les attentes des organisations divergent de ce que la *mindfulness* apporte réellement aux collaborateurs, alors la mise en place de programme de formation à la *mindfulness* sera probablement éphémère, rapprochant ainsi le dispositif au rang de mode managériale.

Si l'on examine la *mindfulness* sous l'angle de l'innovation managériale, d'autres problèmes émergent. Quatre éléments définissent une innovation managériale : la pratique modifie de façon concrète le travail des managers, elle représente une avancée significative de l'état de la connaissance à un moment donné, elle est mise en œuvre et déployée de façon opérationnelle au sein de l'organisation et elle permet d'atteindre des objectifs de l'entreprise (Mol et Birkinshaw, 2008 ; Le Roy, Robert et Guiliani, 2013). Si les deux premiers critères sont réalisés, le troisième est à ce stade plus discutable (à l'aune du terrain) et le dernier pose une question qui touche le cœur de ce qu'est la *mindfulness* : la recherche d'objectifs, en particulier de performance, est-elle compatible avec la *mindfulness* ?

Le concept de *mindfulness* puise ses racines dans les traditions de méditation bouddhiste. Elle s'apparente même au « cœur de la méditation bouddhiste » (Kabat-Zinn, 2003 ; Théra, 1962). La pratique de la méditation de *mindfulness*, si elle n'a pas de caractère religieux, n'en revêt pas moins une forte dimension spirituelle et a pour objet de libérer l'esprit : « Le message du Bouddha en tant que doctrine de l'esprit enseigne donc trois choses : connaître l'esprit qui est si proche de nous et pourtant si mal connu, former l'esprit qui est si lourd et si obstiné qui pourrait être si souple, et libérer l'esprit qui est partout enchaîné et qui pourtant peut d'ores et déjà obtenir sa libération » (Thera, 1962, p. 24). Cette libération peut être atteinte par la pratique de la méditation, vue comme un entraînement, une pratique de maîtrise de l'attention : « Ainsi, Bāhiya, vous devez vous entraîner : dans ce qui est vu ici, il ne doit y avoir que ce qui est vu ; dans ce qui est entendu ici, il ne doit y avoir que ce qui est entendu ; dans ce qui est senti ici, il ne doit y avoir que ce qui est senti ; dans ce qui est pensé, il ne doit y avoir que ce qui est pensé » (Thera, 1962, p. 155). La démarche du pratiquant est spirituelle et a pour objet la transformation et la libération de la personne. La littérature observe effectivement un glissement de perspective chez les méditants qui, en devenant observateurs de leurs états émotionnels créent un espace de liberté envers ces états émotionnels (Shapiro *et al.*, 2006). À aucun moment il n'est fait état d'objectifs à atteindre, au contraire le pratiquant est appelé à abandonner tout objectif dans la pratique de la méditation, qu'il s'agisse de méditation bouddhiste ou de formation MBSR. On constate donc un écart entre, d'un côté, l'idée de *mindfulness* qui appelle à la transformation de la personne et à la libération de l'esprit, à l'abandon d'objectifs dans cette pratique, et d'un autre côté le discours organisationnel axé autour d'objectifs de performance et de développement de compétences managériales. Les bénéfices évoqués plus haut pour les organisations sont tout au plus des conséquences de la transformation des personnes. Ainsi, la *mindfulness* transforme les pratiques, et en ce sens comporte une vraie dimension innovante, propre à l'innovation managériale. En revanche, lui attribuer des objectifs de performance organisationnelle et ignorer sa dimension spirituelle contribuerait à une instrumentalisation de la pratique.

En résumé

Si les partisans de la *mindfulness* en entreprise, qu'ils soient coachs, thérapeutes, dirigeants ou managers, souhaitent lui conférer le statut d'innovation managériale au sens le plus académique du terme, il dépend à la fois de leur responsabilité et de leur engagement à développer, adapter au contexte de l'entreprise et faire appliquer des formations *mindfulness* qui ne dénature pas l'essence du concept, en particulier dans sa dimension spirituelle. Le risque est réel, on l'a vu, de détourner le concept de la *mindfulness* pour en faire un instrument de gestion au service de la performance des entreprises. Si tel est le cas, le potentiel de généralisation de la *mindfulness* dans les organisations est très faible et l'engouement observé ces dernières années pour ces pratiques se s'apparentera qu'à un feu de paille, alors même qu'avec l'application de la loi PACTE et l'invitation pour les entreprises à réfléchir à leur raison d'être, la place de la *mindfulness* en entreprise serait d'autant plus légitime.

LE CHEMIN DE COMPOSTELLE

Muriel De Fabrègues

Je souhaite tout d'abord remercier Catherine Voynnet Fourboul, dont les intuitions lumineuses et inspirantes invitent au dépassement de soi, autant qu'à repousser les limites de l'horizon de nos actions : un exemple vivant de leadership spirituel !

Les questions se bousculent dans ma tête lorsque j'associe ces trois concepts : leadership spiritualité et pratique. Et la confusion s'intensifie s'il faut penser à la pratique de mon leadership, qui de surcroît serait susceptible d'être spirituel.

Opportunément, c'est une expérience de terrain, une véritable expérience de la terre, qui m'autorise à partager des enseignements sur l'émergence, la reconnaissance et l'accroissance du leadership spirituel. En effet, c'est forte d'avoir mis un pas devant l'autre pendant plus de 100 jours, sur les chemins de Compostelle que je m'autorise avec les remarques d'autres marcheurs côtoyés sur le même chemin et, interrogés sur le sujet, à évoquer comment cette expérience souvent associée à une quête de spiritualité à changer notre leadership.

De prime abord, rien ne permet de montrer rationnellement que la marche en itinérance constitue une expérience spirituelle, bien que plusieurs auteurs tendent à le laisser entendre : « La marche est ce moment où la présence au monde redevient une forme de spiritualité. Elle conjure la séparation entre l'homme et le monde, et lui donne le sentiment d'appartenir enfin aux éléments, d'être porté non seulement par la terre ou son poids, mais aussi par sa force intérieure, nourrie de cette alliance. Elle n'est pas monothéisme car les impressions ressenties par le marcheur sont trop multiples et contradictoires, toujours changeantes. [...] La marche relève du polythéisme, elle est sous l'égide d'une pluralité de divinités. Il importe peu que le marcheur les reconnaisse ou non, car de toute façon les dieux marchent avec lui. » (Le Breton, 2012, p. 509) Mais là n'est pas l'objet de notre propos. Nous partirons de la présomption selon laquelle le chemin de grande randonnée (GR) numéroté 65 par la Fédération Française de Randonnée Pédestre (GR 65), qui se poursuit en Espagne, après le passage des Pyrénées au col de Roncevaux, sous l'appellation de *Camino Francés* pour s'achever devant la cathédrale de *Santiago de Compostela* infère à ce Chemin une spiritualité de notoriété établie depuis plusieurs siècles[2].

Aux fins d'étayer l'hypothèse qui nous intéresse plus particulièrement dans ce chapitre, celle de Catherine Voynnet Fourboul selon laquelle le leadership spirituel est transformé par quelque 2 400 kilomètres de marche en itinérance sur les sentiers de Compostelle, je vous propose de m'accompagner pour trois étapes. En première partie il faudra emprunter un détour pour visiter deux modèles théoriques et mieux saisir et comprendre le leadership spirituel ; dans un second temps nous verrons comment la randonnée et en particulier celle menée sur le chemin de Compostelle transforme non seulement le corps mais aussi l'esprit et la façon de vivre du leader en s'inspirant des propos de managers interrogés à leur retour de randonnées sur le chemin de Compostelle. Ce qui nous permettra en conclusion de proposer des éclairages, des pistes de réflexion ou mieux des envies de marche à l'attention de ceux ou celles qui voudront prendre la route. La fin est de discerner et accroître la dimension spirituelle de nos ressources organisationnelles (soit spiritualiser notre leadership) ou transformer plus simplement nos modes de management.

Le Leadership et sa dimension spirituelle

Le leadership représente l'art de mobiliser le désir des autres à se mettre en mouvement en vue de réaliser des aspirations partagées. Recherchés et entraînés par les entreprises, les leaders créent de la performance pour les organisations. Cette définition du leadership insiste sur la modalité dynamique du leader qui prend des initiatives et influence ses collaborateurs, voire les personnes avec lesquelles il interagit dans et à l'extérieur de l'organisation. Cependant, c'est ici la dimension intra-personnelle du développement du leader qui est l'objet de nos réflexions. En effet, nous allons observer le travail inté-

2. https://oficinadelperegrino.com/peregrinacion/la-compostela/

rieur qui se fait au cours d'une marche en itinérance, les modèles de leadership spirituel sont mieux à même d'identifier cette voie.

La spiritualité se manifeste lorsque la personne exprime à elle-même ces questions ou préoccupations ultimes (Emmons, 2000). Michel Foucault (2001) décrit la spiritualité comme un phénomène propre à l'intelligence humaine, un état intérieur invisible profondément intime, s'agissant de « la recherche, la pratique, l'expérience par lesquelles le sujet opère sur lui-même les transformations nécessaires pour avoir accès à la vérité ».

Il convient de souligner que les modalités d'accès volontaire ou inné à la dimension spirituelle propre aux humains ne sont pas traitées par les théoriciens du leadership spirituel, ceux-ci adoptent la posture fonctionnaliste classique des sciences sociales (Harendt, 2012 (1954, p. 680). Ainsi pour Fry (2003) les hommes ont besoin d'une vie intérieure qui à la fois anime et est également animée par un appel à la transcendance de soi (décentrement vers l'autre) au sein d'une communauté de sorte que cela lui procure des sentiments de compassion et de joie.

Le modèle fonctionnaliste de leadership spirituel proposé par Fry (2003) est centré sur la croyance en un effort d'agir pour répondre à une inclinaison intérieure à mettre l'amour (*altruistic love*) au centre de sa vie. Louis Fry arrime ensuite son modèle de leadership avec le Balance Scorecard de Norton et Kaplan (1992), ce qui permet d'évaluer les impacts sur l'implication des collaborateurs dans leur travail et la productivité du corps social de l'entreprise.

Teresa Rothausen (2017) propose un autre modèle intéressant de développement personnel et moral du leader, fondé sur la volonté de l'individu de s'améliorer, ou de s'auto-développer (Avolio, 2010). Au regard de six types d'activités qui peuvent être entreprises simultanément ou successivement et résumées dans le modèle PER-AER *Planning – Experiences leading – Reflection – Assessments – Education – Relationships*. Les activités régulières de management, constituées par le PER *planification*, *pilotage* et *réflexion* sont continûment évaluées par le leader mais aussi par ses collaborateurs et les personnes avec lesquelles il interagit. Le leader doit également être vigilant sur la nécessité *d'apprendre* et de remettre ses acquis en jeux, enfin le leader ne doit pas hésiter à prendre des coachs, des mentors ou des groupes de pairs susceptibles de le challenger. Teresa Rothausen montre que ce modèle PER-AER est renforcé par la pratique des exercices spirituels de saint Ignace de Loyola (Gnass, 1991). Pour l'auteur, les dirigeants ou leaders qui marchent sur le chemin difficile de l'intégration des impératifs économiques du business en orientant la société plutôt vers la confiance que vers la peur sont des personnes attentives à ce que saint Paul appelle la recherche « des réalités d'en haut » (Epître de Paul aux Colossiens 3, 1[3]). Les activités spirituelles issues de la philosophie des Jésuites[4] permettent d'objectiver l'expérience spirituelle de l'homme. Teresa Rothausen distingue six « pratiques spirituelles » qui peuvent s'intégrer aux activités du modèle PER-AER pour en faire un programme de développement continue de leadership spirituel.

C'est ainsi que le leader peut pratiquer le discernement du bon esprit périodiquement dans la création ou la révision de ses plans, ses objectifs et ses décisions (Falque & Bougon, 2013 ; Brackley, 2004) ; le leader peut appliquer sa pratique spirituelle en explicitant sa mission, ses moyens, sa motivation et sa raison d'agir lorsqu'il décide de poursuivre ou d'abandonner une voie ; le leader peut garder des notes de réflexion concernant les états de ses motions intérieures en référence aux situations vécues par lui et ses collaborateurs ; le leader peut consacrer du temps à l'étude de la vie de business leaders qui contribuent au bien commun ; le leader peut accepter d'examiner ses erreurs lors de session d'évaluation ; le leader peut enfin prendre des temps de retraits et de silence avec un guide spirituel ou un mentor susceptible de s'adresser à sa vie spirituelle.

Il est temps d'observer la dimension spirituelle d'un leader soucieux de la performance de son organisation, qui prend le temps de marcher quelques jours (7 à 21 jours) sur le chemin de Saint-Jacques. Une enquête exploratoire adressée à 25 managers ayant marché en itinérance sur les chemins de Compostelle a été réalisée aux fins de connaître les apports de cette pratique sans que la visée spirituelle ne soit explicitement associée au projet de départ de chacun des répondants. Néanmoins nous allons voir que les apports de cette randonnée sur le GR 65 s'appareillent aisément tant avec les pratiques spirituelles décrites par Teresa Rothausen (retrait, mentorat, réflexion, *life vocation*) que les éléments constitutifs du modèle de Louis Fry.

Les apports du chemin de Saint-Jacques

Le GR 65, est un beau sentier de randonnée pour marcheurs confirmés qui aiment se retrouver dans l'effort du corps, plutôt solitaires, au

3. Référence issue de la Bible Nouveau Testament.
4. L'ordre religieux fondé par saint Ignace de Loyola en 1534.

cœur d'une France rurale, pour se nourrir de l'esthétique et du calme dessinés par les paysages de prairies, de vallons et de montagnes.

Sur ce chemin de Saint-Jacques, la *performance* doit être oubliée. « *Walk in Relax Manner* » m'avait conseillé un vieux Texan de 75 ans dont j'avais fait la connaissance dans l'Albergue de Pampelune. Je commençais mon chemin alors qu'il soignait déjà de douloureuses ampoules aux pieds. Personne n'aurait parié un kopeck sur sa capacité à arriver à ses fins. Quelle ne fut pas ma surprise et la bonne leçon lorsque je le retrouve après 10 jours de marche dans un restaurant de Burgos. J'avais de mon côté marché 10 jours avec une moyenne sportive (25 km/jour) en transpirant et en faisant des efforts ! Cette approche de la performance qui ne se mesure pas dans la comparaison ou la vitesse mais en micro-succès gagnés à la force de la volonté nous fait entrer de plain-pied dans une autre dimension.

Le Chemin révèle de nouveaux aspects de notre personnalité intérieure car il faut apprivoiser le silence, la solitude. Marcher c'est **ralentir** et s'enfoncer dans l'instant qui nous environne : c'est entendre le vent souffler dans les branches d'arbres ou le cri des oiseaux et les bruissements des haies, ou c'est sentir l'odeur des prunes juste muries par le soleil, l'herbe fraîchement fauchée dans le pré, c'est voir le soleil se lever ou les étoiles s'allumer dans le ciel. Marcher c'est comprendre que beaucoup de ressources sont gratuites et données à moi et à l'autre qui est à côté, quel qu'il soit, peu importe où il en est de son projet : *Reward*, gratification.

Pour illustrer le *Calling* (Fry) ou la vocation de vie (*Life Vocation* de Rothausen), l'expérience du Chemin montre que le but s'efface pour laisser place à un objectif commun : « *L'inconnu il n'y en a pas. Il y a quand même ce but ultime qui est Saint-Jacques mais on ne sait pas ce que ça représente. Tout le monde parle de Saint-Jacques sans connaître, sans savoir ce qu'ils viennent chercher et ce qu'ils vont trouver. Donc c'est une espèce de but ultime qui a cette vertu de rassembler. Cet inconnu fixe un objectif commun pour tous ceux qu'on rencontre. Tout le monde va à Saint-Jacques et cela dispense [de réponse] à la question de savoir : Pourquoi tu vas à Saint-Jacques ?* » (Pèlerin anonyme – JMH)

Le *Membership* (Fry) ou *Relationship* (Rothausen) recherché dans la vie professionnelle par les collaborateurs du leader est également intensément éprouvé par le marcheur, de manière fonctionnaliste et émotionnelle. En effet, la conscience de la **fragilité** humaine surgit de manière intense lorsqu'on chemine sac au dos sur une route inconnue jours après jours. Cette prise de conscience renforce et ajuste l'empathie à l'instant présent, en présence de l'autre.

La marche **libère des contraintes d'identité** (Le Breton, 2012, p. 51). L'autre marcheur, à côté, renvoie la communication à de simples questions : la soif, la faim, la fatigue ou la souffrance physique, éventuellement la difficulté de l'étape du jour à franchir. Le Chemin rappelle physiquement les besoins primaires décrits par Abraham Maslow (1943). Cette identité des besoins ultra basiques que chaque marcheur doit affronter quotidiennement constitue la source du sentiment de **solidarité** qui surgit en voyant en l'autre un reflet de soi-même. « Une continuité se noue entre le corps du voyageur et la chaire du monde. » (Le Breton, 2012)

Le Chemin inspire ainsi une forme de **fraternité** entre ceux et celles qui marchent, qui se dépassent, se rattrapent ou même ceux qui se croisent à la halte du soir. Cet élan de fraternité qui traverse le marcheur quel que soit l'âge, la forme physique, la taille du sac ou la motivation vis-à-vis de ce frère rencontré par hasard, renvoie au même « ici et maintenant », précieux parce qu'il ne se reproduira pas, ni plus tard, ni ailleurs.

Pour la *réflexion* ou la relecture de l'expérience, qui est recommandée par Teresa Rothausen (2017), le commentaire de ce pèlerin est évocateur : « *Alors pourquoi on marche ? La réponse on l'a quand on revient. Mais il y a un pari qui se fait. Le pari se fait à partir d'une communication avec d'autres qui l'ont fait. Même si ces personnes ne racontent pas précisément. D'ailleurs on vit quelque chose de complètement différent certainement. Ce qu'on vit est relatif à chacun. Le lien avec le professionnel n'apparaît pas tout de suite. On est sur quelque chose de très personnel qui va un peu s'estomper. Après, le défi physique est complètement abandonné, j'étais un peu attentif au point de vue sac. En fait, les raisons inconscientes latentes sont révélées par le cheminement. Le cheminement vient révéler finalement ce qu'on ne savait pas exprimer. Au fur et à mesure on découvre pourquoi on est là. Et quand on revient on attend d'y retourner.* »

La relecture de l'expérience permet de distinguer la plus belle récompense du Chemin : une profonde **confiance en l'A-venir**, utile pour toute la vie, professionnelle y compris, si l'on accepte de croire que l'expérience de ces heures de marche sur le GR 65 constitue la métaphore d'une vie humaine. La mémoire garde certes le souvenir des épreuves telles que des pertes de repères, le manque de nourriture ou d'eau parfois, la blessure et l'abandon d'un ami, la confrontation avec l'ennui, l'insuccès, les détours ou les rebrousses chemins, des déceptions et des peurs. Mais à la fin, ce qui reste et ce qui occupe la plus grande partie de notre **mémoire cellulaire** c'est une assurance. L'assurance de ce que chaque angoisse, ou moment désagréable traversé a toujours été suivi par la joie d'une rencontre, la chaleur d'une amitié offerte, la paix reçue grâce à un bon conseil sur un rythme de marche ou l'ajustement des ambitions d'une étape, la beauté d'un spectacle, les rires d'un groupe de jeunes emplis de confiance.

Confiance, espérance et amour qui caractérisent le leader doté ou intéressé à exercer sa dimension spirituelle constituent également les éléments distinctifs du point de départ du modèle de Louis Fry.

En résumé

Nous avons vu que la randonnée sur le chemin de Saint-Jacques représente un exercice pratique de leadership spirituel. Toutes les composantes du modèle sont mises en mouvement, à condition de laisser ses routines et de quitter la sécurité donnée par les objectifs professionnels conventionnels et standardisés. Le leader fait l'expérience d'avancer en confiance et en autonomie dans la nature parce qu'il n'a pas prévu de quoi sera fait son prochain repas ou comment se passera sa prochaine nuit de sommeil. Il prend le temps d'exercer ses sens, de s'émerveiller, de s'écouter lui et l'autre marcheur d'à côté. La simplicité, la frugalité et l'altérité trouvées sur le Chemin transforment le manager. De retour au travail, ses collaborateurs l'observent : il est délesté des jugements hâtifs, des stress contreproductifs et des besoins incessants de plus de consommations et de mieux ailleurs. Leur leader a été en relation avec les **essentiels du vivant** ou peut-être avec des étincelles de vérité.

2

PARTIE

L'ÉCLAIRAGE DES RELIGIONS

Tout au long de l'histoire humaine la religion a constitué la route à emprunter permettant un développement personnel et spirituel mais les religions sont limitées à leur système de croyance. En effet, certaines personnes se considèrent comme spirituelles mais rejettent le sectarisme causé par les intolérances ou par des traditions religieuses. Toutes les religions cependant à leur façon promeuvent l'amour et l'harmonie et l'idée de travailler ensemble. Qu'il s'agisse de Jésus, Bouddha, Lao Tsu et d'autres prophètes, toutes ces grandes figures ainsi que leurs traditions spirituelles rattachées, ont fondamentalement le même message nous amenant à être capables d'expérience spirituelle. Certes la spiritualité se distingue de la religion institutionnalisée par le fait qu'elle se caractérise par un sentiment humain privé, inclusif, non confessionnel et universel, plutôt que par l'adhésion aux croyances, rituels ou pratiques d'une institution ou d'une tradition religieuse organisée spécifique (Karakas, 2010). Mais l'une et l'autre se chevauchent (Wilber, 1984 ; Pielstick, 2005) avec une vision évolutive de la croyance dans les processus non matériels (c'est-à-dire spirituels). Par ailleurs les religions et en particulier par l'intermédiaire de la théologie, sont celles qui apportent les éléments les plus diserts sur la spiritualité et il serait dommage de se priver de cette source de connaissances qui marquent nombre de dirigeants encore aujourd'hui.

L'éclairage issu de l'influence de la Bible

De nos jours en France qui est un pays aux racines chrétiennes, imprégné par le christianisme, on ne peut qu'observer les atteintes matérielles aux symboles de la chrétienté (l'assassinat d'un prêtre dans son église, les multiples détériorations matérielles presque quotidiennes dans les églises, l'insuffisance de protection et de sécurité des églises) et l'affaiblissement de cette religion qui a pourtant permis d'édifier le pays. Qu'en est-il des dirigeants des organisations ? L'effet des religions sur le management se manifeste chez les personnes croyantes mais également l'héritage des religions conditionne les rapports humains même chez les personnes non croyantes. En effet, si l'on se rapporte à la construction de l'administration de l'État Français, celui-ci s'est inspiré historiquement du modèle administratif romain catholique. Nul doute que le leadership religieux a pu façonner les prémices de ce qui constitue le leadership spirituel en France. À ce stade il peut être intéressant de remarquer les différences entre le leadership spirituel et le leadership religieux en tenant compte du fait que les conceptions du « spirituel » et du « religieux » entraînent des différences par rapport à ce que ces deux domaines apportent au leadership.

Marinho (2013) montre justement les différences structurelles et d'autorité entre les deux types de leadership. Il examine le pouvoir du pape catholique romain dans le monde moderne en tant que leader religieux et note que le leadership religieux est important mais différent du leadership spirituel car ce dernier est plus diffus et moins lié à une capacité officielle. Alors qu'un chef religieux peut manifester un leadership spirituel, un chef spirituel n'a pas nécessairement de leadership religieux à exercer officiellement. Alors que les dirigeants religieux peuvent manifester leur authenticité dans le leadership par la fidélité à un processus plus officiel ou organisationnel accepté, le leadership spirituel devra être authentifié par des formes plus charismatiques et visionnaires.

Il n'en reste pas moins que certains réhabilitent le pouvoir des religions et si nous prenons l'exemple de la religion chrétienne, une approche du leadership centrée sur Jésus a le potentiel d'aider les cadres à développer leur intégrité tout en contrant les forces qui contribuent à l'émergence du côté obscur du leadership (Tourish, 2013), à savoir l'orgueil, la cupidité et l'égoïsme. En explorant la manière dont les enseignements de Jésus fournissent une base spirituelle personnelle pour un leadership éthique solide, on est beaucoup plus susceptible de résister aux pressions situationnelles ou de compromettre son intégrité ; de même en se concentrant sur la spiritualité en tant que transformation intérieure plutôt qu'exhortation extérieure, nous évitons les pièges identifiés par Tourish et d'autres critiques de la spiritualité en milieu de travail (Mabey *et al.*, 2017). Par ailleurs les enseignements de la religion permettent de mettre en œuvre l'éthique de façon enracinée en partant du principe qu'on ne peut pas simplement « être » éthique de manière isolée. Jésus ne nous enseigne pas à devenir des leaders spirituels ; il nous enseigne à devenir des individus spirituels, qui, enracinés dans les enseignements du Christ, incarneront l'amour, l'intégrité et le service dans tout ce que nous faisons.

Afin d'approfondir l'éclairage chrétien du leadership spirituel, il est important de situer l'historicité du mouvement chrétien et c'est ce que fait Pierre MONIZ-BARRETO en puisant dans les enseignements de Jésus, dans le catholicisme et la réforme protestante en annonçant les pistes d'un leadership spirituel d'influence chrétienne.

Ensuite, Stefka MIHAYLOVA-MARBURGER présente le leadership spirituel d'influence orthodoxe en montrant la force du modèle spirituel dans les pays de l'Est qui contraste avec la fin de l'âge d'or de la religion chrétienne en France et peut servir d'inspiration aux leaderships occidentaux.

Guila Clara KESSOUS explore le judaïsme en montrant son influence sur le leadership, en nous permettant de comprendre ce qui fait la légitimité du leader ainsi que la part de désobéissance de l'équipier.

Malgré ces arguments Covrig *et al.* (2013) soulignent que la **subtile négativité attribuée au leadership religieux** est une manifestation d'un **éloignement préjudiciable de la valeur de l'autorité, de la hiérarchie** et des attentes sociales institutionnelles. La structure, la hiérarchie et l'autorité formelle ne doivent pas être associées au mal. En fait, certains sociologues considèrent que la disparition de la religion et de sa structure autoritaire, ainsi que la perte de la structure familiale, ont un impact social négatif sur les personnes et leur croissance sociale. L'autorité officielle, externe, institutionnelle, hiérarchique et familière peut constituer une contribution très importante des dirigeants en termes de repères à leurs communautés.

Swidler (2002) soutient que la croissance d'une approche individualiste forte de la vie et de l'existence a contribué à éroder les institutions sociales communément considérées comme préservant les individus participant à ces institutions sociales. Le mariage et la famille en sont deux exemples. Si le leadership spirituel continue à s'éloigner du leadership religieux, on risque de passer au plan de la recherche à côté d'une grande partie du fonctionnement du leadership spirituel dans les organisations ; d'où l'intérêt de noter les **qualités caractéristiques du leadership religieux** : il est officiel (donc revêt une certaine fiabilité), institutionnel (anticipe des interactions dans un système conventionnel) et hiérarchique (ce qui est trop souvent considéré comme paralysant alors que la **hiérarchie peut être guidée par le désir de mieux servir les personnes**), avec responsabilité et le souci de l'autre, dans un esprit de service. Cette dimension hiérarchique dont l'origine grecque signifie *hieros* (« sacré ») et *arkhê* (« pouvoir », ou « commandement ») s'applique en particulier à notre culture latine mais sans doute avec moins d'emphase dans d'autres pays marqués par une distance hiérarchique courte.

La fascination orientale

La laïcisation de la société française s'est faite au détriment de la puissance de la religion chrétienne et n'a eu de cesse que d'éroder ce pouvoir. De ce fait, on peut observer en Occident la recherche d'alternatives qui s'accompagnent d'une certaine fascination pour les spiritualités éclairées par des religions orientales. Un peu comme si elles permettaient de répondre à des besoins inassouvis par la religion chrétienne qui a longtemps prévalu en Occident. C'est pourquoi cette partie intègre également les apports des religions qui vont au-delà de la tradition judéo-chrétienne. À titre d'exemple à propos des valeurs confucéennes, celles-ci semblent jouer un rôle modérateur dans l'autonomie des personnes qui travaillent et leur comportement de citoyenneté organisationnelle (Hunsaker, 2017). C'est ce que présente Mouloud MADOUN au travers du bouddhisme en quête de vérité et garantissant l'authenticité qu'il estime vivifiant, ainsi que Laurent CHATEAU cette fois-ci avec le leadership taoïste ; enfin le leadership zen et serein est abordé par Damien RICHARD et Jean-Luc CHRISTIN. Cette partie cherche donc à donner quelques pistes sur la façon dont les religions participent au leadership spirituel dans les organisations.

Cas de grands leaders spirituels

Nicolas PRAQUIN, propose de réfléchir à des exemples de grands leaders spirituels, Gandhi et Mandela. Howard Gardner a été le premier à proposer que les grands leaders allient intellect, créativité et éthique. Son travail était basé sur l'analyse des biographies de dirigeants mondiaux, notamment Ghandi, Martin Luther King Jr., Winston Churchill et John F. Kennedy, et d'éminents artistes comme Pablo Picasso et Igor Stravinsky. Une étude de dirigeants d'entreprise célèbres dans les années quatre-vingt-dix (Hatch *et al.*, 2006) a étendu la recherche de Gardner au-delà de la politique et de l'art pour s'intéresser au domaine de la gestion, en utilisant une méthodologie textuelle similaire révélant les trois visages du leadership : **le manager, l'artiste et le prêtre**. Chacun de ces visages apporte au monde des résultats distincts et indispensables : le domaine des affaires poursuit la rationalité technique jusqu'au sommet de l'accomplissement pratique, le domaine de l'art provoque la créativité pour plonger dans les profondeurs de l'expression humaine, et le domaine spirituel recherche la perfection ultime de l'esprit humain. Il est proposé ici de revenir à la biographie de deux grandes figures spirituelles pouvant inspirer les étudiants. Cette présentation peut servir d'études de cas et de discussions.

CHRISTIANISME ET LEADERSHIP

Pierre Moniz-Barreto

À première vue la question se pose de savoir si christianisme et leadership sont vraiment compatibles. Après tout, si l'on se réfère aux textes néo-testamentaires, le message de Jésus n'incite pas vraiment au développement d'un leadership de conception classique, au sens occidental et moderne du terme, à savoir : une capacité d'entraînement forte et puissante, qui s'appuie sur un chef de file en situation d'autorité. Jésus semble plutôt donner la priorité aux valeurs de fraternité, d'humilité, de compassion, ou de pardon, peu compatibles avec une vision du leadership à la Machiavel (*L'art de la guerre,* 1521 ; *Le prince,* 1532) ou à la Sun-Tzu (*L'Art de la guerre,* 1078), dont les occidentaux se sont pourtant montrés très friands du XVIIIe siècle jusqu'à nos jours (période historique qui correspond précisément à la naissance et au développement des révolutions industrielles et du capitalisme libéral, ainsi qu'aux conceptions modernes de leadership qui leur sont associées). Néanmoins, force est de constater que Jésus a eu la capacité d'entraîner de nombreuses personnes dans son sillage, qu'il s'agisse de grappes de foules lointaines ou d'un proche cercle de fidèles. Son leadership était donc réel, et s'était forgé autour des valeurs qu'il prônait et incarnait, lesquelles étaient plus nuancées et plurivalentes qu'il y paraît à première vue, puisque, par exemple, Jésus chasse violemment les marchands du temple (Jean 2,13), ou déclare qu'il est venu apporter un glaive dans les familles (Luc 12, 49-53), ou invite ses disciples à être simples comme des colombes et rusés comme des serpents (Matthieu 10, 16). Une plurivalence qui aura des conséquences majeures dans l'histoire de l'Occident.

1 500 ans après la fondation du christianisme, la séparation entre protestants et catholiques, qui a profondément marqué notre histoire occidentale (notamment aux USA ou en France), permet d'éclairer cette plurivalence car deux approches différentes se sont constituées autour de thèmes cruciaux tels que le pouvoir, l'argent ou la politique. La lumière qu'apporte une connaissance minimale en histoire des religions et en théologie comparative permet d'éclairer les problématiques auxquelles sont confrontés les leaders qui assument (voire revendiquent) leur identité chrétienne. Les ayant fréquentés pendant plusieurs années, j'ai vécu au plus près de leurs difficultés concrètes (dilemmes, tensions, irrésolutions, contradictions, etc.) lesquelles s'expliquent en partie dans la mesure où leur aspiration au leadership est trop souvent déterminée par le champ religieux. Cette aporie partielle invite à un dépassement des déterminations religieuses classiques, afin d'entrer dans la possibilité d'un leadership holistique, congruent, méta-religieux, où l'inspiration chrétienne aurait trouvé sa juste place, relative et pertinente.

Le leadership paradoxal de Jésus

Lorsque Jésus énonce, lors de son fameux « sermon sur la montagne », ce que les commentateurs de la Bible nommeront Les Béatitudes (Matthieu 5, 3-12), il positionne huit valeurs clés : pauvreté de cœur (humilité), affliction (tristesse face aux duretés), douceur, faim de justice, miséricorde, pureté intérieure, soif de paix, soumission aux injustices. Un tableau qui tranche fortement avec la conception dominante du leadership qui fait autorité à son époque, non seulement dans l'empire romain mais aussi dans la société juive (les juifs n'attendent-ils pas un messie dont le profil est celui d'un leader militaro-politique et religieux se situant dans la lignée de David, chef de guerre qui a consolidé l'établissement des royaumes de Juda et d'Israël ?). Sur quel plan se situait le leadership de Jésus ? On a beaucoup glosé sur le caractère révolutionnaire du personnage, y compris d'un point de vue politique, mais il n'avait pourtant rien du leadership d'un Che Guevara car son action était avant tout et *in fine* d'ordre spirituel. Rendez à César ce qui est à César et à Dieu ce qui est à Dieu, prit-il le soin de préciser, instaurant ainsi une saine séparation entre le politique et le spirituel (Marc 12,17). Le leadership de Jésus ne fut pas politique. On a aussi beaucoup glosé sur la dimension sociale et caritative de l'action de Jésus. Mais c'est confondre l'intention et ses effets, l'arbre et la forêt, l'essence profonde de l'agir et ses manifestations dans les actes. Jésus n'eut pas non plus comme vocation d'être une sorte de super-assistant-social. Le care (soin de l'autre) qui l'habite est la conséquence d'une vision spirituelle du monde où s'instaure un nouveau rapport de soi à soi et de soi aux autres. Conséquence n'est pas raison d'être. Le leadership de Jésus n'était pas fondamentalement social, ce n'en est qu'une résultante. Son leadership n'est pas d'ordre socio-caritatif. Par ailleurs, Jésus fut très critique à l'égard du système religieux de son temps : il alla même jusqu'à insulter (hypocrites !) et maudire ses représentants (plusieurs malédictions furent prononcées à l'encontre des pharisiens et docteurs de la Loi : cf. Luc 11, 37-52). La récupération du message de Jésus par des organisations religieuses normatives est à l'opposé de son message. Jésus ne voulut jamais se positionner en chef religieux. Donc, si le leadership de Jésus ne fut ni politique, ni social, ni religieux, qu'était-il ? Il fut essentiellement spirituel. Jésus voulut amener les hommes à considérer les choses sous un nouvel angle : celui d'une intelligence renouvelée par l'Esprit. Ce qui amena Paul de Tarse à préciser : soyez transformés par le renouvellement de l'intelligence pour discerner quelle est la volonté de Dieu (Romains 12,12). Une lecture attentive des Évangiles nous permet de comprendre que Jésus s'adressait au cœur des individus, il parlait à leur être profond. Son Être était entier et son Agir étaient holistiques. Les évangélistes nous décrivent une existence rayonnante au service d'une cause supérieure et un exemple de parfaite congruence. Le leadership de Jésus fut authentique et intégral, dénué de techniques de management creuses ou de ficelles superficielles. Une intégralité et une ouverture qui, paradoxalement, ont favorisé des interprétations très diverses aux conséquences variées, comme le prouve l'histoire humaine.

La prégnance du phénomène protestant sur la formation de la notion de leadership

300 ans après la crucifixion de Jésus, l'empereur Constantin promulgue l'édit de Milan : le christianisme devient une religion officielle de l'Empire romain. C'est un acte de paix inattendu qui met un terme à 3 siècles de dures persécutions contre les premières générations de chrétiens. Mais c'est aussi le début de l'institutionnalisation du christianisme, processus dans lequel il perdra une partie de son âme. Environ 700 ans plus tard, au milieu du XIe siècle, un 1er grand schisme vient morceler une religion qui s'est désormais confondue avec l'Empire : c'est la séparation entre catholiques romains et orthodoxes byzantins. Et il faut attendre 5 siècles de plus pour qu'une seconde scission vienne mettre à mal l'hégémonie catholique et romaine. C'est

à l'occasion de cette nouvelle séparation, amorcée en 1517 par Luther, que surgiront des différences d'interprétation portant sur certains fondamentaux du christianisme, parmi lesquels le rapport à l'argent, au succès, ou au pouvoir, bref : la question de ce que nous nommons aujourd'hui le leadership.

1) L'autonomie individuelle. Luther a voulu mettre un terme à l'intermédiation cléricale entre Dieu et les croyants : une intermédiation exercée de façon exclusive par les représentants du clergé au sein du système pyramidal romain, presbytéral et épiscopal. La Réforme tient à ce que le lien entre Dieu et chaque croyant soit restauré de façon aussi simple et directe que possible, sans intermédiation. Et elle insistera du coup sur la capacité des individus à se prendre en main et à devenir responsables d'eux-mêmes.

2) La dignité des professions politiques et commerciales. Les réformés tiennent au sacerdoce universel des croyants : notion à laquelle vient s'ajouter celle de vocation (*Beruf* en allemand, *calling* en anglais), que Luther puis Calvin étendent aux professions séculières. L'idée nouvelle étant que les artisans et les commerçants sont reconnus comme capables de réaliser leur vocation profonde, donc la volonté de Dieu, en réussissant dans leurs métiers respectifs. C'est une révolution dont on peine encore à mesurer tous les effets. Pour les pères de la Réforme, l'être humain est un collaborateur de Dieu, y compris dans l'exercice de son métier, et jusque dans les professions marchandes et commerciales, considérées jusque-là comme peu nobles. Avec la Réforme, l'exercice consciencieux de toutes les professions peut déboucher sur un succès visible, bien assumé d'un point de vue social. Le professionnalisme et sa résultante sous forme de succès deviennent constitutifs de la possibilité d'un leadership de référence, attractif et inspirant. C'est d'ailleurs sans complexe que Calvin exercera son leadership dans la conduite des affaires genevoises. Et il favorisera les évolutions socio-professionnelles, mettant un terme à la fixité des états sociaux et professionnels de naissance qui étaient traditionnellement soumis à une répétition intergénérationnelle plutôt fataliste. Les horizons s'ouvrent : un fils de cordonnier peut s'efforcer d'embrasser une profession militaire ou commerciale, et il peut y exceller sans vergogne. Le travail devient le moyen par lequel les capacités (dons divins) d'un être humain contribuent à la réalisation du Royaume de Dieu sur Terre, à l'amélioration de la condition du plus grand nombre, et à la possible reconnaissance sociale découlant d'un succès professionnel de référence.

3) La dédiabolisation de l'argent et du pouvoir d'influence qu'il génère. La Réforme commence lorsque Luther condamne le commerce des indulgences (dons en argent versés par les fidèles à l'Eglise, censés racheter les péchés ou réduire le nombre d'années passées au purgatoire). En éliminant ainsi ces dispositifs financiers qui jouaient un rôle déterminant dans le cheminement et le salut spirituel des croyants, Luther fit d'une pierre deux coups : il contribua à dépolluer l'argent de la connotation négative qui lui était associée et il contribua à rendre aux croyants une certaine liberté d'esprit et d'action. C'est un renversement de perspective majeur : l'argent n'est plus le moyen contraignant qui permet d'atteindre la bénédiction divine ; il deviendra bientôt le résultat visible de la bénédiction. Calvin s'inscrira pleinement dans cette logique et contribuera à redonner à l'argent une certaine dignité spirituelle puisqu'il ira même jusqu'à autoriser et justifier le prêt à intérêt, rompant ainsi avec plus de 3 000 ans de tradition judéo-chrétienne, qui avait diabolisé l'usure. La fortune et ses effets d'influence bénéficient d'une déculpabilisation, à condition d'être bien utilisés : avec la sagesse de Salomon ou l'humilité de Job (deux références majeures dans ce processus).

C'est sur un tel terreau que la notion moderne de leadership prend racine. Et c'est sans surprise dans les pays de tradition protestante qu'elle se déploiera à la suite de cette rupture majeure du XVIe siècle. Cette perspective réformée tranche avec un ensemble de traditions médiévales dont les pays de tradition catholique ont eu plus de mal à se défaire : un monde où la dignité spirituelle n'était reconnue qu'aux vocations presbytérales et monastiques ; où l'argent était considéré comme participant à la malédiction de la Genèse sur le travail (en opposition avec un idéal de pauvreté qui est situé au centre des vocations presbytérales, monastiques, ou conventuelles), et où le travail était considéré comme une besogne temporelle de basse valeur (sur le champ séculier donc en dehors de l'Eglise, traditionnellement : la noblesse guerroie, elle ne travaille pas : donc plus on s'élève vers le rang royal, plus on se rapproche de la vocation divine par excellence, plus on s'éloigne du poids du labeur et du travail, dévolu aux serfs).

Mais une déviation historique se produit. Dès la seconde moitié du XVIe siècle, un certain radicalisme protestant, rigoureux et austère, présent depuis le début de la Réforme autour de certains réformateurs radicaux (principalement allemands – Müntzel, Greber, Manz, etc. – et à travers le courant anabaptiste), prend une forme nouvelle à l'occasion de la rupture élisabéthaine de l'Eglise d'Angleterre (1560) :

c'est le surgissement du puritanisme. La persécution des puritains qui s'en suivit a entraîné leur exode massif, d'abord en Europe continentale puis et surtout en Amérique, où ils se sont remarquablement bien implantés. Rapidement, ils bénéficient outre-Atlantique d'une aura historique d'exception : en conséquence de quoi le mouvement puritain se déploiera sur tout le continent américain, donnant lieu à d'innombrables variantes (fondations nouvelles, refondations, divergences), qui marqueront d'une empreinte profonde le processus de formation de la mentalité historique américaine. Au fil de ce processus, qui s'étale au cours des XVIIe et XVIIIe siècles, le travail intense des puritains et le succès matériel et territorial qu'ils rencontrent, ont contribué à forger une croyance particulière qui consiste à établir un lien direct entre succès et bénédiction. C'est ce que l'on nommera la théologie de la rétribution ou de l'abondance, qui s'est particulièrement développée aux États-Unis, et qui établit que le succès et l'abondance sont des signes de la bénédiction divine (chez Calvin, la prémisse de cette croyance se trouve dans la théologie de la prédestination). Dans le même temps, cette idée fait aussi son chemin au sein des congrégations puritaines de Grande-Bretagne. Ainsi, des deux côtés de l'océan, une singulière connivence entre la religion chrétienne et l'esprit capitaliste en voie de formation se renforce, bien que sous un biais très particulier. Bien sûr, au début du XIXe siècle, nul ne sait encore que le modèle capitaliste anglo-saxon, d'abord anglais puis américain, avec ses *key factors of success* et la place primordiale qui sera accordée à la notion de leadership, va dominer à ce point le devenir socio-politico-économique du Monde. Mais il n'est pas étonnant, à l'orée du XXe siècle, au moment où le leadership anglo-saxon a pris la place dominante qu'on lui connaît, de tomber sur des figures de grands entrepreneurs américains à succès dont le leadership est fortement coloré d'inspiration spirituelle et de prophétisme visionnaire. Les décloisonnements générés par la rupture protestante finissent par former un creuset où les questions d'argent et de pouvoir côtoient les questions de société et de spiritualité de façon très large, au sein d'un leadership de plus en plus décomplexé et pragmatique, qui se pique de transformer la société et d'entraîner tout le monde dans son sillage, au risque de dommages collatéraux acceptés d'avance (car l'imperfection de la Création combinée au fameux commandement de la Genèse – dominez et assujettissez la Terre ! – les rend acceptables).

Émergence et dominance du leadership moderne au pays des WASP

Abraham Lincoln, président des États-Unis de 1860 à 1865, fut fortement imprégné d'un équilibre socio-spirituel qui reste assez unique dans l'histoire de la présidence des USA. On peut noter qu'il respectait le milieu baptiste dans lequel il fut élevé avec ferveur, mais qu'il n'en demanda pas pour autant le baptême (les baptistes pratiquent le baptême d'adultes), et on peut aussi noter qu'il fut un lecteur attentif et quotidien de la Bible, mais qu'il n'adhéra jamais à une confession religieuse en particulier. Cette posture d'enracinement spirituel authentique n'empêchant pas une grande liberté individuelle de pensée et d'action colora sa vision politique et l'exercice de ses mandats, et joua un grand rôle dans le leadership exceptionnel dont il fit preuve. Coïncidence notable : c'est au moment de sa mort que le terme Leadership fit son apparition dans la littérature française (qualifiant initialement un chef de parti politique du parlement britannique). Aux USA, Lincoln servit de modèle inspirant à une nouvelle génération de leaders, qui s'illustrèrent plutôt dans le domaine du business au cours des décennies qui suivirent. Dans un pays débarrassé de ses principaux problèmes politiques (conquête de l'ouest, abolition de l'esclavage, guerre de sécession, transports intercontinentaux), la voie était libre pour plusieurs décennies d'un expansionnisme animé par l'idée de Destinée Manifeste (expression apparue en 1845 pour désigner l'idée – d'origine calviniste – que la nation américaine a pour mission divine l'expansion de leur modèle de civilisation, d'abord vers l'Ouest puis dans le monde entier). Perspective dans laquelle s'inscrivent quelques exemples remarquables de leadership.

On ne le sait pas forcément mais Henry Ford se voyait et agissait en prophète d'un nouveau monde où son entreprise lui semblait pouvoir servir de modèle de référence. Sa politique de redistribution de la richesse, notamment *via* la baisse maximale des prix et la hausse maximale des salaires du plus grand nombre, fit scandale et l'amena à se retrouver en procès contre les frères Dodge, co-actionnaires de sa société : un procès retentissant que la cour suprême du Michigan trancha en sa défaveur en 1919. Dans le jugement qui est rendu s'enracinera l'idéologie libérale du *shareholder's primacy*, qui trouvera son sommet dans les années 1970-80 autour de l'école de Chicago et de Milton Friedman, et qui stipule qu'une entreprise est faite principalement pour générer des profits maximums et pour les distribuer aussi largement que possible exclusivement à ses actionnaires. Mais Ford persistera jusqu'à sa mort : il est animé par une vision humaniste et spirituelle globale de son action et de son rayonnement et il y voit une clé de la paix mondiale. Pour autant, il est aussi connu pour s'associer à la pègre de Détroit, notamment afin de recruter des mercenaires capables d'intimider les syndicalistes et de mener des actions punitives contre les ouvriers grévistes. Le leadership anglo-saxon d'influence protestante montre là son visage pragmatique (qui veut que la fin justifie les moyens). Paradoxalement, c'est l'influence puritaine qui fait monter le pragmatisme à son summum : ce qui se comprend si l'on considère l'argument que tous les moyens sont bons pour faire triompher le projet divin. Un abus qui se transformera en un excès néfaste et pèsera sur le développement de l'idéologie du progrès qui animera le XXe siècle. À la même époque, John Harvey Kellogg se pique de devenir un grand entrepreneur à succès dans le domaine sanitaire et nutritionnel tout en se positionnant en leader d'un monde en voie d'assainissement. Ce médecin et chirurgien de formation était de confession adventiste (l'Eglise des adventistes du 7e jour, fondée au milieu du XIXe siècle par des puritains millénaristes au mœurs strictes, ne fut intégrée à la Fédération Protestante de France qu'en 2005). Kellogg créa la multinationale que l'on sait (Kellogg Company, mondialement connue pour ses corn flakes), mais il dirigea aussi pendant dix ans (1893-1903) l'organe de bienfaisance de l'Eglise adventiste, qui construisit pendant cette période plus de 30 sanatoriums à travers le monde, un nombre similaire de centres d'hydrothérapie, une douzaine de restaurants végétariens et de nombreux centres d'accueil urbains pour aider les pauvres, les orphelins, les chômeurs, les alcooliques et les prostituées. Kellogg était à la manœuvre et se posait en leader holistique qui se mêlait de tout : nutrition, hydrothérapie, exercice physique, tempérance morale, modération sexuelle ou idéalisme eugénique. Il publia 57 ouvrages où il étala largement ses convictions (*The Living Temple* notamment, en 1903) et où l'on constate qu'il rêvait d'une humanité améliorée, selon une vision à la fois spiritualiste et physiologiste. Dans le même ordre d'idées, on peut citer le cas d'Andrew Carnegie, dont la principale religion fut peut-être l'évolutionnisme social de Herbert Spencer, mais qui n'en fut pas moins très influencé par les milieux presbytériens modérés dans lesquels il fut élevé et auxquels il revint dans les 15 dernières années de sa vie. Mogul de l'acier devenu la plus grande fortune des USA en 1901, il fut également le plus grand philanthrope de son temps. Il décida de donner jusqu'à 90 % de sa fortune en se basant sur l'idée biblique que l'amassement de richesse est une sorte d'idolâtrie qui rend très difficile l'accès au royaume de Dieu, et il choisit d'en faire bénéficier des œuvres opérant dans le domaine de l'éducation et des arts, en se basant sur l'idée que l'homme ne vit pas de pain seulement. Certes, comme Lincoln, Carnegie adopta une posture de défiance envers les systèmes religieux chrétiens, mais il alla plus loin : il se piqua d'un réel intérêt (assez avant-gardiste, dans une logique presque New-Age) pour des formes de spiritualité très alternatives (comme le mysticisme de Swedenborg ou le Bahaïsme). Ce qui ne l'empêcha pas d'écrire que son opuscule *Gospel of wealth* faisait directement écho aux mots du Christ, démontrant ainsi sa capacité à faire la part des choses et à ne pas jeter le bébé (spiritualité chrétienne) avec l'eau du bain (religions chrétiennes) : faisant ainsi preuve d'une forme d'intelligence spirituelle qu'il convient de lui reconnaître. Ainsi donc, le leadership de Ford, de Kellogg, ou de Carnegie, était totalement décomplexé quant aux questions de succès, d'argent, de pouvoir, d'économie ou de politique, et tous entretenaient une vision transformative très large de la société. Ces meneurs furent habités par un leadership sociétal ambitieux qui, pour rejoindre les fameuses analyses de Max Weber (1905) possédait deux caractéristiques principales : 1) leur leadership concret est compatible avec le terreau de christianisme protestant – néo-calviniste ou néo-puritain – dans lequel il est enraciné, et 2) il se situe dans une dynamique spirituelle où les individus sont invités à travailler au-delà du minimum nécessaire et à entrer dans un processus de croissance et de progrès qui œuvre constamment à dynamiser la société et à repousser l'horizon. Malheureusement, il faut constater que, par la suite, cette vision, combinée à un cocktail d'individualisme sécularisé et de libéralisme financiarisé, puis poussée à son paroxysme dans une visée utilitariste, tombera de plus en plus souvent dans un pragmatisme hyperlibéral (*results oriented*) aux modalités cyniques et aux effets délétères, dont nous subissons aujourd'hui les conséquences sociales et environnementales.

Un tel leadership – un rouleau compresseur brillant de mille feux, avançant sans frein au nom du progrès voulu par le projet divin, et dont n'importe quel individu peut faire une interprétation libérale – est difficilement recevable en régime catholique. En France à la fin du XIXe siècle, les orientations dominantes qui colorent une cathosphère en ballotage – défiée par une laïcisation montante – sont fortement teintées de dolorisme (avec sa valorisation du sens du sacrifice), d'ultramontanisme (avec le concile Vatican I et ses principes d'infaillibilité pontificale et de subordination des croyants au pouvoir clérical), et d'action socio-caritative (en témoigne le rayonnement de la Société Saint-Vincent-de-Paul fondée par Frédéric Ozanam, ou le déploiement d'une pastorale sociale de type paternaliste dans le champ micro-économique). C'est le résultat d'un long héritage, accentué par la Contre-Réforme, qui complique fortement la capacité des catholiques à assumer leur leadership personnel ou professionnel. C'est que, en régime catholique, les tensions sont plus fortes entre des pôles jugés peu compatibles. Une grande importance est donnée à la malédiction de Jésus contre la divinisation de l'argent (Matthieu 6, 24), à sa docilité lors de la Passion, à la primauté qui doit être accordée aux pauvres et aux faibles, ou à la place centrale de l'humilité comme valeur morale cardinale : cette orientation fait du catholique lambda une personne peu encline à déployer de façon visible ses pleines capacités de leadership et à en assumer paisiblement leurs conséquences sociétales. La conséquence de cette posture (qui possède au demeurant une certaine noblesse, d'inspiration féodale), consiste en une certaine difficulté à voir-penser-agir de façon holistique, congruente, et assumée. Un phénomène qui a tendance à générer une hypocrisie de bon aloi : je pense en mon cœur de telle façon, mais j'agis d'une autre par la force des choses (une déformation psycho-comportementale que j'ai maintes fois constaté chez de nombreux leaders catholiques, à la différence de la plupart des protestants que j'ai côtoyés). Aujourd'hui encore en France, la prédominance de cette sensibilité socio-caritative et de cette posture d'humilité est très prégnante dans la cathosphère et dans la société, malgré l'énorme recul de la religion catholique, et de par la force d'inertie de notre histoire : ce n'est pas un hasard si l'entrepreneur social y est naturellement bien vu et si l'ESS s'y déploie avec un certain engouement sur un mode principalement TPE. Une inertie qui favorise des types de leaderships moins carrés, moins ambitieux, moins assumés, moins déterminés, moins efficaces, mais aussi plus discrets, plus ronds, et plus soucieux du facteur humain.

Dernier symptôme sur lequel il faut dire un mot : le don, et sa fonction dans le leadership. À travers le cas de Carnegie, on peut voir que c'est aussi dans la gestion de la philanthropie, et dans ses effets sociétaux, que se niche une importante différence entre l'attitude protestante et l'attitude catholique. En régime protestant américain, l'acte de don est rendu très visible, assumé et intégré à la vie de la société, parfois jusqu'à la caricature : les célébrations d'importantes donations lors d'évènements retentissants, ou la publication de listes annuelles des plus grands donateurs du pays, font partie intégrante du modèle capitaliste libéral américain. Tandis qu'en régime catholique, l'acte de don est associé à la plus grande discrétion possible, jusqu'à l'effacement du donateur lui-même, conformément, d'une part, à la morale qui se dégage des commentaires de Jésus sur les donateurs du Temple (valorisation du don discret de la veuve pauvre, critique des dons ostentatoires des maîtres de la Loi : Luc 20, 46-47 + 21, 1-4) et, d'autre part, à l'idée que pour vivre heureux il convient de vivre caché (morale d'une fable méconnue – la fable du grillon – que nous devons à Jean-Pierre Claris de Florian : fabuliste et romancier moraliste d'inspiration catholico-voltairienne comme seul le XVIIIe siècle français a pu en produire). On peut voir l'influence de cette posture dans le leadership déployé par le général de Gaulle, dont l'authenticité et la profondeur de foi (catholique) n'eut d'égale que son soin à maintenir le plus possible ses convictions chrétiennes en dehors de la scène publique, dans le périmètre familial, bien qu'elles aient souvent inspiré sa vision politique.

Le leadership d'inspiration chrétienne à l'heure du virage méta-religieux

De nos jours, la prégnance du phénomène religieux sur la société s'est en grande partie effacée en Europe, et surtout en France, mais reste encore assez présente aux USA (même si l'on observe un recul constant, on constate en 2014 que 25 % des américains sont évangéliques, 20 % catholiques, 15 % protestants mainstream). Or, les USA restent, depuis le début du XXe siècle, la principale source des visions de leadership qui influencent le monde économique occidental. Néanmoins, depuis les années soixante, l'influence du phénomène religieux sur l'évolution des modèles de leadership *made in America* a été de plus en plus marginale. Les processus de sécularisation ont énormément progressé dans le champ politique et économique. De nombreux modèles de leadership ont ainsi été mis au point dans des milieux universitaires ou professionnels soucieux d'écarter toute référence à la religion ou à la spiritualité. Mais la prégnance religieuse étant ce qu'elle est aux États-Unis, certains modèles de leadership récents, aux apparences neutres, ont conservé la trace d'influences provenant de convictions chrétiennes discrètes, souvent présentes en filigrane, ce qui permet aux individus d'adhérer en fonction de leurs affinités spirituelles particulières. Ainsi, un leader d'inspiration protestante pourra aisément se retrouver dans les charmes du *Transformational Leadership*, forgé entre 1978 et 2004 par James MacGregor Burns (dans le sillage du *Charismatic Leadership*, introduit dans les années vingt par Max Weber, dont l'influence calviniste est avérée). MacGregor Burns s'est défini de façon très occasionnelle comme un congrégationaliste (mouvement américain d'églises protestantes locales et indépendantes), mais il ne peut pour autant être fait mention d'un lien direct entre ses convictions chrétiennes et ses travaux. Néanmoins, une lecture entre les lignes permet de distinguer une certaine influence protestante, reconnaissable à l'importance que le *Transformational Leadership* accorde aux personnalités exemplaires servant de rôle-modèles inspirants : il y est régulièrement fait référence à Abraham Lincoln ou aux pasteurs activistes Martin Luther King ou Desmond Tutu. Leur congruence, leur rayonnement, leur capacité à transformer la société en prenant en compte les aspirations d'autrui, sont valorisés, sans que leurs convictions spirituelles soient considérées comme des prérequis absolus. De leur côté, les leaders d'inspiration catholique adhéreront plus probablement au Servant Leadership, qui définit le rôle du leader comme étant au service d'une mission plus grande que lui et, ultimement, du bien commun. Les sources qui influencèrent Robert K. Greenleaf, son théoricien fondateur, furent variées : l'éthique judéo-chrétienne (Quaker en particulier), l'existentialisme orientaliste d'Hermann Hesse (*Journey to the East*, 1932), la psychologie industrielle de Douglas McGregor (*The Human Side of Enterprise*, 1960), ou la philosophie morale de John Dewey (*Knowing and the known*, 1949). Greenleaf a toujours précisé que le Servant Leadership avait été conçu sur une base de neutralité religieuse, dans une perspective universaliste susceptible de s'adresser à toutes les personnes et institutions à travers le monde. Ce qui n'a pas empêché le Servant Leadership de trouver une forte résonance dans les milieux catholiques aux quatre coins de la planète. Et cela semble assez logique : comment ne pas voir dans Jésus ou François d'Assise ou Mère Teresa des exemples éloquents de servant-leaders ? Et que dire des références à la notion de bien commun (*common good*) : une notion forgée par saint Thomas d'Aquin (théologien dominicain du XIIIe siècle) ? *Last but not least* : ce n'est sans doute pas un hasard si le siège du Center for Servant Leadership, fondé en 1964, a été transféré en juin 2019 à *Seton Hall University* : l'une des principales universités catholiques des Etats-Unis (située à 14 km des milieux d'affaires de New York). Pour autant, et malgré l'intérêt que présentent ces deux modèles, l'heure est à la sécularisation maximale. Un exemple : le *Blue Ocean Leadership* (dérivé de la *Strategy* du même nom) a connu un succès mondial sans qu'aucune référence spirituelle apparaisse dans ses composantes fondamentales ou puisse même y être rattachée.

Mais l'avenir du leadership est-il lié à une évacuation radicale de toute référence à la spiritualité chrétienne qui a si fortement contribué à sa genèse ? On peut en douter. D'abord, parce qu'une coquille vide d'âme n'a jamais réussi à résoudre les problèmes essentiels. De plus, parce que dans un monde de plus en plus déshumanisé, diriger avec son âme (Voynnet Fourboul, 2004) est devenu une nécessité.

Néanmoins, l'intensité et la complexité croissante des épreuves et des défis que nous rencontrons sont tels, que seul un leadership holistique paraît en mesure de nous sauver des impasses globales dans lesquelles nous nous sommes fourrés. Or, un tel leadership holistique repose sur une intelligence élargie et sur une approche systémique, où il est reconnu que l'intelligence spirituelle joue un rôle essentiel bien que partiel (Moniz-Barreto, 2020). Je gage que tout leadership qui ne prendra pas en compte cette dimension se réduira à une technicité plate et sans souffle et sera donc, à terme, voué à l'échec. Le leadership holistique de demain repose sur une approche respectueuse de tout ce qui est vivant, et sera nourri par une capacité de compréhension en profondeur, de discernement spirituel, d'orientation et de décision ajustée, de vision inspirée et inspirante (Faute de vision, le peuple périt – Proverbes 29, 16), et par une grande clarté d'esprit. Paradoxalement, le leadership du XXe siècle semble être victime des excès provoqués par le souffle protestant originel qui a contribué à le faire émerger. Mais l'avenir pourrait appartenir à un leadership plus holistique, plus harmonieux et moins délétère, dans lequel une intelligence spirituelle allant au-delà du religieux (démarche méta) serait intégrée. Dans une telle perspective, universelle, libre de tout système religieux ou para-religieux, les apports spirituels positifs du christianisme pourraient trouver leur juste place. Une place relative mais pertinente, humble mais inspirante, pondérée mais rayonnante, et qui, 2000 ans après Jésus, reste à construire.

PRATIQUES MANAGÉRIALES DANS LES PAYS DE L'EUROPE DE L'EST

Stefka Mihaylova-Marburger

Les pratiques managériales sont en permanente évolution et adaptation aux attentes des employés. Dans cette optique, les chercheurs analysent et proposent de nouveaux modes de management dans le but d'assurer le bien-être et la satisfaction des ressources humaines et d'augmenter leur motivation. Selon certains, la gestion est passée de l'organisation classique du travail, à l'ère de résolution des problèmes par l'intermédiaire de la psychologie et de l'engagement des employés (Thomas, 2009). D'autres auteurs évoquent la spiritualité des acteurs, et notamment celle des leaderships, comme une possibilité alternative à la création de valeur (Fry, 2003 ; Ashmos et Duchon, 2000 ; Kalondinski *et al.*, 2008). Ils ont constaté qu'actuellement les employés sont à la recherche de sens dans leur travail et ils se questionnent beaucoup plus souvent sur la nécessité et sur l'utilité de leur carrière professionnelle.

La réussite et l'expérience des entreprises asiatiques ont fait monter en puissance l'utilisation des approches et des méthodes spirituelles dans le milieu du travail. En revanche, les entreprises occidentales ont fait preuve de difficulté à mettre en place des méthodes de gestion, liées à la spiritualité, ce qui a retardé considérablement les études à ce sujet. Or, la faim spirituelle et la recherche d'accomplissement spirituel (Emmons, 1999) ont conduit le monde scientifique vers ces thématiques. L'augmentation des études théoriques et empiriques dans ce domaine donne l'impression d'une véritable « renaissance spirituelle » dans la gestion des ressources humaines.

La spiritualité et la religion – points communs et oppositions

Au sens large du terme la spiritualité est considérée comme une recherche de sens de l'existence humaine étroitement liée aux « valeurs universelles et éthiques » (Giacalone et Jurkiewicz, 2003). Elle se présente sous deux aspects : le premier, propre à chaque individu, accorde un vaste champ d'étude aux sciences en psycho-sociologie et, le deuxième, l'aspect communautaire, porte en soi des éléments ayant trait à la gestion des organisations. Notre intérêt porte plutôt sur la spiritualité conçue lors des échanges et des relations entre les membres d'un groupe ou d'une communauté dans le but de détecter de nouveaux outils de gestion des ressources humaines et d'avoir des idées de leur agencement sur place. Selon l'approche choisie, la spiritualité accompagne la formation d'un réseau, voire d'un modèle collectif et communautaire, lié aux valeurs traditionnelles et/ou universelles (Fry et Altman, 2013). De telle manière, elle accorde un rôle particulier aux émotions et à la compassion dans les processus organisationnels (Dutton *et al.*, 2006), ce qui permet aux leaders de s'ouvrir vers les autres, d'être attentifs aux problèmes des autres, mais aussi de créer un réseau de suiveurs et d'adhérents.

La spiritualité est très souvent comparée, confondue ou opposée à la religion. On distingue la spiritualité de la foi qui renvoie aux croyances. En même temps, la spiritualité évoque aussi toute forme de transcendance et la connexion du sens. Quant à la religion, elle est liée au système institutionnel de croyances et de valeurs. Elle se présente sous deux dimensions fondamentales : la croyance et le culte. Le culte est la dimension qui distingue le plus la religion de la spiritualité, car il repose sur des rites, des rituels, des dogmes et des règles strictes de comportement. Contrairement à la religion, qui porte en soi cet aspect dogmatique du culte, la spiritualité est une forme de libération, d'ouverture vers les autres et d'opportunité de choix libres et éclairés. En revanche, les deux conçoivent des éléments qui touchent à la recherche du sens, de la vertu, de la bienveillance, de l'harmonie intérieure, de l'esprit et l'univers cosmique. Selon Fray (2003), la religion se réfère plutôt aux dogmes et aux doctrines, alors que la spiritualité est orientée vers les valeurs et vers la réflexion intérieure et/ou universelle. D'autres auteurs pensent que la religion est une mise en activité de la croyance dans les lieux du culte, accompagnée par le respect des dogmes religieux et les pratiques régulières des prières (Giacalone et

Jurkiewicz, 2015). La spiritualité repose donc sur un fondement universel (Schwartz, 1992) et elle a des traits avec l'éthique, alors que le lien entre la religion et l'éthique reste flou et insaisissable dans les faits concrets.

Toutefois, l'utilisation de la religion et l'introduction des pratiques spirituelles dans les entreprises passent par la personnalité et l'initiative des leaderships initiés (Cavanagh, 1999). Dans cette logique, les auteurs annoncent l'émergence d'un nouveau type de leader – leader spirituel. Il émane une influence idéalisée proche du charisme qui s'articule avec l'espérance et avec une vision claire et déterminée pour l'avenir de l'entreprise. Le leadership spirituel exprime des motivations particulières et intrinsèques (Fry, 2003) et se comporte plutôt comme un coach, que comme un dirigeant coercitif, poursuivant le but de répondre au maximum aux besoins fondamentaux des employés. Certains auteurs soulignent le développement spirituel des managers et leur intelligence spirituelle (George, 2006) comme primordiales pour le bon fonctionnement des entreprises. Selon Emmons (2000, p. 19), l'activité spirituelle des leaders s'exprime dans la mobilisation des ressources spirituelles de tous pour faire face aux difficultés tout en dépassant les intérêts personnels de chacun.

La spiritualité et la religion dans l'Europe de l'Est

Depuis longtemps dans les pays de l'Europe de l'Est la spiritualité joue un rôle important dans les relations humaines. Les gens non seulement n'ont pas peur d'en parler et de l'affirmer, mais actuellement la spiritualité est presque devenue une marque de prestige et d'élitisme (Voz'mitel' et Osadchaia, 2011).

Pour cette raison, nous avons considéré que les pays de l'Europe de l'Est représentent un terrain de recherche assez fructueux et apte à nous procurer des résultats intéressants. Nous nous sommes limité uniquement aux pays ayant des convictions religieuses orthodoxes[1] car la religion chrétienne orthodoxe se distingue de la religion catholique par la priorité qu'elle accorde à la croyance et à la foi individuelle et pas tellement au culte et aux rituels religieux.

La religion orthodoxe prend une place non négligeable dans la culture et la formation psychologique des peuples slaves et notam-

1. Tous les pays post-communistes en Europe sont des pays chrétiens. Or, les pays de l'Europe de l'Ouest sont des pays catholiques (Croatie, Pologne, Slovaquie, Slovénie, Tchéquie), alors que les pays de l'Europe de l'Est ont des convictions orthodoxes (Bulgarie, Macédoine, Moldavie, Roumanie, Russie, Serbie, Ukraine). La Grèce – le berceau de la religion orthodoxe – n'est pas un pays post-communiste et reste en dehors de notre échantillon.

ment en Russie (Manfred et Kets de Vries, 2001, p. 593). L'histoire de la religion orthodoxe nous permet de faire deux constats : 1) la religion était toujours liée à l'État ; et 2) elle a protégé la langue et les ethnies dans ces pays (Chaillot, 2009). La religion a également unifié les peuples orthodoxes en établissant des liens très forts entre eux. Les exemples sont nombreux : la libération du joug turc de la Bulgarie et de la Roumanie par le peuple russe, la guerre en Serbie et l'intervention de la Russie, la protection ces derniers temps de la Grèce par la Russie.

Pendant les siècles d'occupation mongole et turque, l'Église orthodoxe fut la gardienne de l'âme nationale. À l'époque communiste elle était soumise au pouvoir d'État et du parti communiste (Carrière d'Encause, 2010). Durant toutes ces années la religion en Russie était une « state religion » et l'Eglise Orthodoxe une « state institution » (Cherniaev, 2007, p. 34). La situation était la même dans les autres pays orthodoxes – la Bulgarie, la Macédoine, la Moldavie, la Roumanie, la Serbie et bien sûr l'Ukraine, qui faisaient partie de l'URSS.

Contrairement à la religion qui était opprimée et interdite pendant cette période, la spiritualité a connu une forte expansion. Cette dernière était conçue comme une forme de réaction normale dans la recherche de l'équilibre idéologique, psychologique et social des individus. Plus la religion était opprimée, plus elle trouvait des failles et des moyens pour se transformer et se modifier. En conséquence, l'interdiction institutionnelle de la religion a fortement augmenté l'utilisation des pratiques spirituelles. Par conséquent, la spiritualité est devenue beaucoup plus profonde et durablement enracinée dans la mentalité de la population. La souffrance psychologique et sociale des peuples pendant le communisme a dynamisé ce processus.

Après la chute du système communiste, l'augmentation du rôle de l'Eglise orthodoxe et de la religion a été un des premiers signes de changement de l'ancien système. En effet, la population locale a réussi à remplacer assez rapidement une croyance forte, celle en l'idéologie communiste, par une autre croyance spirituelle et religieuse, en l'occurrence. Du fait de ne pas avoir pu exprimer librement leur spiritualité, ces peuples font aujourd'hui un retour brusque vers la religion à la recherche intérieure de sens. Un autre phénomène qui est apparu dans ces pays est la montée de l'intérêt des hommes politiques vers la religion. Les représentants du gouvernement sont toujours présents aux fêtes religieuses (Fédorovski, 2014), les relations amicales entre Poutine et le patriarche Kirill sont exposées publiquement, presque tous les présidents de ces pays ont visité mont Athos – le centre de la pensée religieuse orthodoxe. Une expérience intéressante de renouvellement religieux dans la Roumanie contemporaine est le monachisme roumain, surtout féminin. En plus, la combinaison des opinions politiques et religieuses dévoile la tendance *théocratique* de la construction de ces États nations. Les hommes riches et, notamment des oligarques russes, donnent des sommes colossales pour la construction des églises orthodoxes (Ockren, 2014). Selon certains auteurs, il s'agit d'un nouveau type de totalitarisme soviétique qui repose sur le pharisaïsme et l'hypocrisie religieuse (Cherniaev, 2007, p. 39). Selon d'autres, tels que Voz'mitel' et Osadchaia (2011, p. 83), l'Eglise orthodoxe est la seule structure solide dans ces pays avec une grande autorité et un crédit élevé, car la population ne croit plus en la police, aux institutions, aux médias et encore moins aux partis politiques (*idem.*, p. 83).

Les pratiques managériales dans les entreprises des pays de l'Est

Nous avons choisi de faire des enquêtes dans les pays de l'Europe de l'Est et notamment dans les pays dont la plus grande partie de la population exprime des convictions religieuses orthodoxes. Le deuxième critère de notre choix était que les pays étudiés devraient être des pays post-communistes.

Nous avons adressé le questionnaire à 312 entreprises et avons reçu 248 réponses, soit 79 % de notre échantillon. Les entreprises qui ont répondu étaient réparties géographiquement de la manière suivante : 48 entreprises en Bulgarie, 22 en Macédoine, 17 en Moldavie, 33 en Roumanie, 72 en Russie, 34 en Serbie et 22 en Ukraine. Les données recueillies ont été traitées avec le logiciel SPSS 21.

L'absence de repères psychologiques et sociaux pendant les périodes de bouleversements politiques et économiques après la chute du système communiste a provoqué une forte démotivation des salariés, des dépressions, des suicides, des comportements criminels, etc. La question concernant les pratiques spirituelles était une question à choix multiples. Les participants ont classé en première position les événements artistiques avec la participation des membres de l'entreprise comme présentation des pièces de théâtre, danses collectives, chants et chorales (87 % des réponses). En deuxième position venait la gestion du stress par groupes de travail (54 %), suivie par les compétitions sportives (43 %), les séminaires résidentiels (22 %), l'ouverture des salles de fitness (10 %), les réunions collectives pour la prise des décisions (7 %). Dans la réponse (autres, précisez) les répondants ont mentionné les pratiques suivantes : team building, formation en communication, fêter les anniversaires ensemble, délégation du pouvoir, cadeaux pour les fêtes, soirées collectives, colonies de vacances pour l'équipe et pour les enfants, nettoyage collectif des locaux, salles collectives de détente, compétitions avec les voitures, organisation des frégates, etc. En revanche, la méditation n'a pas été expérimentée dans les entreprises étudiées. L'utilité des pratiques spirituelles et leur influence sur le climat social et sur la motivation des employés ont été évaluées avec une moyenne de 6,37, toujours sur une échelle de 10. En effet, la spiritualité influence positivement les employés et les performances organisationnelles. La plus grande partie des réponses (78 %) affirmaient qu'il s'agit des pratiques modernes, inconnues dans le passé.

L'analyse des résultats obtenus a montré que 89 % des entreprises ont eu recours aux symboles et à des rituels religieux. Les symboles les plus utilisés sur le lieu de travail sont les icônes orthodoxes (98 %), suivis par le respect des normes alimentaires dans les cantines lors des carêmes (87 %), les rassemblements pendant les fêtes des saints orthodoxes (49 %), les rituels de l'inauguration des lieux de travail avec des popes (34 %) et d'autres sans précision (12 %). À l'unanimité les entreprises confirment qu'il s'agit de nouvelles pratiques, devenues aujourd'hui une habitude et presque une mode. Sur une échelle d'évaluation de 10, les participants ont donné une note moyenne de 7,21, concernant l'influence positive de ces pratiques sur le climat et la vie sociale au travail.

Les réponses aux questions concernant le lien entre la religion et les pratiques spirituelles se présentent de la manière suivante : plutôt faible (52 %), faible (19 %), plutôt fort (26 %) et fort (3 %). Néanmoins, le rôle du leadership dans ces pratiques était perçu comme essentiel (82 %). Les qualités nécessaires du leader spirituel, selon les choix multiples, étaient les suivantes : avoir une vision stratégique de l'entreprise (53 %), construire et préserver l'identité du groupe (47 %), savoir développer le potentiel des autres (43 %), protéger les intérêts de l'équipe (40 %), savoir mettre en confiance les membres de l'équipe (35 %), faire preuve de générosité (28 %), encourager les gens à prendre des risques (24 %), avoir de l'humour (22 %), être à l'écoute (18 %), accepter les différences culturelles (1 %), être humble (1 %). Les participants ont rajouté à la réponse « autres, précisez… », des qualités telles que : la volonté, la simplicité, la justesse, le sang-froid, le self-control, la maîtrise des émotions, être fêtard, donner droit à l'erreur, savoir apprendre des autres, accepter les critiques, etc. Même si le lien entre la religion et la spiritualité a été considéré comme plutôt faible, la notion de leadership spirituel est totalement présente partout. Les résultats mettent en évidence aussi que la religion renforce la spiritualité et lui donne un cadre normatif et trace des repères tangibles.

Tableau 1 : Les quatre formes de spiritualité et le rapport avec la religion

Leader personnel	Leader relationnel
Rapport fort avec la religion au niveau individuel Taux de réponses – 18 % Religion intériorisée Spiritualité individuelle	Rapport faible avec la religion au niveau des comportements collectifs Taux de réponses – 10 % Religion intangible Spiritualité collective
Leader organisationnel	**Leader sociétal**
Rapport fort avec la religion institutionnalisée – respect du culte ; religion politiquement imposée à l'organisation Taux de réponses – 67 % Présence tangible de la religion Spiritualité organisationnelle	Aucun rapport avec la religion Taux de réponses – 5 % Spiritualité sociétale

En résumé, dans les pays orthodoxes la spiritualité et la religion sont fortement présentes et liées. Nos résultats font preuve non seulement d'une complémentarité de la religion et de la spiritualité, mais nous pouvons affirmer que dans les pays étudiés les frontières entre les deux sont floues et, par conséquent, la religion et la spiritualité sont devenues quasiment inséparables, toutes les deux – sources des croyances et des valeurs universelles (Tableau 1).

En résumé

Les résultats de l'étude nous ont fournis une liste des pratiques spirituelles utilisées dans les entreprises de l'Est qui peuvent servir de base d'inspiration aux leaderships occidentaux, afin de répondre mieux aux nouvelles attentes spirituelles et religieuses des employés et de formaliser un ensemble d'outils d'aide à la gestion des ressources humaines. En guise de conclusion, nous pouvons présenter quelques constations générales.

Premièrement, les périodes de crise et de turbulences politiques, sociales et économiques sont propices à l'utilisation des pratiques spirituelles dans les entreprises. Ces pratiques aident les employés à affronter les situations difficiles.

Deuxièmement, les résultats montrent incontestablement l'influence positive des pratiques spirituelles et religieuses dans les organisations en tant qu'outils de gestion des ressources humaines. La plus faible note accordée aux pratiques spirituelles (6,37 sur une échelle de 10) par rapport à celle des pratiques religieuses (7,21 toujours sur une échelle de 10) est due, selon nous, à la mentalité des peuples orthodoxes qui sont à la recherche d'une identité forte que seulement la religion est capable de leur procurer. C'est également la plus grande différence par rapport aux entreprises occidentales. Après la chute du système communiste les pays orthodoxes ont pris une orientation vers la religion dans le but de préserver leur identité et d'avoir des repères stables pour affronter les turbulences de l'environnement incertain. Présente depuis des siècles dans les comportements des individus, la spiritualité est passée au second plan. Son institutionnalisation par la religion l'a renforcée et en même temps lui a enlevé la liberté et l'ouverture vers le monde externe.

Troisièmement, les résultats soulignent le rôle primordial de leadership dans la mise en place des pratiques spirituelles (83 % des réponses). Sans un leader déterminé et convaincu de l'effet positif de ces pratiques sur la gestion des ressources humaines, la spiritualité ne peut pas trouver sa place dans le fonctionnement des entreprises. Les résultats montrent incontestablement que la religiosité des employés a besoin aussi d'être aussi comprise par les dirigeants et intégrée dans les pratiques quotidiennes de l'entreprise.

LEADERSHIP ET JUDAÏSME

Guila Clara Kessous

Cette production propose de traiter le judaïsme comme direction conforme à la tradition juive, selon ses principes et ses valeurs. Un apport spirituel concret reliant leadership et judaïsme aurait pu être traité du point de vue de grandes figures managériales. On répondrait à la question « En quoi les leaders juifs apportent-ils des réponses concrètes à un leadership efficace ? ». Cela n'est pas notre sujet puisqu'il s'agit de comprendre ce qui, dans les textes fondateurs (Torah et Talmud) est révélateur d'un leadership unique relié à la spiritualité juive et en quoi ce leadership nous parle aujourd'hui. L'exercice est d'autant plus ardu que le mot « leadership » en tant que tel n'apparaît pas dans tout le canon biblique. Et pourtant comment ne pas immédiatement penser à Moïse faisant preuve d'un indéniable instinct de leadership pour faire sortir le peuple hébreu d'Égypte, à la fois pour s'affirmer de façon assertive devant Pharaon mais aussi pour convaincre le peuple de quitter ses habitudes d'esclaves. Il existe ainsi des exemples typiques de représentation du leadership en tant qu'autorité d'influence dans la Torah. Le but de cette étude est bien d'explorer les rapports entre leadership et *followership* dans la spiritualité juive pour comprendre en quoi la philosophie de cette religion peut nous aider à mieux aborder les questions managériales actuelles. Il serait malvenu d'imaginer que cette réflexion soit exhaustive quant à sa façon de traiter cette problématique. Elle aura au moins le mérite de suivre l'un des principes fondamentaux du judaïsme dans l'étude des textes spirituels : la nécessité de faire émerger des questionnements…

Leadership : étymologie hébraïque

Pour éviter des malentendus qui ont déjà coûté à Moise d'être représenté avec des cornes sur la tête pour une erreur de traduction (le mot « keren » en hébreu signifiant « rayon » avait été traduit par « corne »), penchons-nous sur le mot « leadership » dans la langue hébraïque. Il s'agit de « Manehig »/ « גיהנמ » qui ne renverra véritablement à la notion de « leadership » moderne qu'au XIXe siècle lorsque Eliézer Ben-Yéhoudah entreprit de faire revivre la langue hébraïque comme langue officielle en Israël. On trouve le mot utilisé auparavant comme « guide » renvoyant à un document écrit spécialisé ou comme titre politique de défenseur des communautés juives notamment pendant les règnes des empereurs du Saint Empire romain germanique Maximilien Ier et Charles Quint (titre que portait Josel de Rosheim au XVe siècle). Il est intéressant de remarquer la racine du mot « Manehig » qui est faite de trois consonnes נ.ה.ג (n.h.g) qui renvoient au verbe « conduire ». Elle rappelle exactement l'étymologie originelle de l'anglais ancien du mot « leadership » issue de « *laidjan* » racine indo-européenne germanique signifiant également « conduire », « voyager ». Dans les deux cas, le leader est celui non pas qui « montre le chemin » mais celui qui est dans le moyen de transport et qui voyage au même titre et rang que les autres. Il a la responsabilité de la conduite à bon port, de faire voyager d'un point A à un point B. C'est lui qui se doit d'étudier la carte et de connaître comment marche le véhicule. L'hébreu rajoute encore une dimension à cette approche. En effet, la racine consonantique נ.ה.ג (n.h.g) se retrouve dans un autre mot clé de la spiritualité juive : « Minehag » signifiant « coutumes, habitudes ». Le mot transformé dans la forme grammaticale active causative du « hifil » donne le terme que l'on traduit par leadership aujourd'hui : « Manhig ». Mais littéralement, par la tournure grammaticale, le mot pourrait être traduit par « faire la coutume, l'habitude ». Le leader serait celui qui crée la disruptivité et qui découvre une nouvelle voie qui viendra s'inscrire dans le « faire » spirituel comme une habitude qui aura valeur de loi orale capable de dépasser la loi écrite dans certains cas légaux. Le « Manehig » est donc celui qui conduit et qui fait conduire. Le garant des traditions et des coutumes et, en même temps celui qui est capable de les faire évoluer.

Être un leader : une reconnaissance et non un statut

Au niveau toraïque et talmudique, on trouve une notion d'autorité qui est souvent reliée au « leadership » sous plusieurs formes. Les statuts de « Nassi » ou de « Rosch » sont souvent reliés à des chefs de tribus, des leaders capables d'être meneurs guerriers. De même, les titres comme « Rabbi » ou encore « Moré dérech » renvoient à une guidance spirituelle, à des leaders qui creusent un nouveau sillon dans la capacité d'apprentissage et de transmission. Fréquemment cependant on distingue les capacités de leadership et de management dans des situations de gestion de crise. On a pu dire de Moïse par exemple qu'il bégayait. Il laissait en tant que leader à Aaron, son frère, le soin de gérer l'aspect managérial, c'est-à-dire tout ce qui touchait à la gestion du peuple proprement dit. Si le manager (« menahel » en hébreu : responsable « administratif »), peut être désigné et nommé par le leader pour être à ses côtés, ce n'est pas le cas du leader. Celui-ci se doit non seulement d'avoir une « légitimité de cœur » mais une légitimité reconnue par d'autres. Cette exposition suppose de surmonter le « syndrome de l'imposteur », ce doute incessant chez les personnes qui en sont victimes. C'est le cas de tous les patriarches, figures emblématiques de la spiritualité juive : Abraham, Isaac et Jacob. Abraham, père de toutes les religions monothéistes, est reconnu pour sa « bienveillance » (*hessed*) comme « légitimité de cœur », ouvrant sa porte à tous et allant jusqu'à « marchander » avec Dieu lorsqu'il s'agit de sauver des vies humaines (épisode de Sodome et Gomorrhe). Isaac possède la « rigueur dans le jugement » (*din*) comme qualité profonde par une conscience morale reliée au devoir à accomplir. Isaac reste celui qui accepte sans mot dire d'être ligaturé sur l'autel lorsque Abraham pense qu'il doit sacrifier son fils. Il reste sur la terre d'Israël par conviction et par respect du choix divin de la Terre Promise. Quant à Jacob, il est relié à l'attribut de « vérité » (*emet*) dans son courage à affronter toutes les épreuves en faisant ressortir le spirituel, notamment face à son frère Essav ou face à Laban. Tous ces leaders possèdent, dirions-nous, les « soft skills » nécessaires pour un bon leadership. Ils suivent cependant tous une même démarche de quête spirituelle personnelle lors de laquelle ils veulent toucher à la « ardout », au point d'unicité. C'est le cas d'Abraham brisant les idoles, suivi de Isaac et Jacob qui emboîtent le pas de leur père et grand-père dans son lien au divin. Cette démarche qui est intime et personnelle va donner naissance à un dévoilement de la présence spirituelle qui va se révéler à chacun. Mais, alors que l'on pourrait imaginer que ces futurs leaders pourraient être impressionnés par une manifestation du « leader des leaders », ils résistent et doutent par ce qu'ils pensent ne pas être à la hauteur. La qualité de « Anava », c'est-à-dire d'« humilité » est caractéristique de tout le leadership spirituel juif. Et de façon contradictoire, un leader tel que le prophète Jonas peut être capable de se cacher dans la ville de Tarshish pour ne pas accomplir ce que Dieu ordonne dans la ville de Ninive, par crainte de ne pas réussir. Si le leader est humble, ce n'est pas pour autant qu'il ne demande pas de compte à Dieu (son N+1 pourrait-on dire) en osant lui demander des preuves concrètes de ce qu'Il avance...

La place du "follower" : éloge de la désobéissance

Le leader est cette figure élue non seulement pour son expertise mais pour ses qualités de cœur et pour son humilité, surmontant le syndrome de l'imposteur pour accepter de faire rayonner l'aboutissement de sa quête initiale. Si l'action de leadership a un point de départ quasi intuitif dans un élan vers la force spirituelle, il n'en reste pas moins qu'une des facultés du leader est sa proximité et sa « houtzpa » (culot) dans sa façon de se positionner avec le divin, « hiérarchie » directe. Non seulement le leader fait remarquer au « comité de direction » divin qu'il trouve le choix de sa personne peu judicieux en se dépréciant sur sa capacité à accomplir sa mission mais en plus il Lui demande « un capital risque ». Dieu se doit d'être « engagé » et « partie prenante », pas uniquement « investisseur ». Il lui est demandé un « feed-back » systématique voire de se manifester « physiquement » pour vérifier qu'il n'y a pas tromperie, qu'Il est bien « le Maître de l'Univers ». L'adage « le voir pour y croire » correspond parfaitement à ce rapport puisque le judaïsme est la seule religion monothéiste qui suppose une théophanie collective, une révélation devant tout un peuple. Non seulement Dieu est tenu de se manifester à des prophètes, intermédiaires entre la parole divine et le peuple hébreu, mais Il se doit de Se révéler devant le collectif malgré l'interdit iconoclaste de représentation du divin. Aujourd'hui encore, chaque juif peut se prévaloir d'avoir été présent lors de l'épisode du don de la Torah où le peuple « voit les voix » de Dieu (Exode 20 :15). Le « personnel » accepte d'adhérer aux valeurs de l'entreprise en tant que « follower » car le « super leader » (Dieu Lui-même) accepte de les lui présenter. Cette proximité explique qu'il n'y ait pas à proprement parler de « profession de foi » dans le judaïsme. Pas de « credo » ou de « shahâda », mais un verset qui témoigne de l'attachement du peuple à la divinité « Chéma Israël » signifiant « Ecoute Israël » en lien avec l'écoute des « voix » du Seigneur lors du don de la Torah au Mont Sinaï. Comme si cet épisode de théophanie se devait d'être rappelé et revécu intérieurement pour recréer ce moment « intime » de connexion à Dieu. Il ne s'agit pas de croyance mais d'un fait tangible de communication directe qui passe par l'ouïe et la vue. À cette manifestation de Dieu qui fait l'effort de « contenir » Sa grandeur pour être appréhendé par des êtres humains, le peuple répond « Naassé vénichma » signifiant

« nous ferons et nous écouterons ». Ce collectif hébreu a-t-il déjà la capacité de comprendre qu'il a le pouvoir de l'action par rapport à un leader qui ne peut « s'incarner » dans les affaires quotidiennes ? Cette expression renvoie à l'esprit fondamental du judaïsme qui, s'il se concentre sur un Dieu unique, se dresse contre la pensée unique. Toute étude de la Torah doit se faire en « havrouta », c'est-à-dire deux par deux pour créer une dynamique de contradiction en un « team-building » indispensable. Cet éloge de la désobéissance est contenu dans l'essence même du rapport leader/follower comme en témoigne cette histoire talmudique tirée du Traité « Baba Metsia » 59a. Il s'agit d'une controverse entre Rabbi Eliezer et ses collègues concernant le statut d'un four construit en plaques détachées reliées par du sable. Rabbi Eliezer tente de convaincre en faisant nombre de miracles que le four ne peut être rendu impur : il réussit à déraciner un arbre, faire remonter les eaux d'un fleuve à contrecourant, faire trembler les murs… mais rien n'impressionne les sages qui restent imperturbables. Excédé, Rabbi Eliezer dit « si la loi est comme moi, le ciel le prouvera ». Alors la voix de Dieu se fait entendre et elle donne raison à Rabbi Eliezer. Rabbi Josué se lève alors et répond « La Torah n'est pas au ciel ». Voici un exemple où Dieu est remis poliment à sa place, lui rappelant que du jour où Il a accepté de donner la Torah au peuple, Il lui a fait confiance et que le collectif a pour mission de la faire vivre au niveau terrestre… Dieu n'a donc pas à intervenir dans les affaires terrestres… En termes de leadership, ce lien de confiance est ce qui permet aux collaborateurs de pouvoir fonctionner en se consacrant aux « affaires terrestres » … et en n'hésitant pas à remettre le leader à sa place…

Self-leadership : la responsabilité d'être

L'histoire talmudique précédente ne s'arrête pas à la fin de la conclusion « La Torah n'est [plus] au ciel ». Elle précise la réaction qu'a eu Dieu lorsqu'Il a entendu cette phrase culottée venant de Rabbi Josué. Dieu rit et dit « mes fils m'ont vaincu, mes fils m'ont vaincu ». Ce leader qui « rit », ému du dévouement de ces « fils » dévoile son but : être étonné de la capacité de désobéissance de Sa créature lorsqu'il s'agit de préserver la mission qu'Il lui a confiée. Cette responsabilité d'être le peuple du Livre est reliée à la notion de self-leadership. D'emblée, les choses sont posées clairement : « J'ai placé devant toi la vie et la mort, la bénédiction et la malédiction. Et tu choisiras la vie… » (Deutéronome 30, 19). Si Dieu se doit de faire un « effort de contraction » (« tsimtsoum » dans la Kabbale ») pour apparaître aux Hébreux, ceux-ci se doivent de jouer leur part et faire un « effort d'expansion » en choisissant consciemment le chemin de la vie. Ici aussi, nulle obligation car il faut entendre le temps du futur « et tu choisiras » comme une recommandation et non un ordre. La responsabilisation de l'individu est clé dans l'accomplissement spirituel juif. « Leh leha » ordonne Dieu à Abraham avant qu'il ne commence son périple : « Va vers toi » littéralement. La clé du leadership dans la spiritualité juive se trouve dans le libre arbitre et la capacité de chaque acteur à accepter d'être en accord avec ce qui l'anime profondément...

En résumé

La spiritualité juive propose une vision du leadership qui touche étymologiquement à la notion de « conduire » et « faire conduire » en proposant également un rapport à la coutume qui permet d'envisager un leader comme celui qui fait évoluer les traditions. Le leader en tant qu'expert est choisi pour ses qualités de cœur et surtout possède une humilité qui lui demande de surmonter un syndrome d'imposteur en dépassant ses doutes en sa propre capacité. Cela ne l'empêche pas d'avoir un lien de proximité avec son Supérieur (Dieu) à qui il demande de prouver la véracité de ce qu'Il avance. Seule théophanie collective, le judaïsme propose une réflexion sur un rapport de communication directe et cela à la plus haute marche hiérarchique pour qu'il y ait un moment fort de rencontre qui puisse être ré-évoquée comme un lien de confiance authentique entre « PDG » et collaborateurs. C'est par un rapport responsabilisant qu'un leadership efficace peut naître avec une forte conscience du libre arbitre. Chacun fait partie du Tout et se doit d'accepter de jouer sa partie. Dans le judaïsme, Dieu, le « leader des leaders » donne « *the permission to be human* » comme dirait Tal Ben-Shahar, le célèbre professeur juif de bonheur (psychologie positive) de l'Université de Harvard. La permission et le droit d'être humain est relié à un devoir d'action, d'initiative et à un droit à l'erreur. Dieu choisit d'entrer en partenariat avec l'Homme et de lui parler plus comme un leader coach qui suggère et non pas de façon descendante (« Je sais/Tu fais »)... Après tout, Dieu ne nous a-t-il pas fait sortir d'Égypte pour abolir le leadership pyramidal et proposer un leadership collégial où chacun a sa place ?

BOUDDHISME ET AUTHENTICITÉ

Mouloud Madoun

Actualité du bouddhisme

La crise sanitaire engendrée par le coronavirus a mis en évidence les limites d'un mode de gouvernance et de leadership en vigueur depuis plusieurs décennies. On peut décrire ce mode par les caractéristiques suivantes :

- *Une vision analytique de la société* : la société a été fragmentée et compartimentée. Chaque dimension est envisagée, analysée et traitée séparément des autres et non en interaction. Ainsi la primauté accordée à l'économique a réduit l'importance des autres dimensions y compris la santé. Avec le coronavirus, la santé occupe une place qui relègue toutes les autres activités y compris l'économique au second plan au point d'immobiliser tout le système qui se trouve au bord de l'asphyxie.
- *Une démarche scientifique déconnectée du réel* : la science dite moderne impose une rationalité supposée être infaillible. Tout ce qui n'est point scientifique est irrationnel et doit être exclu. En bref, cette démarche aboutit à la pensée unique et l'émergence de dogmes et de certitudes. « Vérité en deça des Pyrénées, erreur au-delà » (B. Pascal). On est dans un autre monothéisme avec les risques de guerre de chapelles. Alors que la science devrait être doute. Durant cette crise, on aura tout entendu et son contraire : les masques inutiles puis indispensables, le déconfinement serait une catastrophe puis devient indispensable.

- *Une conception erronée de l'être humain* : celui-ci a été réduit à sa dimension matérielle. Pour le motiver, il faut utiliser des récompenses monétaires.
- *Les limites du système hiérarchique* : le principe du lien de subordination qui caractérise les organisations et les sociétés a été sérieusement ébranlé. On découvre que la hiérarchie n'est ni efficace, ni nécessaire pour motiver les employés.

Cette crise a permis l'émergence d'autres comportements et une façon de gouverner. « Le jour d'après » nécessite une autre conception des organisations et des sociétés.

L'approche bouddhique peut apporter une contribution significative à la construction d'un leadership en mesure de concevoir et mettre en œuvre ce changement auquel aspire un nombre croissant de citoyens et de salariés. Il aidera à revivifier les restes languissants d'un modèle de développement en déclin.

Bouddha, les védas et les upanishads : la connaissance au cœur

Bouddha s'inscrit dans le contexte de la civilisation védique qui a produit les textes fondamentaux de l'Inde ainsi que des leaders exceptionnels (Ashoka, Gandhi, Vivekananda, Bouddha, Mahavira..). Cette civilisation se caractérise par quatre dimensions principales de la vie : Artha (richesse matérielle), Kama (plaisirs), Moksha (actions et décisions) et Dharma (devoir, éthique, loi, justice). Si l'Occident a progressivement privilégié l'Artha et le Kama, la civilisation védique et Bouddha ont donné une importance capitale à Dharma qui est à la base de l'humain et la recherche de la vérité.

Les védas (connaissance, savoir, mais aussi sagesse en sanskrit) ont été élaborés entre 1 800 et 300 av. J.-C. par des Rishis (sages indiens). Ces textes ont évolué sur plusieurs siècles grâce à un dialogue profond entre les sages et leurs disciples et aboutissent aux discussions philosophiques et spirituelles les plus sophistiquées que l'humanité n'ait jamais produites (les Upanishads). Ils ont été salués par tous les philosophes comme Schopenhauer, Spinoza, Goethe, Romain Rolland, Schiller et d'autres prestigieux philosophes et écrivains en Europe et dans le monde.

C'est dans ce contexte de débats dominés par le Brahmanisme, cœur de l'hindouisme, que vont émerger le jaïnisme, fondé par Mahavira (599-527 av. J.-C.) et Bouddha (563-483 av. J.-C.). Celui-ci ne peut être saisi dans sa profondeur en dehors de ce contexte ; au-delà des religions, philosophie et enseignements, Bouddha est une réalité vivante. Il vit ses enseignements qui sont validés par son expérience personnelle.

La recherche de la vérité : ultime but du leadership authentique

Un des mantras les plus populaires des upanishads (« près de moi assieds-toi ») permet de révéler la quintessence du leadership, commune à tous les leaders de l'âge védique et essentiellement Bouddha et Mahavira.

Asato Ma Sad gamaya : conduis-moi de l'irréel, la non-vérité à la vérité. Celle-ci se traduit par « l'éveil, l'illumination », c'est-à-dire Bouddha. La vérité est l'objectif ultime de Dharma.

Tamaso Ma Jiothir Gamaya : Conduis-moi de l'obscurité, l'ignorance à la lumière, la connaissance.

Mrithior Ma Amrtham Gamaya : Conduis-moi de la mort, de l'illusion à l'éternité.

Les débats et controverses sur le coronavirus ont mis en évidence cette problématique de recherche de la vérité. En effet, scientifiques, dirigeants se sont retrouvés impuissants face à cette crise. Deux dimensions caractérisent les polémiques qui ont proliféré :

- **Ignorance** : On a pris conscience des limites des connaissances et du savoir possédés par les experts et scientifiques. Le virus, son origine, ses causes, sa transmission et bien sûr le remède pour le vaincre a été un révélateur de ces limites, voire cette ignorance.
- **Aveuglement** : Cette ignorance était d'autant plus grave que les scientifiques étaient aveuglés par leurs certitudes et le cloisonnement de leurs compétences. « On confond facilement l'amour de la vérité et l'amour de SA vérité, c'est-à-dire l'amour-propre, réducteur de toute vérité. » (P. Dehay)

Connaissance et vérité : le cœur de l'humain

La vérité est le fondement de l'humanité. C'est un processus multidimensionnel. Il y a plusieurs chemins pour y arriver. Pour le jaïnisme et le bouddhisme, chaque démarche est partiellement vraie. La recherche de la vérité doit intégrer les connaissances inférieures, empiriques générées par l'observation et l'analyse et la connaissance supérieure qui n'est accessible que par l'action, l'expérience ainsi que l'intuition, les émotions. La rationalité et la démarche scientifique ne sont qu'un des chemins pour accéder à la vérité. Pour Bouddha, il est illusoire de penser que cette démarche dite rationnelle peut à elle seule comprendre tous les problèmes et prévoir le futur. L'expérience humaine est indispensable pour donner du sens ; car souvent « ceux qui parlent, ne savent pas et ceux qui savent, ne parlent pas ». La doctrine bouddhiste est une médecine. Bouddha est un médecin qui doit connaître les causes, les antidotes, les remèdes et accompagner les gens à vaincre leur souffrance grâce au détachement, au *dépassionnement* et la maîtrise des désirs.

Pour Bouddha, il y a deux conditions pour s'engager dans la quête de la vérité :

- **L'expérience** : il faut être sur le terrain, en contact avec les gens, les gurus, les sages, apprendre auprès d'eux et continuer sa marche dans cette recherche ; c'est le cheminement suivi par Bouddha lui-même. Le bouddhisme se caractérise par une attitude intrinsèquement pratique.
- **La libération** : il est nécessaire de se libérer de toutes les contraintes, les plaisirs, les biens matériels et de leur asservissement et dépendances qui attachent l'individu et le détournent de cette quête et l'éloignent du Dharma. Bouddha découvre que la souffrance est le fait essentiel de l'existence. On peut s'en libérer et guérir grâce à un processus scientifique auquel la vie donne du sens et la validité.

Sa démarche scientifique consistait à mettre en commun la science et la foi, le rationnel et l'intuitif. Loin de toute rhétorique, le bouddhisme est surtout une pratique sociale.

Bouddha est devenu leader, d'abord en se détachant de tout ce qui pouvait l'empêcher de connaître la vérité. Il a vécu dans un contexte royal, de luxe. Il a dû quitter tous les biens, le confort matériel et mental et le monde dans lequel il a grandi. Il est allé vérifier par lui-même, sur le terrain si la « vérité » de ce monde, le monde auquel il a été habitué, était la vérité. Il va apprendre de tous ceux qui sont susceptibles de le faire avancer dans sa quête : les anciens, les gurus quelle que soit la secte à laquelle ils appartiennent ; il s'installe aussi dans différents villages, rencontre et discute avec tous les villageois, femmes, hommes et enfants. Il ne possède pas la vérité, il est allé à sa recherche en dialoguant avec tous. C'est humilité qui lui permet d'avoir cette posture. Le leadership authentique est celui qui met sous contrôle le Kama et l'ego qui se dressent en obstacles devant cette quête.

Kama, karma et ego : reconnecter le sens du travail au sens de la vie

Les temps modernes ont vu le triomphe des sens, de l'égoïsme étroit, des passions (le règne du Kama, ce dieu des désirs et des plaisirs immédiats, selon la civilisation indienne) qui ont aveuglé l'homme en l'entraînant dans la « déchéance véritable ». L'homme est fragmenté ; sa dimension matérielle est surévaluée et étouffe la dimension spirituelle.

Ce dieu Kama devient le véritable obstacle à l'émergence de cette dimension spirituelle qui redonnerait sa plénitude à l'être humain.

Notre mode de vie est tourné et focalisé sur la recherche du bien-être matériel, plutôt à court terme. Notre ego, aveuglé par Kama, ce dieu des plaisirs individuels, ne peut se réaliser que par la conquête de l'autre et de la nature. La crise sanitaire nous montre qu'une autre perspective devient nécessaire : ***« C'est seulement en regardant le Soi, O Maitreyi, en l'écoutant, en le pensant, en en prenant conscience qu'on connaît tout ce qui est »*** (Upanishad Aranyaka). Il ne s'agit pas d'une profession d'égoïsme, mais d'une prise de conscience de Soi pour le mettre en harmonie avec l'autre et avec l'univers. Nous sommes invités à sortir de notre activisme, de cette vie frénétique dictée par cette recherche du progrès individuel perpétuel et insatiable. « Agir donc, c'est finalement sortir du matériel, de l'immédiat, de l'égoïsme, pour avancer dans la Réalité universelle qui est en train de naître » (P. Teilhard de Chardin). Pour Bouddha il faut apprendre à être « heureux par nature et non par la possession et l'attachement à un quelconque objet matériel ».

Notre façon de concevoir nos relations avec l'autre est profondément questionnée : les employés, infirmières, le personnel soignant, les agriculteurs et autres acteurs rendus invisibles par le mode de gouvernance rationnel, analytique privilégiant la performance et la compétitivité redeviennent au centre des préoccupations et de la société. Les acteurs « invisibles » s'avèrent plus importants que l'on ne pouvait s'imaginer.

Un être humain intégral, total et complexe

L'être humain que nous révèle cette crise nous surprend, nous interpelle et nous émerveille. Il apparaît dans sa totalité. En effet, on voit des individus, tout particulièrement le personnel médical, mais aussi des personnes chargées du nettoyage, de la restauration entre autres, s'engager pour accomplir des tâches, des missions à haut risque en mettant en danger leur santé, voire leur vie. Ils n'attendent aucune contrepartie matérielle, ou récompense. Nous (re)découvrons un autre individu, un être humain guidé par le sens du sacrifice, cette notion qui a perdu son intérêt, son sens.

C'est ce type de comportement qui est mis en valeur dans **le Bhagavad Gita**.

« Celui qui s'acquitte des actes sans s'y attacher et sans en attendre aucun bénéfice, mais simplement parce qu'il estime qu'il doit les accomplir comme devoir sacré, fait preuve d'un détachement lumineux. » (chant 6)

Le travail : un devoir sacré

Le travail revêt une dimension quasi sacrée dans cette philosophie. La Bhagavad Gita relie le travail et le devoir, le Dharma.

Karmanye vadhikaraste Ma phaleshu Kadachana : Ton devoir est d'accomplir ton travail sans te préoccuper des résultats. On voit comment le personnel soignant en particulier, était en phase avec ce principe. Ce personnel n'était pas à la recherche de récompense.

Ma karma Phalehe Turbhu Ma Te sangostv Akarmani : Ne sois attaché ni aux résultats de l'action ni à l'inaction. Tu n'es pas la cause des résultats de l'action. Un travail bien fait est la préoccupation clé de tout individu. Cela signifie aussi qu'il appartient au leader de reconnaître cet engagement des employés et leur dévouement dans leur travail pour les pérenniser.

Un être humain en relation, engagé socialement : dans les hôpitaux tout particulièrement, l'individu isolé, en compétition laisse place à un individu en relation à l'autre, à ses collègues, aux patients qu'il sert. Cette solidarité, ce sens de la coopération et non de la compétition animent le comportement et l'engagement de chacun d'entre eux. **L'individu se réapproprie son humanité**. « S'unir c'est se transformer en un plus grand que soi ». (P. Teilhard de Chardin). C'est cette connexion qui fait ressortir l'identité sous-jacente et profonde de l'être humain. La crise le transforme en « héros » alors qu'il ne fait que son devoir d'être humain. Cet être a été fragmenté et réduit à sa dimension économique.

Hiérarchie et confiance

Le modèle de gouvernance en vigueur est basé sur le contrôle et la maîtrise sans lesquels aucun objectif ne peut être atteint et aucune organisation ne peut fonctionner efficacement. Nous sommes arrivés à la conviction que nous pouvons contrôler et dominer tout phénomène. Nous sommes maîtres des événements et de notre vie. Le virus nous a dessaisi du contrôle et de la maîtrise. Cette perte de contrôle vulnérabilise ; elle nous est insupportable. Le modèle hiérarchique sous-estime la place du dialogue et l'autonomie des individus dans la réalisation des objectifs. Cette crise a montré le caractère erroné et l'inefficacité de ce modèle.

Dans la crise qu'il a vécu au cours de son histoire, l'hindouisme a pu survivre et réussir à s'adapter par le dialogue. Contesté par Bouddha et Mahavira, les Brahmanes n'ont pas cherché à exclure, combattre ou excommunier, ils se sont rapprochés d'eux pour comprendre leurs critiques, apprendre d'eux et intégrer leurs apports potentiels. C'est pour cela que les guerres de religions et de chapelles ont été quasi absentes et les problèmes résolus grâce à la non-violence, au respect et l'inclusion.

Dharma : au cœur du leadership authentique

Cette philosophie décrit et appréhende toute décision à partir de deux angles. Le premier est de comprendre les motivations et le second est le degré de conscience et de considération des conséquences des décisions envisagées. Un des plus grands rois de l'Inde, Ashoka (274-236 av. J.-C.) a été le premier à faire du bouddhisme une religion universelle en la répandant non seulement en Inde mais ailleurs dans le monde. L'accès au bouddhisme, au Dharma le métamorphosa en profondeur. Réputé pour ses victoires et son comportement violent et belliqueux pour soumettre ses adversaires, il décida de devenir le roi le plus bienveillant, régnant sans guerre, demandant même des excuses et réparant les préjudices causés à ses adversaires. Le bouddhisme est plus une pratique qu'un enseignement. C'est un Dharma. Le Dharma est un concept polysémique qui signifie à la fois religion, spiritualité, droit, éthique, ordre et responsabilité individuelle et justice sociale. Il s'agit de l'objectif ultime qui transcende les objectifs primaires de court terme tels que le profit et l'efficience.

Dans le Bhagavad-Gita, texte sacré de l'hindouisme, la complexité du comportement individuel ne peut être surmontée que par l'intégration du Dharma. Ainsi, les deux Dieux les plus populaires, Krishna et

Rama, avatars de Vishnu se comportent différemment mais dans un cadre dharmique ; ils sont une illustration du leadership authentique.

Figure 2 : Dharma : mode de gouvernance et de développement personnel (Madoun et al., 2019)

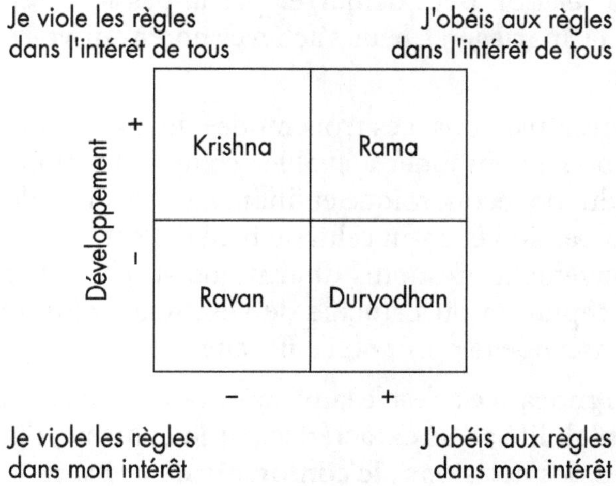

Krishna se rebelle contre les règles traditionnelles qui empêchent Arjuna, d'accomplir son devoir. Il viole les règles, pour rétablir le Dharma, le sens du devoir. Le coronavirus a montré ce comportement du personnel soignant qui émerveille en accomplissant son devoir. La hiérarchie, ses règles et normes s'effacent pour que ce devoir puisse s'accomplir sans entraves.

Rama, le seul Dieu roi, concilie respect des règles, même injustes, et devoir. Il se sacrifie pour sauver la stabilité du royaume. Il subit et accepte un préjudice à court terme mais gagne à long terme au moment de son retour triomphal. Il obéit aux règles et traditions dans l'intérêt de tous.

Shiva, le dieu de la destruction en vue du renouvellement n'aime pas les règles, il n'aime pas dominer non plus. C'est un rebelle. Il détruit les règles anciennes, injustes, pour leur substituer de nouvelles, plus justes et plus efficaces. **Je n'obéis pas aux règles mais ne cherche pas à dominer.**

Le leadership authentique concilie le court et long terme, l'exécution des tâches et le développement des individus. Les règles qui s'avèrent être un obstacle doivent être écartées. Le mode de gouvernance doit être centré sur l'individu et non les règles ou les normes qui deviennent des outils de contrôle.

Le bouddhisme et l'hindouisme expliquent le comportement par trois tendances et qualités, appelées gunas : création, préservation et destruction ; c'est un cycle d'évolution ni linéaire ni mécanique. Ainsi en amour, la relation peut démarrer par la passion, peut évoluer en engagement et mariage et peut s'achever en ennui voire destruction et séparation.

Dans les organisations, ces trois modes de motivations et de comportements pourraient aider à évaluer chaque décision – elles sortiraient enfin du tout économique et financier – le mode de l'ignorance, le mode de la passion et enfin celui du bien collectif. On s'inscrit ainsi dans un mouvement du moins dharmique au plus dharmique. Ceci suppose l`acceptation du principe de l'existence d'un objectif supérieur qui transcende le profit ou l'efficacité financière.

Le mode ignorance : c'est le suivisme aveugle du court terme et du critère de rentabilité ; il se caractérise par le cynisme, l'ignorance des conséquences des décisions ; **le conformisme prévaut**. « Tout change pour que rien ne change. »

Le mode passion : c'est le choix séduisant, désirs et satisfactions matérielles et résultats à court terme comme moteur de gouvernance. **La richesse matérielle (Artha) ainsi que le pouvoir de conquête dominent.**

Le mode « bien collectif » : c'est le choix difficile de la décision en pleine conscience, objectif à long terme, inclusif, pris dans la transparence et la confiance. Il est basé sur la connaissance inférieure et supérieure. Ce mode permet d'obtenir l'engagement de tous dans la réalisation des objectifs dont les citoyens se sont appropriés. Ce mode aurait contribué à minimiser les dégâts de la crise sanitaire.

Ces trois modes ne sont pas figés. Un leader peut évoluer d'un mode à un autre en fonction de la prise de conscience sociale à laquelle on accède grâce à la méditation, c'est-à-dire la réflexion sur soi.

La recherche du sens et de l'harmonie

Cette crise a donc clairement révélé les limites du modèle hiérarchique de management. Le leadership occidental se caractérise par la scission entre la théorie, la posture ou la rhétorique et la pratique, entre nos vues sur l'environnement, sur la nature et la nature humaine et notre mode de vie. Cette dichotomie et cette incohérence ne semblent en rien perturber la façon d'être. Ainsi, l'avidité, la haine et l'attachement continuent sans être affectées par les arguments philosophiques et les discours théoriques. Le bouddhisme montre le chemin nécessaire pour sortir de cette dichotomie.

L'objectif de ce leadership est de faire émerger le potentiel individuel et d'accompagner son expression et son développement. Ce leadership spirituel peut être identifié par quelques dimensions clés :

- **Accéder à soi, à son ignorance** : un leader doit d'abord accéder à soi, à ses limites, à son ignorance. Le modèle de leader en vigueur se caractérise par l'esprit de supériorité, de domination et de conquête. Or le virus nous apprend que notre savoir est limité et notre pouvoir souvent affaibli. Accéder à soi exige beaucoup **d'humilité** pour faire face à l'incertitude et apprendre de l'autre et du terrain. Selon les upanishads, il y a deux types de connaissance :
  - ***la connaissance inférieure*** est la connaissance du champ. Cette connaissance est limitée et porte sur des champs et domaines de spécialisations primaires ;
  - ***l'autre connaissance est la connaissance supérieure*** ; c'est la connaissance du connaisseur du champ ; la connaissance de Soi. Ainsi les débats entre scientifiques et experts font partie de cette connaissance inférieure. Leurs limites viennent de l'absence de la connaissance supérieure. Experts et dirigeants étaient incapables de reconnaître leur ignorance.

L'éthique est une caractéristique essentielle de ce type de leader. Bouddha lui-même personnifie ce leadership authentique : sa vie, son comportement et ses enseignements illustrent cette authenticité. Il y a une cohérence totale entre sa vie, ce qu'il enseigne et prêche.

- **La non-violence (Ahimsa) :** ce principe est commun à tous les courants de la civilisation védique : hindous, jain et bouddhisme le partagent. Il caractérise leur mode de gouvernance et leur mode de vie. Les problèmes sont traités par la non-violence et le dialogue social authentique. Celui-ci reste à construire dans nos sociétés et nos organisations.

En résumé

Cette crise a révélé la vulnérabilité de l'être et remis en question les certitudes. Elle a aussi permis d'observer l'émergence de nouveaux comportements et de nouvelles attentes. Elle est la crise d'un modèle de gouvernance, voire de civilisation qui a érigé l'économique en valeur suprême. Elle a aussi mis en évidence l'importance décisive des liens, non de subordination mais de solidarité à la fois au niveau interne entre les différents acteurs et au niveau international entre les pays. Cette solidarité exige l'ouverture mentale et culturelle à d'autres conceptions. Le bouddhisme et la civilisation védique peuvent apporter une contribution majeure pour construire cette nouvelle civilisation plus humaine et plus inclusive.

LEADERSHIP TAOÏSTE

Laurent Chateau

D'origine chamanique, le taoïsme est une inspiration du Ciel qui provient du petit matin du monde, à l'époque où les hommes n'avaient que la nature et la voûte céleste comme livres. Lao Tseu, le « vieil enfant », a consigné le premier, au Ve siècle avant J.-C., 81 brefs passages compilant l'essentiel de la Voie et de ses vertus, qui sont autant de clés pour restaurer l'équilibre dans le monde horizontal et rejoindre de son vivant l'harmonie absolue de l'origine de l'univers, le Un suprême, le Taï Yi, par-delà le Yi et le Yang. Initiatique et concis mais particulièrement hermétique et polysémique, le *Tao Te King* serait aujourd'hui l'ouvrage le plus traduit dans le monde après la Bible.

Dans les faits, le sage taoïste ne reconnait d'autre enseignement que celui de la nature et du Ciel. Il s'efforce de « retourner à l'origine », signification pure de l'idéogramme de « Tao », qui symbolise un homme cheminant résolument vers la racine des choses, là où tout a commencé. Si l'on suit la voie mystique du Tao, c'est pour mieux ressentir le mystère de la vie à l'intérieur de soi, porte vers la totalité. Au vrai, le taoïsme [ou « les taoïsmes » devrions-nous dire car il existe une multitude d'interprétations possibles (littéraire, médical, alchimique et initiatique, poétique, martial, symbolique…), ce qui permet par extraordinaire à un même texte, d'apporter des éclairages toujours renouvelés, au fur et à mesure de sa propre évolution spirituelle] n'est pas un art de la tête mais une compréhension du corps, il n'est pas une voie des lettres mais un art du ressenti cellulaire et énergétique, une connaissance vibratoire.

Cet enseignement a nourri la médecine chinoise, stimulé l'esprit des lettrés de la Cour impériale à partir des Han et constitué une voie de choix pour les hommes (et plus rarement les femmes) de spiritualité, *via* ce qu'on a appelé l'alchimie taoïste, combinant des exercices corporels, respiratoires, énergétiques et psychiques. Concurrencé par l'arrivée du bouddhisme, le taoïsme est devenu une religion populaire dans les premiers siècles de notre ère, ce qui n'était pas son intention première puisque les seuls temples reconnus par le taoïste concernent son corps, la nature et la voûte céleste.

Qu'est-ce qu'un leader taoïste ?

Plus près de nous, le leader taoïste est un homme ou une femme qui a compris que l'univers et la nature qui nous entourent portent en eux les lois de l'harmonie, de l'équilibre juste. Le leader taoïste comprend qu'il ne sera jamais aussi vigoureux, heureux et performant que lorsqu'il parviendra à comprendre les lois de la nature et à les appliquer à lui-même, dans ses relations aux autres, dans l'organisation ou le management de son organisation et dans la relation qu'il entretient avec le vivant.

Plus verticalement, il se sent capable par la Conscience de devenir le Tout ou de le contenir. La Voie taoïste, le « Dao », parle de cette quête alchimique de la totalité. Restaurateur d'harmonie, il est cet homme ou cette femme qui parvient à relier et à installer l'harmonie au niveau des trois mondes que sont le Ciel, l'Homme et la Terre. Ces trois plans sont étroitement imbriqués, interdépendants et fractaux. Agir dans l'un des mondes entraîne immanquablement des répercussions dans chacun des autres. À titre d'exemples, connaître le sens de son action peut donner de l'énergie au corps, manifester une colère durable ou mal manger peuvent sensiblement affecter sa santé. Une douleur corporelle peut empêcher de se concentrer correctement, son humeur du moment affecte celle des autres, la culture d'une entreprise finit par nous influencer et agir sur le monde environnant, l'homme agit sur le climat, le climat agit sur l'homme, etc. Tout se tient dans le vivant : soi, les autres, le monde, le visible comme l'invisible. Le leader taoïste en est conscient.

Le concept de non-agir

Concept central du taoïsme et magie de la polysémie chinoise, le « non-agir » peut s'interpréter de multiples manières, selon l'intention que l'on pose ou les circonstances en présence. Selon les auteurs et le contexte, il peut signifier des choses aussi diverses que : décider de ne pas décider, bien observer l'environnement et l'énergie du moment *via* le Yi Jing notamment, formé par les 64 hexagrammes oraculaires, et attendre le bon moment pour agir, agir sans forcer les choses (*on ne pousse pas une rivière* déclare un proverbe chinois), agir de la manière la plus frugale possible (la plus grande efficacité avec le moins d'énergie possible – concept de sobriété) et en utilisant les seuls moyens disponibles (concepts contemporains de l'effectuation ou de l'innovation frugale Jugaad), agir en conscience puis se détacher des résultats qui ne dépendent plus de nous, déléguer et confier à d'autres (les plus doués et/ou motivés) le soin d'agir, agir sans avoir conscience d'agir par la maîtrise du geste et l'acte réflexe (conduire, faire du vélo ou nager par exemple [un passage célèbre du Tchouang Tseu évoque un boucher passé maître dans l'art de découper la viande sans jamais émousser son couteau], agir avec la spontanéité de l'enfant, être agi, agir dans l'oubli de soi et laisser venir ce qui vient (intuition, inspiration) ou ce qui crée de la joie (expérience), jusqu'à fusionner avec l'univers et tout oublier…

Dans le monde de l'entreprise, le WeïWuWeï (agir par la non-action) peut s'exprimer de la manière suivante : 1) mettre les meilleurs (les plus doués et motivés) au poste juste ; 2) disposer d'une veille de marché efficace (règlementaire, concurrentielle, technologique…) pour agir de la manière la plus juste et la moins énergivore possible ; 3) utiliser les compétences de ses collaborateurs (langues, informatique, montage vidéo…) avant d'aller les chercher chèrement à l'extérieur ; 4) ne pas intervenir immédiatement pour régler un conflit en demandant aux deux parties de se mettre d'accord ; 5) demander à l'autre de trouver l'origine du problème plutôt qu'une solution immédiate ; 6) remonter une ou plusieurs solutions en même temps qu'un problème ; 7) décider de ne pas préparer l'intégralité de l'ordre du jour d'une réunion ou d'un entretien pour laisser une place à la spontanéité ; 8) agir par le management visuel et l'auto-responsabilisation en matière de prévention-sécurité plutôt que par plans d'actions incantatoires ; 9) savoir voir les opportunités dans les échecs rencontrés (sérendipité, le post-it de 3M), le risque dans les victoires (on innove mais le concurrent peut s'en emparer pour faire encore mieux) ; 10) développer l'intuition ; etc.

Le leader taoïste, leader de lui-même

Le leader taoïste installe en premier lieu l'harmonie en lui-même par le canal du corps, la pacification et l'ouverture du Cœur, l'optimisation de ses fonctions psychiques puis parapsychiques. Les 7 fonctions psychiques sont les suivantes : sommeil, volonté, concentration, élocution, mémoire, créativité et ouverture d'esprit. Les fonctions parapsychiques sont notamment relatives à l'intuition mais la tradition fait référence à 8 aptitudes distinctes (clairvoyance, clairaudience, action sur la météo, ubiquité, etc.). On a détaillé dans d'autres articles ou ouvrages ces notions.

Travaillant l'harmonie de lui-même, l'harmonie des autres et de son organisation puis l'harmonie du monde, la conscience du leader taoïste évolue, se raffine et s'amplifie au fil de la pratique et de son travail de transformation intérieure (Gong), séquentiellement ou simultanément, vers les trois harmonies (soi, l'organisation, le monde) et les neuf capacités ascendantes suivantes : 1) capacités corporelles (santé, vitalité, bien-être, longévité) ; 2) capacités émotionnelles (calme), relationnelles et à aimer ; 3) capacités psychiques puis para-psychiques ; 4) capacités gestionnaires (Terre) ; 5) capacités de management, d'organisation et de communication (Homme) ; 6) capacité de projection et d'Envision (Ciel) ; 7) capacité de penser « planète » et interdépendance ; 8) capacité de penser univers ; et 9) capacité de « tout oublier ».

Le leader taoïste, leader de son organisation

Le leader taoïste pense Harmonance et Envision. L'« harmonance » est cette combinaison subtile de l'harmonie et de la performance globale. Elle nous explique que la performance n'est pas un objectif mais la conséquence d'une situation d'harmonie basée sur une vision inspirante et incarnée, basée sur le long terme. En outre, parce que le réel fonctionne sur un principe d'interdépendance, la performance ne peut se concevoir que globalement, toutes parties prenantes incluses, même les plus silencieuses (faune, flore, générations à venir, beauté des paysages...).

L'Envision de son côté signifie « la Vision qui donne envie », la finalité ultime de l'organisation, la réponse au « Pourquoi » et que la loi Pacte a appelé sa « Raison d'être » ou sa « mission ». On voit clairement ici que les mots sont piégés, imprécis et subjectifs puisque le terme de « mission » peut être entendu comme un axe de vie ou au contraire comme un simple projet ou une somme de tâches à faire (chargé de missions par exemple). Plus idéalement, c'est son rêve collectif, le 4e instinct des mammifères conscients que nous sommes après la survie, la reproduction et la grégarité. Pour l'entreprise japonaise Toto par exemple, c'est la volonté d'installer la propreté autour de soi (sanitaires, nettoyage de la voirie…) pour accéder au propre à l'intérieur de soi et contribuer à l'harmonie de la collectivité.

Le leader taoïste pratique le bio-benchmarking. Il pense le temps long, raisonne en tant qu'espèce et quasiment comme si la planète était aux manettes de son entreprise. Pour toutes les décisions qu'il est amené à prendre (organisation, recrutement, plan d'actions…), il se pose la question de savoir comment la nature (faune, flore, beauté des paysages…) et les générations à venir y répondraient à sa place. Pour cette raison, il fait mettre un arbre ou un bonzaï dans la salle de réunion et le consulter au moment du tour de table pour savoir ce qu'il pense de la décision importante qui est sur le point d'être prise.

Parce qu'il sait que ses biorythmes sont guidés par les millions d'années d'évolution qui pulsent à l'intérieur de ses cellules, il cale au maximum son action économique sur le pouls de l'énergie de la nature. Il lance les projets au printemps, les accélère en été puis les adapte à l'automne. La fin de l'automne et l'hiver sont l'occasion de faire le bilan dans tous les domaines et de préparer le prochain cycle, en modérant les rythmes et en ménageant les acteurs.

Les ordres du jour de ses réunions ne sont pas pris au hasard et sont calés en fonction des cycles de la nature : les réunions créatives le matin (l'énergie du Bois), les CoDir, la stratégie et la vision d'ensemble en fin de matinée (L'énergie du Feu), la convivialité pour les pauses, le déjeuner et la digestion (L'énergie de la Terre), les réunions de gestion dans l'après-midi (L'énergie du Metal) et le repos ou l'élargissement de ses connaissances le soir (L'énergie de l'Eau).

Le leader véritable connaît et utilise les 18 principes taoïstes (Figure 3). Dans sa relation complice avec la nature et l'univers, le leader taoïste comprend et décrypte le fonctionnement et les lois de la vie, au travers de 18 principes qui ont été détaillés ailleurs.

Pour chaque décision qu'il a à prendre, à titre personnel (relations de couple, analyse de la société), pour le compte de son organisation (pilotage d'un projet, structuration de l'organisation, optimisation du Marketing-MIX…) ou pour faciliter la lecture de son environnement, le leader taoïste peut s'emparer de cette grille d'analyse du réel. Plusieurs exemples figurent dans les liens bibliographiques. Raisonnant par itérations successives, chacun des 18 critères d'aide à la décision s'analyse en propre. Puis on passe au questionnement de niveau 2 en appariant les principes 2 à 2 : mon nouveau produit est-il à la fois beau et simple ? Mon nouveau service est-il naturel et provoque-t-il un plaisir durable (Joie) ? Mon organisation (mes valeurs ou ma culture d'entreprise) est-elle simple et favorise-t-elle la spontanéité ?... Les itérations peuvent ainsi se combiner 3 par 3, 4 par 4, etc.

Figure 3 : Les 18 principes taoïstes du leader véritable

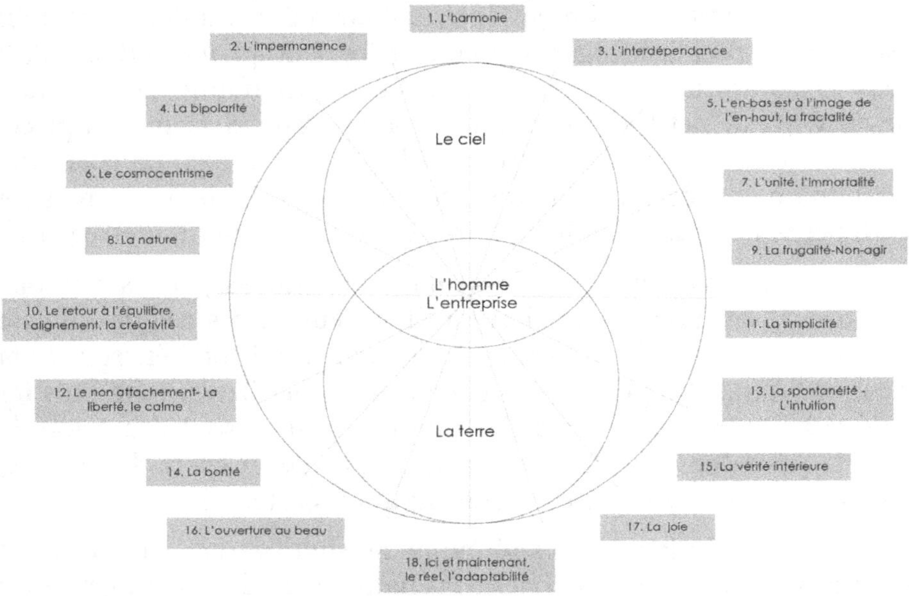

Le leader immortel

On l'a dit, ultimement et conformément aux textes d'origine, le taoïsme est une voie mystique, un appel du Ciel, l'expression ondulatoire et ressentie dans ses cellules d'une verticalité, d'une métaphysique histologique du vide (Wuji), d'un retour vers la Conscience pure, là où la « petite conscience » se noie dans « la Grande Conscience ».

Par un travail alchimique long et complexe (NeiDan Gong), le sage taoïste espère retourner de son vivant à cette « origine » de provenance et de destination, sans attendre le jour de sa mort physique (Figure 4).

Ce processus de transformation intérieure est un travail à la convergence du corps, de l'énergie et de l'esprit qui explique toute l'importance d'accorder un soin particulier à ce que l'on mange, boit ou respire, à ce que l'on regarde ou entend, à nos relations et à notre rapport à la nature. À l'image d'un pianiste, le processus alchimique suppose de répéter avec une régularité sans faille, pour intégrer l'information sur le plan cellulaire et corporel et se libérer *in fine* du corps et de la respiration. Cette libération passe par l'installation préalable d'un grand calme intérieur et par la pacification de ses émotions, par l'ouverture du Cœur ainsi que par la faculté de concentrer sans force et durablement son mental. La joie est présente à tout moment de la pratique, une joie simple, d'intention douce et non d'objectif, une joie de conséquence et non de volonté. Ce travail alchimique permet d'accéder, sans recherche véritable, à certaines aptitudes parapsychiques sur les plans visibles ou invisibles. Il permet de vibrer à l'unisson de l'univers quantique, de ressentir dans l'instant l'ensemble des 18 principes, de comprendre les lois du monde et de tangenter la totalité. Au bout du chemin ? Ce que les taoïstes appellent « l'immortalité céleste ».

Figure 4 : Alchimie taoïste

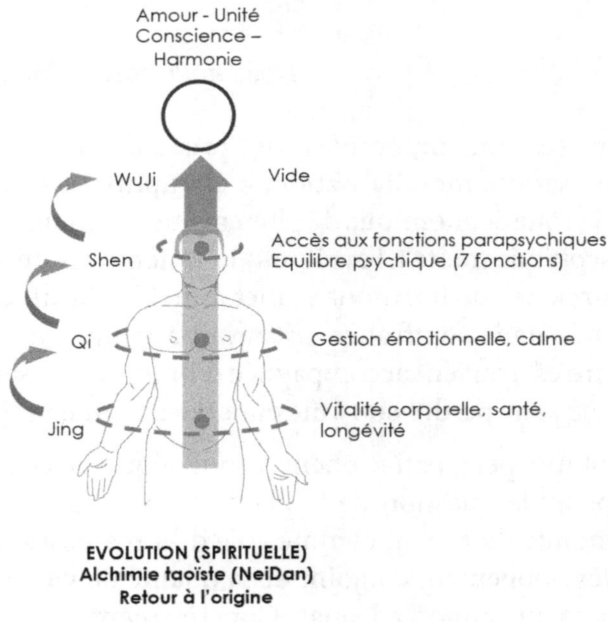

En résumé

Parce qu'il raisonne interdépendance et fractalité avec le monde vivant, parce qu'il est un cosmocentrisme et non pas un anthropocentrisme, le taoïsme est une réponse possible aux maux systémiques de nos sociétés malades, séparées, égocentrées et complexes. Prenant exemple sur le modèle de la nature et de l'univers, les leaders taoïstes peuvent devenir les médecins conscients de notre monde désaligné, les auto-thérapeutes à même d'installer l'harmonie sur notre plan de réalité, seul gage raisonnable de la pérennité de notre espèce.

ZEN, GESTALT & LEADERSHIP

Damien Richard & Jean-Luc Christin

Les entreprises contemporaines sont prises dans un culte de l'urgence : digitalisation, mondialisation, « disruption », « uberisation » font tourner la roue économique de plus en plus vite... jusqu'à ce qu'un virus microscopique mette à l'arrêt tout le système. Cette accélération multiplie les risques de burn-out et met à mal le travail et le travailleur. La montée de la souffrance au travail accompagnée d'une violence ordinaire est souvent accompagnée d'une crise du sens. Comme si gagner sa vie sans perdre son âme était devenu une vraie gageure.

En prenant une perspective phénoménologique, ce chapitre a pour objectif de poser la question de la place et du temps de la spiritualité dans le monde du travail comme voie d'humanisation de l'entreprise et de développement conjoint de la qualité de vie, de l'efficacité et d'un rapport au monde adéquat. Concrètement, il questionne les effets d'une pratique spirituelle au travail articulant Zen et Gestalt pour soulager la souffrance et contribuer à l'épanouissement humain. Une rapide présentation du Zen et de la Gestalt montrera les liens et complémentarités.

Si le Zen est une voie pour cheminer en silence sur le chemin de la paix du cœur et de la sérénité de l'esprit, la Gestalt est un art du contact authentique à soi-même et aux autres. Fruit d'une rencontre entre un Gestalt thérapeute praticien Zen et un chercheur en science de gestion, spécialiste en bien-être et santé au travail, ce chapitre se veut une contribution au réenchantement de l'entreprise, à la prévention des phénomènes de souffrance au travail et à la co-création d'un monde plus sage et plus humain.

Le Zen, voie d'un leadership serein

Zazen est une voie pour cheminer en silence sur le chemin de la paix et de la sérénité de l'esprit. *Za* veut dire « être assis » et *Zen* signifie « recueillement ». Zazen est éveil ; par la pratique de la concentration sur la respiration et la posture, le mental s'apaise, l'Ego se dissout dans une sorte de communion avec le cosmos et toutes les existences. Le Bouddhisme enseigne que Bouddha aurait connu l'éveil et la véritable libération assis en zazen, il y a 2 600 ans.

Avec Zazen, nous apprenons à être présent au présent. Il s'agit d'être présent à sa posture immobile, à sa respiration et d'observer ses pensées sans les alimenter par des déductions ou des raisonnements, dans cet état de conscience au-delà des mots nommé *hishiryo*. Cette pratique est transformative, elle constitue une « phénopraxis » – le fait de vivre pleinement le phénomène sans le nommer met en mouvement quelque chose – . En pratiquant Zazen régulièrement, nous faisons l'expérience d'une vie inscrite dans le moment présent, ouverte aux changements. Pour chacun d'entre nous, une pratique régulière du Zen permet de trouver une stabilité intérieure aidante pour faire face avec confiance aux soubresauts de la vie au travail. Dogen dans le Fukanzazengi, 1228, traduit par maître Roland Yuno Rech dans le *Manuel de méditation zen* (2012) éditions Yuno Kuzen, nous guide simplement : « Vous devez abandonner une pratique fondée sur la compréhension intellectuelle courant après les mots [...]. Vous devez apprendre le demi-tour qui dirige votre lumière vers l'intérieur pour illuminer votre vraie nature. [...] Pour zazen une pièce silencieuse convient. [...] Ne pensez pas "ceci est bien, ceci est mal" [...] Asseyez-vous bien droit ... ».

Je me rappelle ma première rencontre avec Pierre-Yves Antras, directeur général de Haute-Savoie Habitat, un organisme de logement social en cheminement vers une « libération de son leadership ». Nous sommes en 2018, avec lui, son comité de direction et sept managers volontaires, assis par terre, sur nos Zafu [Coussin rond rempli de matière végétale (kapok) qui permet pendant zazen de basculer le bassin en avant et de pousser le sol avec les genoux, en étirant la colonne vertébrale. Excellente posture pour prévenir les maux de dos !] dans le Dojo de l'entreprise pour une séance de travail autour du thème « Comment l'entreprise libérée bouleverse-t-elle le cadre du pouvoir ? ». J'avais été frappé par le fait que cette entreprise possède son propre Dojo, ouvert à l'ensemble de son personnel. Avoir un tel espace au cœur de l'entreprise est une invitation à ralentir quand tout s'agite, apprendre à se poser quand le monde bouge à toute vitesse, apprendre à « déconnecter » sont les principaux bienfaits de la pratique Zen.

La posture assise immobile de zazen, le dos droit et les genoux ancrés dans le sol, permet que s'installe une respiration profonde et paisible, l'esprit peut ainsi s'apaiser, devenir plus vaste et s'ouvrir à de nouvelles dimensions comme la conscience intuitive, la pensée du corps-esprit, en unité avec l'univers. Cette pleine conscience est de l'ordre de l'indicible mais on peut en faire l'expérience par la pratique de zazen. Pour le lecteur qui a besoin d'une approche intellectuelle, il peut se tourner vers Gregory Bateson, *Vers une écologie de l'esprit,* ou *La Nature et la Pensée.*

La Gestalt, une approche originale et authentique de la vie

Gestalt nous vient du verbe allemand *gestalten* qui signifie « donner une forme, une structure ». La Gestalt ou *gestalt thérapie* est une approche thérapeutique centrée sur l'interaction constante de l'être humain avec ses environnements personnels, professionnels et sociaux. Née dans les années cinquante en Californie, elle s'inscrit dans de courant de la psychologie humaniste, existentielle et relationnelle (Abraham Maslow, Kurt Lewin, Eric Berne, Irvin Yalom...). Selon son inventeur, le Dr Frederick Perls, la Gestalt est une « technique d'épanouissement personnel » et une « approche originale, authentique, naturelle de la vie, c'est-à-dire de la pensée, des actions, de la sensibilité de l'homme ».

La Gestalt a une vision holistique et phénoménologique de l'humain. Elle cherche une conscience verbalisée de ce qui est présent, en nommant ce qui apparaît. Il s'agit de pratiquer la méthode proposée d'épochè [Il s'agit de suspendre ses jugements et ses présupposés pour être disponible à la réalité perçue.] par Husserl. Alors que nous avons souvent été élevé dans un milieu fragmenté entre le corps, le cœur et la tête, la Gestalt favorise la rencontre entre les pensées, les émotions et les sensations corporelles. Comme le Zen, la Gestalt propose une vision unitaire de l'être humain qui est corps/esprit, organisme/environnement, moi et réalité, langage et éprouvé.

Perls et ses collègues ont emprunté à la philosophie phénoménologique et au Zen une posture holistique de présence et de lâcher-prise. Ainsi, Frederick Perls (1942) écrit : « en ne perdant pas de vue le contexte, le champ ou l'ensemble dans lequel s'encadre un phénomène, nous éviterons bien des confusions qui, nées d'une perception isolationniste, risquent de se produire. » Il nomme l'holisme pour exposer que le monde « n'est pas uniquement constitué d'atomes, mais aussi de structures [nous dirions peut-être "de systèmes" aujourd'hui] dont le sens diffère de la somme des parties. Le simple déplacement d'une seule pièce peut signifier toute la différence ». J'ai (D.R.) pratiqué la Gestalt en Espagne à la fin des années quatre-vingt-dix avec des collègues de travail et des amis volontaires. J'en ai un souvenir très vivant et c'est un ancrage dans ma pratique professionnel d'accompagnement et dans ma vie. La Gestalt est un art du contact, pas seulement *via* les mots mais à travers les corps par le toucher, la danse énergétique et des processus expérientiels à fort contenu émotionnel. Nous avons expérimenté, en France, 20 ans après, une pratique beaucoup plus calme, sans mise en scène, épurée, ancrée dans une approche phénoménologique qui m'a permis de découvrir une qualité de présence, de lien à l'autre et à ses ressentis.

Comme l'approche systémique et stratégique de Palo Alto, la Gestalt considère qu'il est impossible d'appréhender un comportement humain indépendamment de son environnement. Elle va jusqu'à penser la notion d'organisme/environnement en unité, la conscience apparaissant à la frontière symbolisée par le /. « À tout moment, tout homme fait partie d'un champ, et son comportement est toujours la résultante d'un champ global incluant lui-même et ce qui l'entoure. » (Perls, 1942, *ibid.*) Le contact est l'expérience première et cette frontière-contact est à la fois ce qui sépare et ce qui relie l'être humain à son milieu. La Gestalt met l'accent sur l'ajustement créateur pour nous adapter de façon créatrice aux changements de notre environnement, dans une espèce de danse de la vie, source de croissance. Elle offre un accompagnement centré sur la rencontre et la relation humaine, avec des effets de maturation psychique qui nous transforme dans notre rapport à nous-même et aux autres.

Zen & Gestalt au service de l'intelligence spirituelle du collectif

Le modèle actuel de management et de performance centré sur l'économique, le financier au détriment de l'humain est obsolète car il nous épuise et détruit notre planète. Pour se réinventer, les entreprises, leurs leaders et leurs collaborateurs peuvent puiser dans les trésors du Zen et de la Gestalt qui sont pratiqués sur tous les continents et qui ont des racines communes puisque les créateurs de la Gestalt ont été inspirés par la sagesse Zen.

Nous avons pu expérimenter avec des collectifs les bénéfices d'une retraite Zen & Gestalt qui permet aux dirigeants, managers et à l'ensemble d'une communauté de travail de reconnecter à cette intelligence spirituelle qui sommeille en chacun de nous. Ils nourrissent ainsi l'égrégore d'équipe. Cet égrégore est l'atmosphère dans laquelle baignent les membres d'équipe, atmosphère nourrie de leur culture, de leurs relations, de leurs motivations et des évènements qu'ils vivent. Il est considéré comme la pierre angulaire de l'efficacité-humaniste [Concept central de la démarche gouvernance cellulaire, qui a emprunté au zen l'intention d'harmonie avec la situation et à la gestalt la rigueur du plein contact humain (www.cellulargovernance.org)] dans des approches novatrices de coopération humaine. Il est aisé de constater que des relations dégradées par des non-dits accumulés pèsent sur le groupe. De même, des moments de la convivialité joyeuse l'énergisent. Enfin, une rencontre profonde entre le projet collectif et les missions de vie de chaque personne stimule la créativité et l'engagement.

Je me souviens d'un séminaire d'équipe visant à mettre en forme le nouveau projet d'équipe. Avec l'accord des participants, le séminaire avait commencé par un zazen, pure pratique sans intention. Une séance de Gestalt s'en était suivie immédiatement sans corrélation directe avec le thème du séminaire. L'équipe avait ensuite produit ce qu'elle était destinée à faire. En clôture, les participants avaient témoigné à quel point leur atmosphère intérieure et l'atmosphère collective avaient gagné en confiance et en force grâce à ce centrage initial. Cet espace Zen & Gestalt peut aussi bien être créé au quotidien que dans un séminaire. Il peut s'agir d'une pratique individuelle ou collective.

Figure 5 : Au service de l'intelligence spirituelle du collectif

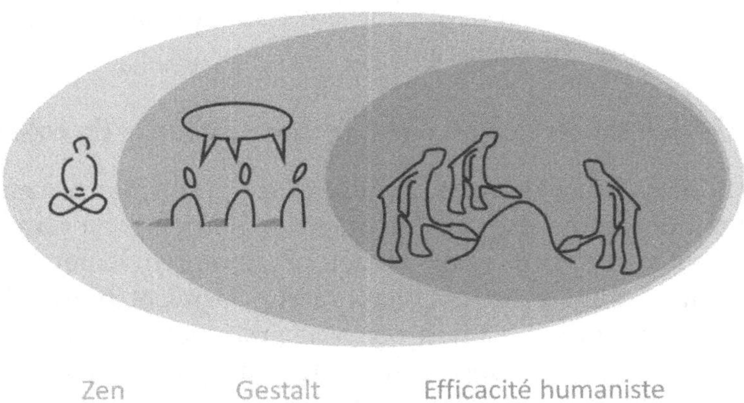

Les pratiques du Zen et de la Gestalt sont non seulement compatibles mais complémentaires pour nous aider à cheminer vers un leadership vivant, aligné et vibrant. La transformation de nos organisations vers des entreprises « libérantes » passe par la transformation intérieure.

Le moment d'agir

Nous écrivons ces lignes, juste après le confinement de mars 2020.

Qu'est-ce que cette crise nous a fait vivre et qu'est-ce qu'elle a représenté pour nous ? – peur de perdre sa situation, joie d'avoir enfin pu ralentir et lever le pied, angoisse par rapport à l'inconnu, à la mort,... – Qu'est-ce que cette crise transforme pour nous, dans l'entreprise... ? Comment voyons-nous notre rôle d'humain professionnel dans cette transformation ? Quels désirs cette crise fait-elle naître ? Quels espoirs ? Quelles sont les relations, les ressources, les qualités que nous avons envie de cultiver chez nous et chez les autres ?

Sans passer par le formalisme d'une séance de zen et d'un temps de parole en Gestalt, nous pouvons en répliquer le principe en prenant simplement le temps d'être présent à ce qui est là. Cette crise nous apprend que notre maîtrise de l'environnement est vouée à l'échec. Nous sommes amenés à lâcher prise sur ce fantasme de toute puissance et nous reconnecter à notre vulnérabilité et à notre pouvoir d'agir individuel et collectif. La pratique conjointe Zen & Gestalt peut être une ressource pour développer nos capacités de discernement et de pleine conscience, pour contribuer à forger un monde plus juste, plus durable.

En résumé

La pratique du Zen et de la Gestalt permet un développement serein de ressources personnelles et collectives qui favorise l'épanouissement d'un leadership inspirant. Ce chapitre articule ces deux approches avec l'efficacité humaniste pour tracer un pont entre la sagesse Zen, l'art du contact de la Gestalt et le monde professionnel. Ainsi se cultive une posture débarrassée des jeux d'ego associant présence, responsabilité, sérénité, créativité, connaissance de soi, accueil de l'autre, du vivant et de l'environnement. L'entreprise peut bénéficier de cette pratique spirituelle pragmatique qui nous invite à habiter le monde en être pensant, sentant, parlant, cultivant le détachement, l'écoute et l'ouverture au service d'une efficience habitée.

CHEMINER AVEC GANDHI ET MANDELA VERS LE LEADERSHIP

Nicolas Praquin

« Nous ne nous mêlons pas de la croyance des gens. Nous attendons d'eux qu'ils soient véritablement humains, c'est-à-dire qu'ils aient un bon fond, de bons principes et une bonne intention. »
Ostad Elahi (1894-1975), penseur, magistrat et musicien iranien.

La question du leadership et de ses classifications a fait son apparition dans la littérature académique depuis environ un siècle (Fairholm, 1998). Longtemps considéré comme étant fondé sur des capacités innées (Morin et Janand, 2019), le leader pouvait être transactionnel et transformationnel (Burns, 1978), néo-charismatique (Hunt et Conger, 1999), explicité par l'interaction avec les *followers* (théorie LMX, Graen, 1976) ou dépendant du contexte dans lequel il exerce (Fiedler, 1964). Le concept a ensuite migré au début du XXIe siècle vers une conception fondée sur l'acquisition de compétences (Morin et Janand, 2019) : le leadership devient alors « servant » (Greenleaf, 1991 ; Spears, 2004), « authentique » (Luthans et Avolio, 2003), ou spirituel (Fry, 2003 ; Voynnet Fourboul, 2014).

De son côté, si la biographie (en grec ancien, le βίος, la vie), ou l'autobiographie, est un genre auquel l'histoire (Dosse, 2005) et certains courants de la sociologie (Bertaux, 1977 ; 2016) recourent largement – non sans controverse pour cette dernière (Bourdieu, 1986) – les sciences de gestion l'ont totalement délaissée (Sanséau, 2005), alors qu'elle est un moyen de comprendre comment se forgent des parcours de vie dans toute leur subjectivité (Praquin, 2017) – au sens du sujet agissant et non *a contrario* de la dite objectivité – surtout lorsqu'il s'agit d'autobiographies.

C'est ce dernier choix que nous avons fait en travaillant sur l'*Autobiographie ou mes expériences de vérité* du Mahatma Gandhi (1950) et *Un long chemin vers la liberté* de Nelson Mandela (1994). À partir de leurs propres récits de vie, nous montrons tout d'abord la profonde différence de tempérament de ces deux hommes. Dans un deuxième temps, nous établissons une grille de lecture comparative autour de différentes thématiques qui leur sont communes. L'article s'achève sur la place de la spiritualité dans chacune de leur vie et du type de leadership auquel il est possible de rattacher chacun d'eux.

Gandhi l'introverti et Mandela l'extraverti

La littérature académique distingue différentes étapes dans la construction du leader en s'appuyant sur les différentes qualités que celui-ci est censé avoir, pour tout ou partie, à chacune d'entre elles. La question ne se pose pas en ces termes dans les autobiographies de Gandhi et Mandela, à l'instar de Maslow[2] (1954) qui dénonçait une mésinterprétation de sa hiérarchie des besoins ; il n'y a pas d'étapes, mais des épreuves de vie qui les confrontent à leur représentation du monde et les aident à construire leurs valeurs et à affirmer leurs traits de caractère (Tableau 2).

Tableau 2 : Valeurs et traits de caractère de Gandhi et Mandela

	Gandhi	Mandela
Figure tutélaire	Aucune	Son père, son tuteur, ses directeurs dans les études, les membres de l'ANC
Traits dominants	Introverti, rôle de l'individualité, piètre orateur, timide	Extraverti, sens du collectif, bon orateur, expansif
Surnom	Mahatma. Gandhi ne l'évoque qu'une fois, regrettant qu'on l'appelle ainsi (p. 515). Signifie « belle âme » en sanskrit	Madiba, « Je suis membre du clan Madiba (...). On m'appelle souvent Madiba, mon nom de clan, ce qui est un signe de respect » (p. 9)

2. En effet, la pyramide de Maslow, décrivant les différents types de besoins de l'individu sous une forme de pyramide qui hiérarchise ceux-ci en plusieurs strates, était dénoncée par son créateur qui considérait que ceux-ci existaient de façon concomitante mais que les plus spirituels n'étaient accessibles que si les premiers étaient satisfaits.

	Gandhi	Mandela
Traits communs de caractère et valeurs	Curiosité et écoute de l'autre, foi en l'homme, exemplarité, fermeté dans les principes, humilité, simplicité, intégrité morale, ouverture du cœur et de l'esprit, respect de l'adversaire, main tendue à l'adversaire, vérité de la parole, sens du combat, persévérance, sens moral	
Foi	En la spiritualité	En l'humanité
Intimité	Dévoilement	Pudeur
Expression de son énergie de vie	Calme, posé	Agité, bouillonnant, turbulent, impatient
Valeur dominante	Vérité	Liberté
Non-violence	Un principe fondamental	Une tactique
Foi en l'homme et son humanité	Oui, implicite	Oui, explicite
Idéal	Spirituel, Satyâgraha	Politique, (Ubuntu)
Colère	Faiblesse, énergie de transformation	Défaite, énergie de transformation
Remarque : Les mots entre ( ) indiquent qu'ils ne figurent pas dans l'autobiographie mais ont été importants dans leurs vies (cf. les références bibliographiques).		

L'intérêt d'un tel tableau, au-delà de sa simplification exagérée, est de montrer à la fois la différence de leurs caractères et la communauté de valeurs qui les réunit ; il en ressort que la capacité de tels leaders à mobiliser des peuples entiers autour d'eux repose à la fois sur la fermeté et la constance de leurs principes, et sur des qualités telles l'intégrité, l'humilité, l'exemplarité et le sens moral, l'ouverture d'esprit et de cœur qui les amènent à pouvoir discuter et négocier avec leurs adversaires, les considérant comme des êtres humains dignes de respect. Ils ne dénient pas leur colère, en reconnaissent la faiblesse ou en font un signe de défaite, mais parviennent à l'identifier quand elle surgit et à transformer cette énergie par la suite en action sociale et politique.

S'il est difficile dans l'absolu d'attribuer les valeurs d'un individu à un mode d'éducation ou à un parcours de vie – c'est probablement la conjugaison des deux – il apparaît en revanche clairement que les comportements de Gandhi ou Mandela, le choix de leurs modes d'action et la valeur qu'ils y attachent – i.e. : place de la non-violence – sont intimement liés à leur éducation et à leurs traits de caractère.

L'éducation rigide et religieuse de Gandhi l'a amené très tôt à une forme d'introspection et de solitude que l'on retrouve dans les fondements de son action : absence de figure tutélaire, préséance de l'individualité sur le collectif, rôle central de l'engagement spirituel, dévoilement des turpitudes de sa vie intérieure, vie dominée par la recherche de la vérité. Il est amené à l'action politique par son cheminement spirituel (p. 2) et sa quête de vérité : « mon dévouement à la Vérité m'a entraîné dans le champ de la politique » (p. 645). À l'inverse, Mandela a vécu son enfance dans un contexte de grande liberté d'action et de pensée où ses épreuves de vie sont, contrairement à Gandhi, initiatiques plutôt que traumatiques. L'adhésion à un collectif de lutte l'aide à développer son sens critique, à affirmer sa personnalité et à s'engager en politique au nom de son idéal de vie qu'est la liberté.

Il est donc ici intéressant de souligner que la concomitance du but – l'engagement politique et la libération de l'oppression blanche – masque en fait des cheminements profondément différents ; Mandela est mu par un désir de liberté alors que Gandhi l'est par la recherche de la vérité. Le premier est un pragmatique, prêt à remettre en cause certaines valeurs lorsqu'elles se heurtent à une impasse dans l'action (Tableau 1 : le recours à la violence), alors que le second considère que l'engagement spirituel et ses valeurs morales priment sur toute autre considération.

Spiritualité : entre intimité et dévoilement

Le rapport à la spiritualité s'exprime aussi très différemment chez ces deux hommes (Tableau 3).

Tableau 3 : Modes d'expression de leur spiritualité dans la vie

	Gandhi	Mandela
Rapport au vivant	Intime et spirituel (végétarisme, Brahmacharya, ne pas tuer le vivant animal)	Intime et charnel
Place du corps	Faible	Forte
Place dans la vie	Intime, publique	Intime, privée

	Gandhi	Mandela
Parcours spirituel	Hindouisme ; curiosité pour le christianisme, la théosophie, l'islam	Animisme Xhosa, christianisme méthodiste
Chasteté	Oui	Non
Servir	Les pauvres	La cause noire

L'autobiographie de Mandela est avant tout un testament politique en faveur de la liberté et de la cause noire. La religion y est exposée comme un fait social et culturel : « Toujours faire de la religion une affaire privée, réservée à soi. N'encombre pas les autres avec ta religion et autres croyances personnelles » écrit-il en 1978 à l'une de ses filles (2011). Cependant, « Les armes spirituelles sont dynamiques et elles ont souvent un impact difficile à apprécier » (lettre au sénateur Lukhele, 1970 ; 2011). Pour Mandela, il existe une frontière entre la sphère privée, à laquelle appartiennent la famille et la religion, et la sphère publique consacrée exclusivement à l'action politique.

Pour sa part, Gandhi ne fait pas de distinction. Le Mahatma est en quête de son unité intérieure, tel que l'hindouisme la prescrit : l'Un est à la fois l'Éternel (présent, passé et futur), l'omniscient, l'immanent, etc. La délivrance de l'âme passe par la fin de la dualité (bien/mal ; jour/nuit ; etc.) propre à notre expérience terrestre. Pour Gandhi, toute situation est l'occasion de vivre sa foi et tout engagement n'a de sens que s'il peut être réalisé au prisme de son engagement spirituel : « Lorsque je dis "religion", je l'entends au sens le plus large – celui d'accomplissement ou de connaissance de soi » (p. 45).

Cette distinction se retrouve dans le rapport au vivant et dans la place qu'a le corps dans la vie de chacun d'eux. L'autobiographie de Mandela laisse transparaître un rapport très charnel au vivant – l'animal est respecté mais mangé – et au corps qui est fait pour bouger ; Mandela pratique les jeux de bâton lorsqu'il est enfant, puis la boxe, la danse, le cross-country, le football, etc. et se lève à 4 heures 30 le matin pour faire de la gymnastique et de l'exercice physique dans sa cellule de prison. Gandhi a une aversion à l'égard de toute activité physique dans son enfance, aversion qu'il dénonce d'ailleurs plus tard. De toute évidence, l'énergie corporelle n'est pas la même chez les deux hommes. Expression de vie chez Mandela, elle est plutôt nécessité d'entretenir son enveloppe charnelle chez Gandhi qui met son corps au service de son engagement spirituel par la pratique du yoga, le choix de la chasteté et une alimentation exclusivement végétarienne ; toute créature vivante est l'expression de Dieu et ne peut donc être consommée ou tuée.

Mandela et Gandhi ont donc des positionnements très différents quant au rôle que doit tenir la religion dans leur vie. De ce fait, s'il est très aisé d'identifier qu'elle constitue l'âme même de l'engagement politique de Gandhi, il est en revanche beaucoup plus difficile de savoir quelle place elle tient dans celui de Mandela. Comme évoqué dans le tableau 1, Mandela a plutôt tendance à manifester une foi en l'humanité – au sens où Comte-Sponville (2006) défend une sorte d'athéisme chrétien – : « Même aux pires moments de la prison, (...), j'ai toujours aperçu une lueur d'humanité chez un des gardiens (...). La bonté de l'homme est une flamme que l'on peut cacher mais qu'on ne peut jamais éteindre » (p. 753) ; pour Gandhi, la vérité du rapport humain est une expression du divin : « au cours de ces rapports avec les paysans, je me trouvai face à face avec Dieu, l'Ahimsâ, la Vérité » (p. 528).

De la pensée à l'action : le choix de la lutte politique

Les deux hommes ont en commun de s'engager dans la lutte politique. Mandela le fait par choix délibéré ; évoquant très brièvement les raisons de son premier divorce, il écrit que la politique représentait « le travail de [s]a vie, qu'il s'agissait d'une part essentielle et fondamentale de [s]on être » (p. 250). Mandela agit par amour de son peuple et son intense désir de liberté. À l'inverse, Gandhi y vient plus par un besoin de justice, mû par la nécessaire résolution d'un conflit intérieur entre ses valeurs et son idéal de vie d'une part, et, par la façon dont lui-même et ses semblables sont maltraités par les blancs, sud-africains d'abord, britanniques en Inde ensuite. Néanmoins les modes d'actions des deux hommes se révèlent très proches (Tableau 4).

Tableau 4 : Moyens et appréciations de la lutte politique

	Gandhi	Mandela
Moyens utilisés communément par les deux hommes		
Par la parole	Discours, tribunal par le plaider coupable, pétition (non-évoquée par Mandela dans son autobiographie mais probablement utilisée)	
Par le corps	Action de masse, boycott, délégation, emprisonnement volontaire, grève, viol de la loi, port du vêtement traditionnel	
Moyens communs mais à l'appréciation explicite différente		
Créer un noyau dur	Oui, autour de sa personne	Oui, rôle de l'ANC

	Gandhi	Mandela
Jeûne, grève de la faim	Oui, moyen ultime	Oui, mais peu appréciée
Négociation	Oui (en parle peu)	Oui, très forte
Lutte armée	Non, refus absolu	Oui, comme ultime moyen et dans l'ordre suivant : sabotage, guérilla, terrorisme, révolution ouverte

Gandhi et Mandela ont en commun d'agir autant par la parole (discours, etc.) que par le corps (boycott, etc.), fusse-t-il symbolisé (port du vêtement traditionnel pour marquer sa différence avec l'oppresseur). Plus intéressants sont les modes d'actions où ils se différencient. Mandela rappelle régulièrement que son action s'inscrit dans un collectif ; et fût-il mis fréquemment en minorité, il s'y soumet, à de rares exceptions, notamment lorsqu'il prend conscience de la nécessité d'entamer des pourparlers avec le pouvoir blanc. Inversement, Gandhi agit seul. Il puise sa capacité à entraîner les autres dans l'exemplarité de son comportement, comme lui fait remarquer un jour Ram Manohar Lohia, un leader nationaliste indien qui lui disait « Vous n'êtes ni éloquent, ni charismatique. (...). Les gens vous écoutent avec une telle ferveur ! (...). Quel est votre secret ? » ; et Gandhi de répondre : « (...) je n'ai jamais demandé à personne de faire ce que je ne fais pas moi-même » (Kumar, p. 88).

Le jeûne est utilisé par les deux hommes. Mandela reconnaît avoir « toujours préféré un mode de protestation beaucoup plus actif, (...) ; des actions qui pénalisent les autorités et non pas nous-mêmes » (p. 513). C'est avant tout une arme politique. À l'inverse, Gandhi en fait d'abord un acte religieux en l'inscrivant dans la démarche plus vaste du brahmacharya (p. 420) ; elle est un acte de pénitence et de prise de conscience comme moyen d'influencer l'autre, élève ou adversaire, et le conduire à sa propre réforme intérieure (p. 435-7 ; p. 552 & s.).

La lutte armée est peut-être ce qui distingue le plus les deux hommes. L'ANC, fondé en 1912, a toujours été pacifique et non-violente jusqu'à l'arrivée de Mandela en son sein. Convaincu de l'impasse de ce choix politique, il persuade sa direction d'engager la lutte armée et hiérarchise alors son champ d'action : sabotage, guérilla, terrorisme et révolution ouverte (p. 341). Il la conceptualise donc, la regrette tout en défendant et assumant sa nécessité comme ultime recours face à un adversaire qui refuse « toutes les autres formes de résistance » (p. 629). La position de Gandhi est à l'inverse : rien ne justifie son utilisation. Il y oppose systématiquement la non-coopération et la résistance passive – également utilisées par Mandela – qu'il puise dans ses pratiques de satyagraha et qu'il finit par conceptualiser sous le vocable de non-violence (p. 639) – « paisible » en sanskrit. Ce jusqu'au-boutisme lui fut d'ailleurs reproché lorsqu'il invita les pays alliés à faire acte de résistance passive face à l'invasion nazi (Vinson et Viguier-Vinson, 2018, p. 115).

Ce court article a permis d'aller puiser dans les récits de vie de ces deux grands leaders la nature de leur engagement. Mandela est un combattant de la liberté (titre de son autobiographie et terme qui revient fréquemment) qui écrit un récit épique de sa vie, alors que Gandhi est un quêteur de vérité qui témoigne d'une réflexion sur lui-même ainsi qu'en témoignent leurs épilogues respectifs (Encadré 1) où domine l'idée de servir un idéal ; en ce sens, ils sont tous deux des figures emblématiques du servant-leader (Greenleaf, 1991).

Encadré 1. Au-delà du leadership : l'épilogue comme testament du sens de sa vie

« L'uniformité de mon expérience m'a convaincu qu'il n'est d'autre Dieu que la Vérité. Et si chaque page de ces chapitres ne crie pas au lecteur que le seul moyen d'atteindre à la Vérité, c'est l'Ahimsâ, je considérerai que tout le mal que je me suis donné pour écrire ce livre aura été vain » (Gandhi, 1950, p. 645).

« Quand j'ai franchi les portes de la prison, telle était ma mission : libérer à la fois l'opprimé et l'oppresseur. Certains disent que le but est atteint. Mais je sais que ce n'est pas le cas. La vérité, c'est que nous ne sommes pas encore libres ; nous avons seulement atteint la liberté d'être libres, le droit de ne pas être opprimés. Nous n'avons pas encore fait le dernier pas de notre voyage, nous n'avons fait que le premier sur une route plus longue et difficile » (Mandela, 1994, p. 755).

Catégoriser est déjà réduire et enfermer. Non-spécialiste[3] du leadership, il m'est difficile d'attribuer une coloration particulière au type de leadership que Gandhi et Mandela ont pu exercer. La notion de leadership spirituel qui existe depuis quelques années dans la littérature scientifique ou praticienne me dérange néanmoins. Elle exprime une sorte d'inflation de superlatifs associés à des comporte-

3. Mon champ de recherche initial est celui de l'histoire sociale, politique et technique de la comptabilité. En m'intéressant aujourd'hui aux questions de l'adaptation des organisations à l'anthropocène, j'explore notamment les questions de la spiritualité et du leadership.

ments vertueux et des façons d'être qui traduisent certes un profond respect de la nature humaine, mais pose question : ce leadership est-il pour autant « spirituel » ? La qualification de « spirituel » devrait peut-être être réservée à des leaders... spirituels, comme Gandhi, Martin Luther King ou le Dalaï Lama dont tant l'activité principale que l'action s'inscrivent explicitement dans une tradition religieuse qu'ils transcendent par leur exemplarité et le caractère universel de leur engagement. La définition du leader « charismatique » (Conger et Kanungo, 1998) m'apparaît largement suffisante pour qualifier le leadership de Mandela mais aussi plus modestement celui de certains responsables d'organisation, qui ont cette capacité à avoir une vision claire et lucide, une sensibilité à leurs semblables, acceptent de prendre des risques personnels et adoptent des comportements disruptifs ; le « charisme » dans son étymologie, est une « faveur, grâce accordée par Dieu » et qui signifie, au plan théologique, qu'il s'agit d'un « Don surnaturel extraordinaire octroyé à un croyant ou à un groupe de croyants, pour le bien commun de la communauté » (*in* Trésor de la langue française) ... ce qui est déjà beaucoup !

PARTIE 3

PRATIQUES INCARNÉES

Cette partie est consacrée aux pratiques incarnées, en particulier ce qu'elles arrivent à produire de bien et de positif pour soi et pour les autres.

Incarnation, rayonnement et charisme

L'incarnation signifie plus particulièrement l'incorporation de la dimension spirituelle qui est rendue visible lorsque l'on remarque par exemple que **certains leaders rayonnent** plus que d'autres. C'est ce que présente Sandrine MEYFRET. On pourra en complément au niveau théorique évoquer le **leadership charismatique** défini par Weber (1947) comme les caractéristiques personnelles qui confèrent à la personne des pouvoirs exceptionnels et qui est réservé à un petit nombre, qui est d'origine divine et qui fait que naturellement la personne est traitée comme un leader. La question du charisme n'est pas si évidente en gestion, puisque cette association au divin, pourrait être une sorte de domaine réservé auquel les gestionnaires n'auraient pas systématiquement accès. On aurait en effet beaucoup de difficultés à reproduire, à développer ce type de leadership. Pourtant on ne peut que remarquer l'impact de ces leaders dans les organisations. Par exemple Herb Kelleher dirigeant de Southwest Airlines en présentait certaines caractéristiques au travers de son rôle de modèle auprès de ses équipes. Il suivait un ensemble solide de convictions éthiques, de croyances et de valeurs, communiquait des attentes fortes en ce qui concerne la capacité de flexibilité et d'autonomie de ses employés dans la façon d'accomplir leur tâche et il a instauré une culture qui favorise l'affiliation parmi les employés et qui stimule la productivité (Cote, 2018).

On a longtemps soutenu que la domination et la hiérarchie sont simplement des moyens rationnels de contrôler et de diriger les autres, sans observer le rôle que peut jouer le corps par lequel s'exprime le leadership. C'est ainsi que beaucoup de travaux déconstruisent la relation entre le leader et ses suiveurs en se centrant sur des corrélations désincarnées ce qui fait perdre de vue la nature complexe du leadership. Or la performance n'est pas seulement rationnelle, elle est liée à la présence du leader et à son interaction avec ses partisans. Parfois, la présence d'un leader peut être intensément ressentie dans son **corps** (Ladkin, 2013). Plutôt que de situer le leadership exclusivement dans nos processus cognitifs, l'incarnation suggère que les corps en tant qu'organe de perception ont un rôle critique dans la création du ressenti du leadership. Dès lors on peut considérer le leadership comme un processus qui est « socialement et physiquement construit par les sens » en mettant l'accent sur la vision et le regard, l'audition et l'écoute, le sentiment et le toucher (Ropo et Parviainen, 2001).

Les corps visibles de leaders et d'équipiers qui s'imbriquent dans des contextes matériels particuliers, créent ensemble l'expérience invisible, mais viscérale, des relations de leadership. En s'occupant de ce rôle basé sur le corps, les forces apparemment invisibles qui fondent le sentiment de « diriger » ou d'« être dirigé » deviennent plus apparentes. En s'occupant du visible de manière plus intense, nous devenons plus sensibles au pouvoir et à la présence de l'invisible (Ladkin, 2013).

La prise de conscience de ces processus permet aux personnes concernées par le leadership d'avoir un plus grand choix quant à la manière de s'engager. Ainsi, la manière dont une personne utilise son corps est une partie essentielle de la performance, mettant en évidence la nature incarnée du leadership. C'est pourquoi le leadership amène à se poser des questions du type : « Comment pourrais-je développer une relation de leadership plus solide avec mes équipes ? » « Que sais-je d'elles sur une base corporelle plutôt que simplement cognitive ? » « Sur la base de leurs réactions corporelles, que pense-t-on de moi et de l'orientation de l'organisation ? ».

Équilibre et bien-être

Les pratiques spirituelles s'incarnent dans l'équilibre de soi, l'équilibre entre vie privée et vie professionnelle et dans le bien-être. Dans le but de rechercher **l'équilibre de vie**, Jérôme BALLARIN nous propose d'adopter une démarche d'auto-questionnement introspectif qu'il a créé et intitulé la démarche Quintivium. Il insiste sur la nécessité de se manager soi-même afin d'être capable de manager par les équilibres tout en intégrant une double réflexion philosophique et spirituelle. Ensuite dans une troisième contribution Patricia NIGLIS et Ilda Ilse ILAMA présentent leurs résultats de recherche et montrent que la spiritualité constitue une ressource additionnelle aux ressources organisationnelles pour **concilier vie privée et vie professionnelle**.

Enfin Stéphanie CARPENTIER montre que le chantier de la qualité de vie au travail est relié au **bien-être** et renvoie à la spiritualité et ce avec deux leviers qui sont le leadership spirituel ainsi que la spiritualité au travail. Cette production s'inscrit dans la théorie de Fry (2005) qui a étendu la théorie du leadership spirituel en faisant valoir que le leadership spirituel est une source de bien-être éthique et spirituel, ainsi que de responsabilité sociale des entreprises. Cependant, le bien-être spirituel ne s'obtient pas en le recherchant directement (Fry, 2005). Le bien-être spirituel a des propriétés émergentes, c'est-à-dire des propriétés qui ne peuvent être réduites aux propriétés des parties. Plus récemment, Fry (2008) a proposé un modèle causal révisé de leadership spirituel où la source du leadership spirituel est une vie intérieure ou une pratique spirituelle (par exemple, méditation, prière, tenue d'un journal, temps passé dans la nature). Cette vie intérieure est une source fondamentale d'inspiration et de perspicacité qui influence positivement le développement de l'espoir / de la foi dans une vision transcendante de service aux principales parties prenantes et des valeurs de l'amour altruiste. Cette révision est basée sur les conclusions de Duchon et Plowman (2005) selon lesquelles la spiritualité en milieu de travail est associée à la capacité du leader à donner aux personnes le sens d'un travail significatif, et à la capacité d'incorporer et de soutenir personnellement la vie intérieure ou les pratiques spirituelles des équipiers. Cependant, les qualités d'une pratique de la vie intérieure ne sont pas encore véritablement repérées et constituent un domaine de recherche future comme le souligne (Wills, 2009).

Éthique, vertu et transformation

Le **leadership éthique** a gagné en popularité et captive l'attention du public, des entreprises et des établissements d'enseignement supérieur en raison de comportements contraires à l'éthique qui ont entraîné une multiplication des scandales d'entreprise. En conséquence, les articles sur le leadership éthique se sont accrus dans les revues, les librairies fournissent des livres sur les leaders et les écoles de commerce et universités développent et mettent en œuvre des programmes de leadership. Au cours des soixante dernières années, le leadership est passé d'une perspective autoritaire à une concentration sur les équipiers utilisant des approches comportementales et éthiques. En raison des comportements toxiques, un certain nombre d'approches de leadership axées sur le leadership éthique ont vu le jour.

Le cadre du leadership éthique est basé sur les théories éthiques développées par Aristote (384-322 av. J.-C.), Platon (427-347 av. J.-C.) et Socrate (470-399 av. J.-C.). La théorie éthique fournit les règles et les principes qui aident les individus à prendre des décisions lors de dilemmes éthiques. Une éthique se fonde sur la morale et les valeurs que ces individus et sociétés considèrent comme appropriées (Johnson, 1965). Le lien entre éthique et spiritualité peut paraître assez évident ; en effet les leaders spirituels considèrent le leadership comme un appel à tendre et à démontrer un degré plus élevé d'honnêteté et d'intégrité en se concentrant sur les équipiers contrairement aux leaders classiques qui se concentrent sur leur intérêt personnel (Judge, 1999). On peut simplement s'étonner qu'une grande partie de la réflexion éthique emprunte plus à la philosophie qu'à la spiritualité, même si de nos jours des tentatives de concilier philosophie et spiritualité existent et à ce propos on ne peut que souligner le succès de Laurent Ledoux dans l'animation de ces ateliers « philosophie et management ». Plus généralement le débat sur la spiritualité en milieu de travail est né de discours fragilisés au sein de l'éthique des affaires, de la gestion et du comportement organisationnel.

L'incarnation des pratiques c'est donc un débat qui se noue autour de l'éthique avec les contributions de Mohamed MAKKAOUI qui propose d'en référer à une métaphore de la main du leader spirituel associé à des rôles permettant d'assurer un comportement éthique ainsi que Richard J. MAJOR qui prône l'utilisation d'un réseau neurocognitif en mode défaut, contemplatif, sensible, esthète et éthique pour servir la transformation individuelle si nécessaire à la transformation des organisations. La spiritualité constitue par sa source de développement intérieur un ressort dans la **quête de vertu** ; elle contribue ainsi à une transformation féconde de l'individu et de l'organisation. L'expérience du transcendant ouvre la subjectivité humaine à une sagesse supérieure. Cette expansion expérientielle ou ouverture de la conscience pourrait être fondamentalement comprise comme le résultat de pratiques spirituelles qui à la fois font de la place métaphysique pour le transcendant par le biais du retrait ascétique du monde sensoriel, et s'engagent dans une participation active avec le plus grand que soi à travers un cheminement philosophique de vie (Hadot, 1995). Enfin, le virage vers le transcendant a une dimension politique et sociale : l'âme rayonnant de la participation à l'Au-delà divin apporte de l'ordre et de l'harmonie à la psyché individuelle en gouvernant les forces inférieures de la nature humaine. La conscience spirituelle est supérieure aux pouvoirs des parties passionnées et appétitives de la personne humaine (Platon, 1993). La conscience réformée a la capacité de distinguer le bon ordre d'un défaut. Ceci, à son tour, confère au sujet le potentiel de décrire ce qui pourrait être approximativement le bon ordre pour la société (Peltonen, 2019).

UN LEADER QUI RAYONNE

Sandrine Meyfret

Beaucoup de livres, d'articles, de formation sont consacrés au leadership. Autant de façons d'entrevoir ce qu'est le leadership, et ce que devrait être un leader, qui se complètent, s'enrichissent, parfois se contredisent, en abordant le sujet sous différents angles (Plane, 2015), Sous l'angle du résultat, le leader a la faculté d'entraîner des personnes à sa suite, de les influencer, pour faire adhérer, réaliser, concrétiser, bref, pour faire passer à l'action. À partir d'un certain nombre d'ingrédients, qu'il a appris à utiliser, ou pour certains, qu'il détenait de façon « naturelle », le leader est un chef de file, un montreur de voie, un entraîneur d'équipe, un inspirateur. N'oublions pas qu'il détient également un « pouvoir » : le pouvoir de « faire », de « faire faire », et dans les organisations d'aujourd'hui, il peut avoir partiellement ou totalement le pouvoir de décision.

Si se posent les questions de savoir comment faire tout cela, de préférence en même temps, et tout le temps, se pose aussi la question de *qui est la personne en mesure de faire tout cela*, sans devenir un automate habile de techniques bien apprises. Ou bien, que devient la personne, une fois cet apprentissage fait, un tant soit peu qu'il ait été accompli de bonne grâce et donc que la personne ait intégré les comportements attendus d'un leader, les caractéristiques clés, et les éléments moteurs comme, par exemple, sa capacité à avoir une vision ou à donner du sens.

Quand on donne au leadership la capacité à déclencher chez l'autre l'envie de suivre le leader, on introduit la notion de charisme, terme qu'on a toujours du mal à définir et qui se situe entre la capacité à séduire, à fasciner, à influencer, et à entraîner des gens derrière soi sans toujours une raison objective. Pour tous, il y a quelque chose de mystérieux et de presque magique : « *Je ne sais pas comment fait Caroline*, me confiait, avec envie, Marine, DG d'une filiale d'un grand groupe dans les cosmétiques en me parlant de sa directrice marketing, *mais son équipe lécherait par terre pour elle. J'aimerais bien savoir faire ça…* ».

À entendre Marine, Caroline a un impact fort sur ses collaborateurs, à tel point qu'ils lui sont très « dévoués ». Travaillant pour cette entreprise, j'ai moi-même pu vérifier ce qui aurait pu passer pour une impression : il est clair que les collaboratrices et collaborateurs de Caroline sont motivés, mobilisés et toujours prêts à suivre ce qu'elle impulse ou demande, et cela, de façon très fluide. Caroline et Marine ont pourtant toutes les deux un type de management assez similaire, qu'on pourrait décrire comme plutôt participatif. À bien des égards d'ailleurs, elles se ressemblent : elles sont toutes les deux dotées d'un caractère qu'on peut définir comme affirmé, d'une expérience de management significative, d'un relationnel facile, et comme elles ont eu une formation en leadership similaire, elles appliquent les mêmes conseils qui leur ont été donnés. Elles en parlent souvent ensemble et s'échangent des pratiques qui ont fait leur preuve. Néanmoins, Caroline a plus d'impact sur ses collaboratrices et collaborateurs que Marine. D'où vient cette différence ? Certes, évidemment, comme des personnes sont par nature sont distinctes, leurs pratiques peuvent finalement s'avérer différentes. Leurs équipes aussi sont différentes, et l'équipe de Marine, est, de surcroît, beaucoup plus large. Mais au-delà de cela, il m'est apparu que quelque chose, en effet, les différencie de façon remarquable, que je résumerais dans « une certaine façon d'être » : l'une des deux rayonne ! Elle irradie même, comme si une lumière l'habitait… difficile à expliquer en fait, tellement cela devient évident quand Caroline arrive quelque part.

Dans mon parcours, à la fois de dirigeante, puis de coach de dirigeantes et dirigeants, je me suis rendu compte que j'avais souvent observé ce type de « phénomène » : deux personnes « leader » appliquent les mêmes « apprentissages », ont suivi des formations, ont été accompagnées par des coachs pour faire grandir leur leadership. Néanmoins, l'une des deux, quelle que soit sa personnalité, ses apprentissages, son expérience, a quelque chose en plus : elle rayonne !

De fait, elle est inspirante pour les personnes qui l'entourent qui cherchent son contact et se laissent influencer par elle. Cela m'a amenée à étudier de plus près mais de façon très pragmatique ce qu'était ce rayonnement. Je vous livre ici quelques-unes de mes observations.

Le rayonnement, une façon d'incarner sa vie.

Le rayonnement, tel que je l'emploie ici, est une façon particulière *de se présenter au monde.*

Quand on dit de quelqu'un qu'il est rayonnant, on traduit que cette personne dégage quelque chose de particulier qui nous touche positivement et qui nous fait du bien. Le rayonnement fait appel à la lumière : la personne nous apparaît comme lumineuse. Lorsque nous percevons cette lumière chez une personne, nous avons bien souvent envie de la suivre, voire de lui ressembler. Cette notion est assez proche de l'impact dont j'ai parlé dans un précédent livre (Meyfret, 2014) sur un mode plus fort et plus positif. De mon point de vue, le rayonnement est à la base du charisme dans une forme de présence corporelle et psychologique qui touche l'autre de façon intérieure et puissante. Ce rayonnement n'est pas spécifique à une fonction de leadership, mais accompagne très souvent les personnes dont on pense qu'elles sont des leaders nés, car, alors qu'elles n'ont fait aucune formation de leadership ou de management, les gens ont envie de les suivre.

Le terme « rayonner » indique bien que l'on part de soi, de son intériorité, de la mouvance de sa chair, de la conscience de son être entier et complet, et qu'on permet à partir de soi de sortir de soi pour aller vers les autres comme si on déroulait un solide et souple fil de soie, en toute simplicité et de façon positive. Cette « luminosité » de la personne a quelque chose qui la dépasse : en cela, on peut y voir le résultat d'une transcendance qui n'est ni forcément consciente, ni, d'ailleurs, toujours constante. Les personnes qui rayonnent se sentent bien : rayonner, c'est bon pour soi et c'est aussi bon pour les autres.

Le rayonnement, sa source dans le corps

Alain a 36 ans. Quand il est nommé directeur juridique, il trouve une équipe composée d'une quarantaine de collaborateurs sur trois pays, plus préoccupés par leurs loisirs que par leurs missions. Ce n'est pas qu'ils ne travaillent pas, c'est qu'ils lui paraissent « peu motivés » et « pas très disciplinés ». « *L'organisation de mon service n'était pas top, et en plus, je trouvais que ce que nous produisions n'avait pas beaucoup de valeur ajoutée. J'ai commencé par initier des ateliers de travail avec les collaborateurs pour faire participer tout le monde à une réflexion collective. J'ai aussi commencé à travailler sur moi-même car il était nécessaire de montrer du leadership. Il fallait que je leur donne envie de changer. C'est la raison pour laquelle j'ai souhaité travailler sur ma posture, et notamment sur mon impact en tant que manager.* »

Dans ce témoignage, Alain associe son impact sur son équipe à sa posture. Dans un sens physique et mécanique, le corps adopte des « postures » en tenant compte de différents paramètres complexes. Ainsi, l'être humain peut se maintenir debout, lutter contre la gravité, s'équilibrer, se guider, faire des gestes de toute sorte, et tout cela de façon parfaitement automatique. C'est le fruit d'une coordination complexe entre des récepteurs (tactiles, visuels, auditifs, etc.) et notre cerveau. Il est clair ici qu'Alain n'emploie pas le mot « posture » dans son acceptation automatique. Dans une compréhension plus large du mot « posture », on comprend que le travail d'Alain est de trouver comment il se « poste » dans sa fonction, se tient « debout », s'équilibre, se guide, bouge, fait des gestes, agit même, avec tout son être, de façon à impacter son environnement professionnel et le faire avancer. On comprend qu'Alain veut devenir un « tout », « complet, » qui lui permet d'incarner sa fonction, la rendre évidente et par là même entraîner les autres. Il aimerait que ce qui se manifeste de lui, dans sa simple « posture » le fasse rayonner comme leader, et de façon intuitive. Dans cette recherche il a conscience que son corps n'est pas absent de sa démarche.

Dans la question du rayonnement, l'intelligence corporelle se définit comme une double faculté : comprendre profondément toutes les interactions entre notre corps et notre mental, et apprendre à lire ce que notre corps nous dit de nous dans son intériorité, pour l'amener à évoluer. C'est le fondement de tout travail sur la fameuse posture d'Alain mais aussi de tout travail visant à améliorer ses relations avec les autres quels que soient le contexte, son leadership personnel, son impact de façon positive, son incarnation en prise de parole, sa présence au monde. Cela est également très utile pour comprendre le fonctionnement d'une équipe et l'améliorer car une équipe est aussi un corps.

Il est possible à chaque personne de rentrer dans cette intelligence pas à pas. Elle induit une attention portée à toutes les dimensions du corps : comment bouge son vivant en soi, comment on l'entretient (alimentation, entretien musculaire, respiration). Pour cela, un travail à partir du corps est nécessaire. Ce travail permettra de comprendre comment bouge le vivant en nous, dans ce qu'il a d'universel et de singulier (Berger-Grosjean, 2020), et d'apprendre à le faire évoluer vers nos souhaits de réalisation notamment vers plus de **leadership rayonnant**.

Le rayonnement, sa source dans nos intentions

Dans notre vie, pour travailler, pour parler, pour échanger, nous avons besoin d'une énergie mentale et d'une énergie physiologique. Ces énergies se manifestent sous la forme de vibrations, présentes dès que la matière se met en mouvement de quelque façon que ce soit : corps en mouvement, paroles, sons, etc. Notre intention est un outil précieux pour définir comment seront orientées les énergies mentales et les énergies physiques et comment elles peuvent nous porter vers notre rayonnement (Dyer, 2006).

Elles ne peuvent pas être *mobilisées sans une intention réelle et profonde de participer au monde*, d'être présent, de façon complète, entière et alignée (Voynnet Fourboul, 2014). L'intention est le siège de toutes nos pensées et de tous nos comportements. Nos pensées, et au sens le plus large, notre pensée interprète notre intention : réflexions, projet d'actions, désirs, émotions, écrivent ainsi la partition de nos comportements et réactions hormis ce qui est lié aux réactions de danger, ou si vous préférez au cerveau reptilien. Il s'agit donc d'éclaircir dans une conscience aiguisée notre intention et notamment celle d'apporter notre « lumière » dans le monde dans lequel on vit. L'être qui rayonne entre ainsi dans une dimension transcendantale qui n'est pas sans rappeler ce qu'on appelle « spiritualité ».

Éclaircir son intention et l'affirmer nous permet de travailler sur les dix piliers du rayonnement : la présence, la joie, la justesse, le sens, la confiance, la sérénité, la résilience, la pensée positive, l'amour, et enfin la transcendance. Ce dernier pilier nous rappelle que la spiritualité vécue comme l'intention de se dépasser, d'aller au-delà de ce qui est perceptible n'est, en fait, pas une option pour qui veut rayonner. La vie humaine n'est pas simple. Elle est constituée d'accidents, embûches, difficultés de toutes sortes, autant de bonnes raisons de se recroqueviller sur soi-même, de s'isoler, de s'assombrir, de s'aigrir, de devenir un lutteur acharné ou profondément fatigué (le burn out n'étant jamais loin). La spiritualité comme pilier de notre rayonnement nous permet de dépasser nos peurs, d'accueillir les obstacles, de rester dans l' « ici et maintenant », d'accepter les vicissitudes de notre incarnation présente (que l'on croit ou non à la réincarnation, notre esprit est en ce moment incarné dans notre corps présent), elle nous incite à aller plus loin, dans le partage, la joie et l'amour, sources de la fameuse lumière qui déborde des personnes qui rayonnent (nous ne pouvons creuser ici la nature de cette lumière).

« C'est notre propre lumière et non notre obscurité qui nous effraie le plus. (…) Nous sommes tous appelés à briller, comme les enfants le font. (…) Et, au fur et à mesure que nous laissons briller notre propre lumière, nous donnons inconsciemment aux autres la permission de faire de même. » Cet extrait d'un poème de Marianne Williamson est célèbre : Nelson Mandela, le leader le plus fréquemment cité en tant que rôle modèle de leadership, a repris l'intégralité de ce poème lors de son discours d'investiture le 10 mai 1994 (Mandela, 2010).

Travailler notre intention, c'est un travail quotidien sur notre esprit, nos pensées, nos différentes intelligences que nous sommes invités à cultiver à partir des quatre intelligences de base (intelligence cognitive, intelligence émotionnelle, intelligence corporelle et intelligence spirituelle), à partir d'outils comme le travail sur soi en profondeur (accompagné ou pas), la méditation, le silence, l'écoute, le choix de son entourage proche afin de privilégier les influences positives.

En résumé

La dimension du rayonnement n'est pas une dimension accessoire à qui veut devenir un leader. C'est même probablement la dimension qui fait la différence et qui permet à un leader d'accéder à un leadership naturel, c'est-à-dire non fabriqué, positif, je dirai même positivement rayonnant, aussi bien pour lui que pour les autres. Le rayonnement puise sa source à la fois du corps et de l'esprit, et de la cohérence du tout. Dans un travail incluant toutes les dimensions de son être, chaque leader vise à devenir ce que j'appelle un *Être complet* (Meyfret, 2014). Dans ce travail, chaque personne, au volant de son leadership personnel, au service ou non d'une organisation, est amenée à se transcender. En ce sens, le leadership est, de fait, essentiellement spirituel.

ÉQUILIBRE DE VIE, MANAGEMENT DE SOI ET SPIRITUALITÉ

Jérôme Ballarin

Je me revois adolescent dans les Pyrénées, assis sur un promontoire, contemplant les sommets environnants. Les neiges éternelles scintillaient sous le ciel azur. Couronnées de dentelle minérale, les cathédrales de roche aux proportions dantesques semblaient tendues vers l'immensité céleste, point de jonction entre le monde d'en bas et les puissances d'en haut. Était-il concevable qu'une telle magnificence fût le fruit du hasard ? Une force invisible n'avait-elle pas, de toute évidence, présidé à la construction d'un tel édifice ? La quête des origines et du pourquoi des choses ne m'a pas quitté depuis ces jeunes années. Plus tard, la découverte du programme socratique a sonné comme une révélation : « Connais-toi toi-même et tu connaîtras l'univers et les Dieux ».

La passion pour la spiritualité a orienté mes engagements professionnels et associatifs. Tout d'abord en tant qu'animateur d'une équipe de consultants, de coachs et de psychologues intervenant au sein des entreprises sur des enjeux de développement managérial, de prévention des risques psychosociaux ou encore de coaching d'équipes de direction. En travaillant sur ce qui donne du sens, mais également sur celles et ceux qui donnent ce sens, en prônant l'écoute, la bienveillance et le respect des différences, j'ai le sentiment de contribuer à construire un monde meilleur, même si je suis conscient que la route est longue et la pente abrupte… Une visée spirituelle m'a également amené à fonder en 2008 une association, l'Observatoire de la Qualité de Vie au

Travail, qui regroupe aujourd'hui quelque 30 000 employeurs sur les enjeux d'épanouissement humain en entreprise.

L'une des phrases que j'ai le plus prononcées ces dernières années est la suivante : un être humain est un écosystème qui trouve son équilibre dans une pluralité de sphères d'épanouissement, qu'elles soient professionnelle, familiale, artistique, sportive, spirituelle, etc. Dans l'entreprise, j'ai voulu faire émerger une vision holistique de la personne humaine : l'individu n'est pas uniquement un salarié, il est aussi un parent, un enfant, un ami, un artiste, un corps, un esprit en quête d'idéal... Dès lors, aider les personnes à vivre pleinement leur vie, à se poser des questions, à gagner en conscience d'eux-mêmes, à trouver une harmonie intérieure, telle est ma raison d'être.

Chercher son équilibre de vie ne signifie pas tendre vers un état figé, auquel il ne faudrait plus rien toucher. Au contraire, pour éviter cette cristallisation mortifère, l'équilibre de vie devrait plutôt être considéré comme dynamique : il se reconstruit en permanence au gré des événements, des rencontres, des opportunités, ou encore des aspirations et des envies qui peuvent évoluer au fil des années.

Au lieu de subir son existence et de vivre en « pilotage automatique », sans néanmoins céder à l'illusion du « tout contrôle » – un juste équilibre est à trouver entre volontarisme et lâcher-prise –, chaque personne devrait prendre un rendez-vous régulier avec elle-même pour questionner son projet de vie et l'actualiser si nécessaire. À travers ce rendez-vous avec elle-même, elle ménagerait un espace dédié à la réflexion sur le sens de son existence. Avec des interrogations telles que : Pourrais-je imaginer ma vie différemment ? Si je devais réaliser une seule chose avant de mourir, ce serait quoi ? Que puis-je apporter aux autres ? Quelle est mon utilité dans ce monde ? Quelle est ma mission, ma vocation ?

Cette introspection et les réponses que chacune et chacun y apportent dessinent un nouveau champ du management que j'intitule « le management de soi ». C'est aujourd'hui, à mes yeux, la nouvelle frontière du management. Un nouvel horizon où management et spiritualité se rencontrent.

Quintivium, un check-up holistique

Pour aider les autres à orienter leur existence – serait-ce aider avec un *m* à la place du *d* ?... –, j'ai créé la démarche Quintivium. Elle permet à une personne de réaliser un bilan de son équilibre de vie, de conscientiser ses choix de vie et, *in fine*, de réfléchir au sens de son existence.

Conçu avec l'aide d'un comité scientifique composé d'experts pluridisciplinaires (médecin, psychologue, psychanalyste, philosophe, sociologue, etc.) Quintivium invite la personne à répondre à un questionnaire en ligne d'une soixantaine de questions puis à analyser, seule ou avec l'aide d'un coach ou d'un psychothérapeute, son rapport personnalisé d'une douzaine de pages généré par un algorithme.

Cinq sphères d'épanouissement sont examinées dans le cadre de Quintivium, chacune étant elle-même structurée en 5 composantes, soit vingt-cinq composantes au total passées à la loupe.

Les cinq sphères sont les suivantes :

- La sphère corporelle, avec la santé, l'alimentation, l'hygiène de vie, le sommeil ou l'exercice physique.
- La sphère culturelle, regroupant activités artistiques, séances de cinéma, lecture, musées, voyages, etc.
- La sphère affective, où se situent les amis, la famille, les enfants, la vie amoureuse, les parents.
- La sphère professionnelle, avec les enjeux de métier, de rôle social, de compétences, de relations au travail, de reconnaissance, ou encore de rémunération.

Enfin, la sphère éthique – que j'aurais pu aussi appeler sphère spirituelle – : ce sont les conceptions philosophiques, la réflexion sur le sens de la vie, les croyances religieuses, la capacité à prendre du recul, les réponses aux grandes questions existentielles comme la mort. J'appelle aussi cette sphère la sphère du « pourquoi ». Elle représente les sujets de réflexion et les questionnements qui peuvent émerger brutalement dans le quotidien d'un individu lors d'un accident de la vie : perte d'un proche, divorce, maladie, etc. Si l'ensemble de la démarche Quintivium vise à aider une personne à « travailler sa colonne vertébrale », c'est d'autant plus vrai avec cette cinquième sphère qui vise un enrichissement intérieur.

Grâce à Quintivium, une personne peut réfléchir à son projet de vie, et se poser les questions suivantes : Où en est ma vie aujourd'hui ? Suis-je aligné avec ce qui est essentiel pour moi ? S'il y avait des choses à changer en priorité dans ma vie, sur quoi cela porterait-il ? Ces questions permettent à chacune et à chacun de mener un bilan holistique : il ou elle prend conscience des différentes sphères d'épanouissement qui composent son écosystème, préalable à une réflexion sur ses zones de satisfaction mais également ses besoins d'évolution. Pendant ce « rendez-vous avec soi-même », il ou elle peut analyser dans quelles sphères s'investir davantage ou vers quelles dimensions réorienter son énergie.

Ainsi, à travers Quintivium, je peux conscientiser mes choix, ressentir s'ils sont les bons, et les assumer pleinement. Je me positionne ainsi en acteur de ma vie. La démarche aboutit à l'élaboration d'une feuille de route personnelle dans laquelle j'inscris les deux ou trois actions d'amélioration prioritaires, pas davantage – stratégie des petits pas oblige – , que je m'engage à mettre en œuvre. Enfin, l'accompagnement par un tiers de cette mise en mouvement pourra constituer un gage de succès sur la durée. L'accès à un centre de ressources digital et à des ateliers (présentiels ou en webinaires) complètent ce dispositif si la personne le souhaite.

De la « Qualité de Vie au Travail » à la « Qualité de Vie Globale »

À ce jour, Quintivium est diffusé auprès des entreprises, qui y voient un intérêt dans le cadre de leurs dispositifs de Qualité de Vie au Travail (QVT). Plus de mille personnes ont donc pu en bénéficier sur proposition de leur employeur. Avec, bien sûr, des engagements très stricts en termes de volontariat et de confidentialité.

Les entreprises avant-gardistes qui ont choisi Quintivium l'ont fait parce qu'elles sont convaincues qu'un cercle vertueux existe entre bien-être des personnes et performance économique durable : une personne bien dans sa vie sera plus créative, plus agréable avec ses clients, et plus à même de coopérer avec ses collègues. Or, offrir un bilan d'équilibre de vie à une collaboratrice ou à un collaborateur, c'est lui permettre de se sentir mieux globalement, de gérer son énergie sur la durée, et de concilier plus aisément vie professionnelle et vie personnelle. Par ailleurs, proposer la démarche Quintivium à des managers d'équipe contribue à l'émergence d'une culture managériale fondée sur l'empathie et le respect d'autrui, en tant qu'autre soi-même, donnant crédit au vieil adage : « apprendre à se manager soi-même avant de vouloir manager les autres ».

Toutefois, s'il est essentiel que les entreprises portent leur attention sur ce qui se joue « au travail » (relations avec le manager et les collègues, organisation du travail, etc.), il est aussi devenu fondamental qu'elles veillent à ce que la sphère professionnelle n'empiète pas sur les autres sphères de vie des collaboratrices et des collaborateurs, au point d'y générer de la souffrance. L'essor des outils de communication digitaux n'a rien arrangé dans ce domaine. Sans être intrusives et normatives sur la façon dont les personnes gèrent leur vie personnelle – ce qui serait la pire des choses – , les entreprises devraient agir en faveur de l'équilibre des temps de vie (droit à la déconnexion, horaires et intensité de travail raisonnables, plages de repos suffisantes...), de la parentalité à 360° (dispositifs d'accompagnement des jeunes parents, des aidants familiaux, des familles monoparentales, de la grand-parentalité active...) ou encore de l'hygiène de vie (promotion de l'activité physique, conseils sur le sommeil et la nutrition *via* des professionnels de santé...).

Dès lors, la Qualité de Vie au Travail (QVT), nouvelle priorité des DRH, se transforme progressivement en Qualité de Vie Globale (QVG).

Raison d'être collective... et individuelle

À la faveur de la loi PACTE promulguée en mai 2019, des entreprises de toutes tailles se sont lancées dans la (re)-définition de leur Raison d'être, en vue de l'intégrer à leurs statuts puis de mettre en place un suivi de leurs engagements sociaux et environnementaux. Ces démarches ont été impulsées par des chefs d'entreprise ayant perçu que leur fonction évoluait vers celle de « Chief Meaning Officer », avec un rôle majeur : donner du sens. De nouvelles approches d'intelligence collective – parfois digitales – permettent, en outre, de co-construire la Raison d'être avec les équipes et les parties prenantes (administrateurs, clients, fournisseurs, ONG, pouvoirs publics, etc.).

Mais qu'en est-il des individus qui sont à l'entreprise ce que les molécules sont aux cellules vivantes ? Se préoccupe-t-on, pour chacune et chacun, de cette formidable source d'énergie qu'est la Raison d'être ? Il est temps que les entreprises aident leurs collaboratrices et leurs collaborateurs à (re)-définir leur Raison d'être personnelle, et, par là-même, à se forger un projet de vie qui leur donnera envie de s'engager au quotidien ! Quintivium fait partie des premières expériences qui ont vu le jour à cet effet.

Quelques mises en garde concernant la quête de l'équilibre

La vie est comme une danse. Par cette danse, nous sommes toutes et tous appelés à nous mettre en harmonie avec l'univers. Je pense aux Derviches tourneurs qui, grâce à leurs mouvements circulaires, se mettent en osmose avec le Grand Tout. De même, la quête de l'équilibre de vie prend les allures d'une danse. Rien n'est figé, l'équilibre est le fruit du mouvement. L'harmonie est temporaire, sans cesse à reconstruire.

Durant les conférences que je donne, pour illustrer le caractère mouvant et dynamique de l'équilibre de vie, je me mets à marcher devant mon auditoire, en marquant chaque pas : je pose un pied puis me remets en déséquilibre pour avancer l'autre pied que je pose à son tour, et ainsi de suite, lentement, j'avance en alternant des phases d'équilibre et de déséquilibre. De manière analogique, nos vies s'appuient également sur des phases de déséquilibre qui nous permettent d'aller de l'avant, d'affronter nos zones d'inconfort, d'ouvrir nos écoutilles et de développer de nouvelles compétences. Bien sûr, le déséquilibre s'avère pernicieux lorsqu'il s'installe de façon permanente et inconsciente dans le vécu quotidien. Alors, il engendre stress et épuisement. Mais dans sa version consciente et transitoire, le déséquilibre permet d'ajuster sans cesse notre équilibre de vie. Il serait donc dommage d'entrer dans une forme d'obsession de l'équilibre parfait, où plus aucune variation ne serait permise.

D'autres pièges guettent l'individu en quête d'équilibre. Au premier chef d'entre eux, la tyrannie du bonheur à 360 degrés. Elle consiste à vouloir être au top dans toutes ses sphères d'épanouissement : simultanément un super parent, un compagnon ou une compagne irréprochable, un professionnel hors pair et un sportif exceptionnel. Une telle personne n'existe pas ! On peut viser l'excellence, mais pas sur toutes ses sphères en même temps. C'est la loi des cycles de vie. Quoi de plus naturel en effet qu'après la naissance d'un enfant, je cherche l'excellence sur le plan familial, au détriment d'autres sphères de mon existence ? De même, si je débute dans un nouvel emploi, avec davantage de responsabilités qu'auparavant, n'est-il pas normal que je m'investisse plus dans ma sphère professionnelle ?

Ainsi, l'équilibre de vie m'apparaît comme une harmonie, une danse perpétuelle, et non comme un ordre parfait, impeccable et immuable. C'est dans son for intérieur que chacune et chacun va tisser ce subtil dosage d'engagements pour dessiner son œuvre de vie. Un travail d'artiste, à la recherche du beau, du bon et du vrai !

La musique des sphères

Quand une personne instaure un nouvel équilibre dans sa vie, elle se met en harmonie avec elle-même et avec son écosystème, ce qui n'est pas sans rappeler « la musique des sphères » chère à Pythagore.

À l'instar du philosophe Pierre Hadot, je suis convaincu que les philosophes grecs, Pythagore, Platon, Aristote, nous parlent autant d'un intérieur à nous-mêmes que d'un extérieur qui serait le cosmos environnant. Comme Hermès Trismégiste et sa table d'émeraude, ils suggèrent des correspondances entre microcosme et macrocosme, mus à leurs yeux par la même loi universelle, le Dharma des Hindous (Hadot *et al.*, 2004).

Selon moi, la musique des sphères pythagoricienne évoque ainsi l'harmonie intérieure que nous ressentons lorsque notre vie est équilibrée et qu'elle se fonde sur un investissement harmonieux dans nos différentes sphères d'épanouissement. Celles de ces sphères, en tous cas, qui nous semblent, en conscience, et non de façon subie, les plus importantes pour notre bonheur à l'instant t. L'objectif : ressentir, le temps d'une seconde ou d'une journée, un sentiment de plénitude, d'épanouissement, de bonheur. Une belle et bonne vibration. En pleine énergie, joyeux, apaisé.

Nos sociétés développées offrent une infinité d'activités, de voies et d'expériences, entraînant une extension du champ des possibles et une intensification sans précédent de la vie. Un éventail de choix pléthorique s'ouvre pour l'être humain : métiers, sports, lectures, musées, lieux de vie, relations… Tout est possible ! Cependant, le risque d'Hybris n'est pas loin. Ou celui de sombrer dans un embarras du choix angoissant et de s'y perdre tel l'âne de Buridan. De même, derrière le désir de vivre mille vies en une seule, ne se cacherait-il pas un besoin inconscient de s'étourdir d'expériences innombrables pour oublier que l'on va mourir ?

La musique des sphères relève par conséquent d'une discipline assidue, marquée par la qualité plus que par la quantité. Là comme ailleurs, une frugalité heureuse serait préférable à un feu d'artifice permanent.

Aplanir le chemin de la spiritualité

Tout est question d'orientation. Aussi, dans le vaste domaine de la pensée et de l'action, s'agit-il pour chacune et chacun d'entre nous de trouver son fil d'Ariane. Ce fil peut prendre différentes formes, au gré des préférences et du destin : un sens aiguisé de sa raison d'être, un rêve à accomplir, un appel intérieur, une vocation, une aspiration… Tout cela n'est pas sans me rappeler ce que Paulo Coelho appelle la « légende personnelle », ou ce que d'autres nomment la « parole perdue ». Leur parole perdue… Le pourquoi de leur vie.

Nous entrons ici dans les hautes régions de la connaissance spirituelle. À travers une démarche de bilan holistique comme celle explicitée plus haut – sans entrer dans le détail, Quintivium fait d'ailleurs écho au *Trivium* et au *Quadrivium* de la philosophie scolastique... – , l'être humain peut travailler ses dimensions corporelles et psychologiques afin de préparer le terrain à son élévation spirituelle. « Aplanissez le chemin du Seigneur », est-il écrit dans l'Evangile selon saint Jean (Chapitre 1, 23-24). Pour accéder à son Saint des Saints, l'être humain doit aplanir ses sentiers intérieurs. Faire le ménage en soi. Désencombrer le chemin. En mettant de l'ordre dans sa vie, dans son corps, dans son âme, il ou elle libère un accès au plus profond de son être.

Il y aurait donc deux temps dans la voie humaine : un temps de management de soi, pour faire éclore l'être humain dans toutes ses dimensions, et un temps d'élévation vers l'Esprit. Cela évoque les deux phases qui mène vers le Tao : la première conduit à l'Homme véritable (*tchenn-jen*), la seconde vise l'Homme spirituel (*cheun-jen*).

L'équilibre de vie constitue un préalable à la quête spirituelle. Mais quelle définition donner au mot « spiritualité » ? Ce mot me suggère une polyphonie de signifiants : sens de la vie, place de l'être humain dans l'univers, intuition de l'infini, quête d'absolu, relations avec le divin, existence après la mort, éternité, vocation personnelle, comportements permettant d'incarner au quotidien une conduite en harmonie avec le cosmos... Cependant, les réponses que chacune et chacun apportent à ces questions sont tellement personnelles que l'on pourrait dire qu'il y a autant de spiritualités que d'êtres humains à la surface du globe ! Voilà un premier élément de définition : la spiritualité est avant tout personnelle.

La phrase de saint Paul, « la lettre tue, l'esprit vivifie » m'a conduit sur une voie adogmatique, où tout est permis dans la recherche de la Vérité. Cette spiritualité peut être influencée par les croyances issues d'une religion. Mais elle est d'abord une attitude d'ouverture aux découvertes, d'accueil de l'altérité, de conciliation des contraires. À la différence des religions qui se structurent autour de dogmes intangibles, une démarche spirituelle laisse à mon sens la place à la réflexion personnelle et permet à chaque personne de vivre sa propre quête.

Le verbe « vivre » est ici fondamental car la spiritualité ne reste pas au niveau intellectuel mais s'appuie sur l'expérience personnelle, c'est-à-dire sur un vécu, un ressenti, un voyage intérieur. La spiritualité mobilise l'intégralité de l'être, pas uniquement la tête. Cette dernière est nécessaire mais pas suffisante, la théorie ne peut se passer de la pratique. À l'instar de René Guénon, des maîtres spirituels ont mis en exergue un ternaire que l'on retrouve dans d'innombrables courants spirituels : corps-âme-Esprit. Se dessine un chemin de progression pour le cherchant spirituel appelé, à travers ce ternaire, à travailler d'abord sur la maîtrise du plan corporel (son corps), puis celle du plan émotionnel et psychologique (son âme), pour ensuite s'élever graduellement vers la Connaissance spirituelle, s'unir au Soi, retourner vers l'Un, vers le Principe (l'Esprit). Ainsi considérée, la spiritualité constitue une expérience transformatrice, qui se vit au quotidien et finit par se manifester dans la personnalité et le comportement du cherchant spirituel. Alètheia. En cohérence.

Le philosophe juif Martin Buber incite à commencer par soi mais à ne jamais finir par soi. Cela signifie que toute quête est d'abord personnelle, intérieure. Elle vise à nous perfectionner dans notre humanité et dans notre lien avec le cosmos. Mais notre chemin ne doit pas être égoïste, et n'a de sens que s'il aboutit à davantage de générosité, d'altruisme, d'amour pour les autres et le Tout dont nous sommes l'une des composantes.

Au-delà de l'individu, la spiritualité nous projette donc dans une dimension collective. C'est important de le rappeler quand on souhaite rapprocher spiritualité et management. Évoquons ici le symbolisme de la croix, avec sa dimension verticale qui invite à l'élévation spirituelle, à la quête de transcendance, et sa dimension horizontale qui suggère la mise en harmonie avec les autres êtres humains, à la recherche de sa place dans la société, aux ajustements – sans tomber dans les compromissions – que chacune et chacun d'entre nous doit faire pour vivre en communauté, voire en communion, avec les autres.

Le management spirituel au cœur d'un nouveau projet de civilisation ?

À l'heure où chancèle l'éthos occidental, fondé sur la croissance économique et la consommation, faire émerger un management inspiré par la spiritualité devient un enjeu majeur pour notre génération.

Un management qui commence par soi-même. Car, avant d'avoir la prétention de manager les autres, il faut d'abord être capable de se manager soi-même. Mais un management qui ne se contente pas de s'occuper de soi-même, et qui s'incarne dans des managers altruistes, conscients d'eux-mêmes et des autres. Le bréviaire de ce management, j'ai tenté de le présenter dans mon ouvrage *Manager par les équilibres* (Vuibert).

Vivrions-nous une apocalypse managériale ? Au sens étymologique, apocalypse vient du mot grec *apocalypsis* qui signifie *révélation* ou *dévoilement*. Loin de sonner le glas du management, l'époque actuelle permettrait au contraire de révéler l'essence du management, c'est-à-dire amener les êtres humains à identifier et à vivre leur raison d'être individuelle et collective. Une œuvre de réalisation personnelle, coïncidant avec l'expérience spirituelle. Une œuvre de conscientisation qui ne serait pas sans rappeler cette phrase (Yalom, 2017) : « Chaque individu, à un moment de sa vie, traverse une phase de réflexion profonde qui l'amène à se confronter aux enjeux existentiels ultimes. »

On le voit, le management spirituel nous amène bien au-delà de la stricte recherche de performance à court terme. Il s'inscrit dans l'esquisse tant attendue d'un nouveau projet de civilisation.

SPIRITUALITÉ ET CONCILIATION VIE PRIVÉE ET VIE PROFESSIONNELLE

Patricia Niglis & Ilda Ilse Ilama

Ces dernières années, plusieurs études ont mis en exergue l'augmentation d'un conflit entre emploi et famille (Tremblay et Larivière, 2009 ; Belghiti-Mahut, 2015). Ce conflit s'explique par le défaut de temps auquel font face les parents, surtout les femmes. Certaines recherches montrent qu'une grande part de parents qui ont un emploi se sentent stressés car ils n'arrivent pas à concilier leurs obligations professionnelles et familiales. La problématique de la conciliation vie privée vie professionnelle (VP-VP) est liée à trois facteurs : le très grand nombre de femmes ayant un emploi, la mondialisation qui accentue la compétition inter-entreprises et donc accroît l'intensité du travail et le développement des nouvelles technologies qui participent à la dégradation graduelle de la frontière entre la vie privée et la vie professionnelle.

La notion de conciliation VP-VP renvoie « aux parents qui travaillent, et qui ont la charge d'enfants ou de parents âgés, mais aussi à toute personne qui possède une activité salariée sans qu'il soit question de genre, d'âge, d'état civil, du type de famille ou du poste occupé, et qui souhaite avoir du temps pour sa vie personnelle » (Lazzari, 2012).

La notion d'équilibre personnel est constituée de l'équilibre professionnel et d'une bonne conciliation de sa vie professionnelle avec sa vie privée (équilibre de vie). La recherche d'un certain équilibre est considérée comme un moyen de se sentir mieux au travail et donc source de bien-être (Sardas, 2008). L'enjeu pour les entreprises est donc bien de prendre en compte cette question d'articulation pour réduire les coûts liés à l'absentéisme par exemple ou les départs des salariés mais aussi améliorer la performance de l'organisation. C'est pourquoi les entreprises mettent aujourd'hui en place un certain nombre de programmes et d'actions pour favoriser la conciliation VP-VP. Or l'équilibre personnel est déterminé par des facteurs organisationnels mais aussi individuels.

La notion de spiritualité qui fait de plus en plus l'objet de travaux dans le monde du travail est un facteur individuel potentiel de l'équilibre personnel et notamment de l'équilibre VP-VP qu'il convient selon nous d'explorer d'autant plus que Mitroff et Denton (1999) considèrent que les problèmes liés au travail dans les entreprises sont la résultante d'un appauvrissement spirituel.

Cette notion de spiritualité a notamment fait l'objet de travaux en management (Voynnet Fourboul, 2011 ; Poulain *et al.*, 2013) mais force est de constater qu'ils restent rares notamment en ce qui concerne son lien avec l'articulation de la VP-VP. La rareté des investigations conduit à s'interroger sur la manière dont la spiritualité participe au développement de la conciliation VP-VP. Autrement dit comment la spiritualité permet-elle de développer cette conciliation ?

En guise de réponse, une étude qualitative a été effectuée. Sur la base du volontariat, 16 personnes des deux sexes et de professions variées (ingénieurs, enseignants, intérimaires, etc.) ont été interviewées (entretiens E1 à E16) à l'aide d'un guide d'entretien semi-directif. L'analyse de contenu d'exploration a été retenue comme méthode d'analyse des discours.

La perception hétérogène de la notion de spiritualité

La spiritualité peut être abordée à partir de diverses perspectives.

Selon Turner (1999), la spiritualité est ce qui vient de l'intérieur. Pour certains, elle a un caractère religieux et pour d'autres non (Moxley, 1999).

Dans les nombreuses définitions données, la spiritualité a été décrite comme incluant une large gamme de concepts et valeurs tels que la transcendance, l'équilibre, le caractère sacré, l'altruisme, la signification de la vie en étant en profonde connexion à l'univers et la prise de conscience de l'existence de quelque chose de plus grand que soi qui fournit l'énergie et la sagesse qui transcendent les aspects matériels de la vie (Cash, 2000 ; Kolodinsky *et al.*, 2004 ; Mitroff et Denton, 1999 ; Stanard *et al.*, 2000). Le fait d'être spirituel consiste à être pleinement humain et aussi à intégrer toutes les énergies qui sont en la personne (Mitroff et Denton, 1999). Il s'agit aussi d'être holistique et d'être interconnecté avec tout ce qui se passe à l'intérieur de l'entreprise (Zohar, 2000 ; Freke, 2000).

D'après les multiples définitions de la spiritualité, trois thèmes principaux semblent émerger :

- La recherche de sens de la vie (conception existentialiste) (Bergeron, 1999).
- Le sentiment d'être connecté à quelque chose de plus grand que soi et aux autres (conception transcendantale) (Guillory, 2000).
- La connexion à Dieu (conception religieuse) (Pargament, 1999).

Jabre (2013) évoque la notion de compétence spirituelle. Selon lui, la compétence spirituelle configure la personne et ses comportements et lui permet de prendre conscience du propre monde intérieur et de la nécessité de le cultiver. « Une personne compétente spirituellement est celle qui est capable de se placer face à la vie avec un fondement et un horizon » (Jabre, 2013). D'après cet auteur, la spiritualité s'éduque et la compétence spirituelle se présente sous une forme échelonnée. Ainsi, il distingue d'abord la compétence spirituelle de base qui correspond à la recherche de sens. Puis la compétence spirituelle transcendante. Ensuite la compétence spirituelle religieuse. On retrouve là les trois thèmes qui émergent de la définition de la spiritualité.

Notons toutefois qu'il existe également une conception athéiste de la spiritualité qui considère que la spiritualité ne requiert pas forcément une explication surnaturelle, ni un lien avec une divinité (Virard, 2009).

Sur le terrain, les résultats de nos recherches ont permis d'arriver au même constat que dans la littérature : la notion de spiritualité est difficile à définir puisque les perceptions qu'en ont les interviewés divergent. Selon leurs réponses, force est de constater que nous retrouvons les différentes définitions issues de la littérature : dans le **groupe 1**, l'interviewé (E7), s'est révélé comme étant « athée » au sens de Compte-Sponville (2006). En effet, pour cette interviewée la spiritualité ne s'explique pas forcément à travers une divinité. Dans le **groupe 2**, les interviewés (E3, E11, E12, E14) se placent entre la conception existentialiste (Bergeron, 1999) « la spiritualité est la création individuelle du sens de l'existence » et la transcendance (Guillory,

2000), à savoir tout ce qui est de l'ordre de la connexion à soi et aux autres.

Pour les interviewés (E1, E2, E4, E5, E6, E8, E9, E10, E13, E15, E16) du **groupe 3** la spiritualité c'est « Dieu, tout ce qui est transcendant et qui se rapporte à la foi, c'est rattacher sa vie à la croyance, etc. ». Ces derniers s'intègrent dans la conception religieuse de la spiritualité.

Dans toutes ces définitions, il apparaît que la spiritualité est un processus individuel qui correspond à une quête de sens et à la réalisation de soi.

La nécessité d'harmoniser les divers rôles de notre vie

De nombreux chercheurs ont indiqué l'existence de trois types de conflit (Duxbury et Higgins, 1991 ; Frone *et al.*, 1992) :

- le ***conflit de temps***, a un lien avec l'excédent de charge temporelle qui est causé par les divers rôles de même qu'avec la difficulté (manque de temps) à régir les requêtes de l'un et de l'autre ;
- le ***conflit de tension*** est lié à la tension vécue dans l'exercice d'un rôle (parent) qui interagit dans un autre rôle (salarié) ;
- enfin, le ***conflit de comportement*** intervient quand le comportement propre à un rôle est opposé au comportement espéré dans un autre rôle.

Selon l'interviewée du **groupe 1**, il est nécessaire de répondre aux sensations internes : « *en tant qu'individu, il est essentiel de pouvoir harmoniser tous les différents rôles, et l'environnement de travail doit favoriser cette harmonie et, si c'est le cas il fait du salarié un meilleur professionnel* ». Il est aussi indiqué que la spiritualité permet de nourrir les valeurs, la philosophie de vie. C'est une spiritualité qui est d'abord une philosophie des valeurs d'humanisme.

La participation de la spiritualité à la conciliation VP-VP

Les organisations offrent aujourd'hui une collection étendue de prestations à leurs salariés pour favoriser la conciliation VP-VP. Mais il s'agit de dispositifs purement organisationnels. Or l'équilibre personnel est également déterminé par des facteurs individuels c'est pour cela qu'il nous a semblé intéressant d'étudier la contribution de la spiritualité, en tant que facteur individuel, au développement de la conciliation VP-VP.

Nos recherches ont montré que les réponses sont hétérogènes selon les trois groupes d'interviewés mais aussi dans un même groupe de répondants. Cependant, à partir des propos recueillis, il ressort que la spiritualité est un mécanisme d'adaptation permettant d'atténuer l'effet négatif du conflit travail-famille.

Ainsi l'interviewée classée dans le groupe 1 précise qu'il est essentiel de pouvoir harmoniser tous les différents rôles et que l'environnement de travail doit favoriser cette harmonie. Au sein du groupe 2, on trouve également une personne qui pense que la conciliation des deux vies se fait en fonction des décisions que l'on a à prendre et non de la spiritualité. Pour ces personnes, la spiritualité ne contribue pas à la conciliation puisque, selon elles, les dispositifs organisationnels suffisent à trouver un bon équilibre emploi-famille. D'autres interviewés du groupe 2 et 3 mentionnent que la spiritualité participe à la conciliation avec l'aide des dispositifs organisationnels. Enfin, plusieurs personnes des groupes 2 et 3 pensent que la spiritualité oblige à compenser et à restaurer un équilibre entre vie personnelle et vie professionnelle » lorsque l'on a tendance à trop travailler. Pour elles, la conciliation se fait aisément avec la contribution de la spiritualité qui permet de faire « la limite entre la vie professionnelle et la vie privée ».

Nous constatons donc bien ce qui a été relevé dans la littérature, à savoir que la spiritualité est un mécanisme d'adaptation individuelle permettant d'atténuer les effets des conflits VP-VP.

En résumé

Nos résultats permettent de mettre à jour une ressource autre que les ressources organisationnelles pour concilier VP-VP : la spiritualité. Notre travail a le mérite d'avoir étudié la conciliation VP-VP sans distinction de sexe. En effet, la plupart des recherches ont été menées sur une main-d'œuvre féminine. (par ex. Jena et Pradhan, 2014). Les résultats de cette étude peuvent être utilisés pour inciter les employeurs à fournir un environnement de travail permettant aux salariés de s'exprimer et à mettre l'accent sur les stratégies RH centrées sur le bien-être et le développement personnel. Les employeurs pourraient renforcer la spiritualité sur le lieu de travail pour aider les employés à bien concilier travail et famille car cette orientation spirituelle est une caractéristique gagnant-gagnant qui comprend des facteurs pouvant servir de stimulant pour générer la satisfaction de l'individu à l'égard de sa vie ou de son emploi. Toutefois cette recherche contient quelques limites. La démarche retenue est qualitative et il serait sûrement intéressant d'effectuer une étude quantitative pour concerner un échantillon plus large. Nous considérons bien que nos résultats ne sont pas généralisables en l'état. Il serait également envisageable de réitérer l'étude en n'interviewant que des personnes qui sont en situation de conflit afin de mettre en évidence l'incidence de la spiritualité sur la réduction du conflit et donc sur la conciliation VP-VP.

Cela dit, la spiritualité apparaît comme un bon mécanisme d'adaptation au stress et aux autres effets néfastes du conflit travail-famille alors choyons la spiritualité !

BIEN-ÊTRE ET QUALITÉ DE VIE (AU TRAVAIL) ET SPIRITUALITÉ

Stéphanie Carpentier

Le bien-être, que ce soit dans la vie en général ou plus particulièrement au travail, est une notion complexe qui renvoie à différentes disciplines au cours du temps. De là en découlent différentes conceptions contemporaines du bien-être et au-delà de la qualité de vie qui sont en lien avec la spiritualité, bien plus que la religion ou la foi.

La spiritualité concerne en effet le développement de l'esprit par le biais de la compréhension totale de la personne. Elle renvoie par conséquent à des croyances et des valeurs (Fry, 2003) constitutives de l'identité spirituelle. Néanmoins toute forme de transcendance entendue au sens large (Dieu, l'univers, les autres) permettant de comprendre le sens de la connexion de soi à Soi ou à cet Autre (Kœnig *et al.*, 2012) et de trouver du sens à sa vie est également comprise dans la spiritualité (Duyck, Moal-Ulvoas et Voynnet Fourboul, 2017).

La religion évoque pour sa part un système institutionnel de croyances et de valeurs (des dogmes) ainsi qu'un processus de recherche du sacré (entendu au sens d'être divin, de Réalité Ultime ou de Vérité Ultime) dans lequel l'esprit s'engage (Hill *et al.*, 2000).

La foi renvoie enfin à une croyance et une confiance en quelque chose qui se situe au-delà de soi (Voynnet Fourboul, 2014).

Dès lors, bien que la spiritualité puisse faire appel aux croyances religieuses et que la religion intègre parfois la vie spirituelle, chacune de ces dimensions pouvant également faire appel à la foi, ces trois notions sont bien distinctes. Néanmoins seule la spiritualité entretient des liens forts avec les notions de bien-être et de qualité de vie, que cela concerne le travail ou non. Le manager doit donc prendre en considération la dimension spirituelle pour améliorer son leadership et ses pratiques visant le bien-être et la qualité de vie de chacun, que ce soit en général ou au travail.

La spiritualité est inhérente au bien-être individuel et à la qualité de vie en général

La plupart des travaux contemporains sur le bien-être en général renvoie à la notion de sens de la vie ainsi qu'à la philosophie et la psychologie : les croyances, les valeurs et la transcendance sont donc régulièrement mobilisées.

Certains auteurs, influencés par les philosophes de la Grèce Antique, considèrent que le bien-être (l'eudémonisme d'Aristote) est un principe vers lequel tout être humain tend en orientant ses actions dans le but de l'atteindre (McMahon, 2006). Cette vision basée sur une autodétermination pour la réalisation de son plein potentiel s'appuie sur un certain contrôle sur son milieu et des relations positives, sur l'autonomie, la croissance personnelle, l'acceptation de soi et le sens de la vie (Ryff et Singer, 1998). Cela suppose néanmoins de relever des défis essentiels, d'avoir le sentiment de vivre pleinement mais également d'être soi-même et de faire corps avec son activité (Waterman, 1993).

D'autres auteurs influencés par l'hédonisme (Epicure et Platon) se focalisent plutôt sur ce que la société semble privilégier : le bien-être que procurent l'obtention de récompenses recherchées et l'évitement du déplaisir. Précisons cependant que ce bien-être subjectif supposerait des désirs contrôlés car l'épicurisme est un ascétisme (McMahon, 2006).

Ces deux traditions philosophiques du bien-être se trouvent néanmoins conjuguées dans certains travaux considérant qu'un grand bien-être est issue de la conjonction du bien-être psychologique et du bien-être subjectif (Keyes, Shmotkin et Ryff, 2002) : nombre de leurs dimensions renvoient alors à des composantes de la spiritualité.

Enfin quatre conceptions psychologiques contemporaines du bien-être renvoient également à la spiritualité :

- les théories des émotions : le bien-être est une somme d'émotions positives et négatives ressenties par un individu ;
- l'approche humaniste : l'être humain, digne de confiance et fondamentalement bon, est capable de faire des choix personnels lui permettant d'atteindre ce bien-être si ses besoins sont couverts (Maslow) mais également si authenticité, congruence de soi, réalisation de soi et développement optimal lui sont permis (Rogers, 1961) ;
- la psychologie positive : le bien-être psychologique et le bonheur sont générés par des émotions positives et des traits de caractère positifs qui concourent à la santé optimale et complète des individus (Seligman et Csikszentmihalyi, 2000) ;
- et la psychologie de la santé : la santé psychologique est constituée de deux versants – l'un négatif, la détresse psychologique et l'autre positif, le bien-être psychologique (Keyes, 2006).

Chacune de ces conceptions du bien-être peut ainsi entrer en résonnance avec la spiritualité *via* le concept de qualité de vie défini selon Meeberg (1993) par quatre dimensions : le sentiment de satisfaction envers sa vie, la capacité mentale à évaluer sa vie comme étant satisfaisante, la possession d'un état physique, mental, social et émotionnel acceptable ainsi que l'évaluation objective de conditions de vie favorables par une personne extérieure. (Notons qu'une évaluation affective et subjective de cette qualité de vie définit le bonheur qui n'est qu'un état transitoire quand le bien-être est un sentiment plus stable et profond).

Signalons par ailleurs que la spiritualité est de plus en plus étudiée comme étant une ressource personnelle pour s'ajuster aux événements de vie difficiles (stress des études, maladie cardiaque, cancer, suicide, etc.) et favoriser une certaine résilience (Sartori, 2012) et une qualité de vie, mettant ainsi en lumière le concept de bien-être spirituel (Branchi, 2014).

Il est enfin nécessaire de relever que la notion de bien-être (incluse dans le concept de qualité de vie) renvoie aussi à la spiritualité surtout si cette dernière se manifeste par différentes pratiques (méditation, yoga, relaxation, *mindfulness* ou pleine conscience, coaching spirituel, etc.) très étudiées dans la littérature managériale et de leadership (Izoard-Allaux, Christians et Lesch, 2018).

Au travail, le bien-être et la qualité de vie renvoient aussi à la spiritualité

De nombreux travaux considèrent que le bien-être au travail mérite une conceptualisation spécifique et ne doit pas être considéré comme une simple application du bien-être général à la sphère particulière du travail (Dagenais-Desmarais, 2010). Le bien-être au travail peut ainsi être considéré comme un construit incluant des symptômes médicaux physiques et psychologiques mais également des expériences de vie générales et des expériences reliées au travail. Dans cette perspective, le bien-être au travail renvoie principalement aux notions de santé et de satisfaction (Danna et Griffin, 1999) voire même à la qualité de vie au travail. La spiritualité ne peut donc en être exclue.

Néanmoins, quand on s'intéresse au bien-être au travail, il peut être utile de différencier le bien-être de la personne au travail et celui du travailleur au travail (Robert, 2007). Or ces dimensions renvoient toutes deux dans une certaine mesure à la spiritualité.

En effet, le bien-être de la personne au travail se réfère d'une part à la santé, à la sécurité, à l'hygiène et à l'absence de violence et de harcèlement et d'autre part à l'amélioration de ses conditions de vie au travail (l'embellissement des lieux dans lesquels il travaille et les aspects environnementaux pris en considération par l'organisation sont donc concernés).

Le bien-être du travailleur au travail renvoie quant à lui au fait qu'il ne soit pas empêché de faire son travail, de disposer des moyens et des conditions adéquates pour faire correctement son travail et de ne pas vivre de dissonance entre sa pratique et l'idéal qu'il a de son travail.

Ces deux dimensions du bien-être au travail renvoient donc à la spiritualité autrement dit aux croyances, aux valeurs et au sens de la vie au travail voire même à la transcendance entendue au sens large (les autres, l'univers ou la nature, Dieu) que chacun peut entretenir par sa vie professionnelle.

La contribution du leadership spirituel au bien-être et à la qualité de vie au travail des dirigeants et des managers

Selon Fry (2003, 2005), il existe une influence très positive du leadership spirituel sur la qualité de vie au travail, l'engagement, la productivité et la croissance des ventes mais également sur la santé positive, le bien-être psychologique et la responsabilité sociale de l'entreprise. Selon lui, la source du leadership spirituel réside dans la vie personnelle et provient soit d'inspirations et d'influences positives, soit d'une foi, soit de valeurs altruistes.

Le leadership spirituel ouvre cependant la voie sur une autre dimension du bien-être : le bien être éthique. Le bien-être éthique est défini comme le fait de vivre authentiquement ses valeurs, ses attitudes et son comportement de l'intérieur à l'extérieur en créant un système de valeurs conforme à l'universel, les valeurs de consensus inhérent à la théorie du leadership spirituel. Il est alors considéré comme nécessaire mais pas suffisant pour le bien-être spirituel.

Pour Fry (2005) ceux qui pratiquent le leadership spirituel au niveau personnel obtiendront :

- une note élevée en termes de joie de vivre, de paix et de sérénité ;
- ainsi que sur les dimensions du bien-être : vivre un plus grand bien-être psychologique et avoir moins de problèmes liés à la santé physique (maladie cardiovasculaire, déficience cognitive, déclin du fonctionnement physique et mortalité) (cf. Ryff et Singer, 2001).

Le leadership des dirigeants et des managers se verra enfin bénéficier de la spiritualité par le fait qu'elle permet une mise en capacité qui rend libre de la tyrannie organisationnelle imposant la prétention à la toute-puissance. En acceptant, à travers l'apprentissage du réel, de ne plus être obligés d'être ces leaders nécessairement et durablement « héroïques », « habités », « inspirants », ils pourront eux aussi s'autoriser à travailler à leur propre bien-être, cette plus grande humilité permise ouvrant la voie au niveau personnel à l'épanouissement, à l'accomplissement et au dépassement de soi (sans tomber pour autant dans la « barbarie douce » du toujours plus épanoui pour toujours mieux travailler) et au niveau collectif à un mieux-être collectif ou une plus grande justice sociale (Izoard-Allaux, 2018).

La contribution de la spiritualité au travail au bien-être et à la qualité de vie collectifs et *in fine* à l'organisation

L'organisation en elle-même a beaucoup à gagner si la spiritualité est prise en considération dans ses pratiques managériales. Outre les bienfaits régulièrement rappelés de certaines techniques de méditation (yoga, relaxation, *mindfulness,* etc.) déjà rappelées précédemment, la performance collective et organisationnelle s'en trouvent améliorées.

Rappelons en effet les nombreux travaux (Ashmos and Duchon, 2000 ; Fry, 2005 ; Garcia-Zamor, 2003 ; Giacalone and Jurkiewicz, 2003) montrant l'influence très positive du leadership spirituel sur la productivité et la croissance des ventes mais également sur la responsabilité sociale de l'entreprise (Fry, 2003, 2005).

Pour Karakas (2010), la spiritualité des salariés dans les organisations stimule la sensation de bien-être et de qualité de vie mais donne également du sens aux tâches accomplies et plus généralement au travail tout en développant le sens du collectif par un sentiment d'interconnexion et de communauté.

Bref, de ce sens donné aux contributions individuelles découlent non seulement des bienfaits économiques (un accroissement de la productivité globale et la performance organisationnelle) mais également des bienfaits collectifs et organisationnels : un sentiment d'utilité perçu de son travail (par opposition aux discours et emplois vides et vides de sens dénoncés par Spicer, 2013) contribuant à un sentiment communautaire accru (Bessire et Mesure, 2012 ; Duyck, Moal-Ulvoas et Voynnet Fourboul, 2017) voire même à une certaine créativité sociale alimentée par une anthropologie du don (Izoard-Allaux, 2017), autant de générateurs de bien-être et de qualité de vie au travail mais aussi de contrepoids voire d'antidotes aux discours et pratiques vides de sens ainsi qu'aux comportements toxiques dont souffrent régulièrement les organisations.

En résumé

En favorisant le développement de l'esprit par le biais de la compréhension totale de la personne (ses croyances et valeurs, son rapport au sens de la vie et à la transcendance), la spiritualité ouvre la voie au bien-être et à la qualité de vie de chacun, dans les différentes dimensions de sa vie, travail compris. Les dirigeants et les managers peuvent y trouver un bien-être éthique voire spirituel qui libère l'individu (eux-mêmes compris), renforce les interconnexions créatives au sein des équipes, favorise le sentiment communautaire et développe la productivité globale et la performance organisationnelle, ce qui contribue au bien-être et à la qualité de vie au travail de chacun (individus, collectifs, organisations).

L'ART DE L'ÉTHIQUE EN PRATIQUE

Mohamed Makkaoui

Les paradigmes de n'importe quelle science changent seulement quand les modèles, les lois, les heuristiques, les standards ou les pratiques de création du sens du monde ne sont plus conformes à ce qui a été observé ou ne peuvent plus révéler la nature des choses (Kuhn, 1970). Dans ce sens, Eggret (1998) postule que le leadership est intimement relié à la culture environnante et que le leader est supporté par une communauté particulière ou une supra-culture (p. 232). Le leadership est un processus interactif. Du coup, développer des leaders inspirés spirituellement ne peut pas être fait sans développer une communauté dans laquelle cette relation peut prendre place. Thompson (2000) suppose que la croissance spirituelle se manifeste comme une recherche proximale du besoin indéniable à posséder la vérité, que les leaders acceptent leurs incapacités et leurs limites de conscience humaine. Le leader, spirituellement inspiré est sensé avoir la capacité de composer avec les paradoxes, le talent pour l'ambiguïté, et la compétence de traiter des propositions contradictoires confortablement dans un esprit (une raison) qui a la passion pour la complexité (p. 148).

Johnson (2008) dans son étude du phénomène du leadership éthique, précise que les disciplines spirituelles (aux niveaux Intra, externe et de l'entreprise) sont une autre voie pour promouvoir notre progrès individuel. Il a pu identifier plusieurs pratiques comme la méditation, la prière, le jeune, les études (pour le niveau Intra) ; la simplicité, la solitude, la soumission et le service (au niveau interpersonnel) et la confession, l'adoration, la guidance et la célébration (au niveau groupal). Selon Reed (1992), les aspects spirituels couvrent l'intra, inter et le trans-personnel. La spiritualité peut également être interprétée comme le noyau qui entre et affecte la vie humaine et il est manifesté dans les pensées et les comportements qui sont en conjonction avec Soi, autrui, l'univers et la divinité (Dossey & Guazetta, 2000). Chacune de ces catégories de relations est systématiquement liée aux ressources (composantes) principales du leader spirituel (corps, raison, cœur et esprit), en les mobilisant différemment selon la spécificité du niveau d'interaction.

De la même manière que la relation à Soi est censée être en dernier lieu, un ordre de lecture inverse est important dans la mobilisation de ces ressources : pratiquer le leadership spirituel c'est nuancer et comprendre relativement ses conditions, débattre et valider sa faisabilité, forger son intention et sa motivation, avant d'accepter de passer à l'action pour maximiser son impact dans son environnement personnel et professionnel. Plusieurs « bonnes » pratiques du leadership restent suspendues entre réflexion et croyance et ne conduisent à aucun impact sur le terrain. Un leader spirituel doit incarner plusieurs rôles et styles de leaders, voire pouvoir les intégrer afin de composer avec une telle complexité grandissante de l'univers des organisations. Quel positionnement vis-à-vis de la religion ? Quels sont ces rôles indispensables pour un leader spirituel ? Comment ces rôles arrivent à traduire de la spiritualité de l'idée à l'action ? Et dans quelle mesure la spiritualité est le pivot des autres dimensions (cognitive, affective et comportementale) ?

Religion et spiritualité en organisation : synergies et antagonismes

Les organisations vivent un « conflit contre la subjection, des formes de subjectivité et de soumission » (Foucault, 1982, p. 331), ce qui représente des difficultés dans le lien de leurs identités avec des idéaux organisationnels spirituels. L'ontothéologie spirituelle rencontre et se met au choc avec l'épistémologie des organisations modernes (Rethel, 2018). Les idéaux spirituels/religieux dans les organisations modernes/séculaires ont été toujours « en tension » (Busco & Quattrone, 2017). Ces tensions peuvent être illustrées dans l'appropriation des idéaux spirituels par les organisations séculaires. Ces dernières cherchent à déconstruire les idéaux religieux en vue de créer des besoins identifiables de savoir et des repères moraux pour informer leurs actions.

Ceci requiert une recherche permanente d'une perfection spirituelle, dont les repères religieux sont constamment classés, scrutés et réinventé pour permettre leur implémentation/ré-implémentation. « Sans cette intention (fin), il n'y aura pas d'invention (moyen) et par la suite pas de rationalité, ni inventaire et surtout pas de vérité divine » (Quattrone, 2015, p. 11) la traduction des règles religieuses dans les activités organisationnelles requiert une adaptation continue pour rencontrer les différentes situations, logiques et intérêts. Cette traduction parfaite est en quelque sorte laissée ambiguë du moment qu'elle a besoin de laisser de la marge plus tard pour des classifications et reclassifications pragmatiques. Une finalité spirituelle adaptée est requise en vue d'embrasser la diversité des intentions et intérêts des acteurs organisationnels.

La spiritualité dans le milieu de travail a un effet positif, non seulement sur la santé physique, le bien-être et la qualité de vie de la personne (Goertzen & Barbuto, 2001), voire sur la performance de son travail (Neck & Milliman, 1994), mais plutôt le seul moyen par lequel les leaders et les organisations peuvent réussir (Cacioppe, 2000a). Lindholm et Astin (2008, p. 64), notent que « du moment que l'interprétation sémantique du mot spiritualité est claire, son sens dans des termes plus opérationnels est plus ambigu ». Le concept « maturité spirituelle » (Bryant, 2007, p. 839) ou la « vision unifiée du monde » (Astin *et al.*, 2011, p. 58), dans laquelle la vie est interconnectée, sous-entend que toute personne est potentiellement spirituelle. L'amour enveloppe les principales religions et la croissance spirituelle d'une personne ne dépend pas seulement de son appartenance ou de sa pratique d'une religion. La croyance est la variable charnière entre les deux. Le « *one best way* » est dans les deux sens. Tout religieux peut être spirituel et vice versa, à condition de parvenir à une croyance à deux entrées. Même les « areligieux » vont devoir « croire » à quelques postulats au départ de leur argumentation.

King & Nicol (1999) suggèrent que les personnes placées dans des rôles compatibles avec leurs capacités potentielles peuvent atteindre leurs capacités totales et par la suite accomplir leur quête spirituelle. Plus loin encore, ce développement améliore la santé et la performance de l'organisation, conduisant à un nouveau niveau de spiritualité. En effet, les religieux, s'inspirant des qualités et des rôles de leurs prophètes, en les considérant tous comme des leaders spirituels, auront plus de facilité d'inférer dans le contexte organisationnel. Un leader spirituel, aujourd'hui, est censé réussir cette convergence vers une croyance commune, construite sur une base conciliant à la fois diversité et servuction.

Leadership serviteur : gagner les cœurs par la raison

Les leaders gèrent des systèmes humains spirituellement conscients et concernés. Par conséquent la recherche académique a la grande responsabilité de relever le défi d'aider les professionnels à faire face aux défis du leadership spirituel. Ils doivent fournir un environnement d'apprentissage dans lequel la conscience des hauts pouvoirs et sentiments profonds sont permis. Mitroff et Denton (1999) identifient plusieurs obstacles en passant à un nouveau paradigme de spiritualité à finalité de leadership et de développement humain. Ces obstacles incluent la recherche académique, l'histoire, la culture, le langage et les définitions (la terminologie).

La notion du Leadership serviteur est traditionnellement pensée comme une relation liant leaders et suiveurs faisant partie de la même structure organisationnelle. Le pouvoir souvent provient de la position et le leader serviteur renforce les capacités d'autrui comme étant un moyen pour créer d'autres leaders dans l'organisation (Russell & Stone, 2002). Patterson (2003) tente de « présenter la théorie du leadership serviteur comme l'extension logique de la théorie du leadership transformatif et de définir et développer les composantes du construit inhérent des pratiques du leadership serviteur » (p. 5). Basé sur la théorie des vertus, le modèle de Patterson suppose que les leaders montrent leur amour inconditionnel à travers un sens d'humilité et d'altruisme tout en articulant une vision et une confiance construite susceptible de conduire à un renforcement des capacités des collaborateurs et conclure par un acte de service.

L'empowerment a été défini comme « l'acte de renforcer les croyances individuelles en leurs sens d'efficacité… ce n'est pas simplement un panel d'actions externes, c'est plutôt un processus de changement des croyances intérieures des gens » (Conger, 1989, p. 18). Le leadership transactionnel consiste à « Renforcer les comportements des leaders *via* des aspects comme l'encouragement des prises de décision autodirigées, le partage d'information et le coaching pour une performance innovative » (van Dierendonck & Nuijten, 2011, p. 251). Un renforcement impliquant une relation de confiance entre le leader serviteur et autrui. Il implique une confiance des autres avec un pouvoir, une responsabilité et une compréhension des conséquences qui vont avec (Costigan, Titer & Berman, 1998). Cette forme de service à autrui leur permet de trouver leur propre voie à travers l'individuation de leurs meilleurs intérêts dans le cœur.

Leadership responsable : viser l'efficacité par le respect

Toute personne est responsable de ses propres actions. Également, dans la sphère de l'activité économique chaque personne est responsable de ses actions, dans la limite de liberté et connaissance de l'impact de ses actions entreprises (Fisherman, 2004). Les entrepreneurs tramés de la morale aspirent à des objectifs élevés, tandis que les leaders forgent un climat d'éthique. Les standards éthiques sont utilisés comme des modèles d'évaluation des activités au sein de l'entreprise, en donnant aux collaborateurs les fondations d'une action morale positive (Katarzyna, 2015).

De nos jours, le management est opéré naturellement de manière responsable. Les managers sont de plus en plus conscients de la transparence et la justesse des activités (Paraschiv *et al.*, 2012). Les leaders « responsables » construisent et maintiennent des relations fortes et morales avec l'ensemble des parties prenantes, culture organisationnelle et changement organisationnel – les éléments basiques à travers lesquelles les organisations renouvellent continuellement leurs processus et produits, en les adaptant à des nouveaux contextes (Rok 2014, cité par Katarzyna, 2015).

Les chercheurs soulignent les dimensions aussi bien rationnelles (efficacité), qu'émotionnelle du comportement des leaders responsables (Waldman, 2011). « Le leadership responsable est un phénomène multi-niveau qui, impliquant individus, groupes et organisations, mobilise le leadership efficace, le comportement éthique, le respect des parties prenantes et des pratiques durables aussi bien sur le plan économique, social qu'environnemental. » Le leadership responsable concerne les relations résultantes de l'obtention des bénéfices communs en résolvant des problèmes significatifs de la société (Ciula, 2006).

Leadership spirituel : métaphore de la main

La responsabilité d'un leader, à notre sens, provient avant tout de ses propres croyances (ou conscience) et seule son auto-émulation peut diriger aussi bien ses réflexions que ses actions. L'intentionnalité de l'action conduit l'éthique à s'intéresser, en amont, à la motivation, mais risque de lui faire oublier, en aval, les conséquences de l'action (Müller, 2018).

En vue de simplifier et faciliter l'intégration des différents types de leadership, nous proposons la métaphore suivante : la main du Leader spirituel. Nous nous référons à la fonction physiologique de chaque doigt de la main, ainsi que sa position pour matérialiser l'un des rôles indispensables à la mission d'un leader spirituel :

Le pouce est presque indispensable à contrôler les objets. Sans lui, il nous sera difficile de tenir et maîtriser des choses que l'on veut saisir. Il représente le rôle d'un manager qui doit contrôler l'ensemble des flux (humains, techniques, financiers, d'information…) traversant son périmètre professionnel. Son style de leadership le plus proche est celui situationnel.

L'index sert, comme son nom l'indique, à orienter le chemin. Les suiveurs ont besoin d'un leader transformatif qui arrive à les accompagner dans le changement avec plus de vision et de clairvoyance.

Le majeur est le seul moyen pour s'élever en altitude. Il symbolise le défi à relever en mettant la barre toujours plus haut. Seul un coach avec du leadership transactionnel est capable de pousser les murs du potentiel de ses collaborateurs et les aider à concrétiser leurs ambitions.

L'annulaire symbolise l'engagement *via* le port d'une alliance. C'est le rôle d'un formateur censé avoir la bonne andragogie, pour transmettre son savoir, et un leadership normatif pour cultiver la qualité, former à la méditation et à l'introspection.

L'auriculaire est utilisé universellement pour la conciliation entre enfants. Il incarne le rôle d'un ambassadeur, habile dans la gestion des conflits, la diplomatie et le dialogue. Maître dans l'art de la conversation, la patience, l'empathie et le consensus sont ses atouts incontournables pour être un leader émotionnel.

Le poignet est le canal par lequel on alimente la main par l'ensemble de ses besoins. Son équivalent pour un leader est la capacité d'apprendre tout au long de la vie. Moyennant une soif pour le savoir, une modestie et une persévérance dans l'apprentissage, nous pouvons préconiser le maintien de la position du leadership.

Chaque rôle peut être joué soit dans la lumière (pour répandre de la spiritualité) ou dans l'ombre (pour verser dans les « ténèbres ») (Johnson, 2008).

Réunir les cinq rôles matérialisés par les cinq doigts, avec une mise à jour en permanence (matérialisé par le poignet), est susceptible de conduire à une forme de leadership. Tendre la main au service de son écosystème peut symboliser un servant leadership, en revanche s'improviser leader spirituel nécessite l'intégration de l'ensemble des autres types de leadership, avec plus de responsabilité, résilience et agilité.

Être absent, conformiste, distant, égocentré, ambivalent ou instrumental est le contre rôle que peut jouer un leader délibérément ou au moins inconsciemment. Réunir les cinq rôles peut conduire à des styles de leadership relativement dangereux (exploiteur ou pathologique).

En résumé

Loin de se positionner dans une perspective dualiste, le spirituel s'impose en tant que pivot du corps et de l'émotion, mais jamais comme une négation de la raison. Un leader spirituel est celui qui a « un aimant » dans son cœur, « une boussole » dans sa tête, « une batterie » dans son corps et « une lumière » dans son esprit.

Un aimant non pas seulement pour séduire et attirer, mais pour cultiver de l'empathie, de la miséricorde et de la patience pour fédérer. Une boussole pour connaître et faire suivre ce qui est vrai et juste quelle que soit son orientation ou ses protagonistes. Une batterie pour supporter et servir les autres dimensions et une lumière de torche pour éclairer son chemin et ses actions, les rendre visibles et ne garder dans l'ombre que tout ce qui peut être interprété d'ostentatoire.

Une telle torche multifonctionnelle, rechargeable, équipée d'aimant et de boussole dans la main d'un leader spirituel (mobilisant l'ensemble des différents autres rôles et styles de leadership) ne peut qu'optimiser ses actions et ses pratiques. Il pourra changer de faisceaux et de couleurs, de son et de lumière, s'auto-charger ou s'alimenter d'autres sources d'énergie, fixer ou mouvoir son outil et surtout s'orienter vers le cap approprié à la situation.

Dans la lumière (ou dans l'ombre), le choix du mode d'intervention est dicté par le degré de responsabilité et de maturité spirituelle (ou d'inconscience et de pathologie) du leader. Tout dépend de son intention (recalculée).

SE TRANSFORMER : ÉTHIQUE DE VERTU ET SPIRITUALITÉ

Richard J. Major

Le pouvoir des corporations et l'impact des dirigeants n'ont jamais été aussi importants pour l'ensemble de l'humanité et de la planète qu'aujourd'hui. Leur influence pénètre toutes les dimensions de notre existence, économique, sociale (rapports entre individus et entre groupes) et sociétale (attentes, mœurs, codes, ...). Beaucoup d'entre nous sommes définis par notre travail et le temps que nous passons dans nos organisations. De ce fait il devient critique, pour l'évolution et l'adaptation de nos sociétés aux transformations actuelles, que les dirigeants et managers trouvent leur propre authenticité, motivation et intention, et manifestent des valeurs éthiques et humanistes dans leurs comportements quotidiens.

L'enseignement technique et de gestion occidental, ancré dans une épistémologie positiviste, transmet principalement des prescriptions, modèles et méthodologies de productivité économique, technique et humaine. Depuis le siècle des Lumières, la société occidentale valorise la raison et l'empirisme scientifique comme bases de décision morale, négligeant les notions de vertu et de caractère moral (Bright *et al.*, 2014 ; Voynnet, 2011). L'éducation et la gestion d'entreprise renforcent cette considération rationaliste du monde et de l'environnement de travail, en excluant d'autres dimensions humaines *qui sont autant de ressources et de potentiels négligés.* Si l'être humain dispose de capacités inexploitées, elles résident peut-être dans des aspects sous-développés de sa cognition et de sa psyché.

En termes neurobiologiques, la société moderne a développé en priorité le réseau neurocognitif *Task Positive Network (TPN)*, instrumental, orienté tâche et résultats, au détriment du réseau *Default Mode Network (DMN)*, contemplatif, sensible, esthète et éthique. Ces deux réseaux sont antagonistes ; lorsque l'un est sollicité, l'autre se désactive d'où un développement exagéré du *TPN* et un sous-développement du *DMN* (Boyatzis *et al.*, 2014 ; Rochford *et al.*, 2016).

Le *DMN* peut se développer par des pédagogies expérientielles, somatiques, contemplatives, artistiques et relationnelles, activant d'autres capacités cognitives que les fonctions rationnelles et orientées résultat. Rétablir l'équilibre de ces deux réseaux cognitifs devient ainsi une opportunité à la portée des écoles de gestion et des entreprises. Cela étendrait la conception du rôle managérial, au-delà de la production de résultats, à la création d'environnements de travail répondant au large spectre des besoins humains. Nous considérons ce potentiel de développement neurobiologique comme une source de transformation managériale qui peut s'opérationnaliser en concevant les méthodes adaptées.

Dans cette contribution, nous proposons de relier la transformation individuelle et collective, l'éthique de vertu, ses pratiques et son potentiel de développement auprès des managers, et la vertu comme participant d'une quête spirituelle transformationnelle. Nous illustrerons des pratiques d'accompagnement qui peuvent activer le DMN par des exemples vécus.

Transformation et management

Le terme *transformation* est très « tendance » à l'heure actuelle, où l'on parle de transformations digitale, organisationnelle, culturelle, sociétale. Mais l'on distingue rarement le changement de la transformation. Regardons donc ce qu'est un changement par rapport à une transformation et considérons la responsabilité managériale qui découle de cette différence.

Qu'il s'agisse de comportements individuels ou de structures organisationnelles, un changement effectué peut s'inverser, puisque l'on peut revenir à d'anciennes habitudes ou à une organisation antérieure. Cependant, pour réaliser une transformation individuelle ou collective, une évolution de seuil est nécessaire, sans retour possible à l'état préalable. On pourrait comparer le changement aux différents états physiques de l'eau, qui passe du liquide au solide au gazeux – et inversement –, et la transformation de la chrysalide qui devient papillon.

Une transformation personnelle ou organisationnelle nécessite une évolution de la conscience, souvent déclenchée par un phénomène externe, qui peut entraîner des modifications de croyances, de valeurs, de comportements, de la raison d'être d'une activité voire du sens même de l'existence. La transformation d'un groupe ou d'une organisation s'accomplit par les transformations des personnes qui la composent, en premier lieu par celle des dirigeants (Schein, 1992 ; Major, 2015). Nous proposons ici que la transformation organisationnelle ou culturelle est subordonnée à la transformation des valeurs, attitudes, motivations et comportements des managers qui l'encadrent.

Ceci implique une opportunité et une responsabilité de faire évoluer nos organisations, en répondant à l'injonction de Mahatma Gandhi « *Soyez le changement que vous voulez voir dans le monde* ». La transformation individuelle est donc au cœur de la transformation collective. Reste à identifier des approches transformationnelles ; l'éthique philosophique de vertu appliquée au management représente un tel cadre théorique et pratique.

Vertu et soin de soi

Selon Aristote (1856) la vertu permet la réalisation de soi et de la société, de mener une vie bonne pour soi et pour autrui. Elle se développe au contact d'exemples vertueux et par des pratiques régulières. Aristote souligne l'importance du caractère de l'individu, sa capacité de discernement et le développement de vertu. Platon, le maître d'Aristote, citait comme vertus l'intégrité, la modération, le courage, la sagacité, la justice, l'humilité, la bienveillance et la compassion. Ces qualités humaines sont aussi promues par de nombreuses religions.

L'adage delphique *gnôthi seauton* « *Connais-toi toi-même* » est une injonction à l'observation de soi qui a été assimilée dans notre culture. Mais nous avons négligé le précepte grec *epimeleisthai sautou*, le « *Souci de soi* ». Foucault (1988) nous rappelle que celui-ci « figurait l'une des grandes règles de conduite de la vie sociale et personnelle, l'un des fondements de l'art de vivre » (p. 19). L'application du *souci de soi*, du travail intérieur, consiste en des pratiques. Ignace de Loyola (1673) parle *d'exercices spirituels* ; Hadot (1993) *d'exercices philosophiques spirituels* ; Foucault (1988) *d'exercices de soi*. Ces pratiques incluent la méditation, la contemplation, l'écoute, l'introspection sur nos émotions et nos désirs, l'accompagnement (coaching), la tenue d'un journal, l'expression de la gratitude… Nous étendons ici ces pratiques aux arts (danse, musique, peinture, poésie,…), à la communion avec la nature, au sport, à condition qu'une recherche consciente de transcendance des plans physique et intellectuel y soit présente.

Selon Hadot (1995) la philosophie est composée de pratiques physiques, spirituelles et discursives qui permettent de cultiver une conversion et transformation de l'être. La façon de vivre de l'individu donne sens à son discours, et ce discours réaffirme ses choix de vie. Les philosophes de l'Antiquité avaient des pratiques régulières qui ne sont plus l'objet d'une philosophie devenue théorique et spéculative (Hadot, 1995).

En appliquant cet angle philosophique à la gestion des organisations, l'on peut se demander quelles pratiques les managers et dirigeants exercent pour diriger en conscience, pour intégrer les complexités et évolutions impératives de notre siècle.

Le mode de gestion productiviste semble rendre les organisations fragmentées, mécanisées et déshumanisées. L'excès de rationalité que notre société moderne a développé est particulièrement visible au travail, au détriment des dimensions émotionnelles et spirituelles, du sens, en somme de l'entièreté de l'expérience humaine.

Les *exercices de soi* nous concernent tous, particulièrement les individus dans des rôles d'influence. Ils nous permettent de développer consciemment une motivation, intention et éthique personnelle. Thévenet (2008) parle de l'éthique de proximité, cette responsabilité individuelle qui requiert un travail de clarification de ses motivations et de ses actions.

Aristote (1856), Dewey (1980) et Sartre (1970) suggèrent tous trois que nos choix et actes forment notre caractère, qui à son tour définit nos choix futurs. Dewey, questionne notre futur comme critère éthique de nos actes : *Qui souhaitons-nous devenir, Quel monde souhaitons-nous participer à créer ?* Quand Sartre (1970) déclare « L'homme est ce qu'il fait », il souligne que ce sont nos actes qui nous définissent.

Contrairement aux éthiques déontologiques, (le respect de règles), ou conséquentialiste, (la valeur d'un acte est définie uniquement par son résultat), l'éthique de vertu est basée sur le discernement et la vertu, concernant tant *le savoir-*être *que le savoir-faire*. Développer son être intérieur, sa présence et son intention par des pratiques conscientes devient une option de développement managérial. On peut aussi s'interroger si une quête de vertu participerait à un cheminement spirituel.

Vertu et spiritualité

Le XIVe Dalaï Lama (2001) partage une conception de la spiritualité : « … La spiritualité, je pense, se préoccupe de qualités de l'esprit humain telles que l'amour, la compassion, la patience, la tolérance, le pardon…/… qui apportent le bonheur à la fois à soi et aux autres. C'est pour cela que je dis parfois que la religion est quelque chose dont nous pouvons nous passer. Ce dont nous ne pouvons pas nous passer sont ces qualités spirituelles de base. » (Gyatso, 2001, p. 22-23)

Cette conception de la spiritualité recherche le bien pour soi et pour autrui. Elle évoque l'éthique de vertu d'Aristote et les vertus de Platon. Une spiritualité individuelle inclurait-elle une quête d'idéal humain qui génère le bien pour soi et pour autrui ? Nous considérons ici cette spiritualité qui anime la conscience de nos motivations, attitudes et actes comme un vecteur de transformation accessible et opérant.

Nous allons à présent étudier quelques exemples d'accompagnement qui illustrent des opportunités de rééquilibrage des capacités cognitives, en développant le *DMN*.

Pratiques de transformation individuelle ou collective

Intention

Un de nos dirigeants, avec un fort sentiment d'être un imposteur dans un poste à responsabilité, était terrorisé de présenter devant ses hiérarchiques. Il passait des nuits à tenter de parfaire ses diapositives mais cette gestion de son anxiété était peu effective. Grâce à une démarche d'introspection accompagnée, il a travaillé sur la clarté de son intention et a progressivement trouvé une présence émotionnelle stable et forte. Son site a reçu le comité d'administration du groupe qu'il a préparé sans inquiétude. Après un an d'accompagnement, nous avons fait un bilan. Nous lui avons demandé « Quel est l'apprentissage qui vous a le plus surpris dans l'année écoulée » ? Ce à quoi il a répondu « Le pouvoir de l'intention ». Il avait fait un grand pas vers lui-même par une simple pratique d'introspection bienveillante.

Méditation et respiration

Un PDG que nous accompagnons depuis plusieurs années nous a récemment demandé des outils pour aborder la méditation. L'orientation *outil* suggère une approche instrumentale pour obtenir un résultat, démarche habituelle pour un gestionnaire. Il n'avait aucune expérience antérieure ; nous lui avons donc proposé de s'initier à la *Cohérence cardiaque* comme méthode de centrage et de relaxation, un premier pas vers la méditation ou une pratique de pleine conscience. Il en a ressenti les bienfaits et l'a mis en application au quotidien. Sa demande initiale et cette pratique tangible ont permis d'ouvrir un nouveau champ de dialogue et d'exploration, hors de ses zones de confort du rationnel et de l'opérationnel. Cette ouverture nous a permis d'aborder de nouvelles formes d'animation avec son ComEx dont nous parlerons plus loin.

Expériences d'ouverture par la découverte de l'autre

L'une des pédagogies expérientielles que nous animons pour des cadres en poste consiste en des *Learning expeditions* en Inde, des voyages d'étude. Le processus a un objectif transformationnel : que les participants repartent avec des prises de conscience qui se traduisent en changements de perspectives et d'attitudes. Les expériences sont culturelles (temples, yoga), académiques, professionnelles (entrepreneurs sociaux, start-up, multinationales) et surtout humaines. L'impact majeur vient du dialogue avec nos interlocuteurs, ce qui nous a amenés à enrichir l'expérience en organisant des ateliers en entreprise qui impliquent nos participants sur les problématiques concrètes avec des managers locaux. Ceci permet aux échanges de se situer dans une action engagée plutôt qu'à travers de simples présentations. L'immersion d'une semaine, même de courte durée, fournit une intensité et une variété d'expériences, de contacts et de perspectives qui affectent la zone de confort de chacun, décalent les cadres de référence et créent l'opportunité pour les participants d'absorber de nouvelles données avec un relâchement de leurs filtres cognitifs rationnels. Pour illustrer cette intention de décalage, le soir de l'arrivée en Inde nous assistons à un puja, célébration dans un temple, où les participants font l'expérience de la foi indienne exprimée dynamiquement et joyeusement à travers la musique, les chants et la danse de plusieurs centaines de pratiquants. Une session de yoga en milieu de semaine donne une expérience physique de la philosophie et des pratiques quotidiennes hindoues. Dans le courant de la semaine, l'extrême bienveillance de nos hôtes et la spiritualité prégnante de l'Inde, spontanément exprimée par nos interlocuteurs professionnels et académiques, confirment le facteur humain comme vecteur de l'expérience de découverte, de décalage et d'ouverture.

La transformation personnelle se réalise en priorité par des expériences émotionnelles, conscientes ou pas, plutôt que par des compréhensions intellectuelles.

Pratiques contemplatives, éthique et leadership

À Vancouver, le Professeur Culham intègre des pratiques contemplatives et d'intelligence émotionnelle (méditation, introspection, journal personnel, coaching) dans ses cours d'éthique des affaires. Nous avons réalisé un projet de recherche (Culham *et al.*, 2020) qui suggère l'influence positive de ces pratiques sur la capacité de réflexion et de prise de décision éthique des étudiants. Ces derniers expriment leur progression au cours d'un trimestre avec les pratiques et les bienfaits personnels qu'ils en retirent. Nous intégrons aussi ces pratiques dans nos cours de leadership, pour sensibiliser nos étudiants en Ressources Humaines à leur dimension intérieure et leur donner des « outils » dont ils auront au moins fait une première expérience tangible.

La musique : libération du verbal et du rationnel

Nous considérons la musique comme potentiel *exercice de soi*. Comme d'autres – la méditation par exemple – , cette pratique peut être mobilisée de manière ponctuelle dans un séminaire comme déclencheur de décalage émotionnel et cognitif.

Constatant un manque de cohésion d'équipe ComEx, que le dialogue sur les modes de fonctionnement ne suffisait plus à faire évoluer, nous avons cherché à mobiliser d'autres modes cognitifs lors d'un séminaire d'une journée.

Dans l'espoir de créer un *décalage productif* dans la qualité de présence des membres, dans leurs perceptions et leurs relations, nous les avons d'abord enrôlés dans un escape-game qui leur a demandé de résoudre des problèmes de manière collaborative, hors de leur environnement habituel. Le lendemain nous avons proscrit du séminaire toute présentation à l'écran, et avons démarré la journée par un exercice collectif de *Cohérence cardiaque*, pour recentrer les participants. Ils ont dû ensuite choisir un instrument de percussion. Les engager à jouer des rythmes a permis de partager des moments de cohésion, que nous nommons « *d'innocence et de plaisir non verbal* ». En effet, des expressions de plaisir (sourires, regards malicieux, grimaces et gestuelles) sont rapidement apparues. Il a fallu peu de temps pour que chacun rejoigne le rythme, sans réaliser le même tempo que les autres. Le défi d'équipe était bien que chacun puisse trouver sa place tout en permettant aux autres de trouver la leur, et de collectivement produire quelque chose d'harmonieux. Un debrief nous a permis de tirer les parallèles entre les parties de chacun qui créent l'harmonie rythmique et le travail en équipe.

Avec une population cartésienne, il y avait un risque certain de créer de l'inconfort et de la résistance. L'une des conditions de réussite de l'expérience était de considérer notre propre capacité de transformation en tant que facilitateur. Nous rendre vulnérable, en prenant le risque de partager notre amour pour la musique avec une audience de gestionnaires, devenait l'un des enjeux du séminaire. Ces exercices ont eu pour but de faire tomber les barrières cognitives rationnelles (TPN) chez les participants (qui posent des jugements, trouvent des explications, justifient des postures, etc.). Nous avons enchaîné sur le sujet sensible des relations entre les membres de l'équipe. À tour de rôle, chacun plaçait physiquement sur une table des gobelets représentant chaque coéquipier, en commentant sur sa perception de leurs relations avec lui-même et entre eux. La parole s'est libérée, l'écoute aussi… Nous avions réussi à créer les conditions pour une expression libre et honnête des émotions, *comment les personnes se sentaient* les unes vis-à-vis des autres, grâce à l'exercice musical qui a généré des émotions positives et a décalé le mode cognitif des participants.

Projets de transformation collective et posture des dirigeants

Dans nos processus de transformation organisationnelle les plus efficients, dont les objectifs sont de créer une culture de prise d'initiative, de responsabilisation et d'agilité, nous engageons la transformation de l'équipe de direction en amont de celle des équipes. L'exemplarité de transformation individuelle à ce niveau est impérative pour espérer générer une transformation collective. Pendant plusieurs mois nous accompagnons les membres du CoDir/ComEx à développer leur intelligence émotionnelle et une analyse stratégique commune. Celle-ci se traduit en quelques axes, dont l'axe humain et l'axe relations/partenariats, souvent négligés dans les stratégies. Lors du partage avec les managers N-1, le CoDir commente cette analyse très sommairement et leur demande d'apporter leurs propres interprétations et idées, les engageant ainsi dans une réflexion critique et active. Puis, plutôt que de définir des projets et appeler des volontaires, ce sont les managers qui définissent des projets pertinents et alignés avec les axes stratégiques et votent sur ceux qui doivent être réalisés en priorité. Ces projets sont de type Kaizen, une stratégie des petits pas, d'activités concrètes, rapides et peu coûteuses, qui génèrent une dynamique de mise en mouvement et d'appropriation. Cette subsidiarité déplace le pouvoir de transformation au plus proche du terrain. La communauté de managers se développe, resserrée par des rencontres d'échanges sur les projets, stimulée par l'émulation collective avec l'objectif de faire progresser l'activité, de la rendre plus performante et en se faisant, de lui donner plus de sens.

Le processus de transformation est long ; il se réalise par des changements progressifs d'attitudes et de comportements tant de la direction que des managers. Dans les cas où la transformation ne « prend » pas, c'est le manque de transformation du ComEx/CoDir et la continuité du processus qui sont généralement les causes. Il faut une forme de foi, croire en la transformation, la poursuivre et la développer en soi, même lorsque les effets tangibles mettent du temps à se manifester. Instiller et maintenir cette confiance malgré l'incertitude d'atteinte du résultat est le défi majeur des opérationnels dans ces processus de transformation.

En résumé

La transformation de toute organisation est sujette à la transformation des individus qui la composent. Nous devons nous transformer pour espérer transformer notre monde. Les *éthiques déontologiques et de finalité* ont une relation directe avec les principes positivistes et productivistes de notre monde économique et organisationnel. Or, dans le monde volatile et incertain que nous connaissons ces éthiques ne suffisent ni à assurer une action collective éthique ni à générer le bien de l'humanité. Nous sommes confrontés à l'impératif de développer le discernement des managers et des salariés pour répondre à la complexité et à l'imprédictibilité du monde économique et social. Le développement depuis des siècles dans l'éducation et en entreprise du réseau neurobiologique TPN, au détriment du réseau DMN crée un déséquilibre cognitif dans une orientation tâche et résultats excessive alors que la vie professionnelle se déroule éminemment de manière sociale, par des interactions, des relations et sur la base d'émotions conscientes ou inconscientes. La quête de vertu est considérée ici comme une source de développement intérieur et la manifestation d'une spiritualité individuelle. Se connaître soi-même est important, mais cela ne se produit que si l'on prend soin de soi, si l'on fait un réel travail intérieur. Développer des pratiques, des exercices de soi, répond à la responsabilité pour chacun de clarifier ses motivations et intentions, permettant de mieux se connaître et de mieux comprendre autrui.

Ceci suggère que les managers et dirigeants, dont le rôle influence le quotidien de nombreuses personnes, ont une responsabilité supplémentaire qui n'a pas été souligné par le passé : de faire un travail intérieur qui ancre en soi, recentre et permet à son authenticité d'émerger.

Des exemples de travail intérieur individuel et collectif, de libération de nos schémas cognitifs dominants, de rééquilibrage de nos réseaux neurobiologiques, permettent de projeter d'autres applications pédagogiques de pratiques contemplatives comme l'introspection, la méditation, les expériences d'ouverture et la musique comme langage non verbal universel. La clé de la transformation collective se situe dans la responsabilité et capacité de transformation des dirigeants, des managers, mais aussi des salariés et des citoyens, en somme de chacun d'entre nous. L'évolution de notre société humaine dépendra de notre capacité individuelle à développer notre conscience et authenticité propres. Cela représente une réelle opportunité de progrès pour les enseignants et les dirigeants qui éduquent et forment nos managers de demain.

4

PARTIE

LE SOI

La dimension du soi est absolument fondamentale dans le leadership spirituel dans la mesure où la spiritualité joue sur l'intériorité et sur un cheminement qui mène à soi. Dans la septième partie il sera question d'aborder le soi sous l'angle de l'identité.

Vulnérabilité, autoperformance, résilience

Dans cette quatrième partie, il est question tout d'abord de la découverte d'un soi étonnant dans le monde leadership à savoir le soi vulnérable. Sans doute ce qui fait la différence entre le leadership spirituel et les autres types de leadership, c'est vraiment cette manière unique de reconnaître la vulnérabilité du leader, la sensibilité à la fragilité. La vulnérabilité apparaît donc comme un point de départ, une béance sollicitant la spiritualité afin d'enrichir le leadership comme le montre Sophie IZOARD-ALLAUX.

Partager sa vulnérabilité en communiquant une expérience à ses équipiers, dans laquelle le leader a été blessé émotionnellement, physiquement ou spirituellement, peut être un mécanisme permettant de développer des relations plus profondes avec ses équipiers et augmenter son charisme (Ito & Bligh, 2016). Les théories du leadership charismatique postulent que la similarité perçue d'un leader avec ses disciples augmente les attributions de charisme, en partie parce que ces leaders semblent plus dignes de confiance (Conger & Kanungo, 1987). Les dirigeants peuvent mettre l'accent sur des valeurs, des antécédents ou des expériences communes pour accroître cette similitude (Bligh & Robinson, 2010). Le partage de la vulnérabilité est donc un moyen potentiellement puissant de renforcer la similarité avec les adeptes et les attributions charismatiques, précisément parce qu'il permet aux adeptes d'établir des relations psychologiques avec les dirigeants.

Lorsque les dirigeants sont confrontés à une adversité extrême, touchent le fond ou reconnaissent leurs échecs, soit par eux-mêmes, soit avec l'aide d'autres personnes, ils ont la possibilité de renforcer leur résilience à partir de cette expérience et de partager cette vulnérabilité avec les autres. Au cours du processus de partage de la vulnérabilité, les équipiers sont plus susceptibles de percevoir la situation du point de vue du dirigeant et d'avoir des rapports avec lui à un niveau émotionnel. En d'autres termes, lorsque les dirigeants descendent de leur piédestal, les suiveurs sont plus susceptibles de percevoir le dirigeant comme humain et digne de confiance.

Il semble que certains leaders soient davantage capables que d'autres de partager leur vulnérabilité suggérant qu'il s'agisse d'une véritable compétence pouvant d'ailleurs servir des intentions purement narcissiques. Plusieurs conditions préalables participent du partage de la vulnérabilité, notamment l'humilité, la conscience de soi et le courage de reconnaître ses imperfections.

À l'inverse de la vulnérabilité, Faviola TAPOYO propose d'aborder la portée de la spiritualité du dirigeant sur la **performance de son leadership dans l'organisation** ; elle se fonde sur la base de ces travaux de recherche doctorale. On ne peut que reprendre les idées (Roof, 2015) selon lesquelles il paraît difficile de lier la spiritualité directement à des profits et à une performance organisationnelle ; il est plus judicieux de remarquer les effets de la spiritualité sur la culture organisationnelle, la clarté éthique, l'authenticité et en premier lieu les effets sur les leaders eux-mêmes.

Mais qu'est-ce que **le soi du point de vue spirituel** ? Nous pouvons distinguer à l'intérieur du soi différents aspects. Les psychologues mentionnent le fait qu'il arrive de vivre une partie restreinte de notre identité comme s'il s'agissait d'utiliser une identité diminuée. C'est peut-être la raison pour laquelle Marc Gafni (2012), qui est un disciple de Ken Wilber, a élaboré une revue de la littérature sur le soi unique ; et il remarque que l'évolution de la réalisation personnelle dans la trajectoire du développement individuel se déroule en quatre étapes :

- 1. le soi séparé (qui est notre moi ordinaire quotidien) ;
- 2. le faux soi (qui est une expression déformée ou malsaine de notre moi séparé) ;
- 3. le vrai soi, qui est notre conscience impersonnelle ou notre moi intérieur, l'essence de notre vraie nature ou identité ; et
- 4. le Soi unique (le Soi unique est le visage personnel de l'essence, notre nature ultime, l'intelligence de l'étincelle ou de l'amour qui vit en vous, en tant que nous et à travers nous).

Le Soi unique est révélé dans les moments de flux et de grâce ; il signifie que l'on est à la fois unique et distinct, ce qui est la base de la singularité. Le Soi unique amène à reconnaître la profondeur de sa propre vie, la préciosité de sa perspective spécifique, de son histoire et de ses talents, et la possibilité de devenir pleinement ce que l'on est déjà. Dans l'éveil du Soi unique, on reconnaît et réalise que sa nature est indivisible du champ de conscience plus large.

Nous sommes invités à évoluer au-delà de notre ego personnel, au-delà du moi séparé et du faux moi, afin de réaliser notre identité plus profonde en tant que Vrai Soi (notre partie éternelle). Nous n'évoluons jamais au-delà de l'ego ; nous évoluons au-delà de l'identification exclusive avec l'ego. Il s'agit de résister à l'idée de considérer notre ego comme quelque chose de mauvais : l'ego contient en lui une lueur de vérité et a de la sagesse à offrir car il préfigure le Soi unique. Notre ego porte en lui des dons qui demandent à être clarifiés. Le Soi unique n'est pleinement réalisé qu'après avoir transcendé l'identification étroite avec l'ego et s'être identifié à sa vraie nature, non pas séparé de, mais un avec, le tout.

Mais qu'en est-il d'un travail sur le soi dans l'univers de la gestion ? Dès lors qu'on souhaite ordonner le processus, le plus souvent par la voie de la gestion des ressources humaines, on observe bien des critiques et des avertissements (Roberts, 2012). En effet, quand la gestion des ressources humaines se saisit de l'organisation de pratiques de Learning où il est question d'un abandon de soi, la construction consciente de l'individu risquerait de devenir un objectif social et politique, les sujets étant appelés à retirer les attributs de leur identité qui pourraient entraver les protocoles provenant de la direction. La transparence totale pourrait devenir une condition d'une recréation de l'identité individuelle. Les pratiques tirées des traditions religieuses et spirituelles qui décrètent l'abandon de soi facilitent la soumission aux exigences d'un absolu performatif et le risque de passivité éclairée des équipiers pourrait se manifester par le sacrifice de soi au profit d'une identité harmonisée assurant la survie organisationnelle de l'individu. On le voit des précautions s'avèrent nécessaires.

Dans une troisième production, Michèlle SCHITTER nous propose de partager son projet intitulé Fil de Soi comme une pratique visant à partager des **narrations de dirigeants** avec l'objectif d'observer combien la spiritualité contribue à la **résilience** et à une expérience transformatrice. Les récits constituent également un outil puissant pour spiritualiser la vie organisationnelle. La théorie de l'organisation narrative s'est récemment orientée vers des pratiques et des processus contextuels changeants (Boje, 2001). Cependant, les antécédents du domaine de la sémiotique narrative et de la mythologie (Fiol, 1989) pourraient offrir des voies viables pour susciter des expériences du transcendant. Comme Hatch *et al.* (2005) l'ont démontré, les histoires de chefs d'entreprise proposées à la sphère publique tendent à se réverbérer avec les mythes classiques des dieux et des prophètes que l'on trouve dans la culture grecque antique, illustrant des thèmes tels que le paternalisme et la vision mais aussi la sagesse divine et les vérités transcendantales. C'est particulièrement le cas lorsqu'avec ma collègue Muriel de Fabrègues nous avons analysé les récits d'histoires managériales dans les pays en transition, publié par Olivier Lluansi

(2016) dans le cadre de son expérience au sein du Groupe Saint Gobain en Pologne et en Roumanie. On peut retrouver le détail de la lecture des valeurs au travers de ses récits (Voynnet Fourboul, 2017). La dimension spirituelle des communications d'entreprise peut être abordée grâce aux histoires managériales racontées par des cadres d'entreprise. La mise en récit (en anglais *storytelling*) participe à la construction de l'identité collective des organisations *via* un certain nombre d'histoires et une mise en scène du héros (Boje, 1991, 1995 ; Czarniawska, 1997). Si les récits qui sont développés à l'intérieur d'une organisation permettent de fournir matière à extrapolation et à résolution des problèmes similaires que l'on peut rencontrer dans l'entreprise, en quelque sorte des recettes qui illustrent la bonne manière de se conduire selon les circonstances, en revanche les récits du type Fil de Soi sont plus génériques et peuvent être particulièrement inspirants dans le cadre d'une formation au leadership par exemple.

Intelligence spirituelle, motivation intrinsèque et liberté créative

Omer TAKI propose ensuite d'aborder **l'intelligence spirituelle** dans le leadership. Cette voie connaît un certain succès en ce moment tout d'abord par le fait qu'elle introduit la possibilité d'une mesure particulière de la spiritualité relativement personnelle et accessible à ceux qui veulent développer leur leadership. Elle fait également suite à l'enrichissement des formes d'intelligence cognitive, émotionnelle. L'intelligence spirituelle constitue la vie intérieure de l'esprit ainsi que sa connexion au monde, c'est aussi une capacité de compréhension profonde des problèmes existentiels au niveau supérieur de conscience, la conscience de l'âme en tant que force vitale créatrice de l'évolution (Rana *et al.*, 2017). Cette forme d'intelligence se révèle remarquable parce qu'elle permet de résoudre les questions de sens et d'évaluer si le chemin que l'on prend est bien aligné autour d'une intention qui nous guide. L'intelligence spirituelle est celle qui permet à la personne de trouver le but le plus profond de la vie, ses valeurs les plus élevées, sa vocation et ses motifs les plus profonds. C'est pourquoi elle permet de développer un sens profond de l'identité et aussi de la coopération et du leadership. Žohar et Marshall (2000) affirment que l'intelligence spirituelle diffère de l'émotionnelle par sa puissance transfigurative. Cela signifie que l'intelligence émotionnelle nous permet d'évaluer dans quel genre de position nous nous trouvons et comment nous comporter (en agissant à l'intérieur des limites de notre position actuelle) ; l'intelligence spirituelle nous permet également de nous demander si nous voulons ou non être dans cette position. L'intelligence spirituelle, qui n'est développée que par des personnes, et non par des organisations, pose huit questions essentielles qui sont : Qui suis-je ? Quelle est ma vraie nature ? Comment fonctionne ma conscience ? Qu'est-ce que la connexion / relation ? Par quelles lois la vie fonctionne-t-elle ? Quel est le sens de la vie ? Quelle est mon intention ? Quelle est ma vision de l'avenir ? Ce questionnement montre bien l'importance du soi et donne des indications sur la manière de travailler le soi en contrôlant son esprit lors des prises de décision, en ayant recours à une forme de sublimation vis-à-vis de l'ego évitant par-là la blessure d'un éventuel rejet, et en se centrant sur l'atteinte d'un objectif de manière équitable et éthique (Rana *et al.*, 2017).

Andrea MICHEAUX évoque un point clé de la théorie du leadership spirituel à savoir les **motivations intrinsèques et l'engagement**. En effet, la théorie causale de Fry (2003, 2005, 2008 ; Fry *et al.*, 2010) sur le leadership spirituel s'est développée au sein d'un modèle de motivation intrinsèque qui intègre la vie intérieure, la vision, l'espoir / la foi et l'amour altruiste, les théories de la spiritualité en milieu de travail et du bien-être spirituel par l'appel et l'adhésion. Le but du leadership spirituel est de puiser dans les besoins fondamentaux du leader et de ses équipiers pour créer une vision et valoriser la congruence à travers l'équipe et les niveaux individuels et, en fin de compte, pour favoriser des niveaux plus élevés de bien-être éthique, spirituel et psychologique, de santé humaine positive, de satisfaction de vivre, d'engagement et de productivité organisationnels, responsabilité sociale des entreprises et performance financière.

La **vision** fait référence à une image du futur et est créée à partir de la mission ou de la raison d'être de l'organisation. La mission définit la culture de l'entreprise, ses valeurs fondamentales et sa raison d'être. L'espoir/la foi est la source de la conviction que la vision/le but/la mission de l'organisation seront réalisés. La foi se manifeste par l'action et repose sur des valeurs, des attitudes et des comportements, tels que la confiance, la croyance, l'endurance, la persévérance et la volonté de faire ce qu'il faut pour donner le meilleur de soi-même et maximiser son potentiel (Fry, 2003). L'amour altruiste est défini comme « un sentiment de plénitude, d'harmonie et de bien-être produit par l'attention, le souci et l'appréciation de soi et des autres » (Fry, 2003). Le bien-être spirituel est le résultat de la satisfaction des besoins de survie spirituelle liés à la vocation et à l'appartenance (Fry, 2005). Ces deux éléments sont imbriqués, universels et communs à l'expérience humaine (Fry, 2003).

Quentin LEFEBVRE présente en qualité d'universitaire son expérience de mise en œuvre d'un incubateur en montrant la place que le leadership spirituel apporte dans cet espace qui se veut l'expression d'une **liberté créative en organisation**. On observe combien la tolérance à l'ambiguïté c'est-à-dire la tolérance face à des situations pour lesquelles il n'existe pas de règles et de réglementations préexistantes, et le fait d'être à l'aise dans l'incertitude constituent des points-clés pour cultiver la créativité. Or la spiritualité peut aider les gens à se sentir à l'aise dans l'incertitude, créer une opportunité de soutien mutuel, de terrain de sympathie invisible qui permet la créativité pour s'épanouir. Cultiver notre créativité nous invite à être intrigués, stimulés et motivés pour explorer l'inconnu. Cela signifie qu'il faut répondre à notre peur des situations non structurées pour lesquelles il n'existe pas de solution ou d'approche unique. La tolérance de l'ambiguïté implique de vouloir créer ses propres règles et feuilles de route et de ne pas appliquer immédiatement celles qui existent déjà. Dans un sens, la tolérance de l'ambiguïté est étroitement liée à notre désir d'être libre, voire de créer pour être libre, c'est ce que nous montre Quentin Lefebvre au travers de son leadership spirituel. Cette liberté ressemble bien à celle décrite par Éric Fromm (1978) non pas une liberté s'extrayant des contraintes externes mais plutôt une liberté faisant que chacun puisse poursuivre une réalisation individuelle.

LA VULNÉRABILITÉ COMME EXPÉRIENCE SPIRITUELLE DU LEADER

Sophie Izoard-Allaux

L'esprit, tel qu'il se manifeste dans l'homme, est la réponse de l'homme à son Tu. […] L'esprit n'est pas dans le Je, il est dans la relation du Je au Tu. […] L'homme vit en esprit quand il sait répondre à son Tu. Il le peut quand il entre de tout son être dans la relation. C'est en vertu de sa capacité de relation que l'homme peut vivre en esprit.
(Buber, M., *Je et Tu*, 1923).

Vulnérabilité et leadership seraient-ils des oxymores ? Depuis une trentaine d'années dans le monde anglo-saxon, un peu moins dans l'univers francophone, la notion de vulnérabilité a surgi comme un incontournable à la réflexion éthique. De façon générale, elle rompt avec l'exclusivité du concept d'autonomie hérité de la Modernité, qui renvoie à la dominance d'un modèle du sujet autosuffisant et compétent, entrepreneur de lui-même, norme et idéal des sociétés occidentales. Voici qu'aujourd'hui, l'écart entre volonté de maîtrise technique et interrogation du mystère de l'être n'est plus assumé. La vulnérabilité comme potentialité inhérente à toute vie et surcroît de sens, est ici l'agent même de réponse, qui exprime à la fois la finitude et le consentement de l'humain au non-maîtrisable. Péguy le dit : « Il dépend de nous que l'infini ne manque pas du fini. Que le parfait ne manque pas de l'imparfait » (2014, p. 689 sq.). Dans l'organisation contemporaine, où le droit à l'échec est peu reconnu, comment imaginer une forme de management qui assumerait sa part charnelle, relationnelle et donc vulnérable, et en quoi cette perspective peut-elle en nourrir la dimension spirituelle ?

De quoi parle-t-on ?

Parler de vulnérabilité invite à lever le voile des ambiguïtés dont le vocable recèle. Spontanément associée à un champ sémantique qui le cantonnerait au registre de l'infirmité dévalorisante (dans ce cas, associé à la dépendance, à la maladie, à la pauvreté), il signifie être *en défaut* par rapport à une certaine conception du bien humain (Maillard, 2011). Si l'on se penche vers son étymologie, on dit de quelque chose qu'elle est vulnérable si elle est susceptible d'être blessée, d'être atteinte dans son intégrité. La vulnérabilité émanant du vivant, plus précisément de la vie humaine, renvoie à la fois au sentiment d'être menacé, et à l'exposition à une menace. Elle est un fait ; le propre de toute existence humaine, de toute vie psychique, confrontant les hommes et les femmes à leur finitude, notamment lors des moments de crise, dont elle devient un passage obligé. Parler de vulnérabilité, c'est assumer positivement la dimension anthropologique de la fragilité, constitutive de la vie humaine. C'est réintroduire le versant expérientiel, jusqu'alors relégué dans la sphère privée, et déconnecté des dynamiques qui structurent la vie collective.

Vanité et échec d'un paradigme managérial fort

En contexte managérial, la vulnérabilité pourrait puiser sa *force* de son rejet des *régimes de vérité* qui façonnent secrètement les systèmes de pouvoir au sein des organisations. Ces régimes sont soutenus par une littérature scientifique prolixe, se traduisant par l'utilisation de toute une série d'expressions, curieusement empruntées au vocabulaire évangélique (« vision », « mission », « bonnes pratiques ») et qui confirme le management dans sa mise en scène et sa vanité propre. Ce déni de toute possibilité d'échec de l'individu toujours en pleine possession de ses capacités, fait fi de l'ambiguïté des relations humaines et de la fragmentation des connaissances. Une pensée technicienne trop solaire et cosmique entourant la notion de leadership ne peut aborder la question de la faille, voire de la souffrance, parce qu'elle est déjà trop visible dans l'univers des organisations. Elle opère alors des bifurcations, la contourne, la met sous tranquillisants qui privent de la grâce d'être dérangé.

Or, toute une série de signaux faibles se manifestent exponentiellement dans les organisations, dont le *burn out* ou le *bore out* ne sont que la face visible de l'iceberg (Faivre-Tavignot, 2018). Le dirigeant doit faire face à de la résistance, de l'ambiguïté, des dilemmes, cette part négative oubliée ou en tout cas peu commentée. Privilégiant l'approche risque (d'être vulnérable et donc in-opérationnel), les sciences de gestion négligent bien souvent le caractère pivot de la vulnérabilité, qui permet au contraire d'assurer le bon fonctionnement de systèmes complexes. Paradoxalement, parmi les exemples phares de réussite entrepreneuriale, on constate que le leader à l'œuvre aura dû traverser une série d'échecs, les surmonter, oser croire en l'avenir et donc assumer sa part de fragilité (Voynnet Fourboul, 2014). Bien qu'encore trop confidentielle, certaines études commencent peu à peu à essaimer. Dans une littérature récente, Jean-Philippe Bouilloud (2012) se fait le porte-voix de cette ambivalence, de cette simulation théâtrale, qui caractérise la fonction de leadership en management, et trop souvent passée sous silence : « le cadre est sous tension permanente, entre une logique de Règne et une posture vicariante : la vie du cadre dirigeant est un lieu où [...] derrière le Jeu aimable et viril se distingue très vite un enjeu de survie ».

La vulnérabilité au service de la rencontre

Que sert cette vulnérabilité ? Sa prise en considération complique tout comme elle complète l'image du leader autonome au travail, en le replaçant dans ses modalités temporelles, relationnelles et corporelles – soulignant à la fois sa dépendance et la fragilité essentielle de ses capacités. Elle nous dit aussi qu'il importe de « retourner à une conception humaine du contrôle : ni complète (le fantasme du contrôle), ni impossible (abandon contrôle), mais relative et mesurée » (Michaud, 2013, p. 229). Ce qui fait événement, n'est alors pas la magie ensorcelante du charisme, mais le don léger, fragile, accompli par la figure d'autorité, en complément de l'exercice du pouvoir. Prendre en compte la dimension vulnérable de la personne représente une véritable alternative aux impensés de l'ontologie libérale et individualiste. La vulnérabilité révèle le besoin qu'a l'être humain d'être réceptif à une rencontre qu'il ne maîtrise pas, qui peut le nourrir, l'enrichir, tout comme le briser. Elle découle de la confiance, c'est-à-dire du risque de la blessure. En cela, elle renonce au contrôle absolu. Cet acquiescement à la vulnérabilité est signe de la capacité d'ouverture et dit la nécessité de l'interaction communautaire.

Entendue au sens relationnel (Honneth, 2015), la vulnérabilité est bel et bien un passeport pour le travail collectif. Ce qui revient à dire que la vulnérabilité peut s'inscrire au service de la performance collective. Il ne s'agit pas de renoncer radicalement aux objets traditionnels du management tels que la performance, l'efficacité ou la collaboration. À la vision dualiste d'un dirigeant tout puissant dominant un exécutant passif, se substitue donc la vision d'un homme en interaction responsable dans une nature vulnérable, la sienne propre comme celle de l'autre qu'il gouverne. De sa capacité d'agir le manager/leader se laisse émouvoir, nourrissant sa sollicitude pour autrui qui est une dissymétrie compensée, spontanéité bienveillante. Chez Ricœur, autonomie et vulnérabilité ne s'opposent pas, elles interagissent en ce que le philosophe appelle le « paradoxe de la condition humaine » : c'est le même homme qui est à la fois autonome et vulnérable (2001). Loin de fragiliser l'organisation, la vulnérabilité introduit alors un mode managérial désarmé, qui favorise l'initiative de l'autre dès lors qu'on accepte d'en faire un levier, que la culture organisationnelle la favorise ou pas.

Des expériences vécues

Une enquête menée en 2018 auprès d'une dizaine de dirigeants et de leurs proches collaborateurs (Izoard-Allaux, Falque, 2020) a permis de monter comment, refusant de se soumettre à la fatalité, ils ont osé le risque de se laisser déplacer et de transformer des difficultés au travail en autant d'atouts pour l'entreprise. À travers leurs témoignages, on décèle qu'il ne s'agit pas de lire la vulnérabilité comme le tragique de l'action, qui serait de l'ordre de la fatalité. La vulnérabilité du dirigeant appelle au contraire à dépasser par l'action ce qui, pour soi-même, voire pour les autres, relève d'un point de faiblesse. Et ce *saut qualitatif* s'opère en vertu d'un lien avec la responsabilité, invitant le protagoniste à oser mettre sa subjectivité sur la table de la discussion, renonçant à sa toute-puissance.

C'est le cas de ce jeune entrepreneur-consultant, qui mise sur l'expression théâtrale pour accompagner les dirigeants, et a une conscience aiguë de ce « à nos risques et périls », à travers les remises en question incessantes du sens de ses actions d'une part, et des abus auxquels il s'expose par la confiance inaltérable qu'il place en autrui, d'autre part.

Des événements personnels marquants, des déchirures familiales, notamment en contexte d'entreprenariat, peuvent également venir affecter une trajectoire qui ne saurait en aucun cas être linéaire. Ainsi, ce dirigeant d'une entreprise de nettoyage industriel, fait de son histoire scolaire marquée au fer rouge par l'échec, l'élément déterminant de la réussite de son action entrepreneuriale.

Un dirigeant vulnérable serait aussi celui qui oublie la posture qu'il est censé assumer au regard de la ligne hiérarchique. Dans ce cas, il s'humanise en posant cet acte libre, parce que profondément humain. En choisissant d'avoir pour visée prioritaire le souci de ses équipes au travail, dont il ira jusqu'à assumer les erreurs, ce responsable d'un atelier de peinture dans un grand groupe automobile se verra reprocher par sa hiérarchie une forme de négligence au regard de la performance industrielle, et telle que l'industrie automobile l'évalue habituellement.

Un autre exemple révélateur émane du combat pour la promotion sociale, mené par ce dirigeant d'une enseigne du sport et des loisirs dans le Nord : dans un contexte de groupe où c'est normalement le produit qui prime la raison d'être du dirigeant, il lui a fallu endosser l'incompréhension, sans rien dévier de son projet de « rendre l'homme utile », en dépit du risque d'« être incompris » par ses homologues.

Enfin, l'attention aux plus fragiles, par la richesse de la relation gratuite à laquelle elle donne accès au sein d'une équipe, oblige à entrer dans une autre compréhension du temps : c'est l'expérience qu'en a fait ce dirigeant d'un ancien monopole public. Cela signifie que la singularisation d'une décision doit passer par les modalités concrètes qui sont celles de la patience, de la réalisation, de l'opposition et de l'argumentation. Cette approche comportementale n'est pas toujours entendue dans une dynamique organisationnelle fondée sur le management par objectifs. Le temps de la maturation n'a pas la même unité de mesure que le temps technique.

Le pouvoir spirituel d'une autorité vulnérable

La puissance de la technique, de la science, du progrès, la tyrannie du chiffre est indissociable du pathos, c'est-à-dire le « *s'éprouver soi-même* ». Le philosophe Paul Ricœur s'approprie cette analyse de l'homme qui fait l'expérience au cœur de son action de sa capabilité, à partir du moment où il se met à l'écoute de ses propres insuffisances. La conversion du regard par un accueil de sa propre limite ouvre alors la porte à un management qui peut penser juste, délibérer au plus près, prévenir le pire et éviter « *les souffrances infligées à l'homme par l'homme* ». Cette acceptation du sens de la limite n'est pas entrave au succès du management : elle n'est pas un sabordage de soi-même, puisqu'elle s'inscrit dans la visée de la vie bonne. Elle est de l'ordre d'une éthique qui procède de l'humilité, celle qui se découvre face à la complexité des situations dont la gestion quotidienne des organisations n'est pas dépourvue. Le caractère spirituel de ce qui en fonde son essence passera par l'accueil de cette limite éprouvée.

L'exercice spirituel en management se tiendrait ainsi dans cette béance, cet espace en tension épousant la complexité du réel, qui est à la fois de l'ordre du mystère et de la contrainte. Le paradigme spirituel en management n'est dès lors plus apparenté au *geste en plus*, du *supplément d'âme*, mais se situe au cœur du travail, revêtant la saveur du don pour le bien de soi et la communauté au travail. La vulnérabilité accueillie peut être de l'ordre d'un cheminement spirituel, de l'ordre d'une résistance au pouvoir qui fige, au pouvoir qui prend toute la place, au pouvoir qui assigne une place nette, préparée d'avance, définitive.

En résumé

La vie spirituelle ne peut se définir comme une caisse de prévoyance qui prémunirait contre les matins blêmes. Pour le psychologue américain William James, la *conversion* ne s'effectue jamais dans la doucereuse tranquillité, mais paradoxalement en un *saut* risqué, au prix de la sortie d'une existence purement normative. À ce titre, la vulnérabilité, constitutive de l'humain, n'est pas un outil conceptuel supplémentaire : si elle n'est pas un aveu de faiblesse, elle n'est pas non plus un bien en soi. Plus qu'un changement total de paradigme, elle fait travailler l'autonomie en révélant le sens de l'existence. La vulnérabilité dit l'incomplétude du sujet, tout comme elle appelle une réponse qui oblige à repenser les interactions humaines, entre soin et responsabilité. Dans la dynamique organisationnelle, elle vient battre en brèche les paramètres exclusifs de performance et d'efficacité. Se découvrir vulnérable ouvre à l'expérience spirituelle du décentrement de soi, en vue de se recevoir des autres, dans des fertilisations innovantes et croisées.

SPIRITUALITÉ ET AUTO-PERFORMANCE

Faviola Tapoyo

Dans les organisations, pour les dirigeants, le succès passe souvent par l'atteinte d'objectifs chiffrés et financiers. Pour le dirigeant spirituel, nous découvrons d'autres aspects importants. Les résultats de notre recherche sur le lien entre la spiritualité du dirigeant et la performance de son leadership dans l'organisation, nous permet de répondre à la question suivante : « en quoi la spiritualité permet-elle la performance du dirigeant ? ». Notre investigation repose sur les résultats d'une enquête menée dans deux pays différents – la France (Montpellier) et le Gabon (Libreville) –, auprès d'un effectif de population de trente-deux dirigeants. L'échantillon de la recherche s'est orienté spécifiquement vers des hommes et femmes ayant des fonctions à responsabilités dans les organisations ; et surtout, le critère essentiel retenu pour l'enquête est qu'ils pratiquent la spiritualité. Les secteurs d'activité des dirigeants sont variés comme le montre le tableau 5.

Tableau 5 : Secteur d'activité/Genre/Âge

Effectif par genre : Femmes : 6 Hommes : 26	**Secteurs d'activité :** Ressources Humaines/Transit (2) ; Assurances/Banque/Finances/Expertise Comptable (6) ; Agronomie /Alimentation/Restauration/Hôtellerie (5) ; Enseignement Supérieur et Recherche (1) ; Politique (2) ; Numérique/Informatique/Fourniture Électrique (3) ; Développement d'Entreprises (1) ; Aménagement Intérieur/ Habitat/Bâtiment/Travaux Publics (5) ; Santé/Protection Sociale/Service à la Personne (5) ; Maintenance/ Nettoyage (2)
Tranches d'âge : (30-40) 10 ; (40-50) 16 ; (50-60) 2 ; (60-70) 4	

Figure 6 : Les effets des pratiques spirituelles sur le dirigeant

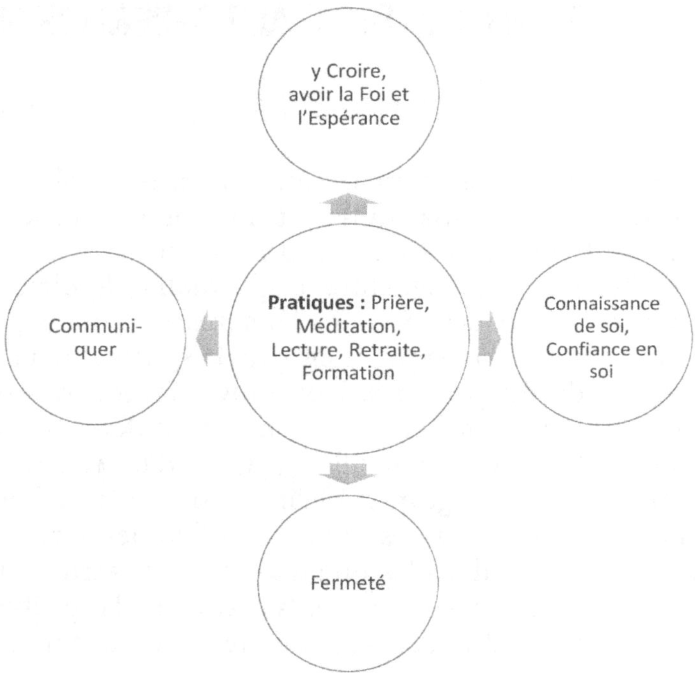

Effets de la spiritualité

La pratique spirituelle est importante dans le processus d'auto-évaluation d'efficacité chez le dirigeant spirituel. Pour lui, s'exercer en spiritualité améliore ses pensées, ses sentiments, joue sur son organisme de santé et de ce fait vient rendre meilleures ses interactions au sein de l'organisation. Les pratiques spirituelles du dirigeant lui communiquent une conduite spécifique dans l'organisation. Du schéma qui suit, nous pouvons noter en premier que le dirigeant spirituel, dans son management au quotidien, reste une personne totalement confiante, persuadée et convaincue d'une perspective meilleure et du positif même face à l'adversité. Le leader se présente donc à travers cet agissement comme rassurant pour le groupe, il redonne de ce fait l'optimisme et pousse l'équipe à la hardiesse. Le leadership installe, dans cette atmosphère de travail, un climat de sécurité, ce qui est par exemple important lors d'une gestion de crise, et ce qui participe à ses exploits et succès dans l'organisation.

Auto-évaluation

Les dirigeants spirituels, recherchent des éléments spécifiques quand ils veulent auto-évaluer la performance de leur leadership ; comme par exemple, la témérité et la bravoure pour assurer son rôle sur le long terme. Soulignons au passage que la performance du leadership passe certes, par la bonne gestion de la cohésion de l'équipe, mais aussi essentiellement par sa longévité. En effet, comme le fait remarquer Fry (2003) : « C'est particulièrement important à un niveau personnel de spiritualité au travail pour des leaders et leur groupe d'adhérer et de pratiquer cinq pratiques spirituelles clés pour la recherche continuelle du leadership personnel du développement professionnel et de l'efficacité (Kurth, 2003) : connaissance de soi, respectez et honorez les croyances des autres, être aussi confiant que vous pouvez l'être et entretenir une pratique spirituelle (par exemple, en passant du temps dans la nature, par la prière, la méditation, en lisant de la littérature inspirante, par le yoga, par des pratiques chamaniques, écrire dans un journal) ». De plus, « tous les travaux sur l'estime de soi mettent en évidence son rôle dans le développement de la personne et de ses relations. Le lien est aussi établi avec la performance individuelle ou du groupe. L'estime de soi est au cœur du succès des personnes et des organisations. [...] En tant que leader, il est important de mieux se connaître, de comprendre les autres, de savoir être à l'aise par rapport à l'intégration, à l'influence et à l'ouverture. La connaissance de soi développe l'estime de soi et la confiance en soi. Lorsque l'estime de soi est élevée, les personnes ont plus de facilité pour réussir les actes quotidiens dans leur travail ainsi que les tâches plus rares et plus difficiles (Duluc, 2008). » D'une part, la maîtrise et la connaissance de soi qui découlent des pratiques spirituelles développent chez le dirigeant la confiance en soi. La personne dirigeante est bien avec elle-même, elle connaît ici les difficultés et les avantages dans son savoir-être. Le dirigeant est conscient de ses limites, les accepte, et peut ainsi mieux les dépasser afin de se libérer des conduites et agissements qui peuvent être néfastes pour l'atteinte d'objectifs et résultats visés par son leadership dans l'organisation. Selon les termes de John Mayer, l'un des pères de la théorie de l'intelligence émotionnelle, la conscience de soi signifie que nous sommes « conscients à la fois de notre humeur du moment et de nos pensées relatives à cette humeur. » (Goleman, 1997) D'autre part, la conscience de soi peut prendre la forme d'une attention « objective » à ses états intérieurs. (...) La conscience de ses émotions se caractérise alors par des pensées comme : « Je ne devrais pas éprouver de tels sentiments », « cette idée va me donner du courage » ou, si le champ de la conscience est plus restreint, une pensée fugitive comme : « N'y pensons plus » en réaction à un événement particulièrement contrariant. » (Goleman, 1997) Se connaître va permettre au dirigeant d'avoir une connaissance claire de ses défauts, ses faiblesses, ses qualités et ses capacités ; il a ainsi conscience de la possibilité de changement en lui-même, pour lui-même et pour son leadership.

Vers une discipline de l'esprit

La confiance en soi est importante pour la réalisation des objectifs chez le dirigeant, Bandura (2007) nous le démontre bien par ce qui suit : « Les croyances d'efficacité personnelle régulent également la motivation, en façonnant les aspirations et les résultats attendus des efforts personnels. Une aptitude n'a que la valeur de sa mise en œuvre. L'assurance personnelle avec laquelle les gens abordent et gèrent les tâches difficiles détermine s'ils font un bon ou un pauvre usage de leurs aptitudes. Les doutes insidieux sur soi-même peuvent détruire à néant les meilleures compétences. » Il ajoute même que : « les aptitudes personnelles peuvent être facilement annulées par des doutes sur soi, de telle sorte que des individus talentueux peuvent faire un piètre usage de leurs aptitudes dans des situations qui sapent leurs croyances en eux-mêmes. (Bandura et Jourden, 1991 ; Wood et Bandura, 1989) Selon le même principe, un sentiment résilient d'efficacité permet à des personnes de réaliser des choses extraordinaires par un usage productif de leurs aptitudes face à des obstacles difficiles à surmonter (White, 1982). Comme ces études et d'autres le montrent (Bandura, 1992), l'efficacité personnelle perçue contribue fortement aux performances, quelles que soient les aptitudes en présence, (...) les croyances d'efficacité constituent un facteur clé dans un système productif de compétence humaine. » (cité par Bandura, 2007) Par la spiritualité, le dirigeant appréhende mieux sa relation au groupe, étant en accord avec lui-même, les échanges avec les autres sont plus flexibles ; il a reconnu chez lui des imperfections à améliorer, il peut facilement comprendre celles des autres et les pousser au changement dans la justice, le respect et l'empathie. Cela signifie que : « pour améliorer la qualité de leurs décisions, les dirigeants doivent discipliner leur esprit. Selon un concept clé du bouddhisme, chaque individu peut décider de discipliner son esprit pour mener une vie plus heureuse et rendre celle des autres plus heureuse. Et comment pouvez-vous discipliner votre esprit ? En pensant et en agissant de façon juste. Mais vous ne pouvez pas agir de façon juste si vous ne pensez pas de façon juste. Penser de façon juste signifie penser avant d'agir pour veiller à ce que l'acte repose sur l'intention et la motivation justes. (...) Penser de façon juste implique d'avoir un esprit calme, concentré et maître de soi. Si votre esprit est sous l'emprise de la colère, de la jalousie, de la peur ou du manque de confiance en soi, vous devenez perturbé et inefficace ; vous êtes incapable de voir la réalité ; et votre esprit n'est plus calme, concentré et maître de soi. Vous devez développer la capacité d'*attention vigilante*. L'attention vigilante est la capacité à percevoir une émotion négative dès qu'elle commence à influencer votre esprit. Vous devez également devenir capable d'empêcher ces émotions négatives de prendre le contrôle de votre esprit. Vous devez apprendre à maîtriser durablement l'état de votre esprit pour prendre des décisions fondées sur la vision juste. » (Le Dalaï-Lama et Van Den Muyzenberg, 2008)

Grandir

Nous pouvons ainsi comprendre que, par le travail spirituel sur lui-même, le leader, devant l'échec ou l'insuccès, peut facilement se remettre en question et accepter plus aisément la critique. Les évolutions et les améliorations dans son management sont de ce fait proactives et cela favorise les adaptations et infusions du changement dans l'organisation également. Dans ce sens, le leadership s'adapte face à la contingence permettant ainsi son efficacité. D'autre part, la constance et la ténacité dans les positions et résolutions du dirigeant spirituel font mention de stabilité. La rigueur et l'inflexibilité permettent au leadership d'être précis dans les directives qu'il insuffle dans l'organisation. Le leader garde ainsi un cap bien déterminé qui permet de maintenir de la régularité et de la précision dans le flux de ses directives avec ses collaborateurs. Ici, dans l'application de certaines décisions qui engagent par exemple ses collaborateurs, le dirigeant spirituel va convoquer son impartialité afin de rendre une mesure objective pour lui, ses collaborateurs et l'organisation entière. Pour

Voynnet Fourboul (2014), c'est l'occasion d'introduire plus d'humanité dans le leadership et de s'ouvrir aux autres.

En résumé

Le lien permanent entre le dirigeant et sa spiritualité permet à ce dernier de se maîtriser et partant de maîtriser l'environnement organisationnel. Ainsi, il a une meilleure gestion de l'organisation, maximise d'une part, son efficacité et sa productivité personnelle ; et d'autre part contrôle l'activité managériale. Par la mise en pratique de sa spiritualité, il s'auto-discipline en permanence pour donner le meilleur de lui-même dans sa fonction et son leadership au quotidien.

FIL DE SOI, LA VERTU DE L'EXPÉRIENCE

Michèlle Schitter

Fil de Soi publie des récits de transformation racontés par des personnes à propos de l'expérience qui les a emmenées vers leur aspiration profonde à servir le monde autrement. Mutant(e)s nous sommes (ou bien Nous sommes des mutants) ; notre espèce humaine n'échappe pas au principe de mutation qui régit l'univers. Les expériences de vie traduites en récits *Fil de Soi* s'inscrivent dans ce principe. Ils illustrent notre potentiel à Être, quoi qu'il en coûte de renoncer au « pouvoir » et à « l'avoir ».

Au commencement de *Fil de Soi*

Un 14 novembre 2014, au café Saint-Lazare, m'arrive l'évidence de diffuser le plus possible d'histoires vraies de résilience : un écho du « lève-toi et marche » ? Je visualise alors une série de petits récits dont l'intitulé de chacune des couvertures serait le prénom de la personne concernée qui raconterait son expérience transformatrice. *Fil de Soi* s'est-il imposé à moi à la suite d'un état critique fait d'adversité et d'épuisement psychologique dans le monde du travail ? Est-il le fruit de ce combat personnel mené de 2002 à 2005, aujourd'hui mis à distance, allégé de son poids égotique et dépersonnalisé. Ressentir dans ma chair le sentiment brutal de passer du « JE » au « RIEN » avait-il déclenché un processus de transformation à effet continu que je n'aurais jamais imaginé ? Cette évidence de Saint-Lazare se nomma vite *Fil de Soi* et n'allait dès lors plus me quitter.

Plus tard, je découvris une forme de filiation entre *Fil de Soi* et « L'expérience transformatrice » que décrit Carl Jung (1990) : « C'est lorsque la nature cherche à nous métamorphoser, en nous rapprochant de cet autre que nous sommes déjà ». C'est précisément ce qui s'est produit. Les récits *Fil de Soi*, diffuseurs d'espérance, sont destinés à circuler, résonner, inspirer … Qu'ils soient lus par le public, accompagnés par des professionnels, ou bien le support narratif d'une personne pour sa présentation professionnelle, puissent-ils interroger leurs interlocuteurs sur deux points :

1) Ne serions-nous pas « emmenés » vers certaines expériences pour mettre à l'épreuve nos egos et dévoiler notre Soi, c'est-à-dire l'Être en nous ? 2) N'est-ce pas propre à notre condition humaine d'inscrire les expériences transformatrices dans le processus de mutation qui régit le vivant et le tout ?

Fil de Soi reflet de notre condition humaine ?

Le « Moi » voile le « Soi » tel un amoncellement de nuages voilant la voûte céleste immuablement bleue. Côté psychanalyse, *L'âme et le Soi* de Jung témoigne de notre formatage égotique qui coexiste avec notre nature profonde tandis que côté scientifique, un nouveau paradigme (les découvertes de la structure atomique qui constitue la Terre et tous ses règnes – y compris le règne humain) nous enseigne que Matière et Esprit – Energie sont UN. Au fur et à mesure de l'intégration de cette connaissance encore récente dans nos modes de penser et nos corps-cellules, notre rapport au Monde est appelé à se réajuster au service du bien commun. En attendant, encore fortement imprégnés de l'ancien paradigme qui pensait séparément matière et esprit, nos pensées automatiques sont irriguées par l'habitude de la « dualité », c'est ainsi que nous comparons, séparons et sommes encore mus par des peurs mémorielles que recèlent nos cerveaux reptilien et limbique. À ce stade de l'évolution de l'humanité, nos expériences de vie continuent de mettre à l'épreuve notre mode égotique culturellement fabriqué. Le nouveau paradigme scientifique pense « interconnexion » et « unité », l'ancien paradigme pense « causalité » et « dualité ». Ces références à deux mondes, l'un mécanique, l'autre quantique, coexistent en nous. L'un continue à nourrir notre Moi, l'autre nous ramène au Soi.

Parce qu'ils relatent des moments où notre égo est aux commandes, puis se transcende par la force d'Être, les récits « Fil de Soi » font résonner cette double fréquence en nous. Et ces histoires vraies donnent à voir notre potentiel de transformation qui s'inscrit dans le processus de mutation qui régit l'univers.

En effet, TOUT mute.

Au-delà de la résilience définie par Boris Cyrulnik « comme capacité des gens qui ont vécu et subi un traumatisme, de faire face à l'épreuve, en se donnant le droit de continuer à vivre, à réussir et à se développer en dépit de l'adversité », les récits *Fil de Soi* inscrivent implicitement nos mises en tension créatrices dans le principe de mutation. C'est comme si on nous ordonnait de mourir à l'ancien pour un nouveau déjà là. Dans la lignée de Sri Aurobindo « L'Homme est un être de transition » (Satprem 2003) et « Pour changer de conscience, il faut une réalité physique un peu pénible. Quand il n'y a plus rien à s'accrocher, il reste un centre de force d'être, c'est ça la clé. »

Fil de Soi miroir de nos fictions

Le récit *Fil de Soi* montre comment les personnes à partir de leurs pensées fabriquées se racontent les histoires qu'elles vivent. Il révèle combien nos fictions masquent l'être que nous sommes et sa singularité. Certains peuvent y voir une peinture misérabiliste des hommes. Ne serait-ce pas plutôt l'illustration de l'ombre qui côtoie la lumière ? Alors il est possible de porter un regard compassionnel sur les expériences d'une humanité encore réactionnelle, animale, lesquelles expériences étant en même temps là pour révéler son potentiel de croissance.

À titre d'exemples, trois récits *Fil de Soi*

Le récit « Haï » raconte un dirigeant qui ne sait que « diriger », engagé corps et âme, puis excommunié par ceux-là même qui le surnommaient l'homme des missions impossibles : c'est continuer à vivre qui sera son plus grand défi.

Le récit « Gabrielle » raconte une femme « la loyaliste » qui se prend les pieds dans le tapis, agrippée à ses valeurs et à son sens aigu de la justice. Son combat suivi d'un burn out, lui permet aujourd'hui d'avoir de la gratitude pour les faits qui l'ont emmenée sur le chemin salutaire de la Conscience.

Un troisième récit en cours d'écriture racontera comment il est donné à Manu de dépasser des obstacles socioculturels et l'injonction de sa maîtresse d'école de « laisser ses crayons parce que ses dessins sont nuls » pour se reconnecter, à la suite de deux deuils brutaux, à son âme d'artiste.

Comment ces trois personnes ont eu à puiser d'abord en elles le courage du futur au moment de leur tentation d'autodestruction, puis à faire un pas de plus vers la beauté de leur Être ? La première personne s'inclinera devant les Écritures qui furent sa planche de salut. La deuxième s'inclinera devant sa quête effrénée de sens. La troisième s'inclinera devant les rencontres synchrones qui lui arrivèrent aux pires moments d'états critiques. Monique Castillo (2016) philosophe, dans un avant-propos offert à *Fil de Soi* écrit : « Toi qui as pu t'en sortir, qui as pu te changer et te réinventer, tu n'es pas un "tu", mais un "Nous". Pour tous ceux qui vivent la même épreuve, tu es un donateur de sens, un inventeur d'espérance. » Le récit permet d'aller au-delà de l'analyse psychologique, car les faits parlent.

Fil de Soi levain de Conscience

Le récit *Fil de Soi* circule, résonne, inspire tel un levain de conscience et ce dans des circonstances différentes : 1) le lecteur découvrant par hasard le récit ; 2) le lecteur découvrant le récit par un passeur / accompagnateur.

- Je tombe « par hasard » sur LE récit

En vertu du principe de synchronicité, l'expérience prouve que la probabilité de « tomber » sur le bon récit pour soi est forte. Le lecteur sort de son sentiment d'isolement, constate que l'autre a pu « s'en sortir » et prend ainsi le chemin de la résilience. Il peut même se mettre en relation avec le « narrateur » pour un partage d'expériences plus intime. Les deux forces vibratoires du récit *Fil de Soi* tiennent dans la capacité projective d'une histoire vraie et dans son pouvoir de résonance.

- Je découvre le récit *via* un passeur

L'accompagnement d'un passeur professionnel permet d'aller au plus profond des résonances, partant du postulat que tout ce qui nous touche et nous met en mode réactionnel, est une magnifique invitation à dissoudre un zeste de l'égo qui voile l'Être. L'interaction « lecteur » et « passeur professionnel » résulte d'un questionnement guidé, tant par la raison d'être de *Fil de Soi*, que par l'objectif de travail amené par le lecteur accompagné. La portée de ces interactions est étroitement liée à la « qualité de l'observateur » notion chère aux physiciens quantiques et systémiciens. Les résonances sont verbalisées puis traduites en informations à explorer pour d'autres façons de penser et d'agir. Ce type de travail respecte un cadre protecteur. Le lecteur accompagné, quoi qu'il en soit, va là où il est prêt à aller. Il en va ainsi du processus de mutation, régi par le principe de récursivité.

Deux illustrations de lecture accompagnée

1) Une patiente (dans un cadre thérapeutique) amène un contexte de harcèlement au travail et de pré-burnout. La séance qui suit la lecture du récit « Gabrielle » permet une avancée en termes d'individuation par un chemin de questionnements sur la notion d'engagement et l'acceptation de la différence.

2) Un cabinet de Conseils (dans un cadre de coaching collectif) cherche à faire évoluer le clivage de ses interactions. Chacun a lu individuellement le récit « *Haï* » et noté ses résonances. Lors de leur expression à voix haute et en sous-groupe, tout un chacun a pu observer à quel point leurs représentations différaient et les faire coexister était préférable aux oppositions ambiantes, ce qui allait nécessiter de leur part un véritable travail rigoureux et déterminé. Ce type de travail contribue par sa vibration à faciliter le principe d'autorégulation de toute organisation.

Le lecteur du récit *Fil de Soi,* qu'il soit dirigeant au sens des codes de nos organisations, ou non, est amené à :

- ressentir les ressorts de l'expérience qui a transformé le narrateur et s'y identifier ;
- se donner l'occasion, accompagné par un questionnement professionnel, d'interroger en profondeur ses modes de penser, et en percevoir tout le conditionnement mémoriel présent en lui, qu'il pourra dissoudre peu à peu.

Il agira alors plus fréquemment comme un Être au service du bien commun – tout en acceptant avec humilité et responsabilité (et non culpabilité) que : « moi » comme l'autre, je serai encore régi par l'égo – mais en plus grande conscience.

Ces ouvertures de conscience peuvent contribuer à propager un leadership qui se fonde sur « l'œuvrer ensemble » et non sur « le rapport dominant-dominé ». « L'œuvrer ensemble » est à la disposition de tout un chacun dans sa propre vie, et non réservé aux dirigeants. En effet, nous avons tous la possibilité et la responsabilité, de ne plus vivre chacun comme détenteur d'un pouvoir, mais de nous laisser emmener et d'assumer les conséquences de nos choix. Nous éprouvons alors l'incroyable potentiel de vivre comme « véhicule » au service du dessein de L'Humanité.

En résumé

Fil de Soi en diffusant la **vertu de l'expérience transformatrice sous forme de récits** est animé par le progrès de la conscience humaine. La beauté de l'Être se perçoit et se met en acte au prix de tensions-énergies à faire coexister. Il témoigne de notre processus de mutation à l'œuvre en reflet de celui de l'Univers. Il s'intègre dans la marche vers une nouvelle humanité empreinte d'unité.

L'INTELLIGENCE SPIRITUELLE DANS LE LEADERSHIP

Omer Taki

Les discussions sur la spiritualité ont tendance à être théoriques se rattachant, par exemple, à un cadre théorique philosophique permettant de clarifier ses valeurs personnelles et ses croyances. Et l'aspect mesurabilité est généralement manquante. D'un autre côté, le développement humain est généralement inscrit dans les domaines des ressources physiques et mentales. Et l'intelligence spirituelle, en tant que ressource cognitive, contribue à la compréhension de la spiritualité avec des aspects phénoménaux et tangibles en se focalisant sur les ressources personnelles reliées à l'intelligence humaine et à la spiritualité. C'est un cadre pour identifier et organiser les compétences et les capacités nécessaires à une utilisation adaptative de la spiritualité et qui est facilement transférable. De ce fait, il est utile de prendre en considération cette capacité cognitive non seulement par rapport aux neurosciences et à la psychologie du développement humain, mais également par rapport aux questions de leadership, de GRH et de performance en gestion.

Qu'est-ce que l'intelligence spirituelle ?

Le terme « intelligence spirituelle » est utilisé dans les textes philosophiques et religieux depuis plusieurs siècles. Cependant, il a fallu attendre le début du XXIe siècle pour qu'elle devienne un sujet de recherche scientifique et qu'elle soit reconnue comme une capacité intellectuelle qui peut être développée. Le modèle doit reposer sur des définitions de la spiritualité distinctes de (mais liées à) la religiosité afin de ne pas limiter l'application universelle et respecter les critères de détermination d'une intelligence humaine.

Personnellement, je définis l'intelligence spirituelle comme « notre capacité cognitive à produire du sens et à développer notre conscience, nous permettant d'intégrer des valeurs et de nous comporter avec sagesse ». La première partie concerne la partie cognitive :

- La capacité de produire un sens dans toutes les expériences est l'étape fondamentale de l'intelligence spirituelle. Elle permet d'apporter un but personnel dans toutes les expériences, en donnant une attention particulière, en rendant sacré, en ayant une signification symbolique pour que cela ait du sens, y compris pour les questions existentielles. Ce qui nécessite aussi d'avoir une pensée critique pour contempler, conceptualiser, analyser et comprendre, tout en intégrant la connaissance, l'expérience, la réflexion et le raisonnement. Le but est d'arriver à des conclusions qui nous sont propres. De façon globale, c'est une capacité qui permet de créer, d'organiser et de maîtriser un objectif de vie signifiante intégrant une direction, de l'ordre et une raison d'être.
- La capacité de vivre des états de conscience élevés en continu implique d'aborder la spiritualité d'une manière « appliquée ». La conscience est la porte de l'esprit, le juge de notre monde intérieur. Développer sa conscience individuelle en intégrant une dimension transcendantale est aussi une étape essentielle de l'intelligence spirituelle. Cette capacité à transcender le physique et le matériel, s'élever au-dessus de ses propres intérêts et dépasser son égo nous permet de nous engager dans des formes de conscience très développée pendant l'état normal et éveillé de la conscience. Elle permet d'aller au-delà de la conscience centrée sur elle-même, d'intégrer des objectifs individuels aux plus grands, tels que le bien-être de la famille, de la communauté, de l'humanité, de la planète, etc. afin d'avoir un sens de la réalité plus global, une forme de conscience unitive avec une perception holistique qui va au-delà des apparences.

Ces deux étapes dans la partie cognitive contribuent au processus d'adaptation, c'est-à-dire la capacité d'utiliser des ressources pour s'adapter à une situation car une adaptation efficace implique la mise en œuvre de compétences spécifiques. Et par la suite, passer au processus de prise de décision et d'action, c'est-à-dire la partie comportementale :

Le fait de produire du sens et de développer sa conscience nous permet de mieux comprendre l'importance de certaines valeurs telles que l'attention, le respect, l'appréciation, l'honnêteté et l'humilité tout en évitant l'égocentrisme, la négativité et la dictature pour pouvoir ensuite les intégrer et les appliquer. Un des autres avantages est que si une personne a une vision claire de ses valeurs personnelles, elle fera des choix fondés lorsqu'elle se trouvera confrontée à un conflit. Les valeurs font une différence significative et influencent la prise de décision, les interactions interpersonnelles, la motivation et l'engagement. Nous devenons plus cohérents lorsque nous sommes corrélés à un paradigme de valeurs très développé et appliqué.

Ensuite, démontrer un attachement aux valeurs signifie exposer en paroles et en actions ses valeurs. En d'autres termes, elles nous permettent d'adopter un comportement vertueux, de nous comporter avec sagesse et contribuer à un environnement de respect, d'éthique et d'intégrité. Tout ceci stimule le sentiment initial de sens dans la vie.

En finalité, l'intelligence spirituelle est une ressource humaine essentielle qui peut être une capacité plus ou moins développée chez les personnes. Elle permet d'avoir une forme de pensée unitive, contextualisante, transformatrice et contribue à notre perception, compréhension et à notre savoir-être. Concernant le critère primordial énoncé en introduction qui est le soutien de la psychométrie pour appuyer les fondements théoriques et conceptuels de la spiritualité, l'échelle de mesure SISRI-24 de King et DeCicco (2009) semble être l'instrument de mesure de l'intelligence spirituelle le plus élaboré à ce jour.

L'impact de l'intelligence spirituelle sur le leadership

Le leadership est fondamentalement un effort moral. De son côté, l'intelligence spirituelle fournit des points de levier plus substantiels pour développer des liens légitimes avec le développement du leadership. Cowan (2005) a identifié cinq compétences.

1) Transcender et inclure les dimensions essentielles : transcender la dichotomie de l'individualisme et du collectivisme dans un mouvement vers une conscience plus « intégrale » pour faire des choix éclairés basés sur des ensembles de connaissances de plus en plus inclusifs au-delà du physique, du rationnel et de l'émotionnel. Les leaders apprennent à assumer la responsabilité du bien-être des autres et de l'importance de la symétrie des attentes. Dans chaque cas, l'intelligence spirituelle permet aux leaders de mettre de côté leur intérêt personnel et d'embrasser un bien commun plus inclusif, et de tempérer l'ethnocentrisme avec des préoccupations essentielles.

2) Soutenir une conscience élevée : engager par leur propre volonté des états de conscience élevée dans chacune de leurs expériences, y compris celles qui sortent de l'ordinaire. Avec de la patience, les leaders peuvent travailler soigneusement pour évoquer, maintenir et nourrir l'intelligence spirituelle et acquérir une maîtrise accrue dans le cadre d'activités quotidiennes, même lorsque les autres ne le sont pas. Les processus utiles pour apprendre à maintenir une conscience élevée comprennent la vision et l'intégration de pratiques pour gérer toutes les distractions. En effet, apprendre à ralentir afin de remarquer plus de profondeur dans l'expérience pour mieux la gérer.

3) Sanctifier toutes les expériences : dans un monde des affaires multiculturel et interdépendant, sanctifier les expériences quotidiennes incluant aussi les expériences de leadership. Les transferts de responsabilité au-delà de l'intérêt personnel vers des cercles d'inclusion plus étendus révèlent une myriade de situations qui justifient la sanctification. Par exemple, le potentiel d'élargir les préoccupations en matière de prise de décision pour inclure les générations futures. Les leaders peuvent développer l'intelligence spirituelle pour rester attentifs aux ondulations qui constituent la cause et l'effet de chacune des décisions et actions impliquant de reconnaître le potentiel humain de plus de personnes, de périodes plus longues et développer une conscience plus stratégique. Ce qui nécessite d'augmenter la responsabilité et la moralité du leadership, de développer une capacité d'accompagnement pour reconnaître la variation et recadrer les situations de manière à tenir compte de plus d'une perspective.

4) Utiliser toutes les ressources : la résolution des problèmes appelle à utiliser toutes les ressources, y compris les ressources spirituelles. En effet, de nombreux problèmes d'ordre spirituel se posent dans le monde du travail, comme le manque de volonté d'une personne, le manque d'esprit d'équipe ou le manque de respect interdisciplinaire. De ce fait, il est important de reconnaître les relations entre l'intelligence spirituelle et les ressources physiques, rationnelles et émotionnelles. Elles peuvent se combiner et être en synergie pour la résolution de problèmes. Mais l'intelligence spirituelle modèle le cerveau et non le contraire. Elle agit comme guide et est toujours une ressource pour agir avec sagesse. De plus, résoudre un problème signifie recadrer une situation d'une manière à créer une action différente pour que le problème disparaisse. Dans ce cas, l'apprentissage de l'intelligence spirituelle augmente les degrés de liberté dans la prise de décision afin de s'adapter à un éventail plus large de situations. Au cours de ce processus, les dirigeants acquièrent une partie de la sagesse permettant de voir les interconnexions qui entourent chaque situation, d'avoir des réponses multiples et d'ouvrir des portes à des idées, des solutions et des résolutions inattendues.

5) Être une source contagieuse de vertus : l'intelligence spirituelle contribue à la capacité d'être vertueux sans raison évidente, de manière naturelle comme le fait de pardonner, d'exprimer de la gratitude, d'être humble et de faire preuve de compassion. Chacun d'eux est censé être un signal de maturation et d'évolution de l'intelligence spirituelle. C'est aussi être « déraisonnablement heureux » en trouvant les bonnes raisons d'être heureux. De même, n'importe qui peut « être vertueux » s'il y a de bonnes raisons de l'être. Le défi du leader est d'être une source de bonheur lorsque les circonstances ne sont pas favorables. Pour cela, il faut être « déraisonnablement vertueux » afin de devenir des sources de vertu lorsque les conditions sont contraignantes et projeter la vertu lorsque d'autres ne peuvent pas ou ne veulent pas. Et de cette manière inspirer les autres à l'être.

En finalité, l'intelligence spirituelle contribue dans la construction de soi et de son intériorité, offre le potentiel d'une boussole et donne les forces motrices internes possibles qui influencent les leaders à se comporter et à diriger avec sagesse. Ainsi, le leader devient l'agent principal comme lien unificateur au sein de l'entreprise.

En résumé

Il est évident que l'intelligence spirituelle n'est pas très connue parmi les leaders d'aujourd'hui. Cependant, l'intelligence spirituelle n'est pas un concept ésotérique obscur qui n'aurait pas sa place dans la littérature de l'intelligence. Au contraire, l'intelligence spirituelle semble être liée à au moins une autre composante intellectuelle établie de l'esprit humain, l'impliquant dans la conceptualisation contemporaine plus large de l'intelligence humaine. De ce fait, le développement d'une intelligence spirituelle par les leaders fait partie intégrante de leur intelligence humaine comprenant aussi l'intelligence rationnelle et émotionnelle, tout en étant un guide pour le bon fonctionnement de ces deux derniers.

L'intelligence spirituelle pourrait permettre au leader de passer d'un encadrement dont l'unique but est le « ROI », restreint aux actions et performances de courte vue à une concentration sur les aspirations et les intentions des membres de l'équipe, le développement de soi et de celui de ses collaborateurs ; il s'agit de chercher à éveiller le but spirituel, à contribuer à la recherche du sens au travail et à développer un haut niveau de conscience individuel et collective. Pour l'aspect organisationnel, en permettant d'intégrer de nouvelles valeurs, elle aidera, dans les deux sens, à aligner leurs valeurs et celles de l'entreprise, à corréler leur identité et celle de l'entreprise dans le but notamment de réduire le *brown out* au travail. Ainsi, nous préconisons l'inclusion de l'intelligence spirituelle dans les programmes de développement du leadership.

MOTIVATIONS INTRINSÈQUES ET ENGAGEMENT

Andrea Micheaux

Quel lien peut-on établir entre les motivations intrinsèques, l'engagement et la spiritualité ?

La motivation est une force qui pousse les individus à agir en réponse à l'activation d'un besoin. Si le besoin est activé par un stimulus ou une contrainte qui provient de l'environnement, il s'agit alors d'une motivation extrinsèque. Les objectifs de performance et les incitations financières associées sont des exemples de motivations extrinsèques dans les entreprises. La motivation intrinsèque, en revanche, ne nécessite aucune stimulation externe. C'est une force qui pousse l'individu à agir en réponse à un besoin interne. Cette force peut se manifester sous forme de l'implication durable d'une personne dans l'accomplissement d'une tâche managériale qui l'intéresse et lui plaît (Strazzieri, 1994), par exemple une étude de marché, un travail sur une application numérique ou la conception d'un nouveau produit. Les personnes s'engageront dans ces activités qui sont enrichissantes pour elles et répondent à des besoins souvent liés à la construction identitaire, sans aucune source de motivation extrinsèque au-delà de leur salaire de base. Néanmoins, tout engagement implique un effort, qui génère un espoir de reconnaissance. La motivation spirituelle est intrinsèque, durable et conduit l'individu à agir en réponse à un besoin qui transcende les limites du corps et du psychisme et celles de l'environnement physique ou sociétal. Le besoin de s'unir à Dieu ou à l'univers ne peut être pleinement satisfait dans cette vie, ce qui maintient la motivation spirituelle, au même titre que le désir eschatologique (Leclercq, 2008). La motivation spirituelle poussera la personne à adopter des comportements en accord avec l'ambition à laquelle elle s'aligne, l'amenant à interagir dans ce sens avec d'autres personnes mais aussi avec les animaux, la nature et tout ce qui l'entoure. Ainsi, le lien entre motivation, engagement et spiritualité peut être considéré comme une spirale ascendante infinie, qui se renforce en s'étendant de l'individu à son environnement immédiat, à tout ce sur quoi il peut agir ou avoir un impact positif, et qui lui revient sous la forme à la fois de la récompense de voir le résultat d'une action positive et de l'assurance interne, selon ses croyances, qu'il s'est comporté d'une manière qui plaît à Dieu ou qu'il élèvera son Kharma. La récompense dont témoignent les saints (*op. cit.*) est l'état de paix intérieure avec soi-même et son environnement, un état stable et permanent d'harmonie et d'unité qui peut, selon l'état de cet environnement, apporter une empathie émotionnelle de tristesse, de bonheur partagé ou de joie spontanée sans la moindre interaction humaine.

L'engagement fait référence à plusieurs comportements étalés dans le temps et portés par une même motivation. Cela implique de prendre le risque que l'effet souhaité ne soit pas atteint immédiatement ou même rapidement, que les actions soient mal comprises ou rejetées, peut-être violemment. La motivation spirituelle intrinsèque donne l'impulsion nécessaire à l'engagement mais requiert de la volonté, du courage et de la persévérance pour le mener à bien, ainsi que du discernement pour essayer de comprendre, dans un contexte défavorable, quelle est la volonté de Dieu à laquelle le croyant aspire. À l'instar du Christ, le choix d'Amour qui se présente apparaît souvent à la personne comme le plus difficile.

En quoi la spiritualité peut être mobilisée pour développer les motivations intrinsèques et l'engagement ?

Lorsqu'il s'agit de leadership dans les organisations, l'engagement s'inscrit dans la perspective du développement et du renforcement de relations interpersonnelles significatives. Si la motivation de l'engagement relationnel est véritablement spirituelle, elle sera plus résistante aux conditions environnementales défavorables que dans le cas des engagements relationnels intrinsèquement motivés par la construction identitaire. Un ancrage spirituel ne sera jamais abandonné (Fry, 2003). Il n'y a pas de retour en arrière après le tournant de conversion. Une personne dont la motivation est spirituelle considère que toutes les relations ont de la valeur, alors que dans d'autres conditions, elle ne s'engagera que dans des relations qui sont perçues comme telles. Cela ne signifie pas que la personne motivée spirituellement ne lâchera jamais prise. Elle ne renoncera pas à son ancrage spirituel, mais elle pourra prendre ses distances en cas de rejet, sans rancœur, pour se concentrer sur d'autres relations immédiates qu'elle estime pouvoir mieux servir.

La spiritualité établie sur l'Amour, développe la motivation intrinsèque de servir et pérennise l'engagement qui en découle.

La vision anthropologique « tripartite » de la spiritualité propose que les humains soient composés d'un corps, d'une âme et d'un esprit (Fromaget, 2018). En psychologie clinique, les motivations intrinsèques émanent de la psyché et conduisent l'individu à répondre à l'activation des besoins identitaires, émotionnels et corporels. Du point de vue spirituel, c'est une force de l'Esprit qui conduit l'individu à répondre à ses besoins transcendants et éternels d'Amour. La conception chrétienne est que l'Esprit Saint est en chaque personne et que l'Esprit est la Vérité et la Vérité est Amour. L'ancrage de la spiritualité dans l'Amour est universellement partagé par tous les courants spirituels (Fry, 2003). La motivation spirituelle intrinsèque conduisant une personne à s'engager dans la voie de l'Amour ne peut être imposée de l'extérieur. Elle est distincte des motivations qui émanent de la psyché. Alors que la psyché est le siège de la construction de l'identité, fondée sur un processus d'apprentissage cognitif et social (Bandura, 1969), selon la perspective spirituelle, l'Esprit est le siège de l'Amour. Il s'en suit que l'engagement résultant d'une motivation spirituelle ne peut être de même nature que l'engagement résultant d'une motivation intrinsèque fondée sur l'identification sociale (*op. cit.*). Saint Paul décrit cette distinction lorsqu'il oppose « l'homme psychique » à « l'homme spirituel » (1 Cor. 2 : 14). Pour faire place à l'Esprit, l'homme doit minimiser la place de la psyché. L'engagement motivée par l'Amour se manifeste par un ensemble de comportements et de non-comportements qui sont décrits par Saint Paul comme la Voie de la Charité (1 Cor. 12 : 31 ; 13 : 1-13). L'amour est patient et rend service, il se réjouit de la vérité. Il ne se vante pas, il ne s'enfle pas d'orgueil, il ne cherche pas son propre intérêt, ne montre pas d'irritation et ne garde pas de rancune. Il est orienté vers l'avenir, espérant tout, endurant tout et ne mourant jamais.

Fondé à la fois sur la spiritualité et l'amour (van Dierendonck et Patterson, 2015), le concept et la recherche sur le Leadership Servant permettent d'établir les conséquences positives de l'engagement spirituel dans un contexte organisationnel.

La motivation intrinsèque du leader servant est le désir de servir. Greenleaf (1977) a introduit ce concept en réponse au roman *Voyage à l'Est* de Herman Hesse (1957), dans lequel le serviteur des voyageurs, qui ne se fait guère remarquer avant de quitter le groupe, s'avère être un grand leader spirituel. Lorsque le serviteur quitte le groupe, l'effet est néfaste ; le groupe se sépare et le périple est interrompu. En effet, l'Amour, au sens de la charité, est absent de cette narration. Dans son livre de prototypes de portraits de « grands leaders », John Adair (1989) présente Jésus-Christ comme l'incarnation du leader servant. Pour les chrétiens, servir les autres c'est aussi répondre au besoin de s'unir au Christ, lui-même Amour et espérer convertir d'autres à cette voie. Saint Paul écrit : « Je me suis fait l'esclave de tous, afin de gagner le plus grand nombre » (1 Corinthiens 9:19). D'après Greenleaf (1977), les leaders servants ont pour mission de faire grandir les personnes au sein des organisations pour qu'à leur tour elles servent et soient servies par la société (Greenleaf, 1977). L'humilité et le désir de donner l'exemple sont implicites dans le concept du Leadership Servant. Parmi les effets positifs pour l'organisation, identifiés dans la revue complète et intégrative d'Eva, Robin, Sendjaya, Van Dierendonck et Liden (2019), se trouvent les effets du Leadership Servant sur le bien-être et l'engagement des employés, ainsi que les comportements de citoyenneté organisationnelle liés aux performances de l'entreprise par leurs effets sur la collaboration et l'orientation client, c'est-à-dire la motivation des employés en contact avec les clients à les satisfaire.

En termes de signification spirituelle ou anagogique, nous pouvons proposer que la motivation spirituelle intrinsèque soit comprise comme la force motrice de l'Esprit pour répondre au besoin de servir qui est activé par l'appel de l'Amour, besoin universel et Dieu. Cependant, tous les leaders serviteurs ne sont pas spirituellement motivés. La dimension spirituelle est absente de deux des trois mesures de Leadership Servant retenues par Eva *et al.* (*op. cit.*). Quelle serait alors la contribution de la spiritualité à ce concept et à ses conséquences pratiques ? Pour notre part, nous pouvons postuler qu'une contribution significative de la motivation spirituelle sera la persévérance et l'endurance face à des situations adverses en raison du fondement spirituel que la personne n'abandonnera pas. De plus, l'absence de jugement associée à l'état d'Amour, y compris de soi-même, permettra à ces leaders spirituels d'avoir l'humilité et la perspicacité nécessaires pour reconnaître leurs propres faiblesses, limites physiques et mentales, afin de ne pas tomber dans une situation d'épuisement, qui contrecarrerait leur mission de service.

Il découle de ces réflexions quelques recommandations pratiques pour la gestion des organisations.

Premièrement, il convient de reconnaître que des personnes spirituellement motivées accomplissent leur mission dans des contextes organisationnels. Leurs comportements et résultats caractéristiques peuvent être observés. Deuxièmement, il est possible de mobiliser ces ressources au sein de l'organisation en offrant des conditions favorables à leur engagement. Se réjouissant de la vérité, ces personnes recherchent la transparence, elles seront efficaces dans des conditions où leur hiérarchie leur fait confiance et leur donne la liberté de gérer les situations comme elles l'entendent. Troisièmement, les leaders servants, présents à tous les niveaux de la hiérarchie, doivent interagir avec un grand nombre de personnes afin de les servir et de les faire grandir, pour exercer un impact optimal sur l'organisation. Par exemple, ils seront les mieux placés pour articuler les intersections de l'organisation matricielle, au niveau de l'encadrement intermédiaire. Quatrièmement, alors qu'ils s'efforcent de donner l'exemple, il est utile de leur donner la visibilité qui leur permettra de servir de modèles aux autres. Ils peuvent toutefois être réticents à assumer ce rôle, dans la mesure où plus on accorde de place à l'Esprit, moins l'identité sera construite sur l'apprentissage social. Enfin, il est nécessaire d'accepter leur besoin occasionnel de se mettre à l'écart pour renouveler leurs ressources physiques, psychiques et spirituelles.

LIBERTÉ CRÉATIVE

Quentin Lefebvre

Ed Catmull co-fondateur des studios d'animation Pixar, préconise dans son ouvrage *Creativity Inc.* publié en 2014[1], l'application de règles simples pour stimuler et préserver les gisements d'idées au sein des organisations. Il s'agit notamment de soutenir les idées nouvelles face aux réactions de défiance inhérentes à l'organisation, de promouvoir la coopération et l'échange entre les différentes composantes de l'entreprise, de faire confiance aux équipes pour gérer l'aléa généré par l'exploration et la recherche d'originalité.

Le problème, c'est que ces principes sont difficiles à mettre en pratique dans les organisations. Pour permettre la créativité, il faudrait un management fondé sur des besoins fondamentaux d'autoréalisation et pratiquer l'auto-organisation dans laquelle les salariés seraient libres d'agir pour leur propre bien et au service de la communauté. Ce modèle d'organisation libre ou libéré n'est pas nouveau. Warren Bennis, William McGregor, Robert Greenleaf, Tom Peters ou plus récemment Isaac Getz s'en inspirent et le défendent. Mais il y a peu d'exemples concrets mettant la liberté de créer comme une priorité. On constate au contraire que l'organisation, à travers ses codes, ses process étouffent cette liberté. Voilà pourquoi la liberté créative est promue dans les mots et plus difficilement dans les actes. Voilà également pourquoi nous avons décidé de tester ce modèle dans la pratique.

1. *Creativity, Inc.: Overcoming the Unseen Forces That Stand in the Way of True Inspiration*, by Ed Catmull & Amy Wallace, 2014, Batam Press.

Qu'est-ce que la créativité ?

Cette démarche part d'une croyance qu'il est possible de tester une autre manière de travailler et d'assurer la pérennité de nos activités, en se faisant confiance et en laissant libre cours à nos idées. Mais avant toute chose, il faut comprendre ce qu'est la créativité et son fonctionnement. La créativité est une production d'idées et d'initiatives, originale et imprévue, qui requiert une grande flexibilité de l'esprit (Guilford, 1950), une capacité de traitement et de transformation de l'information (Boden, 1992 ; Weisberg, 1999), ou encore une capacité à penser autrement, à trouver un grand nombre de possibilités ou de combinaisons idéales, à partir d'un stimulus unique (Guilford, 1950 ; Torrance, 1988). La créativité est une ressource à part dans l'organisation, elle tire sa force des synergies et des associations impromptues d'idées entre les personnes (Koestler, 1974), quelles que soient leur position et leur spécialité dans et en-dehors de l'entreprise.

Si l'appétit vient en mangeant, la créativité se nourrit de ses propres fruits. Elle permet de générer des idées, de les combiner afin de créer de nouvelles idées, qui pourront à nouveau se combiner et finalement faire émerger des projets nouveaux. Comme les idées nourrissent les idées, l'effort créatif doit être stimulé en permanence pour maintenir un flux continu au sein de l'organisation. Mais qu'est-ce qui motive les gens à exercer leur créativité ? Simplement l'envie de partager des idées, de les combiner et de les faire avancer. La motivation à créer est indissociable de l'action créative (Amabile, 1997). Un enfant dessine par envie, pour lui et pour son propre plaisir, sans réfléchir au résultat et au jugement de l'autre. Parfois il trouve le résultat beau et satisfaisant, parfois le résultat n'est pas satisfaisant et cela n'est pas grave. Pour les personnes créatives, l'objectif n'est pas de plaire ou de répondre à des attentes précises, mais de ressentir, à travers l'exercice de la créativité, un bonheur et une satisfaction pour soi et une utilité possible pour les autres.

Il y a donc une dimension expérientielle forte dans l'exercice de la créativité. Malheureusement, en grandissant, on perd cette envie de faire pour le plaisir de faire. On s'attache au jugement de l'autre, du supérieur et du collègue. On craint ce jugement, quitte à oublier le plaisir de créer et d'avoir des idées, juste pour le plaisir. La peur d'être critiqué, incompris, jugé peu sérieux l'emporte. Le management joue alors un rôle essentiel pour réhabiliter l'acte créatif dans l'organisation (Amabile, 1988). Le management au service de la créativité est bienveillant. Il met l'accent sur l'envie, le développement personnel, les décisions partagées, la confiance, l'écoute. Il impose le feedback systématique. Il garantit l'équilibre entre ordre et liberté d'initiative. Il encourage l'échange et la confrontation d'idées. Il permet d'avoir des idées, bonnes ou mauvaises, et de les exprimer.

Ce management au service de la créativité est très proche du Servant Leadership de Robert Greenleaf (1973) au service des autres. Il valorise les personnes, les écoute, met en avant leurs besoins, détecte leurs motivations intrinsèques, en construisant un univers relationnel rapprochant les personnes (Beazley, 2002). « *Bien beau tout cela* », me direz-vous mais ce management au service de la liberté créative est-il réellement actionnable dans une organisation ? Pour répondre à cette question, nous avons décidé de le tester dans un contexte de création d'un incubateur au service d'étudiants entrepreneurs.

L'incubateur comme exemple de créativité

Tout commence en septembre 2018, lorsqu'un projet de création d'un incubateur au service des étudiants d'une grande université parisienne est lancé au départ par quelques étudiants affiliés à deux associations étudiantes et deux enseignants (dont l'auteur de ce récit). L'objectif est de mettre à disposition des étudiants entrepreneurs de l'université un espace pour tester leurs projets d'entreprise et démarrer leur activité. Ce projet obtient vite le soutien de la présidence de l'université qui collabore pour trouver un espace approprié et financer les travaux d'aménagements. Ce projet est rapidement porté par d'autres étudiants, mais aussi des représentants des services support de l'université et des enseignants chercheurs de la maison, représentant les différentes spécialités d'enseignement et de recherche.

Un incubateur étant un lieu de création et d'innovation, il paraissait cohérent d'imaginer dès le départ un mode de fonctionnement innovant, basé sur la confiance mutuelle et la créativité collective. Après de nombreux échanges au sein de la petite équipe, il est finalement décidé de ne pas établir de règles d'organisation *a priori*. La liberté d'organisation est totale : les membres actifs dans ce projet sont libres de choisir sur quelle partie du projet et de quelle manière ils souhaitent s'investir (aménagement de l'espace, outils de gestion du site, visibilité, définition des programmes d'accompagnement, prospection de partenaires extérieurs, services aux résidents, animation de l'espace...). Chacun est libre de s'engager en temps et en ressources comme il le peut et le souhaite.

Durant le projet, pour ne pas déployer d'énergie et de moyens inutiles sur des besoins jugés négligeables, aucune solution n'est envisagée avant qu'un problème ou un besoin prioritaire ne soit clairement identifié. Autres règles d'organisation et de vie au sein de l'incubateur : pas de hiérarchie, pas de territoires, le tutoiement est obligatoire entre les membres quelle que soit leur position au sein de l'université, il y a une liberté totale d'exprimer ses idées et de les partager, le feedback est permanent, la confiance est totale dans la prise d'initiative. Les décisions sont collégiales (au moins en petits groupes), la méfiance est proscrite, le désaccord est une opportunité d'apprendre. Bref, l'objectif est de favoriser le plus d'échanges possibles, avec un minimum de contrôle et de contraintes.

« *Et le rôle du management ? Parce que là on a l'impression qu'il n'y en a pas.* » Effectivement, cela y ressemble. L'équipe opérationnelle n'a pas de chefs, uniquement des référents par domaines et un coordinateur principal. Le rôle du management opérationnel consiste à rappeler et à expliquer les règles de fonctionnement, à gérer des conflits et ouvrir le débat en cas de désaccord. Ce management se porte au service des autres, il peut être qualifié de « non-management » au sens classique parce qu'il ne donne pas de consignes, uniquement des conseils, il ne dicte pas, il écoute, il ne tranche pas, il arbitre, il n'inspire pas, il s'inspire des autres, et il lutte quand il le faut contre les comportements de méfiance parmi les membres de la communauté.

Bilan de cette expérience

Ce modèle de l'organisation au service de la créativité est-il viable ? Oui il fonctionne parce qu'il permet d'avancer simultanément et très rapidement sur plusieurs chantiers. Il fonctionne particulièrement bien en mode projet, lorsque la situation requiert de la confiance, de l'autonomie dans la prise d'initiatives, la conviction que l'engagement de chacun est tourné vers le bien du projet et de tous ceux qui le portent. La créativité et l'imagination guident l'action, les rencontres, l'envie de convaincre et permettent de supporter la charge émotionnelle inhérente à ce type d'aventures. Chacun doit trouver sa place dans un processus d'échange permanent d'idées, d'information et de prises d'initiatives. Chacun doit accepter et accueillir les idées des autres, les réactions, les avis, les critiques, les remarques, les doutes. Chacun doit oublier les notions de territoires, de propriété, de positions, de ligne hiérarchique, être prêt à servir les idées des autres, les enrichir pour faire avancer le projet. C'est un pari risqué et le résultat n'est pas garanti. C'est aussi la responsabilité des « chefs de projet » de défendre ces valeurs, de les rappeler et de les servir.

Ce modèle d'organisation et de management est viable, pour autant il n'est pas parfait. L'appropriation de cette liberté pour soi et pour les autres n'est pas évidente. Ce modèle n'est pas plus pratiqué dans les organisations aussi parce que tout le monde n'est pas prêt à accepter cette logique de la page blanche. Les revendications de territoire, d'autorité et de normes de contrôle reviennent souvent. La plus grande difficulté consiste à apprendre à se faire confiance, à accepter de ne pas tout voir et contrôler. Et avec la meilleure volonté du monde, le modèle bureaucratique qu'on le veuille ou non est inévitable. L'équipe en place a finalement été obligée d'établir un organigramme, une répartition minimale de l'autorité et quelques normes pour partager l'information et apporter une visibilité à chacun (notamment aux nouveaux membres) pour savoir qui fait quoi, qui sait quoi ou qui travaille avec qui.

Comme tous les modèles, ce modèle de liberté créative a des avantages et des inconvénients. Pour de bonnes ou de mauvaises raisons, il ne se suffit pas à lui-même. Pour fonctionner durablement, il doit concéder un peu de terrain à la norme. Lorsque le nombre de personnes engagées dans l'aventure dépassent une dizaine de personnes, le chaos ou le « joyeux bordel », même s'il est inspirant et même galvanisant, a ses limites. La créativité et le travail qui en découlent doivent alors être structurés. Enfin ce modèle a été testé dans un contexte particulier, qui ne correspond pas à la réalité de l'entreprise. L'innovation organisationnelle est plus facile à tester dans la sphère publique, affranchie des contraintes de financement total. Le modèle d'auto-organisation paraît beaucoup plus risqué dans la sphère privée. Pour cette raison, nous avons décidé d'adosser à l'incubateur un modèle économique destiné à assurer au minimum le financement de son développement, son autofinancement et ses investissements dans l'idéal, tout en préservant ce modèle de liberté créative. Affaire à suivre donc…

5

PARTIE

LE LEADERSHIP ET L'ORGANISATION

Dans cette partie il est question de reconnaître l'impact du leadership spirituel dans l'organisation. Du point de vue de la gestion c'est bien évidemment une question déterminante. D'ailleurs, bien souvent on commence par rechercher des résultats et de la performance et ensuite on s'intéresse à la source de cette performance de l'organisation. Ce cheminement, on peut l'observer par exemple au niveau des symboles institutionnels de l'enseignement. Par exemple, les écoles de commerce en devenant des écoles de management ont envoyé un signal clair : pour traiter du commerce et des affaires qui est un objet externe à l'entreprise, il est important de mettre l'accent sur le management qui est un objet interne à l'entreprise. On assiste donc à un déplacement de l'externe à l'interne, puisque c'est l'interne qui est devenu plus complexe à gérer de fait. Et cette remarque vaut aussi pour les enseignements par exemple lorsque HEC abandonne l'enseignement de la gestion des ressources humaines, l'intérêt nouveau se déplace lui aussi sur le leadership. L'attention sur ce nouvel objet n'est pas neutre et repositionne la gestion des personnes à un niveau beaucoup moins fonctionnel beaucoup plus ouvert. En lui-même le leadership en tant qu'objet de connaissance n'a cessé d'évoluer à partir de modalités plus externes et facilement observables pour emprunter un cheminement beaucoup plus complexe et interne à l'individu.

Le risque du leadership spirituel n'est-il pas de se perdre dans les méandres d'une complexité intérieure dont on peine à trouver des méthodologies scientifiques capables de satisfaire les critères des paradigmes existants actuellement ? Alors sans doute faire le lien avec l'organisation constitue une manière de ne pas trop se perdre dans le vaste univers de la spiritualité et de bien demeurer ancré au cœur du leadership et de ses objectifs de gestion. L'organisation justement constitue le champ qui nous rappelle sans cesse les impératifs de la gestion et l'équilibration à laquelle parvenir en termes de leadership.

L'âme de l'organisation

Lorsque le leadership s'exerce dans les organisations, on est à même de se poser la question de la possible dimension spirituelle de l'organisation. À cela répond Alain Etchegoyen (1990), par l'idée que les organisations ont une âme. Il veut dire par là que l'âme est d'abord fondamentalement substance (*animus*) et en même temps mouvement (*anima*) c'est-à-dire le souffle qui anime l'organisation. L'âme n'est pas déconnectée des réalités matérielles. L'âme de l'organisation semble échapper sans cesse du fait de sa nature même. Si les marques qui symbolisent l'activité de l'organisation sont là pour servir de repère, l'âme transforme sans cesse l'organisation et se transforme dans l'organisation. L'âme se nourrit de culture, histoire, rêve, d'identité. Elle vit sans cesse la contradiction des désirs et des manques mais anime ses mêmes contradictions. L'âme est plus pensable que connaissable, varie souvent, s'impose et impose. Alors que l'identité semble révélée une fois pour toutes, l'âme se constitue dans le temps et ne se livre jamais définitivement. Alain Etchegoyen (1990) rajoute que l'on peut repérer l'âme d'une organisation par l'analyse des discours, le repérage des perceptions, le développement des pratiques, et les mouvements qu'elle suscite. Si le fondateur joue un rôle essentiel il n'est pas à lui seul l'âme de ce collectif. C'est pourquoi le leadership spirituel gagnerait aussi à être pensé en l'articulant à cette âme collective.

L'âme est sans cesse confrontée à des choix suscitant des questions multiples qui trouvent leur réponse dans le système des valeurs spécifiques à l'entreprise. L'étude des valeurs est cardinale pour appréhender l'âme de l'entreprise. Bien entendu il s'agit de s'intéresser aux valeurs partagées et non aux uniques projections du dirigeant et de son discours.

L'organisation peut se révéler un lieu de mise en œuvre des conditions d'épanouissement du leadership spirituel. Des tentatives sont observables dans les opérations de développement du management spirituel qui encourage les managers à poursuivre une croissance spirituelle personnelle comme moyen d'accroître le sens dans leur vie professionnelle quotidienne (Bell et Taylor, 2004). L'origine de ces pratiques se situe dans les psychologies transpersonnelles axées sur la découverte et le développement de soi en relation à la pratique managériale et qui font l'objet d'une grande variété de séminaire, atelier et formation. C'est d'ailleurs le mouvement de la spiritualité au travail qui alimente le développement du management spirituel. Ce mouvement n'est pas nouveau et puise dans les travaux de Maslow (1965) dont on retient peu la dimension spirituelle alors qu'il considérait que l'un des rôles du leader consiste à resacraliser l'expérience du travail en devenant un conseiller spirituel capable de remplir les besoins de réalisation de soi de ses équipiers.

Développement du management spirituel

Les pratiques de développement du management spirituel sont très variées incluant du conseil, de la visualisation, des dessins, de la projection de la réflexion, de la mythologie, le zen, les arts performatifs et la méditation... On remarque l'usage de trois caractéristiques du développement du management spirituel : la découverte, la profondeur et le potentiel visant la connaissance de soi et la croissance personnelle. La découverte est associée à la nature de la révélation du processus et à son potentiel de transformation tandis que la profondeur fait référence à ce que l'individu va découvrir à propos de lui-même et des ressources profondes qu'il pourra mobiliser, quant au potentiel il permet de mettre l'accent sur la nature non limitée de la croissance personnelle. La conception également de l'entièreté de la personne : corps, âme, esprit permet de réconcilier différents aspects de l'identité pour servir l'individu et l'organisation. Le soi en tant que voix intérieure ou encore intention souligne le besoin d'un dialogue intérieur afin de maintenir une conscience de ses pensées et sentiments.

Du point de vue de la psychologie, le développement du management spirituel encourage la poursuite de la connaissance de soi et se préoccupe d'explorer le soi supérieur, plus que l'inconscient freudien. Barrett (2003) décrit la correspondance entre la réalisation de soi, la transformation, l'individuation (Jung, 1933) et la psychosynthèse (Assagioli, 1973), affirmant que les analyses jungiennes et assagioliennes fournissent un moyen par lequel la spiritualité au travail peut être mise en pratique. La préoccupation combinée pour les aspects comportementaux de la personnalité, comme dynamique, apprise aux côtés du soi supérieur ou du concept plus durable de l'âme, situe ces psychologies comme intrinsèquement spirituelles (Hardy, 1987), permettant une approche mystique de l'étude de la personnalité humaine. Jung et Assagioli offrent tous deux « le cadre et les techniques pour suivre un chemin spirituel, où la recherche de la connaissance de soi et la recherche du sens sont la même chose » (Hardy, 1987).

Les risques et limites

Cependant le risque sectaire des pratiques de développement du management spirituel n'est pas nul, en particulier lorsque les idées spirituelles contribuent à la déification des leaders, à la manipulation et à l'exploitation des équipiers, à la privation de liberté (Singer & Lalich, 1995) ... Les pratiques comportent également des limites parce que de retour sur le lieu de travail des participants de ces formations se retrouvent avec des contraintes idéologiques et politiques et des pressions à la production qui limitent l'expression spirituelle (Bell et Taylor, 2004) et cela concerne surtout les personnes qui suivent ces programmes comme un lieu de retraite temporaire leur permettant de s'extraire de leurs difficultés et incertitudes professionnelles. Même s'il paraît exagéré de penser que la révélation d'informations à propos de soi dans des ateliers partagés avec d'autres participants puisse être considérée comme une manipulation systématique, on peut toutefois observer que la faculté à parler de soi se développe avec le temps et l'expérience et que certaines personnes peuvent ne pas être à l'aise et tout simplement prêtes à cela. Tout se passe comme s'il y avait un cap à franchir qui permette cette catharsis, cette prise de conscience de soi. Il est important de reconnaître la liberté de certaines personnes de ne pas intégrer ce type d'approche développementale. D'où la limite de ces programmes que l'on peut concevoir du point de vue de la gestion des ressources humaines en s'assurant du caractère volontaire et éclairé du côté du participant, et de la légitimité, de l'honnêteté de la part des formateurs.

Miguel DELATTRE nous propose de réfléchir à une reconnaissance plénière de l'homme dans les organisations par le management spirituel comme opportunité historique.

Laurent LEDOUX témoigne de manière incarnée et pratique de sa propre expérience en tant que leader spirituel ayant conduit la transformation de différentes organisations.

Marie DAVIENNE-KANNI aborde la spiritualité sous l'angle des valeurs et évoque les leçons tirées de son enquête menée auprès des dirigeants chrétiens et musulmans.

Hervé ESSA, présente la Spirale Dynamique comme outil fondamental permettant de repérer les positionnements et progressions des leaders spirituels sur la base de témoignages et histoires de dirigeants.

VERS UNE RECONNAISSANCE PLÉNIÈRE DE L'HOMME EN ORGANISATION ?

Miguel Delattre

Entreprise et organisations sont des lieux de coopération sous contraintes de ressources pour la mise en œuvre du projet de la structure, que cette dernière soit publique ou privée, à but lucratif ou non. Face à la montée en puissance des externalités (mondialisation, normalisation, marchés, concurrence, ...) se développent des discours contribuant à « sublimer » ces structures conflictuelles par une démarche qui leur érige une sorte de piédestal autour duquel s'opère parfois une substitution entre objet et sujet agissant.

Il nous paraît donc légitime de nous demander dans quelle mesure la montée en puissance de la notion de spiritualité dans le management des organisations s'inscrit dans une plus grande prise en compte de la dimension humaine ou si cette (re)découverte ne permettrai finalement qu'à « individualiser » des sosies dans une foule de sosies ? (Albouy, 1995).

L'organisation et la dimension humaine : une dualité antagoniste ?

Ces dernières années, nous assistons à une volonté de repositionner l'entreprise ou l'organisation sur ses dimensions humaine, sociale et citoyenne (responsabilité sociale et sociétale de l'entreprise (RSE) et développement durable). Ce retour en force du lien social et de son corollaire, la dimension humaine qui en est le support, s'inscrit dans une segmentation de discours qui s'entrecroisent et se répondent. Les approches peuvent être d'essence stratégique, orientée Ressources Humaines, instrumentale ou de type processus. La fécondité et la multiplicité des « angles d'attaque » traduisent un intérêt sans cesse renouvelé pour mieux comprendre, accompagner, mobiliser et encourager un plus grand accomplissement des individus dans la réalisation de leur activité en organisation. Cependant, selon les hypothèses (implicites) sur lesquelles s'élaborent ces discours, il s'opère parfois une substitution entre le sujet agissant (l'individu) et l'objet (l'activité).

L'organisation peut être qualifiée de concept multiforme en sciences de gestion, et ce, pour deux raisons essentielles : la polysémie du terme « organisation » et la place de l'organisation au cœur de l'activité humaine. L'organisation désigne tout à la fois un état (l'organisation comme une structure organisée d'un objet) et une action (l'organisation comme processus de mise en œuvre, un mode de fonctionnement). C'est un révélateur de notions duales qualifiées parfois de « *paired concept* » (Bendix et Berger, 1959). Une représentation de l'organisation peut ainsi être obtenue à partir des notions ambiguës d'état et d'action en relation récursive.

La première dimension – d'état de l'organisation – est qualifiée d'espace social. Celui-ci s'inscrit et participe des réalités sociales et se caractérise par deux attributs. Le premier, **l'attribut physique,** comprend les individus et les éléments nécessaires à leur action et se révèle à l'observateur à la fois comme un espace d'acteurs et comme une entité (comparativement à d'autres) (Delattre, 1998). Le second, **l'attribut de finalité,** est référé aux individus, le caractère téléonomique des êtres vivants nous oblige à reconnaître que dans leur organisation, leur performance, et même leur structure, ils poursuivent un projet (Sartre, 1951 ; Perroux, 1963 ; Mauss, 1968 ; Morin, 1973). Dans cette perspective, la finalité de l'entité est une résultante de l'action conjuguée de celle des individus qui composent l'espace (décisions politiques).

La seconde dimension de la notion d'organisation – l'action d'organiser – peut être appréhendée par les cadres dans lesquels l'action devient intelligible : la rationalité et l'ordre. La **rationalité** réalise le lien entre le champ du réel et de la connaissance (Morin, p. 1990) et donc *in fine* de l'action (individuelle et/ou collective). L'exigence de rationalité apparente, source essentielle de légitimité pour résoudre les contradictions inhérentes à l'organisation, à la fois système de compétition et système de coopération (Morgan, p. 1989) est limitée et positionnée au niveau de l'individu.

L'**ordre** nous révèle un univers assimilable par l'esprit qui, corrélativement trouve dans l'ordre, le fondement de ces vérités logiques (Morin, p. 1990). L'ordre ne se limite pas aux phénomènes et n'est pas réductible à sa nature mais concerne aussi le niveau de sa cohérence.

Traiter d'une organisation où la dimension humaine est centrale implique d'accepter que l'individu (support) imprime le sens de l'action (finalité).

La place de l'acteur producteur et les illusions sur la dimension humaine en organisation

Les connaissances sur l'organisation ont souvent été véhiculées par le biais de métaphores et d'images (Morgan, 1989) qui tend à imposer une segmentation des savoirs en gestion (Savall, 1979) et à un éclatement de notre perception de la place de l'homme en organisation (Chanlat, 1990). Ce constat révèle peut-être une quête de légitimité des sciences de gestion qui multiplient les passerelles entre la production de savoirs scientifiques et apports managériaux sur l'organisation. La légitimité scientifique et l'utilité sociale ne sont pas contradictoires, si l'on s'accorde sur l'objet à propos duquel on souhaite produire des connaissances.

Dans la construction élaborée, si l'on parle bien d'individus dans un périmètre d'activité particulier (l'organisation), l'intégrité de l'homme doit aussi être reconnue dans l'action d'organiser (d'organisation). Traiter de la dimension humaine de l'organisation implique d'accepter de tenir compte de la relation récursive qui existe entre un individu (support) et le sens de son action (finalité). Le croisement des composantes de la problématique de l'organisation permet de mettre en évidence une représentation topographique des constructions possibles de la notion l'organisation.

Figure 7 : Une représentation spectrale de l'organisation

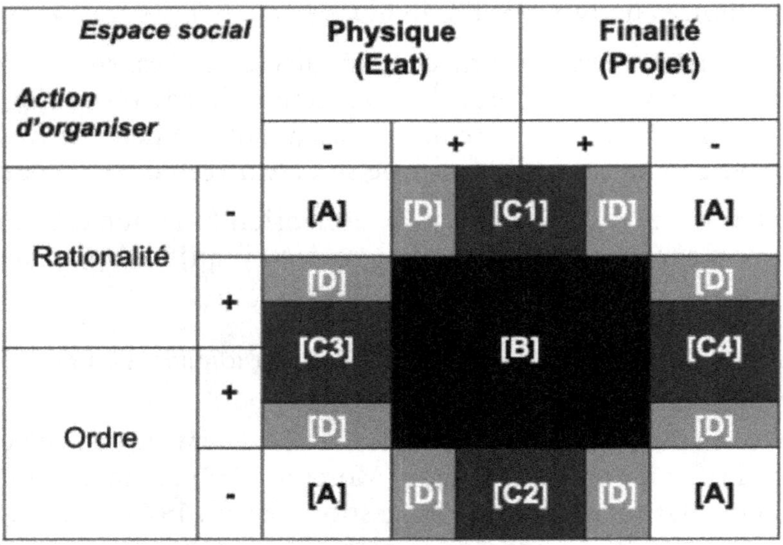

La figure illustre un éventail, selon le degré de spéculation opéré sur la prise en compte des individus dans l'organisation. La **zone blanche** [A] présente des constructions d'une organisation où a été privilégiée une autre représentation de l'organisation que celle des hommes. **Cette zone rassemble les théories de la contingence.** La **zone centrale en noir** [B] regroupe des représentations construites sur des présupposés très restrictifs de la place de l'homme en organisation. C'est la zone des **constructions de l'homme assimilé à l'homo-œconomicus et basé sur le *one best way*.** Des **zones grises [C] et [D]** s'intercalent entre les deux positionnements extrêmes de l'homme spéculé absent [A] ou bien pris en compte avec des hypothèses très restrictives [B]. Cet espace met en exergue des approches plus soucieuses d'une reconnaissance de la place de l'homme en organisation. Il reste cependant ambigu. Cette surface regroupe l'organisation de l'acteur [C] et celle éclatée de l'individu [D].

Les représentations de l'acteur sont celles **qui prennent en compte les individus sur au moins une des dimensions d'état ou d'action de l'organisation.** L'intégration partielle de l'individu en organisation (lecture horizontale [C3] et [C4]) est marquée par une réduction de la finalité de l'action d'un individu à celle de l'organisation : il n'est plus animé de projets ou bien ses « mécanismes » d'activités sont prédéfinis selon un modèle de production. La réduction de la place de l'homme peut aussi relever d'une intégration partielle de la notion d'organisation (lecture verticale [C1] et [C2]). Les approches se veulent concrètes et s'accumulent et se renouvellent dans une fuite en avant ou bien reposent sur la construction d'une intelligibilité relevant d'un ordre externe.

C'est pourquoi, une reconnaissance plus plénière – tout à la fois sur les dimensions d'état et d'action – de la place de l'homme en organisation que permet l'approche du management spirituel peut être dégradée dans ses tentatives de déploiement.

Perspectives fécondes d'une recomposition plénière de la place de l'homme en organisation

La perspective de l'approche du management spirituel est d'opérer une recomposition plus plénière de l'homme en organisation en consacrant la reconnaissance des « forces de l'esprit » qui l'anime. La recomposition de l'intégrité de l'homme en organisation a été réalisée par étapes : à la main taylorienne et au cœur des relations humaines, la tête est ajoutée avec le management des connaissances et enfin une reconnaissance plus plénière avec la dimension spirituelle. Notre représentation repose sur une hypothèse forte de l'individu : l'acteur producteur, consommateur, citoyen (Savall, 1975). La notion d'unité active (Perroux, 1975) nous semble la plus aboutie et présente l'avantage de concilier une approche humaine de l'individu (et non humaniste de l'acteur) transversale à l'économie, la sociologie et à la vie des individus dans les organisations. L'homme en organisation est vivant. Pour autant, reste-t-il pensable quand il est privé des attributs qui le caractérisent en tant [qu'agent] et le distinguent, en tant que tel de l'objet ? (Perroux, 1975). C'est bien l'image d'un être « biopsychosocial » qui relève d'une conception générique (Granger, 1967) et unitaire de l'être humain (Chanlat, 1990) qui porte en lui la forme entière de l'humanité. L'homme abstrait est une construction, une représentation, puisque cet être générique apparaît toujours dans la réalité comme un être concret (homme, femme, enfant) dans des situations particulières (famille, école, travail, loisirs).

Le pari du management spirituel sur l'activation des organisations

Par son positionnement explicite sur la dimension humaine, le management spirituel peut apporter des réponses aux maux qui rongent le couple « performances-qualité de vie au travail ». La perte de crédibilité des discours des entreprises sur leurs projets et leurs valeurs, les ressentis sur les modes d'implication des personnes en organisation et la place que le travail a prise dans nos vies, justifient ce besoin de sens. Le travail serait peu à peu devenu le principal endroit de socialisation et d'action et un moyen privilégié de quête du sens de l'existence et de contribution au fonctionnement du monde. Cependant, que la perception soit de type *homo ludens* où *homo faber* : « Il n'est pas de punition plus terrible que le travail inutile et sans espoir » (Camus) ou d'une société qui instituerait à travers le travail une sorte de fuite en avant dans un cul-de-sac (Arendt, 1958). Cette quête de sens relève de notre spécificité unique de se constituer comme « être-sujet » des représentations que l'on forge pour s'informer ou dire quelque chose des réalités de notre vécu. Le questionnement du « pourquoi », de compréhension donc de signification souvent mis en avant ne peut éluder les interrogations sur notre environnement (écosystème) et du « comment » (processus). Écarter la dimension individuelle, à savoir, entretenir une subordination première de l'individu à un collectif, reviendrait à pérenniser des pratiques de fragmentation et d'instrumentation d'une sorte d'anomie sociale en société : « la pensée ne se forme que dans un esprit se trouvant seul en face de lui-même : les collectivités ne pensent pas » (Weil, 1991).

En résumé

Le management spirituel est une opportunité historique pour repositionner l'homme support au cœur du modèle sans obérer les caractéristiques de son activité plénière par le jeu de constructions organisationnelles. L'injonction de pluralité comme celle de spiritualité ne se décrète pas, sans être fécondée d'interactions multiples ... sauf à le croire.

LA VOIE DE LA SPIRITUALITÉ TRANSFORMATRICE D'UN MANAGER

Laurent Ledoux[1]

Ces deux dernières décennies, j'ai assumé des responsabilités managériales dans différentes grandes organisations, publiques et privées. Dans ces organisations, je me suis chaque fois attelé à mettre en place avec mes équipes ce que l'on appelle une « gouvernance collaborative ». Il s'agit de pratiques de gestion qui favorisent autant que possible la satisfaction des besoins psychologiques fondamentaux des personnes au travail, à savoir les besoins d'autonomie, d'inclusion, et de développement personnel. Fort de ces expériences, j'ai créé récemment avec quelques associés Phusis Partners, une société qui accompagne les moyennes et grandes entreprises dans la mise en place d'une telle gouvernance.

Durant ces deux mêmes décennies, j'ai également géré bénévolement l'association Philosophie & Management. Les cycles de séminaires de philosophie pour managers (dont plusieurs ont abordés les liens entre la spiritualité et le management) que j'ai organisés dans ce cadre ont inspiré et stimulé mon engagement dans un cheminement spirituel.

Enfin, depuis plus de dix ans, je bénéficie d'une guidance spirituelle sur la voie que propose Arnaud Desjardins, disciple de Swâmi Prajnânpad, le créateur de l'Adhyatma yoga, une adaptation de l'Advaïta Vedanta, une spiritualité non-dualiste.

1. Cette contribution est dédiée à CS, qui fait grandir en moi ma part Yin et contribue ainsi à ma libération.

Dans cet article, je présente comment ce cheminement spirituel et ma pratique managériale « collaborative » se sont mutuellement renforcés : d'une part mon cheminement spirituel a certainement facilité l'adoption de pratiques managériales collaboratives qui requièrent un travail sur soi et son ego ; d'autre part, mes expériences managériales quotidiennes ont été autant de points d'appui pour évoluer sur le plan spirituel.

Afin d'expliquer cette dynamique vertueuse entre mes cheminements spirituel et managérial, il est nécessaire que je présente d'abord brièvement la voie proposée par Arnaud Desjardins.

La voie d'Arnaud Desjardins : « Être un avec »

La voie spirituelle que propose Arnaud Desjardins (que je nommerai à partir d'ici tout simplement la voie, non parce qu'elle serait unique mais dans le seul but de faire court) consiste fondamentalement à apprendre à vivre en disant « Oui » à tout ce qui survient, en ne niant rien de ce qui est ou survient.

Pour « être un avec », il convient de nous libérer de notre ego, appelé également « mental ». Par une série de processus automatiques, de concepts erronés et une méconnaissance des « lois de la vie », l'ego induit en effet un sentiment de dualité : nous sommes des individus particuliers, séparés du reste du monde, identifiés chacun à un corps, à un nom. Esclaves de notre ego, nous ne faisons que réagir – et non agir consciemment et librement – aux situations qui se présentent à nous, en fonction de la façon dont notre ego perçoit ces situations, qu'il juge qu'elles nous procurent plaisir ou déplaisir. Bien que nous soyons persuadés d'être libres, nous ne le sommes pas réellement car notre ego ne nous permet pas de voir la neutralité intrinsèque des situations. L'ego ne nous permet pas de voir que nous sommes – nous-même et non les situations – les véritables créateurs de notre bien-être ou de notre mal-être. Il accentue ainsi la différence entre le monde tel que nous le percevons et le monde réel. Se libérer de notre ego est donc nécessaire pour vivre consciemment et librement nos peurs et nos désirs, ces derniers étant considérés comme une tension vers l'avenir, un manque qu'il faut combler. Précisons d'emblée que « se libérer de nos désirs » ne signifie pas ne plus avoir de désirs mais de ne plus en être les esclaves. Pour ce faire, il ne faut pas les refouler mais au contraire les vivre pleinement et consciemment. Notons enfin que les quatre « lois de la vie » que notre ego prend grand soin de méconnaître – parfois très subtilement et toujours dans le but de nous protéger – sont : (1) la différence (« Deux choses sont toujours différentes. ») ; (2) le changement (« Tout est changement, rien n'est permanent. ») ; (3) l'interdépendance (« Toute chose est en relation avec le reste du monde. ») ; (4) la causalité (« Le monde n'est qu'une immense et complexe succession de causes et de conséquences. »).

Cheminer sur la voie consiste donc à se libérer progressivement de son ego et à accepter et dire « oui à ce qui est », à tout ce que la vie donne à vivre, en toutes circonstances. Accepter ne signifie pas être résigné, ni indifférent ; accepter, c'est tout simplement aimer.

L'ego est subtil : se « libérer » de son ego, ce n'est pas le refouler, le nier ou le combattre – c'est le « voir » à l'œuvre ; ce qui combat l'ego en nous, c'est encore notre ego. La libération de l'ego ne peut dès lors être décrite par des mots, elle passe nécessairement par un vécu, par une pratique. Elle se traduit par un état de paix stable, un relâchement complet de toutes les tensions physiques, émotionnelles et mentales. Un être « libéré », sage, ne ressent plus la peur : il est un avec le monde, au sens où il ne s'identifie plus à lui-même en tant qu'individu ; il est devenu le monde en ce sens qu'il ne ressent plus qu'amour et compassion. Dans *La voie du cœur*, Arnaud Desjardins définit clairement ce qu'est la spiritualité et le « but » de la voie : « La spiritualité se résume à l'indépendance de l'esprit par rapport à tout ce qui est changeant, limité, mesurable, autrement dit ce qui relève du nom et de la forme. [...] Ce qui est spirituel, c'est ce qui n'a pas de forme, ce qui ne change pas, ce qui n'est pas concevable, ce qui ne peut pas être pensé, ce qui EST. Découvrez que vous êtes "Cela", cette réalité spirituelle, et que tout le reste est matériel même les plus nobles pensées et les plus hauts élans de l'âme puisqu'ils ne concernent pas directement la Conscience non affectée. »

Cela fait donc maintenant plus de dix ans que j'arpente cette voie spirituelle. Je m'y engage toujours plus intensément à la faveur d'expériences personnelles et professionnelles, à mesure que les années passent. Ce qui me plaît particulièrement dans cette voie, c'est tout d'abord qu'elle me paraît parfaitement rationnelle et ne requiert d'adhérer à aucune croyance : elle ne demande qu'à apprendre à « voir ce qui est », à l'accepter, à l'aimer. J'apprécie également que cette voie semble être en accord, tel que je les comprends, avec l'essence de toutes les grandes traditions spirituelles et mystiques, tant occidentales que orientales : à travers les enseignements d'Arnaud, j'ai le sentiment de mieux comprendre les enseignements tant de Jésus que du Bouddha ou de Lao-Tseu, pour ne citer qu'eux. Et de surcroît leurs enseignements, tels que interprétés par Arnaud Desjardins, me paraissent en parfait accord avec les pensées des philosophes qui m'accompagnent depuis plus de vingt ans (les présocratiques chers à Marcel Conche, Michel de Montaigne, Baruch Spinoza, Henri Bergson, Omar Khayyam ou Pierre Hadot), avec les vers des poètes que j'aime (François Cheng, Christian Bobin, André Gide ou Khalil Gibran), ou encore avec les idées contenues dans les livres de romanciers et de penseurs qui m'inspirent (Hermann Hesse, Marguerite Yourcenar, Mikhaïl Boulgakov, Carl Gustav Jung, Michel Random ou Paul Diel). *Last but not least*, j'ai la chance de bénéficier d'une guidance spirituelle, ce qui est indispensable lorsqu'on chemine sur la voie, tant l'ego peut être extrêmement subtil pour nous induire à croire que nous en sommes libérés alors qu'il nous tient encore plus en son pouvoir.

Mon cheminement spirituel m'a aidé à changer de posture managériale

Tous les auteurs et praticiens de la gouvernance collaborative (qui inclut entre autres les « entreprises libérées » d'Isaac Getz, les « entreprises opales » de Frédéric Laloux, l'« Holacratie » de Brian Robertson et la « Sociocratie » de Gérard Endenburg) sont unanimes : l'une des conditions essentielles pour réussir la mise en place d'une telle gouvernance dans une organisation est le changement réel de posture de ses dirigeants. Ceux-ci doivent passer d'une posture « haute » – de contrôle – à une posture « basse » – authentiquement au service de leurs collaborateurs. Ce changement de posture requiert un travail sur soi qui implique de se libérer autant que possible de son ego comme l'écrivent explicitement certains théoriciens de la gouvernance collaborative. La « libération de l'ego » dont il est question ici se limite pourtant essentiellement à devenir plus humble et à se mettre au service des autres. En ce sens, il s'agit d'une « libération de l'ego » beaucoup moins radicale et profonde que celle que recherche un disciple engagé sur la voie. Néanmoins, selon l'adage « Qui peut le plus peut le moins » et sur base de ma propre expérience, il est clair que le travail sur soi qu'implique la voie ne peut que faciliter l'adoption de la posture requise pour s'engager authentiquement dans la mise en place d'une gouvernance collaborative. Je présenterai donc ci-après, de façon non-exhaustive, comment le travail sur moi-même accompli à ce jour sur la voie m'a aidé, dans différentes organisations que j'ai tentées de transformer, (1) à déléguer mes pouvoirs et (2) à mettre en place des pratiques managériales visant à augmenter la satisfaction des besoins psychologiques fondamentaux de mes collaborateurs (autonomie, inclusion et développement personnel).

1) Délégation de pouvoirs

Tout comme dans la tradition Vedanta, la libération de l'ego que vise le disciple sur la voie implique de s'affranchir des quatre grandes forces qui mènent le monde : l'argent, le pouvoir, la soif de reconnaissance, et la sexualité. Sans s'abstenir de relations à ces forces, il s'agit de ne plus en être les esclaves. Sans prétendre nullement être aujourd'hui totalement affranchi d'elles, apprendre sur la voie à « voir ce qui est et y dire oui » a considérablement réduit mon besoin de pouvoir sur les autres et ma soif de reconnaissance, ce qui a inévitablement facilité la délégation de mes pouvoirs managériaux requise par la mise en place d'une gouvernance collaborative. À cet égard, la compréhension et la pratique sur la voie pour apprendre à « agir librement » ont été déterminant pour moi. Pour le comprendre, décrivons brièvement ce qu'est une « action libre » :

Une action libre n'est pas une réaction. Une réaction nous est dictée par notre ego. Une action libre, au contraire, n'est pas dictée par lui et par les conditionnements psychiques qu'il induit, tels que la recherche de l'admiration, de la louange, de la gratitude ou par la peur du blâme.

Une action libre est accomplie par une personne qui ne s'illusionne plus d'être l'auteur de ses actions. Elle se voit au contraire comme un instrument de la vie, qui laisse la vie agir à travers elle. En ce sens, l'action libre va de pair avec le « lâcher-prise » ou le « non-agir », ce qui ne signifie pas qu'on « laisse aller » ou que l'on n'agit pas, mais qu'on agit en étant « libre des fruits de son action », c'est-à-dire en n'étant pas préoccupé par l'obtention de ceux-ci.

Une action libre est une action accomplie dans le seul but de répondre consciemment à « ce que la situation requiert ». Elle tient compte autant que possible de tous les paramètres disponibles mais accepte l'incertitude – eût égard aux lois 3 et 4 de la vie (voir plus haut) – de ce qui en découle à terme.

En me guérissant – au moins partiellement à ce jour – de l'illusion que je contrôlais vraiment quoique ce soit et de l'orgueil d'être l'auteur de mes actes managériaux, la pratique de la voie m'a permis d'envisager avec confiance la mise en place d'une gouvernance collaborative favorisant les interactions complexes, organiques et émergentes entre mes collaborateurs, agissant librement tout en respectant des règles définies en commun mais échappant à mon contrôle direct.

2) Augmentation de la satisfaction des besoins psychologiques des collaborateurs

a. Autonomie

Au-delà de ce que nous venons de voir au point (1), la pratique sur la voie visant à me libérer de mon ego a naturellement induit l'adoption de pratiques managériales visant à libérer également de mon ego mes propres collaborateurs. Cela s'est traduit entre autres par le remplacement progressif des processus d'approbation hiérarchique par des processus de sollicitation d'avis et de décisions au consentement (pour plus de détails à ce sujet comme pour toutes les autres pratiques évoquées ci-dessous, voir www.phusis-partners.com). Par ailleurs, le bon fonctionnement d'une gouvernance collaborative requérant le dégonflement de l'ego, non seulement des managers mais aussi de l'ensemble des membres du personnel, nous avons également mis en place des pratiques et des formations favorisant cela, telles que le remplacement d'un « hiérarchie pyramidale classique des personnes » par une « hiérarchie en cercle des buts et des rôles » ; la distribution du leadership au travers de nouveaux rôles ; des formations pour tous les membres du personnel à la communication non-violente, …

Enfin, la pratique sur la voie m'invitant à mieux reconnaître que tout est changement (loi 2 de la vie) et qu'il s'agit de dire « oui » au mouvement de l'univers tel qu'il se manifeste dans nos vies (ce que Swâmi Prajnânpad qualifiait de « *festival of newness* »), elle m'a aussi aidé à accepter plus facilement les idées et les changements suggérés par mes collaborateurs. Cela a favorisé l'adoption d'une culture irrévérente des conventions et des symboles de pouvoir (liberté de quitter toute réunion dans laquelle on s'embête ou on n'a pas de valeur ajoutée claire ; mise en place de comités des petits cailloux au travers desquels les collaborateurs peuvent proposer des solutions à leurs irritants quotidiens et dont les managers doivent tenir compte ; …) et ainsi d'une culture plus innovante et ouverte aux changements.

b. Inclusion

La pratique sur la voie vise à ce que nous nous dépouillons de freins, d'inhibitions et de conditionnements qui sont en trop et qui nous encombrent. La pratique vise donc un désencombrement et, de ce point de vue, elle est donc « égalitaire ». Comme le dit Arnaud Desjardins : « *Tout le monde n'a pas la voix pour devenir chanteur d'opéra mais tout le monde a le même potentiel spirituel.* » En outre, la conscience accrue par la pratique sur la voie de l'égalité intrinsèque de chaque être (« *Nous sommes tous des vagues inséparables de l'océan ;*

nous sommes donc tous l'océan. ») m'a également stimulé à être plus attentif à tout ce qui pouvait favoriser le sentiment d'inclusion de chacun et à adopter des pratiques allant dans ce sens (adoption d'un rôle de facilitateur, assigné par une élection sans candidats à un membre du groupe, différent du manager original de celui-ci ; adoption des pratiques sociocratiques dans les réunions ; réduction, voire suppression des inégalités salariales considérées comme inéquitables par les membres du groupe ; adoption d'un système de bonus collectif plutôt qu'individuel ; ...).

c. Développement personnel

La pratique sur la voie requiert d'envisager sérieusement et de manière continue la qualité de nos actions, de nous demander d'où elles émanent et quel but elles poursuivent. Pour ce faire, je me pose régulièrement et authentiquement les questions formulées simplement par Swâmi Prajnanpad : « *What, why, what for and how ?* ». En tant que manager, cela m'a amené à considérer que la poursuite de la valeur financière ou actionnariale d'une organisation ne pouvait en aucun cas être le but ultime du management, contrairement à ce que préconise l'idéologie promulguée par Milton Friedman. Elle ne peut qu'être une contrainte mais pas le but. Le but doit être au contraire de contribuer à l'amélioration de la vie en société, et cela commence au minimum par se préoccuper du développement personnel de chacun de ses collaborateurs. Dans ce cadre, nous avons mis en place des pratiques permettant à chacun d'identifier au mieux son « *sweet spot* » (la combinaison de rôles pour un collaborateur qui combine au mieux le plaisir qu'il a à les remplir, la pertinence qu'ils ont pour l'organisation, leur utilisation des compétences du collaborateur) permet à un collaborateur et de trouver la combinaison de rôles facilitant sa réalisation ; ou encore de donner à chacun le temps de réaliser, comme un artisan, un « bel ouvrage », quels que soient ses rôles et responsabilités.

À propos du développement personnel si en vogue dans de nombreuses organisations, il me semble néanmoins important de préciser, afin d'éviter toute méprise et toute instrumentalisation abusive de pratiques spirituelles, que le développement personnel tel qu'il est envisagé dans nos sociétés occidentales actuelles n'a généralement pas pour but la « libération » de l'ego, mais son « amélioration » : il s'agit d'améliorer notre capacité de réussite dans l'existence et cela est très bien. En effet, malgré ce que nous avons dit tout au long de cet article sur la dualité néfaste qu'induit l'ego entre nous et le monde, l'ego ne doit pas être combattu comme un ennemi. L'ego est nécessaire pour que nous jouions au mieux notre rôle dans l'existence. Il faut juste veiller qu'il ne soit pas notre maître, que nous ne devenions pas inconsciemment son esclave. L'amélioration de l'ego au travers des pratiques de développement personnel est donc positive. Mais elle ne doit pas être confondue avec une pratique spirituelle visant la libération de l'ego, car elle ne permet pas de remettre fondamentalement en cause nos formes multiples et subtiles de dépendance par rapport aux conditions, aux événements, aux circonstances. Ainsi, certaines pratiques de méditation dans les entreprises ont pour but de rendre les collaborateurs plus calmes et détendus. En soi, ce n'est pas néfaste, pour autant du moins que ces pratiques n'aient pas pour réel but ultime de mieux exploiter les collaborateurs à des fins productivistes. Mais, en termes de « la voie » telle que je l'ai présentée dans cet article, de telles pratiques n'ont rien à voir avec la spiritualité.

Mes expériences managériales sont autant de points d'appui dans mon cheminement spirituel

Dans la section précédente, nous avons vu que la pratique sur la voie et le respect des lois de la vie qui fait partie intégrante de cette pratique, m'ont aidé à mettre en place avec mes équipes une gouvernance collaborative dans différentes organisations, une telle gouvernance étant en accord avec ces lois de la vie (différence, changement, interdépendance et causalité). Nous avons vu aussi que, pour autant, les pratiques spirituelles ne pouvaient être instrumentalisées pour aider une organisation à mieux fonctionner, sous peine de perdre leur caractère spirituel et de n'être plus que des instruments de développement personnel.

Dans cette section, j'aimerais à l'inverse témoigner que toutes nos expériences dans l'existence, et donc aussi celles que nous vivons en tant que manager, peuvent servir de point d'appui pour progresser sur la voie.

Permettez-moi de l'illustrer au travers d'un exemple qui a été fort médiatisé en Belgique à l'époque, à savoir le conflit qui m'a opposé en tant que Président (Directeur-Général) du ministère des Transports et la ministre de tutelle à l'époque. Accusé à tort par la ministre de malversations qu'elle avait elle-même commises, j'ai dû organiser ma défense afin de protéger autant le ministère que ma propre fonction. Au bout d'un an de conflit et à l'occasion des attentats extrémistes de mars 2016 que la ministre saisit à nouveau pour m'accuser de faillir à ma mission, je pris la décision de démissionner afin d'exposer médiatiquement les preuves de mon innocence et de pousser ainsi le gouvernement à exiger la démission de la ministre elle-même, ce qui fut fait.

En quoi cet épisode éminemment politique et conflictuel a-t-il été pour moi un point d'appui sur la voie ? C'est très simple : la pratique sur la voie n'implique pas de nier les conflits ou de les fuir, du moins s'il n'est pas possible de les éviter. Comme je l'ai évoqué plus haut, la voie invite à agir consciemment et sereinement – c'est-à-dire sans haine, sans même considérer l'autre comme un ennemi – et d'accomplir, libre de nos peurs (du blâme, de la critique…) et de nos désirs (de louange, de gratitude…), « ce que la situation requiert ». Et c'est précisément ce que j'ai essayé de faire à cette occasion, le plus calmement possible, même si, paradoxalement, en de telles situations, le calme peut être interprété pour de la froideur calculatrice et le summum de l'arrogance.

Quoiqu'il en soit cette expérience a été l'occasion pour moi de vivre très concrètement deux expressions chères à Arnaud Desjardins : « Tout est Brahman » (c'est-à-dire Dieu) et « Tout est moi ». J'ai ainsi appris, tout en la combattant rudement médiatiquement et politiquement, à voir Brahman et moi-même dans la figure de la ministre et à transcender ainsi spirituellement le conflit qui nous opposait. Cela m'a permis de le vivre assez sereinement et de grandir sur le plan spirituel au travers de cette épreuve.

En résumé

Au travers de cet article, j'ai tenté de montrer, au travers de mon expérience, comment des cheminements spirituel et managérial peuvent se renforcer mutuellement, *a fortiori* si les pratiques managériales mises en œuvre, telles celles de la gouvernance collaborative, ne contredisent pas les pratiques spirituelles et les lois de la vie. J'ai aussi tenté de montrer que malgré la fécondité mutuelle de ces cheminements, il y avait une asymétrie fondamentale entre les deux : la pratique spirituelle ne peut être instrumentalisée au profit d'objectifs managériaux sans être dénaturée tandis que les expériences managériales peuvent sans problème servir de point d'appui pour progresser sur la voie.

Ces considérations m'amènent à vouloir encore dissiper un doute qui pourrait survenir chez certains lecteurs : l'instrumentalisation d'expériences managériales au profit de la voie pourrait-elle mener à ce qu'un manager qui est aussi sur la voie soit moins « performant », ne fût-ce que parce qu'il serait, comme nous l'avons évoqué, moins « obnubilé » par l'atteinte de ses objectifs managériaux. Il serait évidemment malvenu que j'utilise en l'occurrence ma propre expérience pour dissiper ce doute. Et je ne suis pas en mesure de juger en toute connaissance de cause des succès d'autres managers engagés sur la voie. Je préfère donc, afin de tenter de dissiper le doute, évoquer ici d'autres figures qui me sont chères et qui m'inspirent depuis ma plus tendre enfance : celles des grands maîtres d'arts martiaux japonais tels que maître Awa pour le Kyudo (tir-à-l'arc) ou maître Ueshiba pour l'Aïkido. Ces maîtres abordaient leur art comme une pratique spirituelle, totalement libre de leurs « performances ». Pourtant ils excellaient dans leur art. Ne dit-on pas que le management est un art lui aussi ?

Quoiqu'il en soit, ce dont je suis sûr pour les vivre toutes les deux, c'est que le management est aussi une belle aventure, mais que la spiritualité, dans le sens d'un engagement sur la voie de la libération de l'ego, est une aventure bien plus exaltante encore. Je ne peux donc que vous souhaiter, si ce n'est pas encore le cas, de vous sentir appelé(e) à vous engager sur une voie spirituelle, que ce soit celle proposée par Arnaud Desjardins ou une autre : les voies peuvent être différentes mais si elles sont authentiques, elles mènent toutes à cette paix, à cette liberté absolue, qui est déjà en vous.

SPIRITUALITÉ ET VALEURS

Marie Davienne-Kanni

La mondialisation, les restructurations et le contexte anxiogène des crises que le monde traverse oblige les dirigeants d'entreprise à prendre des décisions rapides et efficaces afin de se maintenir sur le marché. Sur quoi se fondent-ils quand ils doivent décider et agir ? Quels sont leurs repères en termes de valeurs ? Qu'est-ce qui, pour eux, est bien, mal, utile ou inutile ? Ce qui les anime en termes de valeurs peut s'analyser en réfléchissant au sens qu'ils donnent à ce qu'ils font, et notamment à l'aspect spirituel de leur action et les valeurs qui la sous-tendent. En effet, les valeurs sont chez l'être humain de véritables leviers d'action et de changement.

Plusieurs auteurs ont tenté de définir ce que sont les valeurs et comment elles permettent aux individus de faire des choix et d'agir. Ces valeurs sont les fondements des décisions des responsables d'entreprise. L'étude du leadership spirituel permet de cerner de manière plus précise ce qu'est le leadership spirituel et sur quoi il met l'accent par rapport à d'autres approches du leadership. Parmi les outils à la disposition des coachs et consultants en entreprise, un outil fait le lien entre différentes typologies de valeurs et des niveaux de conscience spirituelle. C'est l'outil de transformation culturelle de Richard Barrett. Une étude récente que nous avons menée a mis à jour les liens qui pouvaient exister entre des valeurs spirituelles issues du christianisme et de l'islam et les décisions et actions des dirigeants d'entreprise.

Que sont les valeurs ? Pourquoi s'y intéresser ?

Comment définir ce que sont les valeurs d'un individu et pourquoi s'y intéresser ? Pour des sociologues comme Durkheim ou Weber, les valeurs sont fondamentales pour expliquer l'organisation et le changement, au niveau de la société mais aussi de l'individu. On utilise les valeurs pour décrire les sociétés et les individus et pour expliquer les motivations de base qui sous-tendent les attitudes et comportements.

Pour Shalom Schwartz, les valeurs transcendent des situations spécifiques et sont l'expression de motivations destinées à atteindre des objectifs particuliers comme la sécurité, l'accomplissement, l'autonomie. Les valeurs guident les choix et permettent l'évaluation de comportements envers des personnes et des évènements (bien/mal, juste/injuste par exemple) et sont ordonnées selon leur importance relative en tant que principes qui guident la vie.

L'importance relative des valeurs guide l'action. L'arbitrage entre des valeurs pertinentes et rivales est ce qui guide les attitudes et les comportements. Les valeurs contribuent à l'action dans la mesure où elles sont pertinentes dans le contexte (donc susceptibles d'être activées) et importantes pour celui qui agit.

Les valeurs, selon Schwartz répondent à trois besoins qui sont : le besoin biologique, le besoin d'interaction sociale et de survie et le bien-être au sein des groupes auquel l'individu appartient. Schwartz a proposé un modèle de dix valeurs universelles : autonomie, stimulation, hédonisme, réussite, pouvoir, sécurité, conformité, tradition, bienveillance, universalisme. Il avait, dans une version antérieure de sa théorie des valeurs, émis l'hypothèse d'une onzième valeur de base quasi universelle : la spiritualité. Il s'était posé la question de savoir si la spiritualité pouvait être intégrée aux enquêtes qu'il menait sur les valeurs. En effet, si la question du sens ultime est un besoin de base, alors la spiritualité doit pouvoir se retrouver comme valeur dans toutes les sociétés humaines. Des items comme : une vie spirituelle, sens de la vie, harmonie intérieure, détachement, unité avec la nature avaient été rajouté aux questionnaires sur les valeurs. Les résultats ont montré que la spiritualité n'était pas une valeur comprise de la même manière dans toutes les cultures et qu'ainsi on ne pouvait pas la considérer comme une valeur universelle.

Quid du leadership spirituel

Si pour Schwartz, la spiritualité n'est pas une valeur à proprement parlé, elle participe, pour la majorité des chercheurs, de quatre éléments : la recherche de sens de la vie et de l'activité des hommes, un rapport à la transcendance, le rapport aux autres et la quête du bonheur. Cette quête du but ultime de la vie et du rapport à un au-delà, le questionnement sur le type de relations aux autres ainsi que d'un équilibre intérieur et extérieur vont amener les dirigeants-dits « spirituels » à repenser leur leadership et les valeurs qui fondent leur action.

Depuis une quinzaine d'années, pointent parmi les approches du leadership celle du leadership spirituel. Catherine Voynnet Fourboul a récemment travaillé sur cette approche spécifique. Elle s'appuie sur le leadership fondé sur les valeurs et par le maintien d'une culture de confiance. Cette perspective suppose que les personnes sont un tout qui se manifeste tant dans leur vie professionnelle que dans leur vie personnelle.

Le leadership spirituel développe des sensibilités éthiques supérieures. Il considère les questions telles que la transcendance, les pratiques spirituelles, la sagesse contemplative, l'humilité et d'autres qualités intemporelles. Plus que d'autres approches du leadership, il met l'accent sur l'importance de l'équilibre, de l'harmonie et de l'unité. Il intègre les composantes de la vie au travail et de la vie personnelle dans un système global qui favorise la croissance continue, l'amélioration et la conscience de soi de telle manière que les leaders voient les autres comme des personnes entières avec une variété d'émotions, de compétences, de connaissances et de talents qui vont au-delà des besoins liés à l'emploi.

Ce courant cherche à « valoriser les personnes en les écoutant et en mettant en avant les besoins des autres avant les siens ». Il s'agit d'équilibrer les intérêts de toutes les parties prenantes en essayant de les guider du mieux possible. Ce type de leadership demande un haut niveau de confiance du leader dans la capacité des membres de son entreprise à résoudre des problèmes de manière collective et à prendre des décisions qui vont dans le sens du bien-être commun. Le partage de l'information est également quelque chose de crucial car il aide les membres à faire sens par rapport à ce qui se passe ; « l'information circule librement et les décisions sont prises en équipe ».

Les outils de transformation culturelle

Plusieurs outils existent pour analyser le leadership spirituel, dont celui développé par Richard Barrett : le *Cultural Transformation Tools* (outils de transformation culturelle). Cette approche permet d'articuler valeurs et leadership au moyen d'un questionnaire, d'une analyse et d'un échange pour faire le point sur la situation de leadership et les développements possibles.

Richard Barrett est un auteur britannique, conférencier et leader d'opinion internationalement reconnu qui a écrit sur le leadership, le développement du leadership, les valeurs, la conscience et l'évolution culturelle dans les affaires et dans la société. Il a développé une théorie des étapes universelles de l'évolution, les concepts d'entropie personnelle et culturelle et a créé des instruments d'évaluation basés sur la hiérarchie des besoins humains de Maslow, pour cartographier les valeurs des individus, des organisations, des communautés et des nations.

Il propose une catégorisation des valeurs en 4 domaines : le domaine physique (lié à la survie), le domaine émotionnel (relations et estime de soi), le mental (transformation) et le domaine spirituel (cohésion interne, inclusion et unité). Ces quatre domaines sont déclinés en sept niveaux de catégories : atteindre la sécurité financière, implanter l'appartenance et la reconnaissance, rechercher la performance, créer un climat d'apprentissage et de renouveau continuels, développer une communauté d'organisation, favoriser les alliances stratégiques et partenariats, être au service de l'humanité et de la planète.

Catherine Voynnet Fourboul (2013) appelle de ses vœux une plus grande mise en application de l'accompagnement des cadres et des dirigeants d'entreprise avec cet outil. Selon elle, l'apport du leadership spirituel se situe sur une « sorte de modération par rapport aux effets de la transformation sur les autres. » En effet, vouloir transformer les autres peut être justifié si, et seulement si, cette transformation respecte la dignité des personnes que l'on souhaite transformer.

Leadership spirituel de dirigeants chrétiens et musulmans

Afin de mettre en pratique l'outil de transformation culturelle de Richard Barrett, nous avons mené une étude auprès de 19 leaders chrétiens et musulmans de nationalité française, afin d'établir un lien entre leurs valeurs spirituelles et leurs actions en tant que dirigeants d'entreprises. Les résultats ont montré que les deux niveaux qui sont les plus représentés sont le niveau 2 (importance des relations : vivre des relations harmonieuses et loyales, communication ouverte, satisfaction des clients et amitié) et le niveau 4 (renouvellement et apprentissage continu : se sentir responsable vis-à-vis d'autrui, adaptabilité, responsabilisation, travail en équipe, orientation par les objectifs, développement personnel). Les niveaux 1, 3, 6 et 7 ont été évoqués par l'un ou l'autre, mais sont restés très marginaux par rapport aux autres niveaux.

Dans les discours des leaders, la volonté de développer des relations de confiance, de bienveillance et d'amitié est revenue régulièrement, ainsi que les notions de responsabilité et d'équilibre entre le collectif et l'individu. Il semblerait également que les valeurs spirituelles issues des religions chrétiennes et musulmanes puissent orienter les leaders dans leur quotidien en entreprise sur le plan spirituel, puisque 60 % des réponses au diagnostic de Richard Barrett se situent dans cette dimension spirituelle. Une large part est donnée au niveau 5 qui implique valeurs partagées, vision, engagement, intégrité, confiance, créativité, ouverture, transparence, intelligence collective. Il représente à lui seul 40 % des items choisis par les leaders.

Les leaders mettent en avant le lien qu'ils font entre leur foi, les valeurs qui, pour eux, viennent de la religion qu'ils pratiquent et la manière dont ils conçoivent la relation à autrui, la relation au travail, et leur propre rôle dans leur organisation. Ces leaders s'ils ne parlent pas religion au travail sont souvent pressentis par leur entourage professionnel comme croyants. Pour d'autres, les valeurs issues de leur religion sont importantes, et elles cohabitent avec d'autres sources d'inspiration (autres croyances, sagesses universelles, philosophes, écrivains, mais aussi expériences de vie et rencontres qui les ont marquées).

Aux vues de ces réponses, on peut émettre l'idée que la croyance religieuse des dirigeants interrogés participe d'une spiritualité qui leur permet au quotidien dans leurs missions en entreprise d'être plus centrés sur une vision large de leur travail et de leur participation au monde.

En résumé

Cette étude pose les prémices de travaux qui pourraient montrer l'importance des valeurs spirituelles en entreprises, qui sont pour le moment peu analysées en France. Dans un contexte grandissant d'incertitudes et de non-maîtrise d'enjeux planétaires, un travail autour des valeurs spirituelles pourraient permettre aux dirigeants d'entreprises ou d'organisations de prendre conscience des moteurs de leurs actions pour être les acteurs d'un monde plus juste et d'un rapport apaisé au travail.

LE PRISME DE LA SPIRALE DYNAMIQUE

Hervé Essa

« *L'ouverture d'esprit n'est pas une fracture du crâne !* »
Pierre Desproges

Que nous soyons leader ou manager, nous sommes tous égaux et nous partageons tous le statut « d'Hommes », quel que soit notre fonction ou rôle dans l'entreprise. Partant du principe que nous sommes tous des leaders, ce chapitre se concentrera sur la manière dont ils peuvent avoir une influence sur les Hommes, leur modèle de pensée et les organisations. En s'appuyant sur le témoignage de trois dirigeants, nous verrons l'évolution de leur agilité et l'apparition d'un modèle de pensée plus holistique qui transcende les modèles établis et instaure de nouvelles règles sociales, sociétales, environnementales et économiques. La Spirale Dynamique® (SD) apportera une grille de lecture pour comprendre l'influence du modèle de pensée du leadership sur les Hommes et les organisations ainsi que leur évolution au fil du temps. À titre personnel, en tant qu'ancien dirigeant d'entreprise, je me suis aligné tête, cœur, corps et esprit. Aujourd'hui j'accompagne les dirigeants et leurs équipes à s'aligner et développer une agilité spirituelle qui les conduit au leadership spirituel. Cet alignement permet entre autres d'avoir une vision 360 de « soi » et de son organisation, au service de leur propre raison d'être et d'un plus grand que soi.

Présentation de la Spirale Dynamique®

La **Spirale Dynamique (SD),** conçue par Clare W. Graves puis développée par Beck et Cowan est une grille de lecture qui permet de comprendre comment les hommes s'organisent, leur comportement dans un environnement, leur impact et l'évolution sur ce dernier (Chabreuil, 2019). La SD s'appuie sur trois strates de valeurs : de surface, cachées et profondes. Elle décrit la strate des valeurs profondes sur huit niveaux d'existence, identifiée par des couleurs : beige (la survie), violet (regroupement tribal), rouge (la loi du plus fort), bleu (la vérité ultime), orange (la réussite professionnelle), vert (l'harmonie dans un collectif), jaune (la pensée complexe), turquoise (la pensée holistique). Les couleurs peuvent également être séparées entre celles pour qui l'individu prime sur le collectif (beige, rouge, orange et jaune) et celles pour qui le collectif prime sur l'individu (violet, bleu, vert, turquoise). L'évolution du mode de pensée d'une personne par rapport à son groupe permet de transcender le niveau actuel et d'évoluer vers le niveau supérieur en incluant le précédent. Notre mode de pensée évolue en fonction de la complexité, des questions posées et des réponses trouvées, à titre individuel et en interaction avec les autres. L'évolution n'est pas une fin en soi, chacun avance à sa propre vitesse. La SD voit l'équipe comme un organisme vivant. Nous nous concentrerons sur quand et comment les leaders ont et vont décider de changer de modèle de pensée pour se créer de nouveaux repères. Le changement de paradigme passe en premier lieu par une évolution personnelle.

Selon Albert Einstein : « Aucun problème ne peut être résolu sans changer le niveau de conscience qui l'a engendré » mais les Shadoks (Jacques Roussel) disaient : « S'il n'y a pas de solution c'est qu'il n'y a pas de problème ».

Prenez les problèmes comme des opportunités de changer de modèle de pensées et non comme des obstacles.

Figure 8 : Les différents niveaux de la Spirale Dynamique

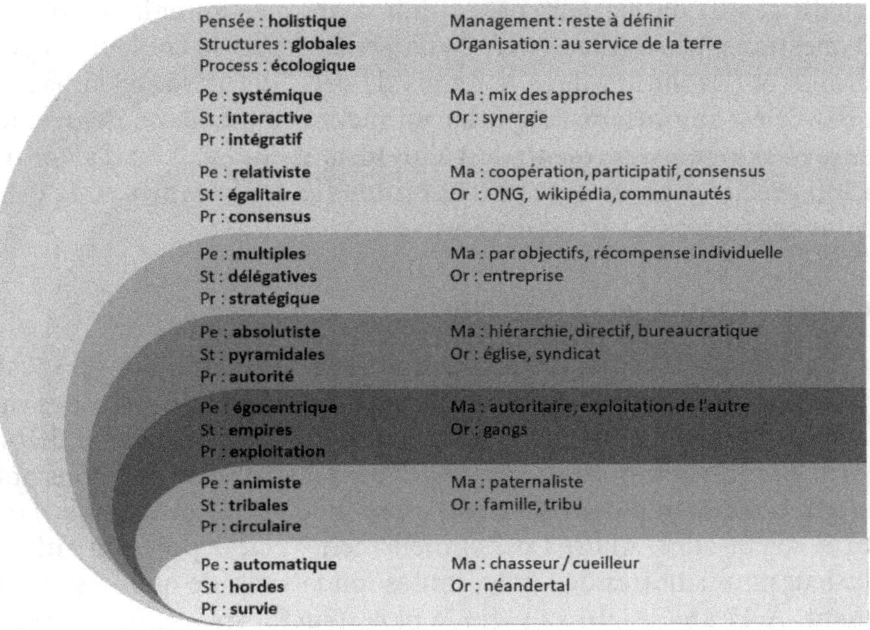

Lien avec le leadership spirituel

Si changer de modèle de pensée permet d'évoluer vers un meilleur environnement au service de plus grand que soi, pourquoi ne pas le faire ? D'où viennent les blocages ? Du confort de la routine ? D'un manque de prise de conscience de la limite du modèle de pensée actuel ? De croyances limitantes ? La peur du regard des autres ? Ou simplement la crainte de sortir de sa zone de confort ? Le monde VICA (Vulnérable, Incertain, Complexe et Ambiguë) exhorte les dirigeants, les leaders et les hommes à s'adapter plus rapidement et à être dans l'instant présent.

Pour illustrer ces points, trois CEO ont accepté de témoigner en toute authenticité et d'ouvrir leur cœur. Les modèles de pensée des trois dirigeants sont très proches, mais leurs évolutions respectives est sur la base d'expériences de vie qui apportent une compréhension sur comment les modèles de pensées évoluent. La notion de temps a été prise en compte dans leurs histoires afin de comprendre l'évolution de leur savoir-être et de leur impact sur le modèle de pensée de leur organisation. En quoi la connaissance et l'acceptation de soi, l'émergence de valeurs, de la raison d'Être et le rôle de l'intuition dans les prises de décision peuvent apporter l'agilité spirituelle nécessaire au leader pour conduire l'évolution des hommes et des organisations ? Ces dirigeants ont également répondu à un questionnaire de plus de 70 questions. Le résultat a permis de voir émerger la couleur prépondérante et l'évolution dans le temps de cette dernière sur la base de la SD. Il est important de garder en mémoire que la couleur émergente n'est qu'une représentation à un instant donné. Afin d'avoir une vision précise, une analyse plus approfondie des hommes et de différentes organisations serait nécessaire.

Premier témoignage : l'alignement

Alain Ayala, 51 ans, CEO et actionnaire majoritaire de sa société spécialisée dans le Cloud Computing et de la digitalisation des métiers m'a partagé la définition de la nuit noire de l'âme. Cette théorie existe dans de nombreuses cultures et part du principe que nous nous créons nous-même des situations pour nous faire progresser, aussi dures soient-elles. Alain a personnellement vécu depuis son enfance plusieurs nuits noires de l'âme, toutes fondatrices de qui il est maintenant. À 47 ans, Alain va vivre la plus structurante. CEO et associé d'une société prospère, marié, père de trois enfants, tout semblait aller pour le mieux, hormis une intolérance alimentaire grandissante et des visites chez l'ostéopathe toutes les semaines. Un soir en rentrant du travail, il s'arrête sur le bord de la route et craque, se sentant absent de son corps, vide de toute existence. Son monde était à l'image de ce qu'il avait vécu et non de qui il était. Il prend la décision d'initier un changement intérieur sous différentes formes. Il lit beaucoup (Natacha Calestrémé, Frédéric Lenoir, Simon Sinek, Pierre Rabhi, etc.), se fait accompagner par un coach et un thérapeute et se rapproche de différents enseignements propres aux cultures ancestrales. Ce sont les séances de transcognitive, réalisées par Corine Sombrun [qui travaille avec la fondation TranceSciences Research Institute sur l'impact des états modifiés de conscience dans certaines pathologies et le développement du cerveau] qui vont accélérer son processus de transformation par une réactivation des circuits synaptiques inhibés. Les premiers résultats ne se sont pas fait attendre, plus besoin d'aller voir l'ostéopathe, disparition des intolérances et une découverte du bien-être par une reconnexion à la nature, un nouveau regard sur la beauté de la vie et la compréhension que nous vivons des expériences difficiles dans des situations que nous nous créons pour grandir. L'évolution de son modèle de pensée lui a permis de faire évoluer considérablement sa vision de l'organisation idéale. Jusqu'à maintenant Alain avait créé et dirigé des sociétés de type bleues dans lesquelles il apportait ordre et sécurité, à travers une structure très pyramidale, où toutes les décisions passaient par lui. Son modèle de pensée a évolué de bleu à jaune. Il a su faire évoluer sa société en 2 ans. Avant bleue, aujourd'hui elle est verte à tendance jaune, où chacun peut s'exprimer en étant pleinement soi, où la distribution du pouvoir est présente et où l'ego ne pilote plus les décisions. L'histoire de vie d'Alain nous montre qu'il est possible de faire évoluer incrémentalement une organisation dans la SD. Il a également partagé que certaines personnes ne souhaitaient pas évoluer en termes de modèle de pensée, décidant de rester dans des modèles de pensée de type bleu. Ce partage met en exergue que lors de l'évolution des organisations, il est tout à fait normal que des personnes ne soient plus alignées avec la nouvelle organisation. Alain nous montre également qu'une organisation est limitée au niveau du modèle de pensée de son dirigeant lui-même ayant évolué d'un modèle de pensée de type bleu à jaune.

Son rôle, plus holistique, lui donne plus de liberté pour poser le cadre et permet ainsi un développement personnel et collectif autonome de son organisation. Ces décisions lui ont permis de se libérer de l'emprise du mental et se mettre au service de l'organisation.

Un des axes du travail d'alignement consiste à redescendre du mental, où l'égo pourrait agir, au niveau du cœur pour transcender au niveau de l'esprit où les décisions plus justes pourront être prises. Mais comment prendre conscience du bon moment où il faut descendre au niveau du cœur ? Et comment transcender au niveau de l'esprit, de l'âme ou tout autre nom qui résonne pour vous. Seul un travail permanent sur soi permet d'affiner son écoute et prendre des décisions plus pertinentes.

Deuxième témoignage : le leadership spirituel spontané

Julien Coulon, marié, 47 ans, père de 2 enfants, TDAH, autodidacte et entrepreneur dans l'âme, a monté une entreprise qu'il a vendue plus de 100 millions de dollars en 2018. Aujourd'hui Julien est directeur général de Crédit Mutuel Innovation. Julien a également vécu dans son enfance des nuits noires de l'âme. Il a eu la chance d'être accompagné par un mentor, ou pourrait-on dire un guide, à l'âge de 18 ans qui l'a canalisé et amené à s'aligner. Julien a développé un modèle de pensée tournée vers les autres, se nourrissant des personnes qu'il rencontre. Pour lui, vie personnelle et vie professionnelle ne font qu'un, il est à la maison comme au travail, naturel et authentique. Il n'a jamais pris conscience d'avoir fait un « travail sur soi ». Depuis peu, Julien commence à pratiquer la méditation. Même s'il ne parle pas d'alignement, il mentionnera l'importance d'avoir un esprit ouvert, de se sentir bien dans sa peau et que la générosité vient du cœur. Chaque jour qui passe l'amène à avancer encore plus sur une voie de découverte de soi au service des autres. Dans son poste actuel Julien décrit sa position comme chef d'orchestre et intrapreneur. Son modèle de pensée très « jaune » lui a permis en un an de faire évoluer celui de son organisation. Il a su fluidifier les échanges, développer la notion de décision collective à travers un sentiment de partage et d'appartenance. Ces changements ont développé une tendance, un modèle de pensée lié aux caractéristiques de la couleur verte. Son objectif à terme est d'emmener son organisation et ses hommes vers une majorité de jaune et vert. L'alignement de ses collaborateurs à qui ils sont, aux valeurs et à la raison d'être se fera entre autres au travers d'une organisation moins pyramidale, la délégation des responsabilités et surtout en faisant « tomber les masques ». Julien a pris conscience que les personnes réagissent de façon limitée par rapport à leur égo. Ce dernier a été le point d'accès aux émotions et au mental pour les interroger sur leurs rôles et leurs valeurs marché initiant ainsi une transmutation de fond. Il a ainsi réussi à utiliser le rationnel couplé au spirituel pour les mettre au service de l'organisation.

Ses croyances en un monde meilleur, plus juste, où l'innovation permet l'accès à l'information au service du bien commun afin de partager, fédérer et développer une économie circulaire lui ont permis de faire émerger une culture commune et des valeurs partagées autour de l'image du papillon. Julien parle très ouvertement d'intuition qu'il a pu avoir et qu'il définit comme « *Chimique, inexplicable, tu ne la sens pas mais qui est là* ». Pour expliquer son intuition, il fait référence à la chanson *Listen to your heart*. Dans son aventure entrepreneuriale, Julien avait mis en œuvre un modèle de pensée très jaune où tout le monde était impliqué dans les recrutements. Un poste de DG était ouvert, mais face à d'éventuels changements d'opinion des investisseurs, il devait agir rapidement. Le recrutement du DG n'est pas passé par le process de recrutement qu'il avait établi, il avait pris une décision avec sa tête et non son cœur. Le résultat a été une intégration ratée, en tant qu'organisme vivant, son organisation a rejeté l'intrus qui lui avait été imposé. Sa décision avait été prise avec tête et non son cœur, son environnement lui a fait comprendre très rapidement.

Troisième témoignage : l'authenticité naturelle au service du leadership spirituel

Dominique Buttin, 61 ans, marié, Directeur Général du Groupe industriel français Radiall, a toujours été fidèle à lui-même. Le modèle de pensée et l'organisation de Dominique sont aujourd'hui majoritairement jaunes et verts. La dominante jaune a émergé ces dernières années entre autres par la disparition progressive d'une organisation pyramidale, l'ouverture au dialogue laissant ainsi rentrer les émotions et l'acceptation du soi au quotidien. Cette transformation progressive a vu l'émergence des valeurs et de la raison d'être du groupe. L'approche bottom-up a été privilégiée. *Grandir ensemble, Être authentique, Oser l'audace, Faire simple,* ces quatre valeurs ont toutes émergé des collaborateurs du groupe à travers le monde et elles se sont également avérées être celles de Dominique. Mais si la raison d'être a pu émerger, la vision du groupe n'a pas pu être formalisée. Le constat partagé est que le projet de transformation initié en 2015 a pu avancer sans une vision clairement exprimée, car seuls le cheminement et l'instant présent sont importants. Nous avons ici un parfait exemple d'une organisation internationale, de plus de 3 000 salariés, qui expriment singulièrement, à travers le monde, des valeurs qui sont également portées par son dirigeant. Dominique a pris très rapidement conscience qu'être authentique est essentiel. Cette authenticité et ce travail sur soi, Dominique les a développés dès son jeune âge par des expériences choisies comme une transatlantique avec son frère pendant trois mois, ou un mois en communauté à l'abbaye Notre-Dame-de-la-Trappe à Soligny où travail manuel, prières et études rythmaient les journées. Il avait souhaité vivre cette expérience, à la suite de la découverte de la culture bouddhiste en Birmanie où il a pu apprécier pendant ce voyage la double vie des moines, à la fois monastique et familiale pour travailler aux champs pendant la saison des cultures. C'est lorsqu'une graphologue lui donne l'autorisation d'être pleinement soi en lui partageant « *Vous n'avez plus rien à prouver* » que Dominique prend conscience de toute sa force et s'appuie de plus en plus sur son intuition qu'il a développée au fil des années par ce travail permanent sur soi. À compter de ce jour, il s'affirme encore plus en tant que « homme » avant de s'afficher comme dirigeant, apportant ainsi l'humanisme et la spiritualité dans son leadership. La prise de décision pour Dominique a toujours été alignée « *en âme et en cohérence avec ma conscience* ». À plusieurs reprises, il a mentionné le fait qu'au sein de son organisation le « *terreau était favorable* » pour une évolution vers une tendance vert et jaune de ses collaborateurs et de son organisation. Les décisions étaient déjà décentralisées, l'autogouvernance mise en place pour ne citer que quelques éléments du développement de l'agilité et du modèle de pensée des hommes et de son organisation. Ses expériences de vie lui ont permis simplement de créer un modèle de pensée au-delà du leader transformationnel vers un leadership spirituel. Dominique affirme que la bonne performance économique de l'entreprise des dernières années est directement liée au changement de modèle de pensée des collaborateurs et le renforcement de son modèle de pensée qui se retrouve dans son évolution par rapport à la SD.

En résumé

Les témoignages interrogent sur l'évolution des modèles de pensées. Les jeunes sont-ils plus naturellement ouverts à une agilité et un leadership spirituel ? À quel point les expériences de vie sont structurantes pour évoluer au sein de la SD ? Le chemin à parcourir doit-il nécessairement être dur à vivre ?

Nous venons de voir que le travail sur soi est un des axes d'évolution vers une intelligence spirituelle permettant entre autres des prises de décision alignées tête, cœur, corps, esprit et l'émergence de valeurs et raison d'être. Plus un individu agit sur lui-même, ses peurs, ses drivers, ce qui le motive, la découverte de sa raison d'être, plus il sera amené à incarner sa vraie nature, quel que soit son environnement personnel ou professionnel. L'incarnation de soi est l'un des éléments-clés et structurant du leader spirituel. Plus nous nous connectons à notre « moi intérieur », plus nous avançons sur la découverte de notre mission de vie et plus l'intensité de notre leadership sera forte. D'un point de vue théologique, le charisme est une faveur, un don, accordé par le Saint-Esprit à un individu ou à un groupe. La conscience collective l'interprète-t-elle encore ainsi ? Selon la SD, une organisation ne peut pas évoluer au-delà du niveau de son dirigeant. Si l'agilité spirituelle permet un développement des personnes et de l'organisation selon la SD, est-ce une nécessité ou une conséquence de l'évolution du modèle de pensée ? Les témoignages soulignent que plus une organisation évolue dans la spirale dynamique plus le besoin de valeurs et raison d'être devient important et plus ces dernières émergent implicitement. Dans les organisations de type bleu et orange, le modèle de pensée ne permet pas, ou peu, l'ouverture des consciences au travail. Les personnes avancent sur la base de consignes ou d'objectifs à atteindre, sans pour autant prendre en considération un objectif plus global. L'évolution du leader vers un modèle de pensée de type vert ou jaune apporte de l'autonomie et de la liberté d'expression aux collaborateurs, ouvrant ainsi la capacité à travailler pour un objectif plus grand et partagé. Développer les valeurs intangibles de l'organisation passe par une intelligence collective stimulée autour de la singularité de l'entreprise, des valeurs communes et la raison d'être. Ces dernières développent le bien-être et l'efficience au travail. Le défi des entreprises est de créer ces valeurs communes et partagées. Et si l'amélioration des résultats économiques passait par le développement des valeurs immatérielles de l'organisation, à savoir les femmes et les hommes qui forment un collectif au service du bien commun.

La définition d'une raison d'être au service d'un plus grand que soi, une prise en compte et un respect de l'environnement, de la terre, un alignement de l'organisation, des collaborateurs à cette organisation deviennent un axe de travail prépondérant pour les dirigeants. L'émergence de la raison d'être ne doit pas laisser de côté l'émergence de l'Être.

Et si c'était l'occasion d'envisager la croissance avec de nouveaux facteurs comme les objectifs de développement durable que la France s'apprête à signer pour une mise en application en 2030 : *People, Profit, Planet, Dignity, Prosperity, Partnership and Justice*. En 2019, plus de 180 CEOs américains ont signé une charte initiée par Business Roundtable. Cette charte les engage à œuvrer au-delà de la création de profit, et de considérer des objectifs bien plus grands et qui ne se limitent pas à l'industrie dans laquelle ils opèrent, mais relèvent d'un enjeu mondial plus important. En 2006, la communauté B Corp a été créée aux États-Unis, réunissant des entreprises qui souhaitent afficher leur mission sociétale au cœur de leur raison d'être. Plus de 2 500 entreprises dans le monde ont adhéré à cette charte dont plus de 50 entreprises françaises qui ont été certifiées début 2018.

Osez laisser entrer votre âme dans votre leadership et vous verrez s'ouvrir de nouvelles opportunités et le monde changer autour de vous.

Cela ne dépend que de vous, de qui vous êtes, de ce que vous voulez apporter au monde, de ce que vous voulez laisser à vos enfants. Le monde change, la vision d'un monde respectueux de l'environnement a toujours été là, maintenant il devient plus visible et surtout indispensable. Ce mode de pensée est en pleine expansion, les premières entreprises à avoir évolué et qui communiquent, donnent l'autorisation aux autres d'avancer. Personne n'aura souvenir des résultats financiers que vous allez générer, mais tout le monde se souviendra des organisations et des Hommes qui auront œuvré pour le bien commun. Danone devient « une société à mission ». Soyons fier qu'un groupe français prenne une telle initiative donnant ainsi l'autorisation à d'autres dirigeants de suivre cette voie.

L'évolution des organisations et de leur impact sur le monde est possible uniquement si le changement se fait au niveau de chaque individu. Plus les décideurs économiques et étatiques évoluent vers un leadership spirituel plus nous aurons la chance de voir émerger de nouvelles richesses sur la base de nouveaux modèles donnant ainsi la permission à d'autres d'évoluer.

Et vous, quel comportement, aussi petit soit-il, allez-vous changer en premier lieu après la lecture de ce chapitre ?

6

PARTIE

L'ACCOMPAGNEMENT DU LEADERSHIP

Peter Drucker (1988) a imaginé que les universités relieraient un jour l'enseignement de la gestion à un fondement spirituel et à une cause supérieure et a commenté la déclaration de saint Bonaventure (toutes les connaissances ramènent à la Source de toute lumière et à la connaissance de la vérité ultime) : « Je dois admettre que je ne sais pas trop comment la comptabilité analytique ou l'étude des niches fiscales ramènera à la Source de la Lumière, sans parler de la connaissance de la vérité ultime. Mais je suis certain que l'esprit de saint Bonaventure doit animer tout ce que nous faisons pour que la gestion ait des résultats. » (Schmidt-Wilk *et al.*, 2000)

Pendant longtemps on s'est posé la question de savoir si le leadership pouvait être enseigné comme l'exprime Peter Drucker (2005) même si les leaders aspirent à savoir beaucoup de choses. La même question se pose à propos du leadership spirituel. Peut-on enseigner le leadership spirituel avec des méthodes d'enseignement traditionnelles (Klenke, 2003) ? L'enseignement de la spiritualité nécessite de construire un environnement sécurisé pour l'expression de la diversité de la sensibilité de la créativité et des différentes tonalités spirituelles de chacun sans dogmatisme sans prescription et sans offenser ceux qui sont affiliés à une religion.

Est-il pertinent de le faire ? Sans doute car certains évoquent une renaissance spirituelle dans le monde du travail (Covey, 1989). Le leadership spirituel a une caractéristique particulière qui tient à la définition de la spiritualité centrée autour de la dimension relationnelle de la dimension de connexion. À partir de là, le cheminement vers l'acquisition d'un leadership spirituel peut entraîner **l'incursion de tiers** qu'il s'agisse de consultants, de guide spirituel, de coach, d'éducateur spirituel. Ils agissent comme des révélateurs de la dimension spirituelle qui pourra enrichir le leadership des personnes accompagnées.

Un tiers pour accompagner le leadership spirituel

On remarque également que l'incursion de la spiritualité dans le leadership ne va pas de soi et beaucoup de personnes ne se sentent pas à l'aise avec de tels changements. Changer le système pour atteindre un niveau de conscience plus élevé n'est pas un événement soudain. C'est un processus en continu qui pousse à la transformation des individus de différentes façons et à différents moments de leur existence et de leurs expériences. Cela dépendra des circonstances qui facilitent l'acceptation de ces nouvelles idées. Les approches spirituelles ne sont pas validées automatiquement et nécessitent la formation d'une **intention** de changement. Sans efforts intentionnels, les changements sont lents, entraînent des conséquences non intentionnelles plus graves que le désir initial, suscitent un désespoir partagé quant à l'avenir et diminuent l'esprit humain. Boyatzis (2006) a observé qu'en raison de son apparente déconnexion avec le moment de l'intervention de coaching, le résultat réel peut facilement être négligé ou attribué à d'autres facteurs. Par ailleurs, le lien entre spiritualité et leadership n'est pas instantané lui non plus.

L'accompagnement des leaders par la voie du coaching développemental ou transformationnel suppose de la part des accompagnants une approche holistique qui engage tous les domaines d'apprentissage et aspire à un niveau élevé d'engagement du client et d'appropriation pour que le changement transformationnel se produise (Brockbank et McGill, 2006). Ces interventions holistiques et centrées sur le client exigent du coach qu'il soit capable de supporter les bouleversements et les malaises importants que les clients sont susceptibles d'éprouver lorsqu'ils subissent un changement personnel important, ce qui nécessite davantage que le coach représente un **endroit sûr** plutôt qu'il soit un expert dans l'utilisation des outils et des techniques (Cox et Jackson, 2010, p. 220). Daloz (1999) se fait l'écho de cette idée en estimant que la présence rassurante de mentors, en tant que compagnons de voyage de confiance, est essentielle pour permettre à l'apprenant de s'aventurer dans l'inconnu (Hanssmann, 2014).

L'accompagnement du leadership spirituel suggère que les accompagnants eux-mêmes soient éveillés à la spiritualité. On observe que la **spiritualité des coachs** se traduit par un sens profond de la vocation, associé à l'humilité (Hanssmann, 2014). Le fait d'accepter leurs propres limites humaines les aide à donner le meilleur d'eux-mêmes pour soutenir leurs clients, tout en leur permettant de prendre du recul et d'aller au-delà de la pression à la performance en renonçant à des résultats finaux étriqués afin de privilégier un accompagnement de leurs clients dans une transformation libre et à leurs propres rythmes. Les recherches relatives à l'impact de la spiritualité des coachs sur leurs approches et les résultats du coaching sont encore rares (Duncan, 2012) et les résultats ont apporté de précieuses informations à une profession où la capacité à se connecter avec les clients non seulement sur un plan rationnel mais aussi sur un plan plus holistique et en particulier spirituel prend de plus en plus d'importance (Kauffman et Bachkirova, 2008).

Les outils pour l'accompagnement

Cette remarque étant faite, les outils constituent des supports que l'on peut utiliser à titre d'exemple pour montrer l'articulation de l'intervention d'accompagnement en matière de leadership spirituel. D'un point de vue pratique il existe de très **nombreux outils** qui servent cet objet du développement personnel et spirituel concernant le leadership. Si l'on prend l'exemple du MBTI indicateur de personnalité jungien le plus connu (James, 2003), on observe son potentiel auprès de dirigeants afin de les aider à gérer le développement à mi-vie. À la mi-vie, généralement définie après 40 ans, les fonctions (de perception et de jugement) les moins développées empiètent souvent sur notre personnalité et demandent plus d'attention (Fitzgerald, 2002). Les clients de Jung (1933) en milieu de vie se plaignaient souvent d'un manque de zeste et d'épanouissement dans leur vie. Comme Jung (1933) le dit avec élégance :

« Plus nous approchons du milieu de la vie, et mieux nous avons réussi à nous enraciner dans nos positions personnelles et nos positions sociales, plus il semble que nous ayons découvert la bonne voie et les bons idéaux et principes de comportement. Pour cette raison, nous supposons qu'ils sont éternellement valables et nous faisons la vertu de nous y accrocher immuablement. Nous ignorons totalement le fait essentiel que les réalisations que la société récompense sont gagnées au prix d'une diminution de la personnalité. Beaucoup – beaucoup trop – d'aspects de la vie qui auraient également dû être vécus se trouvent parmi des souvenirs poussiéreux. Parfois, même, ce sont des charbons incandescents sous des cendres grises [...] On voit que dans cette phase de la vie – entre trente-cinq et quarante – un changement important dans la psyché humaine est en préparation [...] Souvent, c'est quelque chose comme un lent changement dans le caractère d'une personne ; dans un autre cas, certains traits peuvent apparaître qui ont disparu dans l'enfance ; ou encore, les penchants et les intérêts commencent à s'affaiblir et d'autres surgissent pour prendre leur place. »

Avec l'aide d'un coach, les managers peuvent commencer à explorer de nouvelles façons de rendre leur vie plus productive et plus intéressante. À mesure que les cadres mûrissent en âge, ils peuvent commencer à utiliser leurs fonctions les moins développées de manière à rendre leur vie plus significative. L'accompagnement de leadership on le voit est donc extrêmement sensible à l'âge des personnes qui consultent, et en dernier ressort limité du fait des pressions exercées sur le rôle organisationnel des personnes.

L'éducation au leadership spirituel

Si l'on reprend précisément l'idée de l'âge, on peut se poser la question de la **préparation** à la spiritualité concernant ceux qui deviendront des managers dans l'entreprise. On touche au domaine de **l'éducation**. Dans une recherche sur l'éducation des étudiants en matière de conscience élevée (Schmidt-Wilk *et al.*, 2000), quelques suggestions sont destinées à l'égard des éducateurs en gestion : enseigner aux étudiants qu'il existe un fondement spirituel à la vie personnelle et professionnelle ; enseigner aux étudiants qu'ils peuvent faire l'expérience de la spiritualité et de la transcendance ; évaluer les résultats des aspects spirituels de l'éducation en gestion ; échanger au sein des instances académiques à propos de la spiritualité et se soutenir mutuellement. Les instructeurs utilisent depuis longtemps la méthode des cas, des discussions en petits groupes, l'apprentissage en entreprise, le travail sur le terrain. Des retraites hors site peuvent aussi permettre d'approfondir leurs connaissances et vivre une expérience éducative vraiment durable. Peut-être que les instructeurs peuvent, comme point de départ, simplement prévoir de courtes pauses pour redonner de l'énergie aux étudiants ou les réengager dans le groupe et le processus. Dans la mesure où l'instructeur peut modeler certaines techniques de réflexion ou de contemplation, il est probable que les étudiants envisageront de les utiliser pour faire face aux inévitables défis de la vie professionnelle qui se présenteront à eux (Whitty & Koeplin, 2011). La visualisation guidée et la quête de vision par exemple participent à un enseignement innovant et créatif centré sur la personne dans son ensemble qui peut renforcer l'impact de ces efforts visant à inclure les valeurs personnelles et les considérations éthiques dans les carrières, les professions et les modes de vie personnels (Gelardin *et al.*, 2010).

Tout ce qui découle de la contemplation conduit à beaucoup plus de relaxation, à une réduction de l'anxiété, de la peur et du stress et à l'augmentation d'un climat chaleureux dans la classe permettant d'offrir une alternative à une vision un peu étriquée sur les faits, la raison, la logique l'analyse en s'ouvrant à l'intuition et l'imagination.

Dans cette partie, Franck JAOTOMBO évoque le développement personnel et spirituel comme une démarche de transformation du moi, par un ensemble d'exercices spirituels qui révèlent la véritable nature de l'Être.

Xavier GARCIA-WEIBEL dévoile la spiritualité au sein de la relation de coaching du point de vue du coach. Son expression poétique nous fait vivre à la fois la puissance d'un coaching et également l'inattendu spirituel dans toute sa plénitude.

Pierre MONIZ-BARRETO nous invite à poursuivre dans la voie des pionniers de la spiritualité en entreprise en utilisant la voie de la formation à l'intelligence spirituelle tout en avertissant les candidats formateurs des prérequis dans ce domaine.

Pour les gestionnaires qui font face à des adultes peut se poser la question de la manière dont ils ont pu être accompagnés au cours de leur éducation sur le plan spirituel. Florent PASQUIER aborde la mobilisation de la dimension du spirituel en sciences de l'éducation et propose un cadre des outils dérivant de la conception de l'être en tant qu'être ou dans le temps.

Enfin Anne-Marguerite FERREIRA traite en tant que praticienne le codéveloppement sous l'angle de la spiritualité. Le codéveloppement est une pratique faisant référence à un groupe de paroles qui se répand dans les organisations et qui permet une expression singulière et profonde assortie d'entraide.

DÉVELOPPEMENT PERSONNEL ET SPIRITUEL

Franck Jaotombo

L'expression « développement personnel » (DP) peut facilement prêter à confusion dans la mesure où il s'agit d'un terme générique mêlant pêle-mêle les pratiques, les méthodes et les outils de DP, la démarche d'un individu qui aspire à se développer, et l'objet, la nature ou la finalité du DP. On réalise ainsi qu'il faut déjà commencer par poser une question simple, mais fondamentale : qu'est-ce que le développement personnel ? Nous avons par le passé tenté de proposer des définitions du DP, mais se limitant à une perspective psychologique, celles-ci sont restées partielles. Nous pouvons aujourd'hui proposer des compléments à ces premières tentatives.

Une étude approfondie de la littérature traitant du DP fait émerger trois familles bien distinctes de conceptions théoriques.

La première, de nature psychologique, aborde le DP sous l'angle d'un fonctionnement optimal de l'individu, notamment au niveau cognitif (intellectuel), affectif (émotionnel) et conatif (comportemental) (Jaotombo, 2019). Dans la pratique, cet aspect renvoie très souvent à la motivation et à l'accomplissement de soi, les émotions positives, les aptitudes interpersonnelles et l'efficacité personnelle.

La deuxième, de nature sociopolitique, s'intéresse au contexte organisationnel, social et économique dans lequel se situent les pratiques de DP ou les individus qui les mobilisent. En ce sens, cette perspective souligne les déterminants environnementaux agissant sur les acteurs du DP et cherche à en expliquer la genèse, voire les causes.

La troisième, de nature philosophique, s'intéresse à la dimension cosmique du DP en cherchant à intégrer l'individuel et le collectif dans une vision intégrée, un Tout à la fois immanent et transcendant qui est plus que la somme des parties. Cette perspective est donc forcément métaphysique, spirituelle, sans nécessairement pour autant être religieuse. C'est cette perspective que nous allons éclairer dans ce chapitre.

Une perspective philosophique et cosmique du DP : la quête de Sagesse

Toute réflexion sur le DP risque de manquer sa cible si elle ne tient pas compte de la genèse historique des démarches de DP au moins depuis l'Antiquité, notamment les travaux qui abordent la philosophie antique comme une façon de vivre, tels que ceux de Pierre Hadot (1995).

Une des motivations que l'on retrouve dans la démarche de DP est celle de mener une vie digne d'être vécue (Peterson, 2006). Dans sa lecture de Platon, Hadot estime que seule la vie philosophique est digne d'être vécue, c'est-à-dire celle consistant à se « tourner entièrement vers la vie spirituelle et réaliser une conversion qui met en jeu toute l'âme » (Hadot, 1995, p. 106), ce en quoi consiste la sagesse. Une vie digne d'être vécue serait donc une vie consacrée aux vertus et à la sagesse, lesquelles ne sont pas le fruit d'un développement des capacités dans le sens psychologique, mais davantage comme le résultat d'une transformation du moi. Cette transformation du moi est elle-même réalisée à travers un ensemble d'exercices dits spirituels (*askesis*). Ces exercices touchent autant le corps que l'âme.

Fondamentalement, les exercices spirituels de la philosophie antique peuvent être rangés en deux grandes catégories qui constituent deux mouvements de conscience de soi, l'un visant le renforcement du moi, se rapproche significativement de l'idée d'un fonctionnement optimal psychologique ; l'autre, visant l'expansion du moi, recherche à embrasser une perspective plus cosmique par une élévation de la conscience et une prise de recul.

Renforcement du moi

Cela consiste en particulier à prendre conscience du pouvoir que l'on a de ne pas céder à toutes sortes de désirs et objets de convoitise. Moins le moi cède, plus il se ressent comme renforcé et libre, et découvre qu'il n'est pas ce qu'il croyait être, notamment les objets auxquels il s'est identifié, et qui l'empêchent de prendre conscience de lui-même.

Ce détachement des objets de préoccupations s'appliquant à tout ce qui est superflu mène le moi à se centrer de plus en plus sur ce qui est ici et maintenant, à une concentration sur le présent qui ne fait qu'accentuer la conscience de soi, et qui résume une conception centrale de la philosophie antique, à savoir de ***souci de soi***. Il s'agit en réalité d'une telle concentration dans le présent que chaque acte, chaque pensée est abordée comme si elle était la dernière de sa vie. C'est donc un exercice conscient à la mort : ainsi, paradoxalement le moi n'est jamais autant renforcé que lorsqu'il réalise que l'exercice de bien vivre et l'exercice de bien mourir mènent au même endroit, et que l'on ne vit bien que lorsque l'on a appris à bien mourir.

Une autre façon de renforcer le moi est l'examen de conscience. Dans cet exercice, le souci de soi devient connaissance de soi. Dans la mesure où l'examen de conscience dans la philosophie antique peut être pratiqué à la fois de façon intime ou avec l'aide de son maître, on n'est en fin de compte pas très loin des pratiques modernes de psychothérapie ou de coaching, si ce n'est l'objet qui est constamment la purification de l'intention morale et la prise de conscience de ses motivations les plus profondes afin de les corriger et d'atteindre la vertu.

Expansion du moi

Un autre exercice recommandé dans la philosophie antique consiste en une « dilatation du moi dans la totalité du réel, tendre sans cesse à embrasser l'ensemble de l'universalité du divin et de l'humain » (Hadot, 1995, p. 309). Cette démarche contemplative, très proche de la conception orientale de la méditation permet au praticien philosophe de prendre conscience qu'il est à la fois dans l'infiniment petit et l'infiniment grand et qu'il n'est pas réduit à la perspective de son corps. Le passage à la perspective de la totalité ou du cosmos permet de mieux situer le contexte dans lequel se déroule notre existence. De cette perspective, on réalise qu'il n'y a pas de causalité simple, mais que chaque événement a des ramifications causales qui remontent à la totalité du cosmos. Ainsi les choses sont ce qu'elles sont parce que le cosmos est ce qu'il est. Loin de décourager le praticien philosophe, cette vision est au contraire libératrice, car la relation se propage bien évidemment dans les deux sens : le cosmos est tel qu'il est parce que je suis ce que je suis... et donc toute action vertueuse de ma part impacte positivement tout le reste du cosmos.

La sagesse comme finalité du DP

La perspective spirituelle du DP vise un idéal-type bien identifié, celui du sage qui « reste identique à lui-même, dans une parfaite égalité d'âme, c'est-à-dire heureux quelles que sont les circonstances » (Hadot, 1995, p. 335 ; « (…) une sorte de noyau de liberté indomptable et inexpugnable » (Hadot, 1995, p. 338). Le personnage de Socrate incarne cet idéal type, et sa vie comme sa mort reflètent les enjeux du DP, c'est-à-dire une vie digne d'être vécue à la façon d'un philosophe. On peut résumer la démarche de Socrate par trois groupes de mots : le souci de soi, le souci d'autrui et le souci de la cité.

Le souci d'autrui chez Socrate consiste à pousser ses interlocuteurs à s'examiner eux-mêmes, de ce qui les motivent, des valeurs qui dirigent leur vie, les amenant ainsi à se remettre en question. Mais chez Socrate, le souci de soi est inséparable du souci d'autrui et celui de la Cité : « Ce n'est pas seulement les autres, mais lui-même, que Socrate ne cesse de mettre à l'épreuve […] la transformation de soi n'est jamais définitive. Elle exige une perpétuelle reconquête » (Hadot, 1995, p. 66).

Resituer le DP dans un cadre intégratif et spirituel

Pour bien saisir et intégrer la dimension spirituelle du DP il nous semble indispensable de dépasser les cloisonnements disciplinaires et de réfléchir non en termes de causalité simple, mais en termes de complexité et de récursivité, en ce sens où il existe de multiples boucles rétroactives entre l'Individu, la Société et le Cosmos.

Ainsi, certes l'individu est largement et fortement conditionné par son environnement socio-économique, mais il est également un acteur doué de libre arbitre, capable d'agir individuellement et collectivement sur cet environnement. Vu ainsi, le DP cherche avant tout à accroître cette liberté intérieure afin qu'il soit de plus en plus en mesure d'agir sur son environnement, et non juste de s'y adapter. De fait, quelles que soient les conditions socioéconomiques et politiques, toute tentative de changement y compris les mouvements les plus révolutionnaires démarre du positionnement des individus. Il nous semble raisonnable de considérer que plus les individus en question sont solides en eux-mêmes (disposant d'un moi à la fois renforcé et expansif, c'est-à-dire personnellement développé) plus leurs impacts individuels et collectifs dans leur environnement est important. Et ceci d'autant plus que leur démarche de DP inclut cette dimension morale, éthique et vertueuse qui caractérise notre conception du DP. Il nous faut alors expliciter cette conception intégrée du DP.

Premièrement, elle s'appuie sur une vision optimiste de l'être humain, pas nécessairement en supposant que tout être humain a un désir inné du bien, mais plutôt qu'il existe dans la grande majorité des êtres humains un potentiel qui peut être développé et qui est en relation avec son noyau profond que l'on pourrait appeler son âme ou son être essentiel (Hadot, 1995). C'est ce potentiel qui est le principal objet de développement.

Deuxièmement, le processus par lequel on réalise le DP se fait par un travail sur soi, une discipline, une hygiène de vie, une transformation du moi. Ce processus n'est pas nécessairement intrinsèquement plaisant, ni confortable, mais il est libérateur. Il libère de l'énergie, du potentiel, réduit le chaos dans la conscience, et le bonheur (dans le sens d'une profonde sérénité, un sentiment de plénitude) en est la conséquence, un indicateur de progrès. Travailler sur soi, implique d'exercer à chaque instant son libre arbitre, c'est un entraînement à faire des choix et à en assumer toutes les conséquences avec impassibilité : seul un autre choix peut défaire les conséquences d'un choix précédent. Il s'agit donc de vivre en personne responsable.

Troisièmement, le DP inclut l'expansion de conscience en largeur (dans l'environnement interpersonnel et social) et en profondeur (dans le Cosmos au-dedans et au-delà). L'expansion de conscience est inséparable de la prise de conscience de l'âme dont l'essence est le même pour tous : pour l'individu comme pour le cosmos. Cette idée rapproche les philosophies antiques d'occident et d'orient telles celle du Yoga et des Upanishads.

Quatrièmement, l'expansion de conscience s'accompagne de l'extension du moi à partir duquel non seulement on comprend que l'autre et tout le cosmos sont des facettes du Tout qui est aussi le soi, mais on peut aussi en avoir une expérience intuitive. Ainsi, il devient plus naturel de s'engager vis-à-vis d'autrui et de la Société : le souci d'autrui et le souci de la cité sont liés au souci de soi. Néanmoins, indépendamment de l'expansion de conscience, une démarche de service à autrui et à la cité doit faire partie de l'ascèse, et ceci parce que le DP doit toujours être ancré dans les relations du quotidien fussent-elles interpersonnelles ou sociales.

La nature de l'Être

Les conceptions de la philosophie antique Grecque et Sanskrite s'accordent sur la nécessité de mettre en œuvre une ascèse qui révèle la véritable nature de l'être. Ainsi *Les yogas sutras de Patanjali* (Bryant,

2009) détaillent des pratiques de DP qui préparent, facilitent et constituent l'expansion de conscience, à partir d'un principe très simple et fondamental résumé en quelques aphorismes : *le yoga est,* par définition, *la démarche qui consiste à dissiper les activités désordonnées du mental (vrittis) ; c'est ainsi que se révèle la Conscience Pure, notre vraie nature.* Tout comme la philosophie antique greco-romaine, l'approche du yoga (Bryant, 2009) propose des dimensions éthiques (yâma et niyâma), des exercices physiques (âsanas) des exercices d'introspection (prâtyahâra), des exercices de concentration (dhârana), de méditation (dhyâna) et d'expansion de conscience (samâdhi).

Mais quelle est précisément la nature de l'Être censé être notre Vraie Nature ?

La philosophie des Upanishads (Deussen, 2011) apporte une précision sur le sujet. En termes simples, la nature essentielle de l'Individu et du Cosmos est la même, *la Conscience Pure*, qui est également la nature de toute chose. L'expansion de conscience consiste principalement à en faire l'expérience directe, immédiate et intuitive, notamment par la méditation. Chez les néoplatoniciens, cette expérience est associée à la contemplation : « Il n'y a plus alors de distinction entre perception extérieure et perception intérieure. On a dépassé le niveau de la réflexion et de la perception pour atteindre celui de l'intuition et de la contemplation » (Hadot, 1997, p. 63).

En résumé

La dimension spirituelle du développement personnel (DP) consiste à mettre en œuvre une démarche de transformation du moi, par un ensemble d'exercices spirituels (askesis) qui révèlent la véritable nature de l'Être. La Sagesse est la réalisation de l'Être qui est Pure Conscience, mais qui est aussi la nature essentielle de Tout Ce Qui Est. La maturité de la Sagesse s'exprime par un bonheur (sérénité, plénitude) indépendamment des circonstances et apporte une plus grande liberté d'agir pour la transformation de soi, d'autrui et de la Société.

LA SPIRITUALITÉ AU SEIN DE LA RELATION DE COACHING

Xavier Garcia-Weibel

Le moment

Il existe un moment.

Il existe un moment de connexion intense, sans limite, puissant entre coach et coaché.

Être coach c'est désirer ce moment au-delà de tout sans pour autant redoubler d'artifices pour qu'il arrive.

Là. Le moment vient.

Jérôme s'est assis sur le sol. Je l'y ai rejoint. Nous sommes émotionnellement connectés l'un à l'autre, si connectés que plus rien ne compte. Les murs du bureau dans lequel nous nous trouvons se sont dissouts. La vitre qui nous sépare du corridor laisse passer encore sous le rideau tendu les pas intermittents des collègues qui pourraient à tout moment surgir.

Il ne reste que nous.

Une réalisation. Un déploiement d'ailes et l'assurance de pouvoir enfin sauter dans cet inconnu qu'il a tant redouté au fur et à mesure des sessions.

Mais là, non. Le déclic. Je suis intensément présent pour lui. Les secondes sont décisives. Son regard contemple la séquence d'événements qui ont constitué sa vie d'adolescent brillant, de cadre à la carrière foudroyante puis ces derniers mois de remise en question et ce mur lardé de fissures, de piques et de tenailles qu'il vient percuter séance après séance.

Mais là, non. Une porte mentale s'est ouverte. Elle donne sur un précipice intérieur qui ressemble au grand Canyon. Ses yeux sont embués de larmes. « Je n'en peux plus… » : me murmure-t-il. « Je pars. Je ne veux plus mettre de côté qui je suis. » L'aile volante s'est déployée. Ses yeux fixent le sol devant lui. Il flotte…

Je suis ouvert à ses mots, synchrone à ses émotions. Je l'accueille avec toutes mes facultés. Comme lui, je ne retiens rien. Les mots qui me viennent ne m'appartiennent pas. Ils viennent d'au-delà de moi. Dans l'espace fragile où nous sommes réunis – ce moment ténu dans le décor formaté de ce bureau – je ne ressens que le flux incessant de la vie de cet homme. Son courage, son doute. Je le vois enfant curieux de livres et de savoir. Je le vois grande gueule, jeune homme à la forfanterie facile avec ses camarades de *Business School*. Je le vois ensuite époux et père saisi par le stress et l'infinie étendue de responsabilités dont il ne vient pas à bout. Je le ressens acculé dans les recoins délaissés de sa vie. Ce moment est une révélation dont j'ai la chance d'être le compagnon. Nous y sommes en équilibre. Le sens de notre travail depuis deux mois prend vie. Maintenant. Une flamme qui vacille encore jeune et qui veut embraser son existence.

Alors c'est cela. Il partira. Il choisira de quitter le confort de ce bureau. Il me dit que c'est vrai. Que les larmes qui coulent sur son visage abondamment l'enjoignent à ne pas regretter ce choix, qui est tout sauf un choix. En coaching, je nomme ces moments de vie « la voie étroite » : ce passage obligé que la vie nous force à emprunter sans échappatoire. D'un côté, la stase. Se défiler. Être paralysé, dépourvu de ressources. Être à l'abandon de nous-même. En déshérence.

Mais là non. L'autre côté. Simplement passer au travers. Emprunter le chemin. Jérôme prend son envol.

Être un coach « spirituel »

Je suis devenu coach au travers des mêmes expériences de vie qui m'auraient permis de ne jamais le devenir. Dans mon parcours de coach, je me suis intéressé très vite au leadership et plus particulièrement comment le leadership était exprimé en entreprise. Les dirigeants, entrepreneurs et managers m'intéressent car leur transformation a la portée la plus grande. Un éveil, une réalisation, une transformation peut soudainement changer la vie de milliers de personnes même dans les organisations matricielles et « plates ».

Un premier axe de travail du coach « spirituel » est l'aide à l'éveil de la conscience. Nous sommes nombreux en mode pilote automatique. Commencer à appréhender son esprit comme un objet en trois dimensions, extérieur à soi. Cela afin d'ajouter une couche active de conscience à qui nous sommes. Prendre les commandes. Répondre aux événements plutôt que réagir et dans le « U » de cette transformation intérieure, apprendre à rester « avec » soi, y compris la part la plus inconfortable de son être.

Un deuxième axe est d'aider les leaders dans leur compréhension et la relation qu'ils créent et entretiennent avec les systèmes. Par système, est entendu le sien propre, l'équipe et l'organisation dans laquelle les dirigeants évoluent. Cela présuppose que tout travail effectué en tant que coach « spirituel » et que tout acte du coaché se résume à un principe fondamental très simple : est-ce que ma posture et mon action de leader contribue activement à amener la vie dans un système ? Puis-je activement prendre ce repère comme un boussole me permettant de prendre des décisions en temps réel ?

Quelques statistiques...

Au sein de l'autoentreprise de coaching et de facilitation d'atelier, je compte un historique d'environ 125 coachés, principalement cadres, dirigeants ou entrepreneurs. Prenons cet échantillon avec toute la prudence qu'appelle l'empirisme et permettez-moi de poursuivre cette argumentation. Parmi ces clients 26 % ont une pratique spirituelle régulière : méditation, connexion avec la nature ou religieuse. Or, lorsqu'on y regarde de plus près on s'aperçoit que parmi les coachés qui occupent des fonctions les plus hautes, 60 % ont une pratique spirituelle régulière ET ont vécu une expérience cathartique dans leur vie. Ils en parlent avec le ton et la forme d'une révélation. Il y a dans ce chemin une étape spirituelle qui paraît requise afin de prendre toute la mesure de la puissance de son leadership. La connexion à une forme de spiritualité (voire de mysticisme) semble donc intégralement liée à une prise de responsabilité ou à l'accès aux fonctions de responsabilité et de gouvernance dans un système. Ma conviction est que l'un et l'autre sont indissociables.

La préparation du coach

Intégrer la spiritualité au travail du coach consiste à aborder la relation de coaching comme un acte qui demande le plus grand soin, respect et dignité de la personne. La première étape consiste à ouvrir « énergétiquement » l'espace de la relation. Qu'est-ce que cela signifie ? Chaque session de coaching débute antérieurement à la session elle-même. Il s'agit de ritualiser, voire de sacraliser la relation. Le rituel peut être court (intention forte les yeux fermées en posture méditative) ou plus long (impliquant pour ma part une connexion à la nature à travers le corps et un centrage lié à la méditation) et dans les deux cas intenses. « Il faut être le travail pour faire le travail ». En un mot, amplifier en soi, ce que l'on espère voir émerger chez l'autre. Le coach se prépare aussi « intuitivement » à chaque session qu'elle soit individuelle ou qu'elle prenne la forme d'un atelier d'équipe. J'aime imaginer que chaque personne émet une fréquence et que mon travail de coach – si le coaché m'en donne la permission – est uniquement de me focaliser sur cette fréquence.

Une fois la session de coaching démarrée, l'espace est libre, ample et invite au travail en commun. Oser rester dans cet espace est la toute première des destinations dans la relation de coaching. Pour beaucoup de leaders et de managers, « rester » permet de se poser, de relâcher le rythme soutenu qu'ils ont en partie contribué à créer. L'espace, par son infini, nous pousse à nous recentrer. Ne plus nous laisser sur le bas-côté de la route. Revenir au centre ce cette étendue que nous créons ensemble. Une gravité.

Ensuite, le coach remue, questionne, interpelle, invite au ressenti dans le corps et laisse parler son intuition si elle est bienvenue. La personne coachée, quant à elle, est invitée au voyage, à ne rien retenir, à explorer toutes les pistes possibles et à être dans l'honnêteté de qui elle est. Afin de naviguer cet espace, deux conversations simultanées avec le coach ont lieu : une qui considère la personne au présent et une qui l'envisage au maximum de son potentiel et de ses capacités. Inutile de guider fermement. L'espace s'ouvre.

Lorsque la session se clôt, une fois la mise en action décidée et le feed-back mutuel donné, la clôture « énergétique » de la session intervient plus tard, au travers d'un rituel. Le coach aussi doit être dans l'expression de ses capacités pour sa propre existence afin de mieux servir par la suite.

Dans l'espace vaste de la relation, la spiritualité offre un garde-fou. Le coach avance tel un funambule sur la corde qui lui est offerte : celle de la puissance sensible. Et il y rencontre la personne, tous deux là-haut perchés et suspendus.

La spiritualité en action dans la relation de coaching

Au quotidien, les pratiques spirituelles des personnes se manifestent sous différentes formes. Un exemple est celui de Maurizio qui, vice-président tyrannique, est mis sous pression à juste titre par sa hiérarchie car aliénant une grande partie de l'organisation. Son comportement toxique rend les collaborateurs malades (burn out, absentéisme, départs…). Le CEO l'invite à me considérer comme son coach, le coaching lui étant présenté comme une dernière chance pour modifier son comportement.

Nos premières séances sont tendues. Je le pousse dans ses retranchements. Je ressens l'urgence et la nécessité de lui montrer qui il est, même dans ses facettes les plus viles. En recherchant le succès à tout prix, son comportement est devenu délétère. L'organisation qu'il gouverne est au plus mal. Il détient les clés. Alors qu'au fur et à mesure des sessions son comportement évolue, Maurizio prend à cœur la méditation qui, me dit-il, « le recentre ». Il part dans la résidence qu'il a récemment acquise à Majorque. C'est là que, lors d'une journée de décembre et après une méditation prolongée, il réinvente la marque et le modèle d'affaires de son entreprise. Il le propose à ses supérieurs, prend désormais soin de ses collaborateurs, incarne la transformation qu'il voulait voir être manifestée et transforme en profondeur la culture de sa division avec l'aval du conseil d'administration.

Six mois plus tard, ses collaborateurs – et son épouse – louent l'homme neuf qui est devant eux : il est désormais « maître de lui-même » et « l'homme qu'il avait toujours désiré être au travail sans jamais réaliser que cela était possible ». Comment ? En osant montrer son humanité, en en faisant la démonstration soutenue et répétée au quotidien et en faisant confiance à son flair, bien plus qu'aux « chiffres ». Il m'avoue que la méditation sur le rocher est devenue pour lui comme un rituel.

Quelques semaines plus tard, il est nommé CEO et est intronisé avec le soutien de toutes ses équipes. Alors que je célèbre avec lui ce succès, il me raconte la conversation qu'il a eu un mois plus tôt au sujet de la « pierre des bergers ».

« Un voisin berger vient me rencontrer à la limite de mon enclot. La conversation démarre. Je lui parle de la pierre, ce rocher où je médite. Il me demande :

La grande pierre là-bas ?

Celle-là même !

C'est l'endroit où les bergers se rencontrent depuis des générations une fois par semaine pour se donner les nouvelles des troupeaux. »

On peut voir dans cette histoire pure coïncidence entre Maurizio inspirée par de nouvelles idées allongé sur cette pierre et les bergers ou bien réaliser que l'humain et le sacré sont unis par des liens qu'il est difficile rationnellement d'expliquer. La spiritualité nous rencontre où elle se trouve. À nous de savoir l'accueillir.

Coach et coaché unis dans la spiritualité

À l'âge de vingt-sept ans, j'ai reçu une vision. Une vision se manifeste par un rêve en son numérique et qualité 8K, dont le message est étonnamment prégnant... Dans cette vision, un ermite m'a invité à entrer dans la maison de Dieu, une cabane abandonnée sur le bord d'une route poudreuse. J'ai répondu que c'était mon désir le plus grand. Il m'a dit que l'on n'entrait pas dans la maison de Dieu avec des semelles d'or. Alors, j'ai décidé de retirer mes chaussures et de marcher pieds nus. Il m'a souri. Je me suis réveillé.

En coaching, parler de « vérité » paraît très hasardeux. Je suis néanmoins à court de vocabulaire lorsque je tente de décrire l'endroit précis où les sessions m'ont amené lorsque mes pratiques spirituelles ont fait l'écho de celles des personnes coachées. Je le qualifie de « vrai » car il est aussi près que possible de l'âme et en connexion d'une âme à l'autre. Comprendre le contexte de cette connexion et créer les conditions pour qu'elle arrive constitue l'axe principal de mon travail de coach. Atteindre cet endroit de vérité dans chacune de mes relations de coaching est mon ambition la plus grande.

J'avance vers cet endroit pieds nus.

En résumé

Spiritualité et coaching sont autant le domaine du coach que du coaché et permettent d'atteindre, en alliance avec d'autres formes de coaching, un degré profond, exigeant et mutuellement nourri du travail effectué en commun.

Pour le coach, vivre sa spiritualité signifie, au regard de son activité, de ritualiser la préparation, la conduite et la clôture de chaque session et d'en gérer leur énergie.

Pour les personnes coachées, la prise en compte de la spiritualité dans le travail réalisé avec le coach permet un éveil de leur conscience, la compréhension fine des systèmes dans lesquels elles évoluent et l'expression la plus magnifiée de leur transformation.

SE FORMER À L'INTELLIGENCE SPIRITUELLE

Pierre Moniz-Barreto

Dans un monde où prédominent les capacités intellectuelles et le raisonnement logique, la spiritualité peut apporter un vrai *plus*, capable de faire toute la différence. Mais la spiritualité *en soi* n'est pas suffisante : la dimension spirituelle est délicate à manipuler et nos cheminements spirituels sont pleins de pièges que seule un minimum d'*Intelligence Spirituelle* (IS) permet d'éviter. De façon très succincte, l'intelligence spirituelle peut se définir comme *la capacité de mettre à profit les ressources que la spiritualité nous offre pour les appliquer à nos vies quotidiennes* – et à ses problèmes – de manière juste et adaptée, tout en évitant les pièges d'une spiritualité mal maîtrisée.

Nos cheminements spirituels sont extrêmement précieux mais ils ne sont pas un long fleuve tranquille : ils nécessitent donc un accompagnement très qualitatif, une guidance fine, un mentorat solidement expérimenté, fondé sur une formation adéquate. On ne s'improvise pas explorateur, navigateur, ou alpiniste, à la légère, sans formation préalable. Il en va de même de la *spiritualité appliquée.* Dans nos sociétés touchées par de nombreuses mutations rapides et déstabilisantes, l'IS est devenue pertinente et est amenée à se développer. L'IS bénéficie à plusieurs dimensions essentielles de notre existence : Compréhension (élargissement de conscience et savoir profond, non superficiel), Congruence (meilleure cohérence pensées-paroles-actes), Confiance (réduction de la peur existentielle), Autonomie (moindre solitude et dépendance), Equanimité (équilibre et constance émotionnelle), Clarté (mental désencombré, vision holistique et méta : globalisante et raffinée), Lucidité (contribution à la perte d'illusions, vision au-delà des apparences), Accomplissement (capacité à s'accomplir et à accomplir), Plénitude (paix intérieure, contribution au bonheur terrestre) (Vaughan, 2002). On comprendra donc que l'intelligence spirituelle est particulièrement adaptée aux remous et aux confusions de notre temps.

Pour rappel, Robert Emmons (University of California in Davis, psychologue, auteur de best-sellers sur la gratitude) fut le premier à proposer une définition concise et précise de l'intelligence spirituelle : « la capacité à utiliser les ressources et les informations d'origine spirituelle en vue de faciliter les résolutions de problèmes et l'atteinte de ses objectifs dans la vie de tous les jours » (Emmons, 2000). Elle tombe juste après que Danah Zohar (Oxford, physicienne et philosophe) ait publié le premier ouvrage dédié à l'intelligence spirituelle – *Spiritual Intelligence, the ultimate intelligence* (2000) – dans lequel elle ne donne pas de définition précise de l'IS : elle élabore plutôt, sous forme de *lotus*, un carrousel de notions qui composent l'univers de l'intelligence spirituelle. Pour autant, Emmons voulait surtout répondre à Howard Gardner, père de la théorie des intelligences multiples, qui relégua l'intelligence spirituelle à la catégorie de semi-intelligence. *A contrario*, Emmons argua du fait que l'IS pouvait être expérimentée comme un puissant outil au service de l'amélioration de la qualité de vie et du bien-être, et qu'elle possédait ses mécanismes propres, pouvant donc être reconnue à part entière comme une intelligence humaine fondamentale. L'IS est selon lui (a) une matrice unificatrice, (b) un cadre favorisant l'harmonie, (c) une ressource venant au secours des confusions psychologiques et des conflits intérieurs ; et elle est composée de quatre grandes capacités ou aptitudes : 1) transcender le plan physique et matériel ; 2) expérimenter des états supérieurs de conscience de manière claire et constructive ; 3) éclairer et illuminer les expériences de la vie quotidienne ; 4) utiliser les ressources spirituelles pour résoudre des problèmes personnels ou professionnels.

Maîtriser les fondamentaux de l'intelligence spirituelle pour éviter les pièges d'une spiritualité mal appliquée

À mon sens la spiritualité n'est neutre ni dans son essence profonde ni *dans ses effets*. Son application aux activités professionnelles *suppose* une maîtrise minimale des lois et des mécanismes fondamentaux de la dimension spirituelle. Il en va ainsi de toute science *appliquée*, qui s'enracine et prend appui sur une science *fondamentale*. C'est ce qu'offre l'intelligence spirituelle, avec (a) sa *large portée*, qui échappe aux particularités réductrices de telle ou telle tradition religieuse ou spirituelle, en permettant de saisir *les lois universelles qui régissent la dimension spirituelle* et (b) son *focus précis*, qui permet de maîtriser les principes et les mécanismes profonds qui régissent *l'application de la spiritualité à nos vies quotidiennes.* À défaut d'une telle assise, le risque est grand que de nombreux dérapages surviennent. Car si le cheminement spirituel est l'un des plus précieux et enthousiasmant qui soient, il est aussi un long parcours parsemé de pièges, d'illusions, et de retours de flammes de toutes sortes. Une spiritualité mal maîtrisée et mal appliquée peut finir par causer plus de problèmes qu'elle n'est censée en résoudre. C'est un phénomène que j'ai observé et constaté chez de nombreuses personnes qui, ayant embrassé la spiritualité avec fougue et passion, et ayant décidé de l'appliquer à la conduite de leurs activités professionnelles, s'en sont mordus les doigts ultérieurement. J'ai croisé leurs destins et leurs malheurs : certains, frappés par un effet secondaire provenant d'une spiritualité mal intégrée et mal appliquée, ont fini dans le mur. Un tel propos nécessite une ou deux illustrations.

Je me souviens en particulier de Jean-Luc, un brillant patron de P.M.E. que j'ai bien connu : il avait fort bien développé son entreprise, connaissait un franc succès dans le secteur des services informatiques, et donnait l'image classique de l'entrepreneur qui a réussi. Il fit une expérience de conversion spirituelle dans les milieux du protestantisme évangélique « soft » (UEEL) et commença à répercuter ses croyances spirituelles sur ses activités professionnelles. Mais il s'y prit avec maladresse et fut de surcroît mal accompagné et mal conseillé, par des pasteurs certainement plus formés à la théologie dogmatique et aux sciences bibliques qu'à l'intelligence spirituelle. Cela provoqua le mélange sans discernement de *ses convictions personnelles issues de la spiritualité évangélique* (à laquelle il s'était converti) et *de nouvelles initiatives de management soi-disant « inspirées »* (censées améliorer la conduite humaine et financière de son entreprise). Il ne maîtrisa pas les effets secondaires qui entamèrent assez vite sa posture et sa crédibilité vis-à-vis des parties-prenantes de son entreprise, et il perdit la confiance de son associé et de certains de ses collaborateurs, qui ne tardèrent pas à réagir négativement à ses nouvelles initiatives, certes généreuses et pleines de bons sentiments mais utopiques et mal maîtrisées dans leur application. En moins de 2 ans, il perdit son entreprise (dépôt de bilan), son couple (divorce), et son appartement (faillite personnelle) pour finir à la rue... On peut aussi évoquer le cas d'Adam Neumann, patron-fondateur charismatique de WeWork, start-up devenue le leader mondial du coworking, qui ont connu – lui et son entreprise – un dévissage spectaculaire en 2019, rattrapés par un étrange mélange de gestion financière extravagante et de spiritualité désordonnée. Neumann fut un ardent promoteur, avec son épouse Rebekah, d'une spiritualité mélangeant confusément yoga, méditation, élévation de conscience, chamanisme psychotropique, kabbalisme mystique, gourouisme hindouiste et spiritualité de kibboutz : un mélange hétéroclite qu'ils tentèrent de diffuser dans WeWork. Ils furent en cela eux aussi mal suivis et conseillés par leur accompagnateur spirituel, un rabbin de l'école libérale de New York, féru de spiritualité kabbalistique : une personnalité riche mais peu rigoureuse dont l'approche idéaliste n'était pas du tout adaptée aux réalités d'une entreprise du XXIe siècle. En 2017, lors de l'injection par Softbank de 4,4 milliards de dollars dans son groupe, Neumann déclara : « *notre valorisation aujourd'hui est davantage basée sur notre énergie et notre spiritualité que sur un multiple de notre revenu* ». Mais ce fut le début de la fin. À coups de déclarations semi-prophétiques et de pratiques new age mal ajustées, plus ou moins recommandées ou imposées à ses collaborateurs, Neumann fut bientôt considéré comme un gourou ayant perdu les pédales, et fut de plus en plus ouvertement critiqué comme tel. Une situation qui contribua à le discréditer, puis à l'exclure en octobre 2019 du groupe qu'il avait créé.

Dans ces deux cas, on constate les illusions d'une spiritualité appliquée à l'entreprise sans intelligence et sans accompagnement de qualité.

Maîtriser les fondamentaux de l'intelligence spirituelle pour déployer les bienfaits d'une spiritualité bien appliquée

L'intelligence spirituelle ne sert pas uniquement à éviter les pièges d'une spiritualité mal appliquée ; elle sert également à déployer au mieux les bienfaits d'une spiritualité appliquée à nos réalités de vie. Il m'a également été donné de pouvoir rencontrer quelques hommes et femmes qui ont réussi à intégrer une spiritualité bien maîtrisée dans leurs activités professionnelles ou personnelles avec sagesse et bon sens ainsi qu'avec le soutien d'un accompagnement spirituel de qualité, ouvert sur le vaste monde et solidement expérimenté. En voici deux exemples.

Bastien co-dirige avec sa mère (fondatrice) l'entreprise Guayapi (8 employés en 2019), pionnière dans la diffusion de compléments alimentaires indigènes (en provenance d'Amazonie, comme le Warana, ou du Sri Lanka, comme le Moringa). Diplômé de l'ISG (Institut Supérieur de Gestion) et titulaire d'un doctorat en géographie (spécialiste de la diffusion des plantes amazoniennes dans le monde), il œuvre selon les principes du réseau *Terra Madre* dont il est un membre actif (réseau international de commerce équitable et solidaire issu du mouvement *Slow Food*) ainsi que selon les principes d'*économie spirituelle* et d'*économie de réciprocité* issus des conceptions économiques amérindiennes (plus particulièrement en lien avec la culture et la spiritualité des indiens Satéré Mawé). Je le connais personnellement et peux témoigner de l'authenticité de sa démarche, et de sa capacité à intégrer une vision du monde *culturellement et spirituellement intelligente* dans le développement de son entreprise. Dans un autre registre, il faut aller à la rencontre de Jean-Louis et Irène, couple qui dirige la savonnerie Rampal-Latour, selon les principes du mouvement *Economie de Communion* : un réseau de chefs d'entreprises qui se base sur des principes dits *de communion* (réseau fondé et animé par la communauté des *Focolari,* laquelle fut créée dans les années quarante par Chiara Lubich dans la mouvance catholique des *communautés nouvelles*). Jean-Louis fit la connaissance d'*Economie de Communion* lorsqu'il fut invité au 10e anniversaire du mouvement, fêté à l'Unesco en 2001. Il racheta la savonnerie en 2004 et la fit grandir de façon spectaculaire (5 employés divisés en 2004 > 40 collaborateurs unis en 2018) selon les principes suivants : construire une communauté de personnes autour d'une ambiance de travail fraternelle ; faire évoluer la culture d'entreprise en passant d'une culture de l'avoir à une culture du don ; partager une partie des bénéfices avec les plus pauvres et impliquer les salariés dans cette dynamique ; conjuguer connaissance de soi et écoute des autres ; accueillir de nouveaux collaborateurs en difficulté *via* un partenariat d'aide à la réinsertion ; favoriser le dialogue intergénérationnel autour d'une transmission bienveillante des savoirs ; favoriser systématiquement la place de la beauté dans les locaux de travail (bureaux ou usines) ; mettre en place une stratégie de développement ouverte (de type Océan Bleu) et intégrative (co-validée). À noter que Jean-Louis et Irène n'appartiennent pas au mouvement catholique des *Focolari* mais s'inspirent des principes qui sont au cœur du réseau *Economie de Communion.* Une nuance importante : cette *distance* laisse la place à une couche de réflexion individuelle et collective à forte visée adaptative, qui est typique de l'intelligence spirituelle.

Quel accompagnement spirituel pour le monde qui vient ?

En étudiant tous ces cas, négatifs et positifs, il apparaît que la *découverte* et l'*intégration* d'une *spiritualité appliquée* à nos vies quotidiennes et à ses problématiques concrètes ont besoin d'être accompagnées et renforcées par l'*intelligence spirituelle.* Mais, dans le monde globalisé qui est le nôtre (*noosphérisé* dirait Teilhard, c'est-à-dire doté d'une couche supplémentaire de conscience universelle), l'accompagnement spirituel traditionnel, c'est-à-dire effectué par les gardiens de telle ou telle tradition religieuse ou spirituelle – pasteurs, prêtres, rabbins, immams, shamans, gurus, etc. – montre ses limites : leur univers religieux habituel est trop souvent fermé sur lui-même. Un tel accompagnement spirituel (trop religieux) manque fréquemment de *conscience ouverte* (qui relativise sa propre tradition et ses propres croyances pour s'ouvrir à celle des autres afin d'en retirer des fruits *plus universels*) et de *conscience concrète* (capable d'adaptation aux problématiques réelles du vécu professionnel quotidien). Mes nombreuses expériences aux côtés de divers représentants religieux m'amène à faire le constat d'un manque de capacité à relativiser leurs croyances particulières et leurs outils religieux habituels, et d'une difficulté à embrasser cette *intelligence spirituelle* qui est au cœur de l'ensemble des traditions et qui transcende les limitations et les biais cognitifs liés à la perpétuation de telle enclave religieuse ou de telle tradition spirituelle particulière. Bien sûr, des exceptions confirment la règle bien qu'elles soient minoritaires. Un seul exemple, parmi d'autres : les jésuites, dont il convient de saluer l'exceptionnelle capacité (souvent incomprise) à œuvrer selon une vision du monde qui conjugue une capacité à *intégrer le réel en amont de leur spiritualité* et une capacité à *ouvrir la spiritualité chrétienne aux dimensions de l'Univers* (et on ne peut manquer de souligner que le *discernement spirituel,* qui est au cœur de leurs démarches, est une clé essentielle de l'intelligence spirituelle). Nonobstant de telles exceptions, il est clair que le centre de gravité spirituel de nos sociétés occidentales est en train de se déplacer et de s'ouvrir. Pour autant n'importe qui ne peut pas s'improviser spécialiste en intelligence spirituelle, que ce soit sur le terrain de la formation ou sur celui de l'accompagnement individuel (en entreprise ou ailleurs).

La fondation de l'IS : une solide formation fondamentale dotée d'une souche expérientielle forte

Pour ma part, j'ai commencé à bâtir une formation en intelligence spirituelle à partir du moment où j'eus la conviction qu'elle s'appuyait sur un *background* suffisamment solide, en l'occurrence : 35 années d'expériences diverses vécues au contact de la quasi-totalité des traditions spirituelles de la planète ; 10 années d'études supérieures en philosophie, théologie, et théologie appliquée, qui sont venues s'ajouter à mes études supérieures de commerce ; et 28 années d'expériences professionnelles dont 20 dans divers milieux culturels et spirituels, en France et à l'étranger. Tout commença par une expérience spirituelle forte et inattendue survenue à l'âge de 15 ans : une expérience à la suite de laquelle j'ai décidé de consacrer l'essentiel de mon existence à explorer et promouvoir cette dimension qui s'ouvrait à moi, pleine de lumières et de merveilles, mais dont j'ai très vite compris/appris qu'elle demandait un engagement long et constant, à la fois intellectuel et de terrain. J'ai la conviction que ce double acquis, théorique et expérientiel, nourri avec constance dans la durée, est d'une importance capitale lorsqu'il est question de *spiritualité appliquée aux réalités de la vie concrète.* L'horizon consiste autant à *faire évoluer son être* qu'à *savoir faire différemment* (indissociables et interdépendants). À défaut de quoi nos solutions, aussi innovantes et sophistiquées soient-elles, montreront leur superficialité. L'analogie des grandes explorations est évocatrice, car tout explorateur sérieux veille à : bien se connaître soi-même et vérifier ses assises, se préparer intérieurement, réviser ses motivations profondes, affuter sa clarté mentale, ou être capable d'effectuer des choix clairs en situation confuse. Croiser le pilotage d'une activité concrète (quelle qu'elle soit) avec les atouts d'une véritable profondeur spirituelle est une exploration passionnante : potentiellement fructueuse autant que délicate et risquée. Sur un tel chemin, s'enraciner dans une maîtrise minimale des fondamentaux de l'intelligence spirituelle est devenu incontournable.

C'est pourquoi, l'offre de formation en intelligence spirituelle que nous avons créée et déployée au sein de *L'Académie des Intelligences Humaines* repose sur trois axes vitaux et deux formalités essentielles. *1er axe vital* : contribuer à l'élargissement de conscience en offrant une vision panoramique universelle des connaissances spirituelles (mise en perspective historique et contextualisation socioculturelle de l'ensemble des spiritualités). *2e axe vital* : mieux maîtriser la jonction entre la spiritualité *à l'état pur* et les contraintes de la vie pratique quotidienne (c'est la question centrale de *la spiritualité appliquée aux contingences de la vie courante*). 3e axe vital : offrir les outils qui permettent de poursuivre son cheminement spirituel sans tomber dans les travers d'une spiritualité mal comprise, mal intégrée, et mal appliquée (discernement et autonomie sur les chemins de la progression spirituelle). Première formalité : offrir une formation où les temps d'apprentissage théorique sont équilibrés avec des temps d'apprentissages expérientiels (moments de méditations, exercices de connexion, cercles de parole, etc.). Seconde formalité : offrir une formation où la densité des sessions présentielles de deux jours est équilibrée avec la légèreté d'un temps intersessions long (trois sessions de deux jours sont étalées sur une durée de quatre à six mois pour favoriser les processus de maturation-décantation-intégration des contenus et expériences de chaque session).

En résumé

Il ne faut pas seulement vouloir *faire de la spiritualité appliquée à telle ou telle réalité concrète*, il faut aussi en maîtriser au préalable les lois fondamentales et les mécanismes pratiques. L'intelligence spirituelle opère au *fondement de toute spiritualité appliquée*, et elle est aussi sa *condition de possibilité opérationnelle*. Pour ce faire, l'IS s'appuie sur un trésor inégalé dont elle tire profit : le riche patrimoine plurimillénaire constitué par l'ensemble des mouvements spirituels, traditions religieuses, courants métaphysiques, ou écoles de sagesse, de l'humanité.

MOBILISER LA DIMENSION DU SPIRITUEL EN ÉDUCATION

Florent Pasquier

Un monde certes moderne mais encore « barbare »

Pour beaucoup, une interrogation sur l'intérêt et la place possible du spirituel dans les processus éducatifs a trouvé sa source à la suite du séisme collectif traumatisant provoqué par la vague d'attentats survenue en France en 2015 puis par ses répliques en Belgique, en Allemagne et en Grande-Bretagne. Ces événements dramatiques ont ravivé des questionnements existentiels que les professionnels mettaient le plus souvent jusque-là de côté faute de lieu et de moment institutionnel dédiés pour réfléchir aux finalités et aux modes de fonctionnement des instances éducatives.

Cette préoccupation part donc de l'appréciation d'une humanité et d'un état du monde contemporains qui semblent loin d'être à la hauteur qu'auraient laissé espérer les immenses avancées technologiques modernes, parmi lesquelles l'accès à l'information, conjuguées à une éducation primaire dispensée à très grande échelle sur la planète. Selon les chiffres de l'Unesco de 2013, 92 % de la population mondiale étaient équipés d'un cellulaire (55 % dans les pays en voie de développement) et 82 % de la population mondiale terminaient le cycle de formation de base, soit l'équivalent de l'école primaire (74 % dans les PVD). Sept ans plus tard, le *Digital Report 2020* réalisé par *We Are Social* et *Hootsuite* à partir des données fournies notamment par l'Onu et par des sources gouvernementales, compte pour une population mondiale de 7,75 milliards de personnes : 17,2 % de femmes et 11,2 % d'hommes de plus de 15 ans analphabètes ; « *103 % (of) mobile connections as a percentage of total population*» ; 49 % de personnes actives sur les médias sociaux ; 59 % d'utilisateurs d'internet, pour un temps moyen de 6 h 43 min, soit 40 % du temps d'éveil quotidien. Pour autant, la situation mondiale globale de l'humanité ne semble toujours pas s'être améliorée, comme si, selon les constatations du *Réseau Intelligence de la Complexité*, la connectivité mondiale n'avait pas abouti à une conscience humaine globale. On constate toujours le manque d'accès à l'eau potable pour plus de deux milliards de personnes en 2019, des déplacements massifs de populations pour des raisons économiques, écologiques ou de conflits armés qui ne diminuent pas, etc.

Une hypothèse est que si la dimension spirituelle est d'une certaine façon déjà présente dans les *programmes scolaires* et dans le *socle commun de connaissances, de compétences et de culture* de l'école et du collège notamment au travers des humanités et des compétences relationnelles et psycho-sociales, elle s'y exercerait toutefois de façon non ou insuffisamment conscientisée, ce qui amoindrirait ses effets positifs. Cet état de fait, attaché à une sorte de refoulement, aurait pour effet de ralentir la capacité de formation et d'émergence d'une personne qui soit responsable et qui agisse de manière positive envers elle-même, envers les autres et envers la planète. L'objectif poursuivi est donc de tenter de mieux comprendre et d'accompagner vers ce but le processus multi-référentiel de notre humanisation au travers de l'éducation, pour autant que, comme l'affirmait déjà Érasme à la Renaissance : « On ne naît pas homme, on le devient ».

Trois cadres théoriques pour rendre opératoire le spirituel en éducation

Les principaux concepts et les épistémologies que nous mobilisons pour permettre ce type de travail et pour élaborer des propositions utilisables en Sciences de l'Éducation et de la Formation s'appuient sur trois domaines. D'abord la Transdisciplinarité (Nicolescu, 1996), avec la pensée complexe (Morin, 1992), la théorie des systèmes (Bertalanffy et Chabrol, 2012) et la question de la conscience (Guillemant et Morisson, 2015). Ensuite la Psychologie Transpersonnelle (Descamps, 1993), sur les questions de liberté, de responsabilité et d'éthique. Enfin les Humanités Numériques, depuis les artefacts technologiques et les technologies éducatives (Bourgatte, Ferloni et Tessier, 2016) jusqu'à la technontologie (Lemos & Kern, 2009) : la technique fusionnée à l'ontologique.

Une « structure-temple » comme modélisation de l'être humain

Nous avons travaillé à la construction d'un modèle ontologique hypothético-déductif, « l'être en tant qu'être », en tenant compte de la condition humaine dans son contexte spatio-temporel – « l'être dans le temps de l'être » – pour en comprendre le fonctionnement en termes d'enracinement, de besoin, de capacité, de désir, de dépassement… jusqu'à la dimension spirituelle. Nous représentons l'Être humain par un schéma métaphorique, appelé « structure-temple », comprenant sept éléments.

Figure 9 : Schématisation de la Structure-Temple, modèle Fractal en « n » éléments

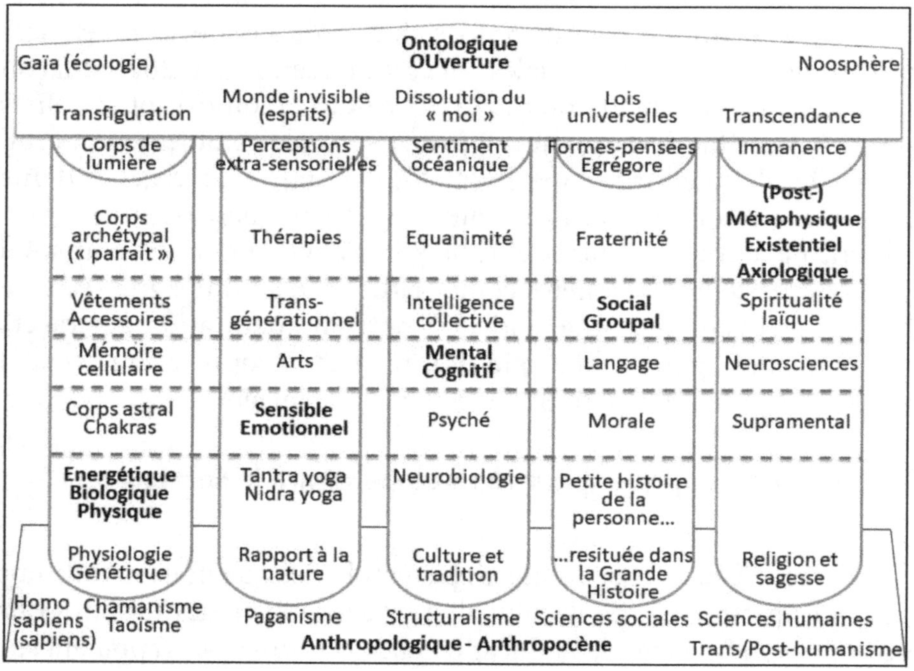

Le socle de l'édifice symbolise sa filiation dans le contexte « anthropologique / culturel » de la naissance, actuellement l'anthropocène (qui débute avec l'action transformative durable de l'action humaine sur la planète, essentiellement du fait des agissements techniques et industriels, Wallenhorst, 2019). La première colonne exprime la dimension « physique / biologique / énergétique » ; la deuxième, la part « émotionnelle / sensible » ; la troisième, le « mental / cognitif » ; la quatrième, le « groupal / social » et la cinquième, l'« axiologique / existentiel / (post-)métaphysique ». Enfin, le fronton est la coiffe « ouverture / ontologique » de l'ensemble, qui invite à une conclusion optimiste selon la maxime du temple grec de Delphes attribuée à Socrate : « Connais-toi toi-même et tu connaîtras l'univers et les dieux ». Chacun de ces sept éléments se retrouve dans les six autres, selon l'adage énonçant que « Ce qui est en haut est comme ce qui est en bas ». Ce modèle est fractal par son caractère intra-reproductible.

Cette approche permet de coupler deux dimensions temporelles : la *big history* ou longue histoire cosmique depuis le *big bang* jusqu'à la création de notre planète et le développement de la biosphère, avec l'éphémère vie humaine durant laquelle chacun tentera d'accomplir son projet « implié » (Barbier, 1997). Une troisième dimension intemporelle les complète : la vie de l'esprit (Comte-Sponville, 2006). Ce modèle construit un système d'équilibre « cosmoderne » (Nicolescu, 2014) témoignant de la séparation épistémologique historique entre le monde des sujets et celui des objets qu'il réunit par la théorie de la « Transréalité » (Nicolescu, 1985). Il propose *in fine* de dépasser cette dichotomie apparente en adoptant une approche non-duelle destinée à être opérante au moyen de la « démarche de projet » (Nifle, 1996), particulièrement mobilisable en éducation.

Utilisation de la structure-temple dans le domaine de l'éducation et de la formation

À partir d'une démarche en réciprocité harmonieuse d'un triple développement, opéré sur les plans personnel, professionnel et collectif, émerge une proposition de « Pédagogie Intégrative et Implicative » (Pasquier, 2017), la P2i, au sein du Tiers Caché.

Figure 10 : Genèse et positionnement de la pédagogie intégrative et implicative

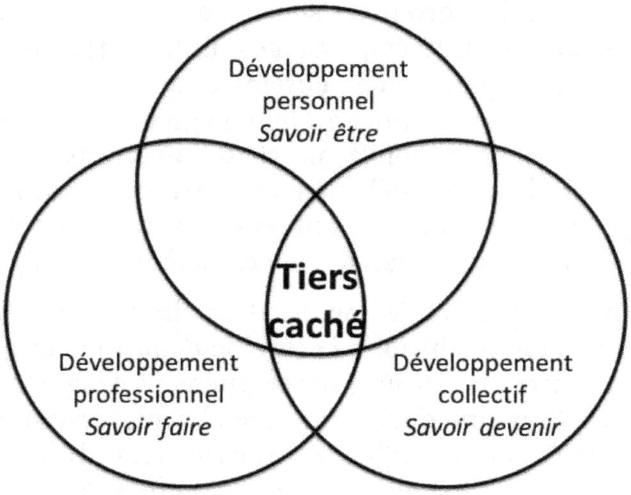

La P2i procède d'un cadre théorique intégratif et aboutit à un dispositif implicatif ancré dans la longue histoire de l'Éducation Nouvelle dont Philippe Meirieu décèle dans son blog « les prémices dès le XVIIIe siècle ». Par l'actualisation technicisée de la démarche de projet socioconstructiviste, la P2i cultive la considération efficiente des apprenants, des enseignants et des tiers – personnels, parents et autres partenaires – et ce dans toutes leurs dimensions. Cette réflexion nécessite de discuter de l'évolution du rôle de l'enseignant dans l'acquisition des apprentissages fondamentaux de l'école primaire, depuis le « lire, écrire, compter » jusqu'au « respecter autrui », passant ainsi de la performance quantitative à la sensibilité qualitative. Il s'agit d'anticiper le passage d'un caractère « intégratif » des objets pédagogiques dans toutes leurs variétés à la dimension « intégrale » des sujets en formation. La métaphore de la structure-temple se décline alors comme un projet multidimensionnel qui s'applique donc aussi bien au domaine des disciplines, des activités péri-, para- et extrascolaires qu'aux questions transversales comme l'éco-citoyenneté, le pouvoir d'agir, le bonheur et le bien-être, la gestion des émotions, l'éducation positive…

Figure 11 : Schématisation de la structure-temple en formation : lieux, méthodes et outils pédagogiques

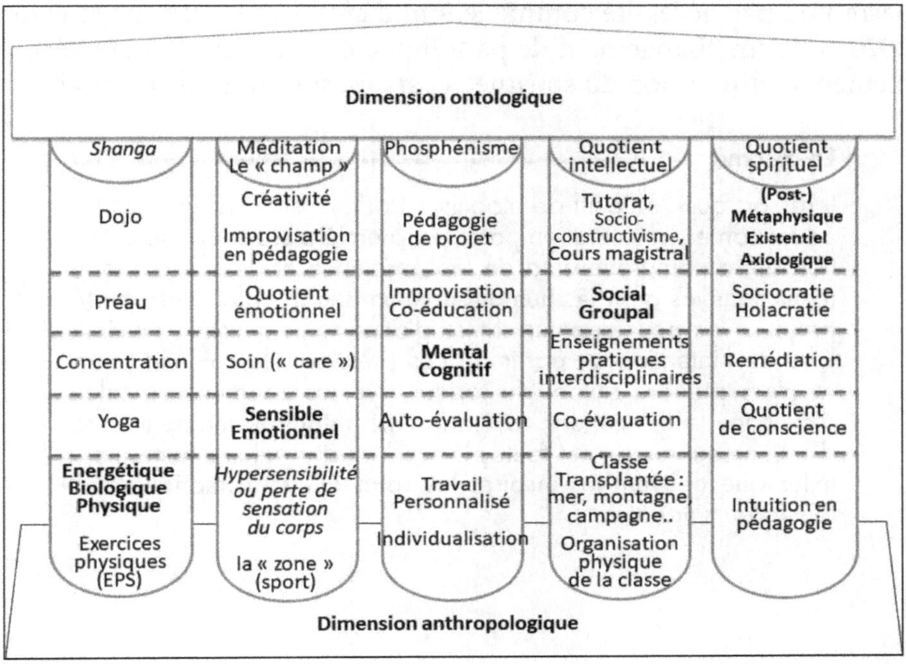

Dans l'exemple ci-dessus, la P2i étudie les lieux, les moyens, les méthodes et les outils mis à disposition des institutions et des enseignants ; comme le débat philosophique, le yoga ou encore la méditation (Pasquier et Barbry, 2018), pour permettre une approche laïque de la spiritualité qui soit compatible avec les valeurs et les pratiques de la République (Filliot, 2011). Tenant lieu de méthode d'analyse et de prospective, elle peut être mobilisée comme modèle holographique multicouche pour étudier toute question en lien avec les Sciences de l'Éducation et de la Formation, depuis la laïcité ou l'évaluation jusqu'à l'*open access* ou le *big data*. La structure-temple et la P2i proposent conjointement un cadre théorique et pratique favorisant l'application de « *stratégies de réussite* » éducatives par l'instauration de cercles vertueux tout en développant notre part d'humanité. Par exemple des notions pédagogiques ou didactiques comme « *la gestion de classe* », « *les apprentissages adaptés* », « *l'appui sur les personnalités* », « *les compétences des apprenants* », « *la dimension existentielle* », etc. tous envisagés et pris en compte simultanément ou à tour de rôle multiplient les effets positifs de chacune de ces dimensions. Ces propositions se situent notamment dans le courant de la *slow education* (Domènech Francesch, Lepri et Oriot, 2011) et des approches alternatives de/à l'éducation. Des questions, qui pourraient devenir « vives », se posent maintenant au grand jour : faudrait-il nous orienter, par besoin ou par nécessité comme le font d'autres pays (Briançon *et al.*, 2020) vers un changement de paradigme éducatif qui intègre véritablement la dimension du spirituel, et si oui, sous quelles formes ?

En résumé

Il ressort que l'objectif de mobiliser la dimension du spirituel en éducation et en formation passe en première étape par la question de la compréhension de la conscience et de son déploiement dans les activités humaines selon une trilogie sujet/objet/projet, avec pour premier critère d'analyse la question particulière de l'intention. À partir de ces prémices, le spirituel pourra alors prendre autant de formes que les conditions locales d'exercice le permettent, revêtant ainsi autant de moments que d'actions qui expriment toutes le meilleur des valeurs humaines, telles que peuvent les inspirer les spiritualités du monde dans toutes leurs variétés.

CODÉVELOPPEMENT & SPIRITUALITÉ

Anne-Marguerite Ferreira

Le groupe de codéveloppement est un formidable outil participatif pour fédérer les équipes, renforcer leur engagement et améliorer la qualité de vie au travail ; mais il est aussi un espace d'introspection pour chacun de ses membres qui est amené à questionner, dans le contexte professionnel, l'unicité de son identité, sa relation aux autres, et le sens de ses actes.

Consultante en ressources humaines et coach, j'anime depuis plusieurs années des groupes de codéveloppement au sein desquels j'assiste à de fascinantes transformations positives, chaque participant peut y étoffer son leadership et développer une vision responsable.

À l'origine

Créé au début des années quatre-vingt au Canada par Adrien Payette, professeur de management et Claude Champagne, psychologue, le codéveloppement est un concept original de formation fondé sur le principe de l'intelligence collective exposé dans leur ouvrage *Le groupe de codéveloppement professionnel* édité en 1997 par les Presses de l'Université du Québec. La méthode, libre de licence, y est définie par ses fondateurs comme : « une approche de développement pour des personnes qui croient pouvoir apprendre les unes des autres afin d'améliorer leur pratique. La réflexion effectuée, individuellement et en groupe, étant favorisée par un exercice structuré de consultation qui porte sur des problématiques vécues par les participants... »

Au cours de chaque séance animée par un coach certifié qui déroule un protocole en six étapes, un « cas » (Problème, Préoccupation ou Projet) est présenté par un membre du groupe « le client » ; les autres membres du groupe devenant des « consultants » à son service pour l'aider à réfléchir sur sa situation et construire une solution.

Prescrire du codéveloppement : une symbologie multiple

Introduire la pratique du codéveloppement dans son entreprise est un acte fort, qui reflète engagement et valeurs humanistes et fait écho à un proverbe chinois (Si tes projets portent à un an, plante du riz, à vingt ans plante un arbre, à plus d'un siècle, développe les hommes). Envisager l'avenir du monde de façon visionnaire, responsable et holistique implique de vouloir développer les hommes.

On ne développe pas les personnes uniquement avec des formations standardisées, des gadgets numériques mais avec de l'empathie, de l'altruisme et du lien. Cela suppose donc de disposer d'une certaine hauteur d'esprit pour mettre à la disposition de ses collaborateurs un laboratoire tel que le codéveloppement.

Prescrire du codéveloppement témoigne d'un intérêt pour la démarche réflexive qui le fonde

L'impact pérenne et collectif du codéveloppement s'apprécie dans le temps, ses séances n'ont pas un impact immédiatement observable, et sa méthodologie n'assigne pas d'objectifs de séance ou d'indicateurs de performance. Ses fruits sont plutôt destinés à une vendange tardive, car les transformations s'opèrent progressivement et subtilement, au fil des séances. Le prescripteur sait que la patience est la principale alliée de la démarche réflexive qui soutient la méthode ; il entretient une relation saine au temps. Le codéveloppement se conçoit comme un investissement dont le retour est immatériel et à long terme. Il s'agit pour les bénéficiaires de prendre du recul par rapport à leur façon de travailler ; de dialoguer avec des incertitudes, des craintes, des erreurs ou des échecs ; de les assumer, d'accepter de les partager ; et parfois de mettre son alignement à l'épreuve. Cet exercice introspectif, permet d'approfondir sa connaissance de soi et de comprendre ce qu'il est possible d'améliorer pour continuer à s'approcher de ce point d'équilibre où ce que nous faisons s'accorde harmonieusement avec ce que nous sommes ou projetons de devenir. Permettre à des collaborateurs d'accéder à cette démarche presque méditative ouvre culturellement une voie vers une organisation plus humaine et plus apprenante.

Prescrire du codéveloppement démontre un attachement et une confiance dans le « collectif »

Les changements de comportements induits par les séances de codéveloppement sont imprévisibles et connaissent parfois des turbulences, que seuls une confiance solide dans ses troupes et un attachement sincère permettent d'accepter. La représentation du pouvoir hiérarchique occulte souvent l'existence d'un lien fort, la mise en œuvre d'un projet de codéveloppement peut le mettre en lumière.

Prescrire du codéveloppement est aussi le témoignage d'une reconnaissance

Espace de partage des apprentissages professionnels, le codéveloppement valorise l'expérience de chaque collaborateur en concourant à la rendre visible et en assurant sa transmission et son enrichissement. La valeur ajoutée de chaque collaborateur dans la chaîne de production de l'organisation est rendue plus lisible.

C'est de plus une reconnaissance de la capacité et la légitimité de chaque collaborateur à mener une réflexion sur l'organisation du travail et contribuer à son amélioration.

Chaque collaborateur est « unique » et se définit par des qualités intrinsèques qui le différencient et participent à la diversité de l'organisation. Le groupe de codéveloppement agit comme un révélateur en permettant à chacun d'exprimer librement ses points de vue les plus personnels.

Nourrir sa dimension spirituelle dans le groupe de codéveloppement

L'engagement, l'alternance des positions et l'expérience de la coopération, sont trois éléments qui participent à l'expansion de la dimension spirituelle des membres d'un groupe de codéveloppement. Le niveau élevé d'engagement requis dans un groupe de codéveloppement repose sur l'incarnation de trois valeurs fortes.

L'authenticité

Au sein du groupe de codéveloppement l'identité personnelle doit prévaloir sur l'identité professionnelle. La vulnérabilité, inhérente à l'authenticité, explique parfois la difficulté de certains participants à quitter la représentation, mais la confiance réciproque qui se construit avec les membres du groupe et l'animateur, au fil des séances, apaise les craintes de jugement et renforce la confiance en soi nécessaire pour s'affirmer. Cette expérience immersive de l'authenticité est épanouissante, elle conduit à une remise en question de son comportement au travail ; les participants gagnent en naturel et fluidité.

La présence

Le second engagement fort auquel souscrit le participant au groupe de codéveloppement est celui de sa présence aux autres. Chaque participant met sa pleine conscience au service du « client » dans l'exercice d'une écoute active. Cette attention à l'autre, intense, est la première strate de l'aide qui est apportée au « client ».

La générosité

Être authentique, présent à l'autre, c'est donner beaucoup de soi, dans un groupe où l'on reçoit aussi énormément ; du temps, de l'attention, des idées, des conseils, des connaissances, et peut-être aussi un peu de sagesse… Cette transmission immatérielle est généreuse car elle est sans contrepartie mais elle également gratifiante car elle contribue à faire progresser le « client » ; améliorer son bien-être (car il se sent accompagné et soutenu), et participe à l'enrichissement du groupe. Le sentiment d'utilité personnelle est alors renforcé.

Jeu de rôles « quantique » clients / consultants

Si l'engagement, au travers du triptyque de formes qu'il peut revêtir, convoque la spiritualité des participants l'alternance des rôles de « clients » et de « consultants » fait quant à elle intervenir quelques notions de physique quantique.

L'interdépendance

Les « consultants » apportent leur aide au « client » qui deviendra lui-même consultant lors d'une prochaine séance. L'interdépendance entre les membres du groupe s'inscrit dans un schéma de réciprocité qui neutralise tout jeu de pouvoir ou de compétition, empêche toute hypertrophie de l'égo et valorise l'entraide ; ce qui, *in fine*, bénéficie à l'ensemble des participants. À titre individuel, l'interdépendance dédramatise le recours à l'aide, ou la demande de conseils qui ne se réalisent plus en culpabilisant, ou dans la peur du jugement, mais bien dans une perspective d'amélioration continue qui pourra servir l'ensemble de l'organisation.

La relativité

Les passerelles entre le rôle de « client » et celui de « consultant » entraînent les participants à faire une analyse des « cas » en se basant sur des référentiels différents ce qui aiguise le discernement et libère de certains biais. Au fil des séances et des cas présentés, les membres du groupe intègrent de nouvelles représentations, de façon itérative, qui vont contribuer à transformer leur vision et leur rapport à la réalité. La démarche réflexive prend ainsi toujours plus de hauteur et les participants peuvent clarifier leurs aspirations profondes.

Apprivoiser la supériorité de la coopération sur la collaboration

Pour le philosophe Roger-Pol Droit, le groupe de codéveloppement est l'illustration parfaite de la supériorité de **la coopération** (active, en mouvement permanent, où chaque personne a la capacité d'exprimer son identité dans le plan d'une œuvre qui se construit) sur **la collaboration** (passive, statique où chacun joue le rôle qui lui est assigné dans une œuvre dont le plan préexiste). L'œuvre qui se construit dans un projet de codéveloppement professionnel est une bibliothèque de résolution de cas compilant une diversité de retours d'expérience, se distinguant les uns des autres par des contextes, des registres émotionnels, des niveaux de prise de recul différents... L'identité de chaque participant influence la manière dont cette bibliothèque se construit et par conséquent impacte le savoir et les représentations de l'ensemble des membres du groupe. À l'instar de l'intelligence artificielle qui perfectionne la pertinence d'un algorithme proportionnellement au volume d'information qu'elle peut lui injecter, l'intelligence collective se développe et s'affine au gré des contributions du groupe de codéveloppement et entretient un cercle vertueux dans lequel la dimension spirituelle est un élément majeur.

Doter sa réflexion d'une dimension universelle en intégrant comme critères de référence les Objectifs de Développement Durable

Le monde quantique nous permet d'observer les origines d'un phénomène à l'échelle de l'infiniment petit. L'existence de synchronicités, qui illustrerait le lien entre l'inconscient collectif et les événements qui se produisent nous invite à ne pas négliger la puissance de la pensée et son rayonnement. La réalité de nos vies est donc le fruit d'un assemblage de micro-comportements et de pensées et le rapport que nous entretenons avec cette réalité est déterminé par notre dimension spirituelle. Robert Dilts, coach et praticien en P.N.L consacrant ses recherches au « leader conscient » considère que la première mesure de la conscience d'un leader est la taille de l'holacratie dont il ou elle est capable d'avoir conscience lorsqu'il planifie le futur, prend des décisions et agit. Le travail effectué au sein du groupe de codéveloppement permet justement d'accéder à un champ de représentation toujours plus vaste et prendre conscience de la portée, la plus lointaine, de ses décisions et de ses actes. Cette sensibilisation ou mise en alerte permanente sur les conséquences de nos choix et de nos actions accroît le niveau de responsabilité de chacun et facilite l'alignement avec ses valeurs et le sens de son existence. Dans notre siècle, où la préservation de la planète et de l'humanité est « le » défi majeur ; il est plus que jamais nécessaire d'éveiller et d'élever les acteurs de la société à l'importance de cette prise de conscience élargie et l'intégration des objectifs de développement durable dans le référentiel de pensée peut constituer une première étape dans l'agrandissement de l'holacratie du leader.

Ce monde, aujourd'hui en souffrance, a plus que jamais besoin d'attention et de délicatesse c'est pourquoi il est urgent de le placer au cœur de la démarche spirituelle de chacun, ce que permet et favorise le groupe de codéveloppement professionnel qui, par sa force et sa profondeur pourrait presque être renommé groupe de codéveloppement durable.

7

PARTIE

IDENTITÉ ET INCLUSION

L'un des défis à relever du leadership est de favoriser l'inclusion des personnes qui composent les équipes et une conscience claire et stable de l'identité. Or le leadership spirituel justement est mieux à même de répondre à ce besoin d'inclusion parce que la réponse qu'il apporte se situe non seulement au niveau de l'horizontalité et de l'inclusion (il s'agit de développer les personnes en agissant comme un mentor et en se concentrant sur l'intérêt des autres avant les siens, d'offrir du leadership en encourageant les équipes à prendre des risques et en fournissant du soutien et des ressources, en partageant son leadership, son pouvoir dans l'humilité sans rechercher un statut privilégié) et également au niveau de la verticalité et de l'identité (il s'agit d'afficher son authenticité en étant responsable devant les autres, prêt à apprendre des autres, s'évaluant honnêtement, en acceptant la critique et le défi, en dirigeant par l'exemple) (Beazley, 2002).

Connexions, médiation et négociations

Partout où il est question de relations dans l'entreprise, le leadership spirituel trouve une expression possible. À titre personnel, lorsqu'il m'est apparu l'importance de la spiritualité dans le domaine de la gestion, cela s'est passé lorsque j'ai pu observer sa place déterminante dans le processus de médiation (Le Flanchec *et al.*, 2006). Même si les médiateurs ne se décident pas consciemment d'incorporer la spiritualité dans leur travail, leur comportement (surtout pour ceux qui pratiquent une médiation axée sur les relations et non pas sur le résultat) les pousse à honorer chaque partie là où elles se trouvent dans leurs différents et leurs tentatives de se rapprocher et ils permettent au processus d'avancer dans la direction adéquate. Ce sont d'ailleurs les petites choses qui aux yeux des médiateurs revêtent une dimension spirituelle (Jones, 2009). L'intérêt de la spiritualité est indéniable pour comprendre le conflit, car les médiateurs doivent cerner les enjeux souvent complexes et la spiritualité peut guider ce processus. Dans la pratique, la spiritualité ne consiste pas à avoir les réponses ou à appliquer des modèles spécifiques, mais à lâcher l'ego et le contrôle, à s'ouvrir à la conscience et à l'intuition qui permettront d'ouvrir la voie à la résolution.

Plus généralement, il s'avère que la négociation sur le plan théorique est un terrain de manifestation du leadership spirituel et par exemple Shakun (2013) envisage la négociation au sein d'un paradigme de décision connectée sous toutes ses formes (le soi, les autres, le tout), considéré comme un cadre formel spirituel soutenu par la technologie en vue de décision de groupe ou de négociation visant à résoudre des problèmes dans une rationalité spirituelle. Si la négociation commence elle aussi à faire l'objet de recherche sous l'angle de la spiritualité, c'est plutôt un point de vue de praticien qui est proposé ici ; celui de Stéphane PRADINES, en tant que professionnel de la fonction RH et de la négociation et coach, qui explique en quoi le leadership spirituel permet d'accroître la compétence de négociation.

Une identité au service d'une inclusion juste

Poursuivant dans ce registre, il est question ensuite pour Éric GAUTIER de montrer les trois types d'inclusion qui ressortent des interventions menées par des consultants auprès de dirigeants d'entreprise. Celui-ci montre qu'un travail sur la verticalité en l'occurrence l'identité, peut permettre de déboucher sur une inclusion qui a du sens. L'orientation actuelle sur l'identité fait suite à tout un cheminement qui est passé par le baromètre social puis par la recherche de fidélisation des salariés *via* la culture d'entreprise dont l'objet était de faire face au problème de la mobilité des talents dans les années soixante-dix dans la Silicon Valley. Alors que la culture d'entreprise repose sur un ensemble de postulats destinés à l'action collective reconnus comme communs et exprimés par des symboles, l'identité permet de définir et de caractériser certains aspects des organisations (son essence, sa distinction par rapport à d'autres et sa continuité dans le temps) (Albert & Whetten, 1985) et d'exprimer sa légitimité, de renvoyer à des jeux de pouvoir et d'intégrer la fonction idéologique. L'identité organisationnelle est précieuse à divers titres : pour les dirigeants et leurs équipes en ce qui concerne l'estime de soi et le sentiment d'appartenance ; pour les parties prenantes en ce qui concerne la désirabilité et l'amélioration de l'identification ; pour l'action par exemple dans les négociations, la stratégie la gestion des conflits et enfin pour l'organisation elle-même en permettant de faire sens par sa représentation et en accroissant la légitimité (Pratt *et al.*, 2016).

Ensuite, l'identité est abordée par un professionnel, Patrick MATHIEU, qui accompagne les entreprises et qui a conçu un modèle de singularité à partir des travaux de Dumézil pour décrire la partie stable de l'identité à la fois au niveau individuel et organisationnel. Dans cette contribution la singularité est considérée comme une dimension spirituelle dans la « raison d'être » des entreprises.

La diffusion de la littérature sur le management spirituel a également donné naissance à un genre croissant de programmes de développement du management qui cherchent à reconnaître et à cultiver la spiritualité, en adoptant une approche holistique de la relation entre l'être humain intérieur et le divin. Le développement du management spirituel encourage les managers à poursuivre leur croissance spirituelle personnelle afin d'améliorer le sens qu'ils tirent de leur travail et d'améliorer leur efficacité et à agir sur leur identité individuelle. Par ailleurs, le travail spirituel étant le fait de l'individu, il est commode lorsque l'on n'a pas ou peu de contrôle dans l'environnement de travail (Guillory, 2007). Dès lors l'adaptation à des environnements de travail qui changent de façon chaotique peut passer par une expression spirituelle permettant de réaliser sa propre stabilité interne et sa croissance personnelle dans un processus d'apprentissage continu par la formation des conférences, réseautage, introspection personnelle et en particulier les interactions quotidiennes que l'on a avec les autres.

Certains chercheurs (Bell & Taylor, 2004) entreprennent une critique du management spirituel justement sur le thème de l'identité managériale qui serait établie en termes du soi intérieur plaçant la responsabilité du changement sur l'individu. Ils estiment que le développement du management spirituel est trop isolé de toute critique possible et alors que les projets visant à éclairer pourraient en fait s'avérer répressifs. Pourtant l'articulation entre identité organisationnelle et identité individuelle permet de minimiser ce risque sans l'éliminer toutefois justement en garantissant des formes d'inclusion. Voilà pourquoi il paraît nécessaire de ne pas occulter la dimension organisationnelle dans laquelle s'inscrit le développement de soi.

Miora RANAIVOARINOSY présente également sa vision du leadership spirituel et inclusif comme une unification à plusieurs niveaux (le soi, la communauté, le vivant) en positionnant sa réflexion dans la longue expérience qu'elle a eue chez Danone lorsqu'elle accompagnait la politique de Social Business.

La spiritualité révélatrice d'identité et d'action

Xavier GARCIA-WEIBEL présente le leadership d'évocation issu de spiritualité indigène dont la force d'alignement de la personnalité peut contribuer à une identité plus accomplie. On notera combien ce modèle qui vient de loin présente des similitudes avec le modèle jungien. En effet, Jung en définissant les quatre fonctions suivantes : 1) la sensation comme une perception qui passe par des fonctions sensorielles conscientes impliquant réalisme et matérialité du présent, stabilité ; 2) l'intuition comme une perception *via* l'inconscient orienté vers les possibilités, la créativité et l'innovation ; 3) la pensée comme un jugement distancié en quête de vérité à l'aise dans les décisions ; et 4) le sentiment comme un jugement impliqué en quête de valeur et d'empathie ; ouvre la voie sur une évolution fondée sur ces quatre points cardinaux plus ou moins développés et plus ou moins primitifs. Grâce à la dynamique des fonctions, la personne qui ne peut pas être idéalement tout à la fois dans sa complétude, développe certaines qualités aux dépens d'autres. Mais alors qu'advient-il de ses fonctions qui ne sont pas portées consciemment dans un usage quotidien et qui ne sont pas développées par l'exercice ? Elles restent dans un état plus ou moins primitif et infantile souvent seulement à moitié conscient. Sans doute ce type de modèle qu'il s'agisse du leadership d'évocation ou de la dynamique des fonctions de Jung apporte des repères assez universels permettant de pointer les zones de développement possible ; et le questionnement qui est proposé par Xavier GARCIA-WEIBEL montre bien comment on opère à un niveau spirituel et non pas seulement psychologique.

Bernard LEMAIRE témoigne de son identité liée à sa pratique du leaderhip spirituel en observant la question du temps, de la vision (le monde invisible et le monde qui change) et de la libération des peurs. « *La peur est une faculté de l'âme que nous apportons avec nous. Comment pouvons-nous l'insérer dans l'évolution de notre personnalité pour qu'elle nous fasse progresser ?* » Est la question que pose également Henning Köhler (1996). C'est un sujet auquel nous sommes tous plus ou moins confrontés et qui trouve des résolutions grâce à la spiritualité. La peur est souvent présente dans les passages de leadership (Voynnet Fourboul, 2014) et au départ on exclut souvent que l'on puisse trouver dans la peur des forces positives d'évolution. Or la spiritualité aide à surmonter la peur par une maîtrise qui ne signifie pas d'éradiquer la peur mais plutôt d'apprivoiser la peur, en transformant le rapport que l'on entretient avec elle. Cela suppose d'accepter la vulnérabilité en s'ouvrant à l'amour. La peur pousse à un examen de conscience : est-ce que nous dominons notre sujet ? Est-ce que ce que nous voulons faire est vraiment important à nos yeux ? Avons-nous rassemblé toutes les forces pour le faire bien ?

La peur amène une certaine modestie, une certaine prudence à l'égard des choses et des êtres concernés et peut devenir une compagne de route. Mais la peur de la peur nous guette avec une sensation de peur en expansion pouvant déboucher sur une maîtrise qui suppose concentration intérieure, refoulement du monde extérieur pour diriger la volonté de façon nouvelle vers un but ou au contraire aboutir à une crispation de la peur, par rétrécissement de soi et par isolement. L'angoisse peut vite apparaître et peut-être est-il nécessaire à ce moment de ne pas se renier par faiblesse ou par intérêt ou pour d'autres raisons et suivre sa vocation. C'est pourquoi la peur est tellement liée à l'identité dans son registre spirituel qui est la vocation. La peur donne l'occasion de se tourner vers le soi véritable, notre but en devenir qui est perceptible lorsque nous sommes tout à fait présents en nous-même. Lorsque la peur grandit, le moi intervient et rétablit la perspective juste pour éviter la panique. Le calme, la pondération, la prudence sont appelés à l'aide dans l'état d'éveil tandis que le sommeil joue également un rôle bénéfique et les angoisses se réduisent une fois passée la nuit.

NÉGOCIATION ET PLACE DE LA SPIRITUALITÉ

Stéphane Pradines

De prime abord, négociation et spiritualité font appel à des imaginaires si différents que, spontanément, ces deux termes paraissent antinomiques. La négociation a plutôt une connotation négative dans bon nombre de représentations que l'on en a (cupidité du monde des affaires, comportements manipulatoires des businessmen…). La spiritualité, elle, de son côté, se voudrait totalement désintéressée. Négociation et spiritualité se tourneraient donc le dos, en particulier dans notre culture judéo-chrétienne.

Les approches traditionnelles de la négociation justifient d'ailleurs plutôt cette position. Elle serait plutôt ambassadrice de la rationalité. L'habile négociateur est celui qui maîtrise parfaitement les outils cognitifs, la logique, les argumentaires, les stratégies …

En pratique, la négociation, qu'elle soit sociale, diplomatique ou économique, fait appel à la dimension spirituelle pour au moins quatre raisons :

- Le négociateur, pour réussir, doit mobiliser ses ressources physiques et émotionnelles, et pas seulement mentales. Cela nécessite d'avoir conscience de la dimension « énergétique » et « vibratoire » de son être.
- Le négociateur, s'il souhaite s'inscrire dans une dynamique de jeu à somme positive pour les deux parties, doit envisager très souvent « une troisième voie ». Cette approche a quelque chose de « transcendantal ».

- Le négociateur est comme un alchimiste : il permet la transmutation de positions, par définition non conciliables, en une matière nouvelle, lumineuse & bénéfique.
- Le négociateur doit faire preuve d'une grande agilité comportementale, lui permettant alors d'avoir le recul nécessaire. Cette aptitude de « distanciation » est assez similaire au méditant et implique l'autonomisation de la conscience.

Ainsi, en quoi la spiritualité peut être mobilisée pour une meilleure pratique de la négociation en entreprise ?

Mobiliser l'ensemble de ses ressources énergétiques

L'homme évolue dans son incarnation au travers au moins de quatre dimensions : physique, mentale, émotionnelle et spirituelle. Dans la pratique de la négociation, c'est la dimension mentale qui est « traditionnellement » la plus sollicitée : stratégie de négociation, arguments et contre-arguments, objectifs de négociation, portes de sortie envisagées (Rojot, 2006)... la plupart du temps, dans les formations commerciales, on parle de « techniques de négociation » avec un ensemble de trucs et astuces, d'erreurs à éviter, de prêt-à-penser. Si toutes ces approches sont fort utiles, et peuvent être d'une aide précieuse pour l'apprenti-négociateur, reste que – très rapidement – ces « outils », seuls, ont leurs limites. En effet, en réalité, un « bon négociateur » sait aussi activer et mobiliser son intelligence corporelle (langage non-verbal, endurance, dynamisme ...) et émotionnelle (gestion de ses émotions et de celles des parties-prenantes, empathie, ambiance de la négociation ...). Ces formes d'intelligence non cognitives, sont des entorses aux premiers travaux de l'école néo-classique sur la rationalité, et vont plus loin que les contributions d'Herbert Simon avec la rationalité limitée. Aujourd'hui, les différents chercheurs dans ce domaine, en particulier en matière de neurosciences et intelligence émotionnelle, montrent clairement la dimension holistique de la négociation, en intégrant dans la boîte à outils des leviers, comme le corps physique et émotionnel.

Dans cette logique, la sphère spirituelle ne peut être exclue. Nous considérer comme un écosystème où tout est relié, c'est reconnaître notre unité et notre appartenance à un « grand tout ». Cela permet aussi d'intégrer dans la pratique de la négociation notre intuition. Se préparer en amont est essentiel. Mais être capable d'être pleinement dans l'instant et faire preuve d'agilité en temps réel est nécessaire. Faire confiance à son intuition, c'est se donner l'opportunité de se connecter à des solutions « magiques », dans le sens où elles n'existent pas dans notre espace intérieur rationnel. Cela implique pour le négociateur cette aptitude spirituelle du lâcher-prise. Il n'est plus le « joueur de poker » qui bluffe ou tente le coup de maître, en se basant sur son seul *feeling* ou en s'en remettant au hasard. Il est au contraire aligné avec ses perceptions intérieures et lumineuses, et agit avec foi, en ayant compris qu'il a accès à un espace de sagesse infini. Cela fait le lien avec la dimension énergétique. Les travaux dans le domaine de la physique quantique nous rappellent l'identité énergétique de l'humain. L'énergie est information. Le négociateur qui a conscience de cette réalité vibratoire va aborder le processus de négociation différemment. Il sera attentif à correctement préparer « sa vibration » par la pleine conscience de ses pensées et émotions en amont. Et lors du processus, il veillera à l'information consciente (et inconsciente) dont il sera l'émetteur, en gardant à l'esprit l'impact (positif ou négatif) que celle-ci aura nécessairement sur l'écosystème présent.

Transcender les positions en donnant du sens

Le développement d'une pratique spirituelle permet également d'agir sur le quatrième levier, après le mental, le physique et l'émotionnel : le domaine de l'esprit. Peu importe les croyances religieuses que l'on peut avoir ou à ce que l'on croit ou le nom que l'on donne, l'important est plus de croire en un principe d'intelligence infinie. En quoi ajouter « ce petit supplément d'âme » dans la négociation, en particulier, dans son intention et dans ses objectifs visés, peut permettre de « rehausser » le débat et sortir des clivages ?

La quête de sens s'invite désormais de manière récurrente dans le monde professionnel. Habituellement, la question du « pourquoi » était plutôt réservé aux penseurs, philosophes ou autres chercheurs. Dans l'entreprise, il fallait du concret, être pragmatique, avoir des méthodes éprouvées et des résultats tangibles. Hors de question de sortir du mesurable lors d'une négociation : c'est le règne du matériel. Pour autant, ce paradigme semble de plus en plus remis en question. Et « donner du sens » ne devient plus un luxe mais une condition préalable à toute discussion. Le leader « éveillé » aura naturellement tendance à proposer cette perspective nouvelle : la négociation ne devient plus une « fin en soi » mais est aussi le chemin. Elle est au service d'une démarche plus globale, au service d'un projet d'entreprise plus vaste. Les fruits de la négociation, ce qui a été obtenu, ne sont plus simplement des « acquis » mais incarnent la manifestation d'une intention. Concrètement, cela veut dire que le temps passé à partager sa vision, son intention – bien avant de rentrer dans la définition des objectifs opérationnels – est un temps précieux de connexion de l'ensemble des parties-prenantes. Élever le débat d'emblée permet de repositionner le débat à sa juste valeur, et sa juste hauteur. Spontanément, les parties ont tendance à sortir des jeux de rôles dans lesquels ils sont enfermés : les échanges sont plus riches, plus ouverts, plus coopératifs car « la raison d'être » de la négociation est connue et acceptée. Cette approche a quelque chose de « transcendantal » dans sa finalité et ses moyens. Tout se passe comme si un processus d'expansion des consciences avait lieu. C'est d'autant plus puissant que cela se produit presque par surprise dans un espace où les parties-prenantes ne s'attendent pas à ce type de posture. Les carapaces de défense sont donc habilement contournées pour laisser la place à un échange plus constructif.

Alchimiser le conflit apparent avec foi et intention

L'alchimie, traditionnellement, mélangeait au Moyen Âge la chimie et la magie, le visible et l'invisible. Selon le Larousse, elle se définit comme « l'art de purifier l'impur en imitant et en accélérant les opérations de la nature afin de parfaire la matière ». Dans cette logique, elle ne s'embarrasse pas des contraires et a posé la « transmutation » comme principe de vie, tout comme la spiritualité. Ainsi, la négociation ne doit pas se voir comme le rapport de force nécessaire pour triompher de l'ennemi mais davantage comme l'opportunité de se rassembler autour d'un pacte nouveau, fondateur et positif. L'objectif ne devient plus d'imposer sa matière, mais bel et bien de mélanger ses propres ingrédients à ceux de l'autre. De la fusion de ce mélange, naîtra la « troisième voie » (Follett, 1918), comme l'a théorisée Mary Parker Follett, mère fondatrice de la négociation moderne, appelée « négociation raisonnée » (Ury, Fisher et Patton, 2006). Ce modèle est à l'époque une approche disruptive reléguant dans l'ancien temps les dogmes basés sur la dualité et « la loi du plus fort ». Cela n'est pas sans rappeler l'œuvre philosophique de Teilhard de Chardin, tentant de transcender l'apparent conflit de « positions » entre la foi et le dogme jésuite et le positivisme scientifique.

Le négociateur est donc cet alchimiste sachant détecter l'invisible, ce qui n'est pas verbalisé, voire non encore conscientisé dans certains cas. En effet, au-delà des positions parfois tranchées qui sont affichées par les parties, le négociateur se doit d'être cet explorateur à la recherche de l'intention de l'autre, des intérêts de l'autre partie-prenante. Envisager la négociation non pas comme une domination mais comme une fusion permet d'en faire une pratique hautement créative, bien loin du regard limitant d'en faire une technique de résolution. Poser l'intention en début de processus et s'inscrire dans une vision gagnant-gagnant, et refuser ainsi tout compromis mou et insatisfaisant par essence, permet de créer une dynamique d'intelligence collective au service du nouveau. Ce qui était impossible au sens inconcevable avant ou au démarrage des discussions devient possible. Les bénéfices de « trouver un accord » équilibré vont bien au-delà des garanties négociées : la relation de confiance est renforcée non seulement dans le *hic et nunc* mais aussi dans l'avenir. On retrouve d'ailleurs dans l'étymologie latine de la confiance (*cum* / avec et *fidere* / fier) la notion de foi (*fidem*). Le négociateur a compris la puissance de la foi et ce qu'elle permet.

Apprendre la distanciation de soi et des autres

Lorsque j'enseigne la négociation sociale, je propose à mes étudiants, des professionnels RH, de partir en exploration par la pratique et la prise de hauteur. Les jeux de rôle permettent une mise en mouvement dans des situations de négociation sociale. Cette approche implique un vrai « lâcher-prise », afin que l'improvisation génère beaucoup de richesse à travailler. Au-delà de l'exercice qui permet d'expérimenter des postures successives, soit directement, soit *via* l'observation et l'activation des neurones-miroirs, la valeur-ajoutée complémentaire trouve sa source dans l'analyse et le décryptage de la scène. J'incite mes « partenaires de jeu » (le jeu, étant une activité hautement spirituelle, contrairement aux apparences) à travailler leur posture meta. En psychologie et coaching, il s'agit de la capacité à s'observer soi-même grâce à des capacités cognitives de dissociation : la personne est en quelque sorte à la fois l'observateur et l'observé. Cette technique permet de travailler une aptitude à la transcendance quelque part, comme le méditant observant ses pensées circuler sur son écran intérieur mais auxquelles il ne s'identifie plus. Développer sa posture méta est essentielle à la pratique de la négociation, car elle permet le fameux « coup d'avance » : en prenant de la distance par rapport au vécu, il devient plus facile d'envisager des réponses créatives. Démarrer une pratique spirituelle implique la même dynamique.

En résumé

Finalement, le dirigeant ne doit-il pas développer son leadership spirituel pour devenir « un fin négociateur » ? Il apparaît clairement que la réponse à cette question est positive. L'évolution de notre société et de notre Terre nous amène de plus en plus à venir questionner le sens et la finalité qu'a le travail, et donc la relation que l'homme entretient avec lui. S'il veut relever les défis qui lui incombe, il devra se doter d'un réel « leadership spirituel », fondé non seulement sur un système de croyances solide mais surtout sur une pratique spirituelle régulière, lui permettant de développer le leadership de soi. Il doit ainsi créer les conditions pour faire émerger un égrégore puissant, positif et choisi (non-subi) au service du business et de la communauté.

Je terminerais ce propos avec ces mots de Nelson Mandela, véritable leader politique mais aussi spirituel : *« nous travaillerons ensemble pour soutenir le courage là où il y a la peur, pour encourager la négociation là où il y a le conflit, et donner l'espoir là où règne le désespoir »*. En présentant la négociation comme l'arme ultime contre le conflit, donc la séparation et la dualité, ne pose-t-il pas cette posture (bien plus qu'une pratique et/ou technique) comme le chemin à suivre pour retrouver l'unité, et donc l'amour.

LE RÔLE INCLUSIF DU CONSULTANT

Éric Gautier

Dans les années quatre-vingt-dix le slogan du néomanagement « Soyez vous-mêmes ! » appelait les salariés à un *empowerment* fondé sur une connaissance de soi et l'épanouissement personnel. Il invitait à la convivialité, à des rapports humains authentiques, à la mise en avant de la singularité en réponse à l'inauthenticité de la sphère capitaliste (Boltanski et Chiapello, 1999). L'authenticité fait référence à un état dans lequel la personne fait corps avec ce qu'elle exprime sans que l'on puisse distinguer ce qui est de l'ordre de l'être et ce qui est de l'ordre de la communication. En outre, si sous l'industrialisation d'Henry Ford l'uniformité était la norme, aujourd'hui nous accordons plus d'attention à la singularité des personnes. Cette tendance appelle de nouvelles façons de manager qui consistent à « asseoir la continuité organisationnelle sur les singularités individuelles » (Martuccelli, 2010, p. 20). Chacun depuis ce qu'il est, apporte sa contribution.

Ainsi le management inclusif se répand dans les organisations, et le rendre opérationnel interroge sur la façon de mieux prendre en compte la singularité des collaborateurs. Cela suppose de reconnaître chacun comme un être humain singulier, de même une organisation a une singularité avec une finalité, une façon unique de faire et d'apporter à ses clients. Révéler cette singularité pour la faire exister et la partager avec ses salariés devient nécessaire.

Pour favoriser l'inclusion, le dirigeant peut faire appel à un consultant qui contribuera à donner un sens à la mission de l'entreprise, notamment en période d'incertitude (Albert et Whetten, 1985). C'est le cas de la société « Patrick Mathieu Singularité » qui propose à ses clients de les accompagner dans la découverte de ce qui rend leur organisation unique et singulière (Mathieu et Monneyron, 2015). La singularité transmise par le fondateur se trouve dans les profondeurs de l'entreprise et reflète les attitudes et comportements attendus.

L'expression de la singularité à travers l'intelligence collective

Ma recherche est centrée sur les modalités et étapes d'une intervention par un consultant qui permettent une révélation d'ordre spirituel chez son client. À cette fin, sera observée la façon dont les consultants de ce cabinet utilisent l'intelligence collective pour prototyper et communiquer les principes profondément enracinés de leurs organisations clientes (Gautier, 2020). En effet, révéler ce qui reste stable et sert de point d'ancrage à la structure malgré l'évolution de l'environnement et du temps est hautement stratégique.

Au cours des interventions, la singularité se révèle à travers une première phase de prototypage au cours de laquelle le consultant catégorise et définit l'amorce de la singularité d'une organisation en faisant coïncider un modèle avec des données collectées au préalable puis communique cette amorce de singularité aux membres de l'organisation. Dans une deuxième phase, le consultant anime un atelier collectif où les participants construisent un texte qui exprime la singularité de leur organisation. Cet atelier d'écriture est inspiré du lexique des textes institutionnels et fondateurs de l'organisation et utilisé par les managers lorsqu'ils évoquent la vision, les objectifs et les valeurs de leur entreprise.

Ainsi dans chaque entreprise cliente, vingt membres issus du comité de direction et des managers sont répartis en cinq groupes de quatre personnes pour mettre à jour les mots des fondateurs en les interprétant avec leur propre perception de l'organisation et de ce qu'elle devrait être. La construction de phrases avec ces mots constitue un premier niveau d'interprétation. Elles sont ensuite regroupées en thèmes par le biais d'une sélection que les participants opèrent collectivement. Cet acte de reconnexion à l'esprit du fondateur contribue à la construction et à l'émergence d'une singularité partagée entre les membres. Le texte final est assemblé par une herméneutique visant à définir l'essence de l'entreprise, son projet et sa nature. Il met en évidence les aspects essentiels et existentiels.

Formes d'inclusion observables

La révélation de la singularité conduit à trois formes d'inclusion distinctes : l'auto-inclusion, l'inclusion en groupe et l'inclusion du sens.

1) Grâce à l'auto-inclusion observée, les employés ou les gestionnaires identifient et décrivent mieux qui ils sont et parviennent également à mieux s'accepter et à affirmer certains aspects de leur personnalité. Ils sont encouragés à s'auto-réaliser, à se connecter avec leur désir d'agir pour le plaisir et non par devoir, et à sortir des situations superficielles actuelles pour regarder vers l'avenir. Ils ressentent du soutien, du soulagement, de la libération ou même de la joie. L'auto-inclusion renforce leur légitimité consistant non pas à vouloir ressembler aux autres en effaçant les différences, mais à retrouver leur dignité et se sentir valorisés. Ils sont alors mieux à même de formuler une vision globale.

2) L'inclusion de groupe se manifeste par la bienveillance insufflée par le consultant qui encourage le désir de mieux comprendre les autres afin de gérer les conflits, d'être moins critique, d'améliorer les relations, d'écouter plus et de parler moins et d'éviter la domination. Cela augmente le niveau de confiance dans l'équipe et les membres fonctionnent mieux ensemble. L'inclusion en groupe génère également de l'énergie et de la force.

3) L'inclusion de sens signifie que le sens se révèle lorsque les salariés trouvent une direction à leur action et lorsque les managers qui traversent une période de doute et d'incertitude trouvent un nouvel élan. Les aspérités conflictuelles peuvent être supprimées et les gens peuvent se mettre d'accord sur un point d'équilibre à partir duquel il sera possible de reconstruire. Au niveau organisationnel, cela produit des stratégies de recentrage plus ancrées qui permettent d'envisager des projets de transformation à long terme.

Le consultant comme agent d'inclusion

Ce cheminement évoque celui décrit par Otto Scharmer dans son modèle dit de la théorie U (Scharmer, 2018) en particulier le cours des interventions et les différentes étapes vont également du « quoi » au « pourquoi » en suggérant un voyage spirituel (Figure 12).

Figure 12 : L'intervention sur la singularité et ses modalités d'inclusion en lien avec la théorie U

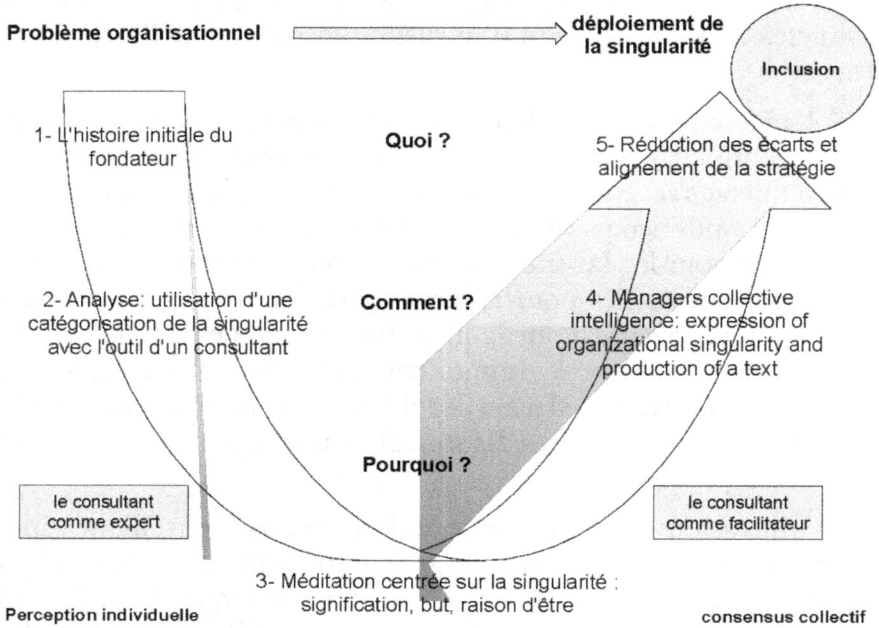

La théorie U décrit plusieurs étapes et met l'accent sur l'angle mort de l'intervention qui consiste à faire émerger les motivations profondes des participants lorsqu'ils répondent à des questions de l'ordre du « pourquoi ».

Le cheminement dans le temps s'opère par une phase consacrée à la perception individuelle de l'organisation suivie par une phase au cours de laquelle se construit un consensus collectif orienté vers l'action. Le cheminement spirituel montre les différents niveaux d'analyse du « quoi » qui représente la matérialité, ce qui est visible, au « pourquoi » qui se situe dans les profondeurs de l'esprit (méditation centrée sur la singularité).

Le premier niveau, « quoi », fait appel à nos compétences intellectuelles pour faire face aux faits objectifs qui nous entourent. Ce sont les résultats visibles. Le deuxième niveau, « comment », utilise notre intelligence émotionnelle : la capacité à faire preuve d'empathie pour s'adapter à différents contextes et se mettre à la place des autres. C'est le processus utilisé pour produire des résultats. Le troisième niveau, « pourquoi » est la capacité d'accéder à notre soi authentique. Il fait appel à l'intelligence spirituelle ou à la connaissance de soi. Cela implique de laisser tomber les peurs et de ne pas résister.

Faisant écho au modèle de la théorie U, le consultant : 1) analyse l'histoire de la fondation de l'organisation à travers le discours original du fondateur tout en observant les automatismes (routines) des dirigeants et managers ; 2) invite les membres de l'organisation à suspendre leur jugement pour revoir la situation et ainsi élargir et approfondir leur perception de la réalité ; 3) facilite l'abandon de l'ancien monde pour regarder vers un futur émergent ; 4) laisse émerger une vision non plus égocentrique dans le présent mais collective et tournée vers l'avenir et 5) réduit l'écart entre la situation présente et celle projetée en créant un lien entre le quoi, le comment et le pourquoi.

L'inclusion des membres peut être vue à la fois dans le processus mené par le consultant et dans la manière dont la coopération s'établit pendant l'intervention. Le consultant fait un premier pas avec le développement d'un prototype puis laisse une sorte de vide opératoire qui permet l'émergence d'une expression collective de la singularité. Il s'agit d'un processus d'apprentissage dynamique dans lequel les participants vivent une expérience multi-relationnelle et peuvent immédiatement percevoir les avantages et l'objectif opérationnel de l'exercice.

Grâce à l'intelligence collective, le texte produit contribuera à l'amélioration durable du fonctionnement de l'organisation. Cette efficacité est favorisée par l'enthousiasme, la mise en mouvement et le dialogue multipartite qui se développe au cours du processus inclusif. La phase d'intelligence collective va au-delà des problèmes individuels et favorise un large consensus. À partir du moment où cette révélation se produit, les membres du groupe se sentent inclus pour avoir contribué individuellement à une représentation qui a du sens pour tout le monde. Contrairement aux interventions sur la culture organisationnelle, le consultant met de côté le sentiment d'appartenance pour **ouvrir la voie du sens et de la transcendance**. Accéder à la singularité, c'est donc retrouver sa boussole, se positionner, ancrer sa singularité individuelle dans un cadre ou un système collectif qui contribue à son renforcement avec le développement de comportements adaptés.

En résumé

Le cadre de la spiritualité fondé sur des aspects multi-relationnels permet d'envisager une inclusion à plusieurs niveaux : l'auto-inclusion, l'inclusion de groupe et l'inclusion du sens. Ce qui est observé illustre le rôle médiateur du consultant dans le cheminement spirituel des participants leur permettant d'accéder à une meilleure compréhension de l'organisation qu'ils servent.

L'intervention touche à la spiritualité en visant la clarification de la singularité car elle suscite chez les participants la capacité à prendre leurs distances avec eux-mêmes combinée à un approfondissement de leur conscience.

LA SINGULARITÉ ET LA « RAISON D'ÊTRE » DES ENTREPRISES

Patrick Mathieu

Le vote de la Loi Pacte en 2019 a instauré la possibilité pour les entreprises d'inclure dans leurs statuts une « raison d'être » différente de leur objet social, visant à protéger les dirigeants qui privilégient une action ayant un impact social, environnemental et sociétal positif sur la seule maximisation du profit des actionnaires. Il s'agit d'une évolution très importante, qui dote l'entreprise en tant que telle, pour la première fois depuis la création du Code Civil, d'une pensée autonome alors qu'elle n'était jusque-là que le fruit de la réunion de ses associés. Si cette « raison d'être » n'est pas définie précisément par le texte de loi, elle ouvre la voie à l'expression d'une dimension plus existentielle de l'entreprise, et même spirituelle. En agissant ainsi, la France a pris un leadership sur les autres pays et redéfinit un aspect clé du modèle libéral. Voyons-y l'opportunité, et même l'impérieuse nécessité, de réfléchir en profondeur à ce qui fonde « l'esprit » de l'entreprise, à la manière de le caractériser et surtout de le mettre en pratique. Plus particulièrement, nous nous interrogerons sur la dimension spirituelle que peut acquérir la « raison d'être » d'une entreprise. Nous analyserons tout d'abord la nature existentielle de l'organisation au prisme du concept de singularité que j'ai développé en tant que consultant ; puis nous nous focaliserons sur les conditions d'accès de l'entreprise à l'expression d'une telle dimension ; enfin nous en viendrons aux conditions de mise en œuvre à grande échelle. Nous conclurons sur l'Océan bleu vaste univers de possibilités inexplorées et prometteuses (Kim et Mauborgne, 2014) que ces notions ouvrent pour le futur et l'espoir d'introduire une dimension spirituelle à l'économie et à la vie quotidienne.

La nature existentielle de l'entreprise

Max Weber (1905) pose trois niveaux de lecture de l'action de l'entreprise : les *fins*, les *moyens* et les *conséquences*. Dans ma lecture concernant la singularité des organisations, les *fins* caractérisent l'intention de l'entreprise et portent sa dimension existentielle. Les *moyens* caractérisent son mode d'investissement, et les *conséquences* posent les critères de mesure de sa valeur ajoutée matérielle et immatérielle. Cette structure en trois niveaux est alors croisée avec les trois fonctions d'organisation de la société de Georges Dumézil (1939), fonctions *souveraine (S)*, *guerrière (G)* et *productrice (P)*, qui gouvernent de manière complémentaire chacun de ces plans (Figure 13).

Figure 13 : Répartition des fonctions de singularité

	GSP	GPS	PGS	PSG	SPG	SGP
fins	G	G	P	P	S	S
moyens	S	P	G	S	P	G
conséquences	P	S	S	G	G	P

La fonction de *souveraineté* concerne le champ des idées, des concepts, et plus généralement de l'espace et du temps. La fonction *guerrière* concerne l'action, la transformation, l'innovation, la conquête et plus généralement tout ce qui est lié à l'énergie et tourné vers le futur. La fonction *productrice* concerne l'expérience au présent, les relations, la fécondité et ce qui relève de la matière et du temps présent vécu. Pour notre examen de la question de la spiritualité, nous nous concentrerons sur le premier niveau des *fins*, car c'est ici qu'elle est susceptible de résider et d'être portée en priorité. Dans mes travaux, ces trois niveaux se déploient en six étapes sous forme d'un scénario, le *scénario de succès* de l'entreprise. Les étapes en sont les suivantes :

En étape 1, une opposition entre deux besoins existentiels également désirables mais mutuellement exclusifs, figurant la dualité de notre relation au monde, nommée *tension vitale*. Par exemple : comment accepter notre condition de petit quand on aspire à la grandeur ? Petit et grand semblent s'opposer de manière absolue, invitant à un compromis mortifère. Pour la singularité, il s'agit d'une première étape existentielle, correspondant au niveau des *fins*, qui va devoir trouver une *transcendance* que va générer le déroulement du *scénario de succès*.

En étape 2, les *conditions* matérielles à l'entrée dans cette tension.

En étape 3, le *savoir-faire* naturel qui peut alors se mobiliser.

En étape 4, l'*expérience* générée par ce savoir-faire, tant pour l'entreprise que pour ses membres, ses clients ou divers interlocuteurs. Ces deux étapes 3 et 4 appartiennent au niveau des *moyens*.

En étape 5, l'*impact* mesurable de la singularité en action, qui appartient, comme l'étape 2 qui en est la condition, au niveau des *conséquences*.

Enfin en étape 6 apparaît, grâce à ce scénario, la *transcendance* de la *tension vitale* initiale.

C'est dans la dialectique de la *tension vitale* et de la *transcendance* (étapes 1 et 6 qui ouvrent et concluent le *scénario de succès*) que se situe l'enjeu spirituel de l'entreprise. Issue de la singularité d'un individu fondateur, la singularité d'une entreprise acquiert son autonomie au sein de l'organisation. Elle fait référence à une conscience intérieure mettant en évidence le fait qu'elle est connectée avec quelque chose de plus grand qu'elle, qui guide son action, le plus souvent à son insu. La *transcendance*, qui est le produit du *scénario de succès* en réponse à un rapport au monde porté par la dualité de la *tension vitale*, est l'élément essentiel de cette conception. La singularité est au sein de l'organisation une *ideopraxis* relationnelle centrée sur cette dimension spirituelle, qui unifie le corps social et est de nature à orienter l'action dans tous les aspects de l'entreprise. Examinons à présent trois cas, sans citer les noms des entreprises pour des raisons de confidentialité. Les formulations de la *tension vitale* et de la *transcendance* sont issues de travaux menés en intelligence collective au sein de ces entreprises en incluant parfois des clients. Ils ont conduit à la rédaction de textes suivant la méthodologie des *plateformes de singularité* de patrickmathieu singularité[1]. Chacun des exemples cités est basé sur le même protocole de travail. Le premier cas est celui d'une entreprise dans le domaine de l'ingénierie du bâtiment. Sa *tension vitale* est de « Dessiner une vie positive » – opposant le besoin de construire la vie et les facteurs mortifères qui nous entourent – et sa *transcendance* est de réussir à le faire « Avec une âme humaine incontournable ». Le second cas est celui d'une start-up dans le domaine des nouvelles énergies. Sa *tension vitale* est de participer à « La mutation du monde et des individus » et sa *transcendance* est d'« Atteindre ensemble l'abondance ». Le troisième cas est celui d'un réseau social très connu. Sa *tension vitale* est de « Développer les groupes et le débat » et sa *transcendance* est de réussir à « Construire une meilleure société ». Dans chacun de ces cas, la portée des expressions de la singularité dépasse le champ d'activité de l'entreprise et l'inscrit dans un tout qui lui est largement supérieur. Cette révélation invite l'entreprise à s'orienter vers un impact social et sociétal qui dépasse sa lecture habituelle de l'économie et de son propre rôle. Qu'il s'agisse de vie positive, de mutation du monde, d'âme humaine, d'abondance partagée ou de meilleure société, toutes ces notions faisant l'objet d'un consensus au sein des entreprises concernées, nous avons la preuve que la dimension spirituelle peut trouver un ancrage puissant et durable dans la compréhension et le partage de la singularité de l'entreprise.

Oser afficher une dimension spirituelle

Une fois cette dimension existentielle de la singularité révélée, se pose la question de son « portage » par l'entreprise. Ou comment passer d'une information sur cette dimension traversante méconnue à une action qui intègre volontairement la singularité au quotidien au sein de l'entreprise et dans ses relations avec le monde, avec la responsabilité et l'éthique que cela engage dans la durée. L'enjeu est ici principalement la progression de la conscience. Celle du dirigeant d'une part, et celle du corps social d'autre part. La société patrickmathieu singularité a défini une échelle en 6 stades successifs, le modèle BRAAVO, qui permet d'évaluer la maturité d'une entreprise face à sa singularité. Le premier stade est celui du manque total d'intérêt sur ce qui fonde le succès de l'entreprise. Vient ensuite celui de l'opportunisme, qui réduit la dimension spirituelle de la singularité à un simple avantage concurrentiel dont l'origine est mal connue mais qui agit régulièrement et protège l'entreprise. Selon nos observations auprès de clients et lors de conférences, près de 80 % des entreprises

1. https://patrickmathieu.net/

ne dépassent pas aujourd'hui ce second stade, et n'accèdent jamais à la dimension spirituelle de leur activité. Celles qui restent sont pour la plupart dans une phase de questionnement, de découverte, par différentes méthodes souvent très empiriques, de ce qui fonde leur singularité. Nous avons la chance d'accompagner certaines d'entre elles dans cette phase exaltante et troublante, car la révélation de la singularité n'est pas anodine. Éric Gautier a défendu une thèse sur ce sujet en 2018. La première des conséquences est la nécessité de renoncements à ce qui n'est pas soi. L'entreprise doit prendre le risque d'abandonner certaines pratiques, de changer une partie de sa clientèle, de stopper certaines pratiques, pour laisser place à un champ libre nouveau et prometteur où sa singularité va pouvoir s'exprimer pleinement. Au quatrième stade, l'entreprise, alignée sur sa singularité, va entrer dans une pratique de surinvestissements visant à exprimer pleinement son engagement dans sa vision singulière du monde. Elle émerge par sa conscience agissante, par sa cohérence et l'espérance qu'elle génère, et devient un repère qui dépasse le champ de son métier.

Installer la dimension spirituelle dans les organisations

Le partage de la singularité, qui s'effectue sur le mode systématique de la révélation, repose sur un décryptage approfondi des expériences passées pour en révéler la dimension singulière profonde. Les clés de lecture précises données par les *plateformes de singularité*, qui décrivent une mise en action de la singularité à travers des *principes d'action* concrets et partagés, invitent à infléchir le mode d'action de l'entreprise, depuis le plan stratégique jusqu'aux comportements. Chaque action prend sens, s'organise et se développe suivant le *scénario de succès* de l'entreprise, et l'ensemble rend visible et opérante la dimension existentielle du projet de l'entreprise, dont chacun peut se faire le relais. Cette transformation de l'entreprise par la singularité donne progressivement accès à une expérience de la spiritualité au quotidien. Au-delà de son objet social, l'entreprise vit sa « raison d'être » sur un mode progressivement habité de la dimension spirituelle.

En résumé

La singularité est une application de la conception intrinsèque de la spiritualité, qui est ici appliquée à l'entreprise dans son ensemble, invitant chacun à en vivre une appropriation personnelle. Nous avons constaté que toute entreprise possède une singularité. Et la pratique a prouvé à de multiples reprises l'efficacité de cette méthode pour aider les membres de l'entreprise à atteindre un nouveau niveau de conscience à propos de l'entreprise. Choisir de faire de sa singularité l'élément central de la culture et du métier de l'entreprise relève en premier lieu d'un choix de conscience de la part du dirigeant. Mais c'est avant tout aujourd'hui une éthique et un sens de la responsabilité pour l'entreprise pensée comme acteur politique au sein de la société. Les développements futurs ouverts par cette pratique ouvrent à une transformation profonde de l'économie et sont porteurs d'une grande espérance. La dimension singulière, existentielle et spirituelle, est un devenir souhaitable pour l'ensemble de l'économie, où une conscience éclairée s'inscrit dans la « raison d'être » authentique des entreprises.

LE LEADERSHIP INCLUSIF, OU LA RECHERCHE DE L'UNIFICATION

Miora Ranaivoarinosy

En 2003, l'économiste et professeur de droit canadien Joel Bakan écrit *The Corporation*, en parallèle de la réalisation du film documentaire du même nom qui a fait grand bruit. Il argumente comment l'entreprise, par l'intervention du droit dans une culture ultra capitaliste, s'est arrogée des droits qui vont intentionnellement à l'encontre du bien commun et qui lui donnent des attributs d'une personnalité psychopathe. Cette démonstration s'appuie tant sur le droit que la psychologie. D'un point de vue de la spiritualité, ce film permet de poser une question fondamentale : est-ce que cela traduit une bataille irréconciliable entre « le bien » et « le mal », et que les individus qui composent l'entreprise, qu'ils soient dirigeants ou contributeurs (salariés, fournisseurs de services, indépendants, etc.), sont condamnés à la perpétuer ?

Ce chapitre aborde cette question par la pratique et l'observation de phénomènes relativement récents dans le monde de l'entreprise qui pourraient trouver un dénominateur commun : l'inclusion. Nous pourrions oser cette analogie que l'inclusion est pour l'entreprise ce que la prière universelle est pour l'église et ses croyants. En effet, la prière universelle est un rappel à la responsabilité de toutes les composantes de l'église, son administration comme ses administrés à ne jamais oublier le salut du monde, son rôle dans la communauté, et le soin porté à ceux qui souffrent.

Est-il possible et souhaitable d'imaginer qu'on « communie » en entreprise pour faire union avec le monde et « notre prochain » ? Plusieurs phénomènes d'unification seront décrits et illustrés par des exemples. Bien sûr, il existe des limites qui seront également énoncées.

L'unification de la personne : l'être reconnu dans son entièreté au-delà de sa force de travail et son utilité perçue

« Pour moi, les personnes pauvres sont comme des *Bonzaïs*. Quand vous semez les meilleures graines de grands arbres dans un pot de 15 centimètres vous obtenez une parfaite réplique d'un grand arbre, à ceci près qu'il fera 15 centimètres. Il n'y a rien qui cloche dans leurs graines, mais la société ne leur a jamais laissé l'espace pour grandir comme les autres », écrivait le professeur Yunus. Ce message véhicule une idée profondément opposée à la conception admise qu'il serait dans l'intérêt du capitalisme de préserver deux catégories de personnes, une réduite à offrir sa force de travail à bas coût, et de rester pauvre (et interchangeable), et une autre catégorie qui détient les moyens de production et qui peut en maximiser le profit. Une catégorie devient le moyen d'enrichissement de l'autre, et l'entreprise est le modèle d'organisation qui matérialise cette forme d'asservissement. Ce professeur d'économie bangladais qui a obtenu le Prix Nobel de la Paix en 2006 pour avoir démocratisé le micro-crédit comme moyen de réduire massivement la pauvreté, a ensuite conceptualisé le concept de *social business*. Quatre des sept principes soutiennent fortement l'idée que l'on sacralise la personne (aussi bien celle qui travaille dans l'entreprise que celle à qui les produits et services de l'entreprise sont destinés), en ne la dépossédant pas de ce qui fait d'elle un être humain. Car ce qui fait d'elle un être humain sont toutes les composantes de la dignité : son auto-détermination, ses rêves et aspirations à une vie meilleure et sa contribution à un objectif qui a du sens. L'entreprise elle-même existe par sa mission de répondre aux manques qui entravent le développement de l'humain. Ses fondateurs ou dirigeants sont appelés des entrepreneurs sociaux. Sa mission est de contribuer à la réduction de la pauvreté, de résoudre un ou plusieurs problèmes sociaux (tel que l'accès à l'éducation, la santé, aux nouvelles technologies et à un environnement sain) qui menacent la communauté et la communauté, et non la maximisation du profit.

Les investisseurs ne récupèrent que leur mise de départ, et ne collectent pas de dividende.

- L'entreprise œuvre en conscience pour tendre vers un équilibre environnemental et des dynamiques de genres.

- La force de travail est rémunérée au marché avec de meilleures conditions de travail.
- L'action est menée dans la joie

Il se dégage bien un supplément d'âme de ces principes, non pas par le caractère sympathique de cette idée, mais par son intention d'ancrer la notion d'*empowerment* et de justice sociale de façon systémique, comme un acquis dans la définition de l'entreprise, et non pas comme un objet de lutte continuelle au sein de l'organisation. Il est alors judicieux de s'interroger si cela se vérifie dans la réalité. Il est difficile d'en apprécier la véracité par le nombre de social business, en revanche il est plus tangible de constater l'influence de cette manière de penser l'entreprise qui est véritablement devenu un mouvement dont se sont saisis aussi bien les jeunes, des entrepreneurs, des universités et des grands patrons. On en veut pour preuve la trajectoire initiée par le Pr Yunus et Franck Riboud lorsqu'il était PDG du Groupe Danone en 2007 avec la création du fonds d'investissement *Danone Communities*. Sa mission est la réduction de la pauvreté *via* « le social business » et l'*empowerment*. Cette année-là, c'est la première fois dans l'histoire de Danone, et d'une grande entreprise française, qu'en assemblée générale, les actionnaires acquiescent à renoncer à une partie de leur dividende pour abonder à hauteur de 20 millions d'euros un fonds qui ne sera pas motivé par la maximisation du profit mais à donner des moyens à des personnes exclues.

D'autres signaux observés de cette sacralisation de l'être au sein de l'entreprise sont les démarches de diversité, de non-discrimination. Le postulat est que les personnes ont une place dans l'entreprise *a priori* alors qu'elles sont encore dans l'inconscient collectif sujets à des stigmatisations, des formes de disqualifications quant à leurs capacités de travail ou la menace qu'elles représentent pour un certain ordre établi (migrants, personnes LGBTQI+, personnes handicapées, séniors, etc.). L'entreprise comme terrain d'acceptation de toutes les identités est pour certains une idée séduisante, et pour d'autres illusoire. Elle mobilise néanmoins des réflexions salutaires et constructives. Ceci est vrai aussi bien au sein de l'entreprise comme au-delà, dans le cadre de sa relation aux clients et fournisseurs.

La réflexion devient non seulement une question de ressources humaines mais aussi une question de destiner ces produits ou services à des populations qui préalablement n'y avaient pas accès et dont le développement est entravé par cette exclusion. Les politiques commerciales pratiquées par les grandes entreprises appelées « base de la pyramide » visent à servir les deux-tiers de la population qui vivent avec un revenu en deçà de 2,5 dollars par jour. Le caractère innovant de l'ensemble de ces initiatives social business, diversité, et base de la pyramide tient dans le refus de l'idée de charité. Tout en sacralisant l'être, sa dignité et ses aspirations à une vie meilleure, il n'y a pas de sacrifice. Il s'agit davantage d'un changement de paradigme dans le rapport du leader à la richesse, son rôle et la place de l'entreprise dans le collectif, et il y a une véritable intelligence et créativité mises au service de ces transformations.

L'unification avec la communauté : l'entreprise reliée au bien commun

L'entreprise serait-elle devenue un terrain de résolution des inégalités ? Si elle ne l'est pas encore, elle est invitée, par l'incarnation de ses leaders, à s'interroger sur sa responsabilité dans leur accélération. En 2015, l'ONU adopte 17 objectifs à horizon 2030 appelés Objectifs de Développement Durable (ODD) pour « éradiquer la pauvreté sous toutes ses formes et dans tous les pays, protéger la planète et garantir la prospérité pour tous ». Il s'agit d'un véritable cadre de pilotage planétaire qui engage bien sûr les États et la société civile mais de façon très visible les entreprises. Le cabinet PwC rapporte dans une enquête mondiale que 72 % des entreprises interrogées ont intégré les ODD dans leur communication en 2018 et 30 % des entreprises françaises du SBF120 ont mis au moins une action en place pour participer à leur réalisation.

Encore une fois, il est tôt pour comprendre la profondeur de la transformation de ce mouvement. Il est surtout possible d'observer un certain nombre de réconciliations des entreprises qui conceptuellement paraissaient impossibles :

- Participer à la vision d'un monde juste.
- Se montrer transparentes face à l'ensemble de la société de ses impacts positifs et surtout négatifs alors qu'elles ne rendaient compte qu'à ses actionnaires
- Construire un dialogue y compris avec des organes qui ont des intérêts *a priori* opposés.

Il est attendu des leaders, hommes et femmes, qui dirigent ces organisations qu'ils développent une écoute et une présence à cette complexité qui dépasse largement la seule stratégie concurrentielle. Leur responsabilité sociale, telle qu'on l'appelle communément, fait l'objet d'indicateurs internationalement admis et diffusés depuis 1997, dans le cadre de la *Global Reporting Initiative*. Plusieurs labels, certifications et démarches, voire de coalitions ont depuis vu le jour pour stimuler l'émulation vers des pratiques toujours mieux *disantes*.

Cette culture de dialogue conscient, initiée chez Danone avec son actionnariat, culmine à nouveau en 2020 par le vote en assemblée avec un quasi-plébiscite qu'a reçu Emmanuel Faber, le PDG à 99,4 % pour l'adoption du statut d'entreprise à mission. Cette fois « c'est la première fois qu'un groupe coté de taille mondiale s'engage juridiquement dans cette voie ». Lorsque l'entreprise dessine un trait-d'union avec la communauté, elle crée une espace non binaire, où le bien commun n'est pas seulement dans les mains des associations ou ONGs, et à ce titre, ses leaders se doivent bien de se garder d'une vision binaire du monde et des personnes. C'est d'ailleurs pourquoi les « entrepreneurs sociaux » mentionnés plus haut, deviennent une inspiration pour la jeunesse, en quête de sens et de valeurs. Nous sommes bien loin d'un paternalisme. On pourrait même dire que si cela était le cas, l'entreprise, un peu comme dans un rapport de force féodal, exercerait une forme de bonté pour nourrir la loyauté de ses sujets, mais sans aucune remise en question de l'ordre et du pouvoir. Ici, il s'agit véritablement d'un nouveau terrain de transformation.

L'unification avec le vivant : le pouvoir redonné à la vie, forces et fragilités comprises

Une fois que la brèche a été ouverte de sacraliser l'être, d'intégrer l'entreprise dans sa communauté, on comprend qu'elle pourrait être la dernière frontière à rompre pour un leadership totalement inclusif. L'entreprise comme entité dominant les personnes et le vivant, et par conséquent ses leaders, sont rappelés à l'ordre en quelque sorte et découvrent une forme d'humilité. Cette humilité se fait d'autant plus sentir avec la notion de care, le prendre soin. Si l'être est sacralisé, sous toutes ses identités, et que l'on lui donne ainsi les moyens de se réaliser, en levant les stigmatisations qui avant le rendaient plus ou moins utile, ou plus ou moins valable, alors le « prendre soin » devient le ciment de l'organisation, d'une nouvelle façon de définir la richesse d'une entreprise, et d'une nouvelle culture de leadership.

Par exemple, considérons le phénomène émergent du vieillissement sur le monde de l'entreprise, les salariés aidants. Ce sont ces salariés qui cumulent leur travail, la vie de parents et organisent leur quotidien pour prendre soin de leur époux malade, de leur enfant handicapé, ou de leur aîné. Sur les 11 millions d'aidants en France,

61 % travaillent, dont 53 % de salariés. Dans les organisations on est aujourd'hui aveugle à ces situations et on sous-estime *de facto* le coût. Or, le stress chronique met les fonctions cognitives du salarié aidant en surcharge. Il n'est alors plus en capacité de travailler rapidement sur des tâches connues ou de s'attaquer à un dossier plus complexe. Sa capacité de concentration et sa productivité sont fortement impactées. Au même titre que l'entreprise reconnaît le rôle du salarié en tant que parent dans ses responsabilités vis-à-vis de son enfant, peut-on reconnaître celui des salariés vis-à-vis de leurs parents, amis ou aînés ? Cette question est d'autant plus importante qu'avant la crise, 54 % des aidants ignoraient qu'ils l'étaient et 38 % des employeurs pensaient (et pensent encore) que les responsabilités en tant qu'aidant n'ont pas d'impact sur les performances.

Qu'avons-nous à apprendre concernant le leadership inclusif ?

- Il ne s'intéresse pas qu'aux moments de victoires des salariés mais aussi à leurs lourdes responsabilités fragilisantes.
- Il induit une capacité à creuser les besoins des personnes peu visibles en surface, et accessibles *via* un rapport de très grande confiance.
- Il entend que nous sommes tous fragiles.

Cela change totalement le rapport humain dans l'entreprise. On peut souhaiter que cela crée un rapport sain entre le salarié et son encadrement, pour créer un rapport où la vie professionnelle et la sphère privée ne deviennent pas obstacle à la qualité de l'une ou de l'autre. Au contraire, le parcours du collaborateur pourrait être conçu pour autoriser et accompagner les temps de vie (parentalité, *aidance*, retour de longue maladie, etc.), parce que précisément, une personne performante est une personne dont cet équilibre vie professionnelle et privée est préservé. Joseph B. Fuller, chercheur américain qualifie de *caring company*, une telle entreprise. Il ajoute que c'est une entreprise qui potentiellement retiendra mieux les talents et dont les salariés s'engagent davantage. En somme, dans une *caring company* on ne voit pas les moments où la personne est fragilisée par la vie comme une cause de son exclusion ou dévalorisation, une menace de ses qualités intrinsèques. Il s'agit là d'un terrain encore très vierge mais des distinctions telles que le prix « Entreprises et Salariés aidants » par exemple rassemblent progressivement des entreprises pour rendre ces démarches visibles, distinctives et désirables. Une culture du *care* serait alors un terrain fertile pour mettre tout salarié sur un pied d'égalité face à la fragilité inhérente à la vie. Nous sommes tous fragiles, un moment ou un autre dans notre parcours et le culte de l'héroïsme ne fait pas recette si l'on prend véritablement en compte les coûts cachés du stress et des tensions qu'il engendre. Être un leader inclusif dans ces conditions exige ainsi une profonde intelligence émotionnelle, une grande capacité d'empathie, une nouvelle exemplarité dans le rapport au travail. C'est aussi rompre avec une pensée simpliste de la performance qui exclut les rythmes biologiques, les capacités de régénération du cerveau telles que démontrés par les neurosciences et la gestion des états émotionnels.

En résumé

Il semblerait que l'entreprise soit en elle-même un terrain d'évolution, et pourquoi pas, puisque ce sont des hommes et des femmes pleins d'aspirations qui la composent. Dès lors que ces hommes et femmes y existent sans discrimination, dans une diversité qui est véritablement à l'image de la société, alors ne serait-ce pas le chemin à prendre ? Ce chemin est encore parsemé d'inconnu et de risques :

- L'entreprise reste un espace où une forme de domination persiste, quel intérêt servons-nous véritablement ? Comment marchandisation et intégrité coexistent durablement et sous la vigilance de qui ?
- Comment définir une richesse juste et dans quel rapport au temps et aux ressources disponibles ?
- Est-ce que l'entreprise deviendra quasiment un espace démocratique où nos idéaux pour la société que nous souhaitons s'y reflètent et s'expriment ?

Pour tout cela il faudrait que nous puissions nous connaître intimement nous-même. C'est finalement la principale quête du leader inclusif que de savoir qui il est, sa place dans le monde et ce qu'il veut servir.

LE LEADERSHIP D'ÉVOCATION

Xavier Garcia-Weibel

Racines du modèle

Comme nous entrerions dans une roue médecine sacrée, entrons dans cette description avec humilité et respect.

Dans la tradition des peuples premiers nord-américains, les roues médecine sont un instrument utilisé à la fois dans le quotidien de la vie des tribus et dans leur cosmogonie. Elles sont un lieu de spiritualité et de conseil symbolisant le cycle de la vie. L'entrée dans une roue médecine est extrêmement ritualisé, lieu sacré par excellence où s'ordonnent et se rythment les moments clés de la vie de la tribu. Les roues médecine sont parcourues dans le sens horaire depuis la direction représentant l'Est/le Printemps/La naissance jusqu'au Nord/Hiver/Mort-Renaissance. Même si la métaphore de la roue semble demeurer une constante, chaque tribu de peuple natif nord-américain dispose d'une dénomination de roue médecine qui lui est propre.

Depuis l'émergence des mouvements liés à la *mindfulness*/méditation, au coaching et au développement personnel, les nord-américains d'origine européenne se sont réapproprié les éléments liés à la seule « mythologie » qui soit propre à leur terre : celle de la roue médecine. Parmi les écoles de coaching et de leadership, quasiment toutes ont pris comme base un modèle en cercle à base de quadrants ou secteurs. Notons aussi que les fondateurs de ces écoles ont été initiés à certaines des traditions des peuples natifs. Les instituts de coaching et de leadership régurgitent ainsi sous forme de roue des savoirs tribaux ou à minima les métaphores qui les ont portés. Il y a là une hérédité claire.

Quelle est alors dans ce « bric-à-brac d'acculturation » la position du praticien ? Il s'agit ici d'être à la recherche de modèles et d'approches permettant d'insérer dans les organisations la spiritualité. Sommairement exprimé : être à la recherche de résultats concrets issus de domaines de connaissance qui par essence sont difficilement vérifiables. Le praticien se pose donc dans une démarche de traduction de ces connaissances vers le monde de l'entreprise plutôt dans que leur compréhension et leur vérification épistémologique absolue.

Présentation du modèle

Figure 14 : Modèle de Leadership d'évocation

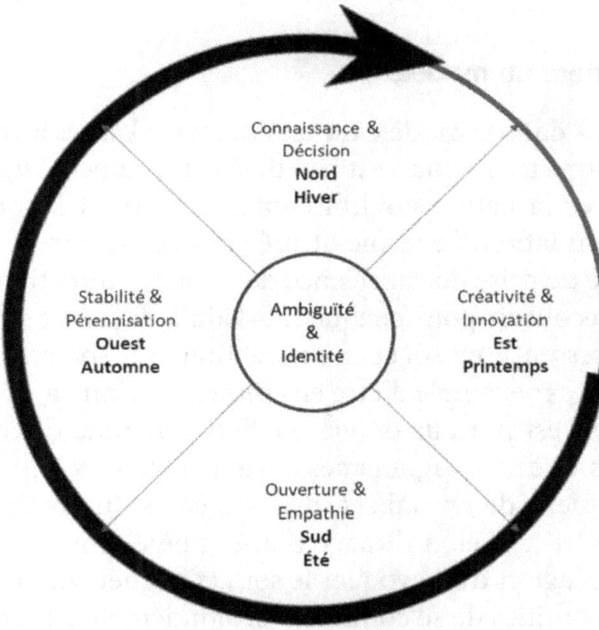

Le modèle de leadership d'évocation (Kenney-Linton, 2004) est inspiré librement des roues médecine. Son objectif est de donner aux leaders une feuille de route leur permettant d'analyser et d'influencer une situation en alignement avec ce qui est une affirmation du vivant. Le postulat de base est que la roue médecine modélise intrinsèquement au sein de ses quatre directions cardinales le fonctionnement du vivant. Le terme « d'évocation » prend sa source dans la notion de force évocatrice – au même sens que l'œuvre artistique – soit la capacité à évoquer le futur. C'est ici que le modèle prend une dimension spirituelle. Si une personne leader est à l'écoute puis s'inscrit dans le cadre de lois universelles qui régissent la vie, ce leader saura alors comment ressentir, décider et agir en conséquence d'une façon naturelle. Ainsi les leaders d'évocation peuvent accompagner le développement d'une personne, organisation ou système vers l'état qui paraît être le mieux équipé pour permettre et servir la diffusion de la vie.

Les quatre directions représentées par les axes cardinaux sont : Créativité/Innovation, Ouverture/Empathie, Stabilité/Empathie et Connaissance/Prise de Décision. Au centre nous trouvons deux dimensions : la capacité à étreindre l'ambiguïté (entendu ici comme force universelle de flux, d'équilibre et du chaos aléatoire inhérent à la vie) et l'identité. L'identité est à comprendre ici dans un sens de leader au service : ce que mon existence permet à la vie d'accomplir à travers moi.

Fonctionnement du modèle

« L'entrée » dans le modèle est un acte fort : l'accès à chaque direction est invoqué tour à tour, est ritualisé et fait appel à une connexion puissante avec la nature environnante, le corps et l'esprit. On peut parler ici d'initiation. Le terme utilisé est « l'ouverture » d'une direction : un acte de prise de conscience de ce que la direction représente. Il s'agit de découvrir pour chaque individu la façon dont chaque cardinalité est ressentie en soi et en interaction avec son environnement. L'Est requiert par exemple d'être en connexion claire avec son essence et avec ce qui est porteur de vie. Le Sud demande d'être à l'écoute des polarités et des antagonismes et de tendre vers leur intégration. L'Ouest requiert de visualiser des systèmes (individu, personne, équipe, société, …) selon l'image d'une sphère afin d'en détecter les points de blocage et d'en évoquer le soin et la guérison. Enfin le Nord demande aux initiés de se connecter profondément à la sagesse et à la connaissance dont ils sont les détenteurs afin de décider au service de tous.

Application du modèle par une personne leader

Alors que durant l'initiation, la découverte du modèle s'effectue progressivement et au rythme de chaque saison, son application en entreprise se fait dans l'instant. L'utilisation du modèle requiert néanmoins une structure spirituelle préparatrice quotidienne : méditation, connexion à chaque direction au travers du mouvement du corps afin d'être capable de se « connecter » à l'énergie de chaque direction.

Dans une situation, la personne en position de leadership pourra ensuite utiliser le modèle de la façon suivante en « ouvrant » successivement chaque direction (NB : Nous citons ici des exemples succincts de questionnements plus vastes).

- Est : Qu'est-ce qui dans cette situation demande à être créé ?
- Sud : Quelles sont les perspectives de cette situation qui ont besoin d'être honorées afin d'être au service du vivant et de tous ?
- Ouest : Qu'est-ce qui a besoin d'être respecté honoré ou guéri dans cette situation ?
- Nord : Qu'est-ce que je sais de cette situation et qu'est-ce que je ressens qui doit être décidé pour permettre la vie ?

La prise de décision et l'action qui suit ce questionnement aura à cœur d'honorer les quatre directions et, en se faisant, de contribuer au vivant.

Il n'y a pas de limites concernant le nombre de fois où le modèle pourra être parcouru, ni de limite de durée. Le modèle peut être parcouru en l'espace de quelques secondes pour des situations « contenues » tandis que des cas plus complexes font appel à une réflexion plus profonde pouvant durer des semaines voire des mois ou années.

Observation de l'impact du modèle

Quand utilisé par des personnes en fonction décisionnelle, on peut observer un changement de posture et le renforcement du leadership au service en place de l'ego. La ritualisation et la connexion au tissu même de la vie permet de changer le modèle de pensée et la responsabilisation. Le modèle permet aussi la mise à l'échelle de la puissance d'évocation du leader : prendre en compte des systèmes d'une magnitude de plus en plus étendue, être capable de les analyser et de les influencer. Au-delà des personnes en position de leadership, il semble qu'insuffler la vie au système est littéralement cela : adopter la posture qui fait passer d'un état bloqué ou inerte à dynamique. Il ne s'agit pas d'y voir là le seul impact des leaders : une métaphore adéquate serait celle d'une source autrefois tarie qui coulerait de nouveau. Elle ne préempte pas sur ce que devient la rivière qui sera irriguée par tant d'affluents…

En résumé

Le modèle de leadership d'évocation inspiré par les roues de la médecine de tradition nord-américaine native permet aux leaders d'évoquer l'état futur d'un système : individu, équipe, organisation ou société tout entière. Le modèle requiert pour son application la pratique d'une spiritualité à base de rituels quotidiens qui permettent de se connecter à chaque direction cardinale et de pouvoir lire puis influencer une situation en accord avec les règles universelles qui semblent régir le vivant.

S'ENGAGER DANS UN MODÈLE SOCIAL SOLIDAIRE ET DURABLE

Bernard Lemaire

L'analyse des années d'expérience et de pratiques, tant en qualité de Directeur des Ressources Humaines, que d'explorateur de tendances et de frontières, m'ont invité à rassembler sous les quatre arches suivantes, ma pratique du leadership et de la spiritualité. Celles-ci sont certainement incomplètes, mais fondent en grande partie les fondations de mes convictions humanistes. La première arche est celle de la « Spiritualité du relief et du temps », la seconde est une passion indélébile, celle de « rendre visible l'invisible », la troisième qui s'inscrit dans le développement individuel est celle de « libérer les peurs », et enfin, celle qui me met en alerte en permanence consiste à « écouter et regarder le monde changer ».

Spiritualité du relief et du temps

Pèlerin à vélo en 2016 de Paris à Saint-Jacques-de-Compostelle, je garde en mémoire et dans la chair que le relief s'invite rapidement sur le chemin, à l'instar de la vie en général, et la vie professionnelle plus spécifiquement. Ce pèlerinage se situe à un moment particulier de mon chemin de vie, après la perte consécutive de trois personnes très proches, personnellement et professionnellement ainsi qu'un changement où je quittais une entreprise pour en rejoindre une autre. Instant privilégié de méditation entre deux vies, l'une qui se termine et l'autre qui s'entrouvre.

Ce *relief* donne aux cartes qui préfigurent le chemin à suivre, la troisième dimension, celle de la vie, celle de l'effort et celle du plaisir. Le relief est une des difficultés qui marque rapidement, surtout en vélo, chargé de sacoches remplies croit-on de l'essentiel mais encore trop lourdes en montée. Alors que le plat, monotone invite à la méditation, à reprendre son souffle et à porter son regard au loin, la pente à gravir qui n'en finit plus raccourcit et concentre le regard sur l'effort, invite parfois à mettre pied à terre, usé par la fatigue, et une fois pied à terre vous invite à laisser votre ego de côté. Les montées escarpées vous promettent au sommet après l'effort un spectacle grandiose sur la nature et sur vous-même, les descentes grisantes vous font glisser après l'effort vers un repos mérité, vous déclenchent sourire et joie jusqu'à la prochaine ascension. Plat, montées, descentes sont ainsi les allégories de la vie.

À ceci, deux autres dimensions s'invitent, déclinaison des acceptions du temps : le temps au sens de la météo qui est un amplificateur de plaisir ou de difficulté et le temps au sens de la durée, de l'effort ou du plaisir. N'avez-vous jamais remarqué que la durée d'une ascension est en général plus longue que celle d'une descente ? Surtout si l'ascension est sous une météo défavorable, dont les vents contraires et celui de la descente sous un beau rayon de soleil ? Ainsi se décline ma spiritualité : le relief et le temps en sont des marqueurs, des révélateurs. Le relief est au pélerin de Saint-Jacques en vélo ce que les transformations en entreprise sont pour le manager : un chemin d'apprentissage entre travail, difficultés, échecs, réussites, méditation. Chacun d'entre eux fait partie de l'apprentissage de la vie.

Rendre visible l'invisible

Rien n'est plus difficile dans l'entreprise que de faire se révéler les talents, pour autant que nous soyons tous d'accord sur la définition d'un talent ; la mienne est simple et universelle : chacun d'entre nous possède du talent, et bien entendu chacun d'entre nous n'est pas destiné à être un leader ou un champion. Avoir du talent n'impose pas la lecture systémique et erronée de bon nombre d'apprentis sorciers parmi la cohorte de consultants, managers ou dirigeants, qui confondent talent et performance individuelle. Ceci est d'autant plus vrai lorsque ceux-ci sont masqués par des systèmes de gestion des talents et de carrière dont les seules dimensions d'analyse sont « le potentiel » et « la performance ». Pour les avoir aussi utilisés pendant quelques années, ces matrices laissent en réalité un goût amer. Le goût amer d'hypertrophier la notion de performeurs et de stigmatiser ceux dont le niveau d'appréciation de la performance est jugé médiocre, sans avenir. Ces matrices d'analyse héritées d'une lecture anglo-saxonne de la gestion des talents développée par McKinsey dans les années 1970, masque le regard des dirigeants et managers sur des aspects sous-jacents essentiels, ne s'intéressant qu'au résultat et non à l'inducteur : la motivation.

Nos sociétés s'attachent rarement à révéler ces inducteurs malgré les efforts consentis de recherche sur le développement de la « qualité de vie au travail ». Des anecdotes sur ces inducteurs foisonnent et leur base réside bien souvent dans les petites lignes oubliées des CV ou sur lesquelles les échanges sont si peu fournis : « les centres d'intérêt ». En réalité, si les managers et les recruteurs savaient combien ces petites lignes sont les plus importantes pour comprendre les inducteurs de bien-être, de motivation, de collaboration durable et de performance collective ! Encore faut-il se donner la peine de creuser le sujet : chacun comprendra qu'associer dans une équipe un supporter de l'OM et un autre du PSG peut ainsi se révéler dans une équipe, peu enclin à développer de la performance collective… mais plutôt une ambiance difficile !

Au-delà des compétences évidentes pour occuper un poste correctement, je préfère de loin créer des équipes fondées sur des centres d'intérêt variés, complémentaires qui nourrissent des centres d'intérêts communs tels que le sport, la culture, la cuisine – sans que cette liste soit limitative – car ils sont vecteurs d'une solidarité et de résultats collectifs durables.

Libérer les peurs : « il vaut mieux avoir des remords que des regrets »

Peur de décevoir, du jugement des autres, peur de franchir une ligne blanche, peur de ne pas être à la hauteur, peur d'une expérience précédente traumatisante avec un manager, peur d'en faire trop ou pas assez, de perdre son emploi, peur d'être soi tout simplement… L'ensemble de ces peurs génère chez la plupart des salariés de profonds désarrois, un manque d'initiative, d'autonomie, voire se transforme parfois en une incapacité à réaliser des résultats attendus. Déverrouiller ces peurs fait partie de mes centres d'intérêts vis-à-vis des collaborateurs car il est libérateur. Il leur permet simplement de travailler en meilleure harmonie avec eux-mêmes, développe leurs capacités et leurs performances de manière durable. Ceci crée de l'empathie et de la confiance.

Comment y parvenir tout en conciliant exigence et bienveillance ? La situation est différente envers des salariés jeunes, en recherche d'expérience et de confiance, et des salariés plus expérimentés, en recherche d'autonomie, de latitudes, mais également de soutien. Les uns et les autres ont tous besoin de se sentir soutenus dans les moments de doute, d'interrogation, et remerciés pour leurs progrès et résultats. La vraie différence entre ces jeunes et les collaborateurs plus expérimentés tient à la fréquence de ce soutien. Rester proche, et en soutien dans l'effort ou dans la réalisation d'un objectif, voire montrer et reprendre la barre à certains moments permet d'aider à libérer les énergies fossilisées dans les peurs de mal faire puisque la solution aura procédé d'une constante itération commune. Celle-ci étant commune, crée *de facto* une confiance dans le résultat à venir, qu'il soit bon ou non.

Déverrouiller les peurs c'est aussi savoir confier des missions dont la difficulté ira croissant et qui ne va pas « coller » de prime abord, en restant régulièrement à l'écoute des questionnements et en encourageant régulièrement tout en aiguillant pour trouver les solutions. Il s'agit simplement d'être un tuteur sur lequel pouvoir se référer au bon moment. Cette proximité crée un cercle vertueux : de « travaillons ensemble » au « résultat », quel qu'il soit.

Écouter et regarder le monde changer

L'intérêt indispensable des études et des conférences est de bénéficier à un instant T de la somme des connaissances indispensables pour comprendre voire reproduire l'état de l'art dans un domaine. Cela permet de partir de bases solides pour savoir prendre sa place dans la société, pour revendiquer avec légitimité « je dispose des connaissances, voire d'une certaine expérience » afin de réaliser ce que j'ai appris. Cela en fait-il pour autant une vérité absolue dans le temps ? La réalité est tout autre lorsque l'on ouvre les yeux sur les sujets digitaux qui influent de manière extrêmement rapide sur bon nombre de métiers, de savoirs y compris dans la gestion des Hommes et des Femmes.

Ayant organisé une conférence au CIFFOP il y a plusieurs années avec Catherine Voynnet, « RH *versus* IA », nous nous apercevons au-delà du fond que lorsque l'on se donne la peine de regarder le monde changer autour du digital, et en particulier de l'intelligence artificielle, l'impact de ces changements est impressionnant dans certains domaines des Ressources Humaines. Ne serait-ce que dans la capacité à communiquer ensemble (cf. toutes les applications de communication instantanée pour partager, se questionner, trouver des réponses collectives à chaque instant).

Ne pas écouter ou regarder le monde changer, c'est invariablement prendre du retard sur un état de l'art qui se modifie sans cesse, très rapidement et qui s'enrichit sans que l'on y prenne garde si l'on n'y est pas assez attentif. Cette curiosité inlassable participe à trouver des solutions innovantes. Depuis tout temps, mon intérêt et ma curiosité pour « écouter le monde changer » autour du digital influe positivement sur ma capacité d'anticipation à trouver des solutions. Ceci me permet de puiser de l'inspiration dans l'infini des innovations digitales, quels que soient leurs domaines. Or, cette inspiration est nécessaire, voire vitale pour rester au contact du monde qui change et trouver des solutions à des problématiques de transformation complexes.

Même la méditation, vertu cardinale pour mieux vivre dans notre monde que d'aucun décrivent comme VICA (volatil, incertain, complexe, ambigu) est aujourd'hui présente dans les applications et me permettent de prendre du recul sur le monde pour vivre tous les jours « l'instant présent » en à peine quelques minutes seulement.

CONCLUSION

Stéphanie Carpentier, Richard J. Major, Sandrine Meyfret et Catherine Voynnet Fourboul

Les théories et applications présentées dans cet ouvrage nous permettent de cerner les multiples dimensions d'un leadership spirituel qui peut répondre actuellement au besoin des organisations et aux aspirations des collaborateurs dans un monde en pleine mutation sociétale, technologique... et spirituelle.

La mise en œuvre du leadership spirituel est un défi car, dans leur majorité, les dirigeants actuels fonctionnent avec des styles à l'opposé de ce qui vient d'être évoqué. Bon nombre se sont hissés aux postes les plus élevés convaincus par une force intérieure et un développement de l'ego qui a pu les rendre instrumentaux, parfois manipulateurs voire cyniques. Dans ce cas ils n'hésitent pas à adopter des conduites toxiques et mensongères du moment où cela sert leurs intérêts, les intérêts des actionnaires et/ou les protège d'un éventuel procès en illégitimité pour leurs postes ou responsabilités.

En position de leadership, si l'on n'a pas défini ses propres valeurs éthiques avec une grande clarté ou que l'on souffre d'une vacuité de sens, on court le risque de devenir l'objet-même d'environnements mécanistes et des attentes et exigences du rôle. Ceci peut conduire à considérer les parties prenantes (salariés, fournisseurs, ...) aussi comme objets, ressources instrumentales au service des seuls résultats de l'entreprise (Freeman, 1984 ; Rochford *et al.*, 2017). Négligeant les conséquences déshumanisantes, ce paradigme économique insidieux est devenu une croyance inconsciente de notre société productiviste, où l'on ne considère plus l'humain comme une fin en soi, mais uniquement comme moyen.

Pour ces leaders, l'appel d'un leadership spirituel peut donc paraître mièvre, inadapté ou factice. Habitués à l'introduction de différents instruments de gestion, souvent issus des dernières modes managériales, l'une chassant l'autre, ces dirigeants en viennent souvent à considérer que tout est objet dont on peut disposer et se séparer sans incidence au nom de la performance. S'en suivent une absence de sens au travail et une dépersonnalisation des individus, devenus ressources pour ne pas dire objets, au service d'une économie financiarisée et d'un travail rendu invisible (Gomez, 2013). Dans cette logique, le risque est alors que rien ni personne ne puisse y échapper, pas même ces dirigeants.

Pourtant, aujourd'hui, on trouve de plus en plus d'individus, qui, soit par leur éducation, soit par une prise de conscience dans leur existence professionnelle et personnelle, ressentent le besoin d'emprunter une autre voie. Cet ouvrage en tire le fil, en présentant non seulement des pratiques spirituelles du leadership mais également des outils, en reliant ces pratiques à une démarche intérieure, à la transformation de soi, tout en observant ses effets dans l'action.

La figure 15 résume les apports des différentes contributions de cet ouvrage et peut servir de repère aux lecteurs.

Ainsi du côté des **pratiques**, les auteurs ont évoqué l'introspection avec la méditation spirituelle, de pleine conscience, les retraites Zen et Gestalt, l'art du toucher corporel, les démarches réflexives et le travail sur la conscience, le soutien d'une religion, la tenue d'un journal, le pèlerinage, dont celui du chemin de Saint-Jacques-de-Compostelle, la cohérence cardiaque, les ateliers artistiques, la danse énergétique, l'accès à des états modifiés de conscience et le partage avec les cercles de dialogue, le codéveloppement, la marche dialoguée…

En ce qui concerne les **outils**, certains se situent dans le registre des méthodes comme par exemple faire appel à un consultant ou un coach, réaliser le bilan de son équilibre de vie, connaître son identité et sa raison d'être, situer son potentiel d'évolution à l'aide de la spirale dynamique, se former à l'intelligence spirituelle, introduire le spirituel dans l'éducation, s'inspirer de l'exemplarité des grandes figures des religions ou d'un leadership inspirant, clarifier ses valeurs et les relier à son leadership propre.

Du côté du **soi transformé**, il est question d'un passage de l'ego à soi : se libérer des contraintes par le détachement, dépasser son identification exclusive à l'ego, cultiver l'humilité, apprivoiser ses peurs, se découvrir et s'accepter vulnérable, clarifier ses motivations et ses intentions, développer une attention vigilante, se laisser guider par l'appel de l'amour, cultiver le soi supérieur, développer le sens de l'éthique, penser avec un temps long, rechercher le sens du bien commun, chercher son équilibre de vie, comprendre les personnes dans leur totalité, adopter une posture au service des collaborateurs, rechercher la sagesse et la sérénité, rayonner de son intériorité vers l'extérieur.

Figure 15 : Le leadership spirituel en pratiques : un aperçu

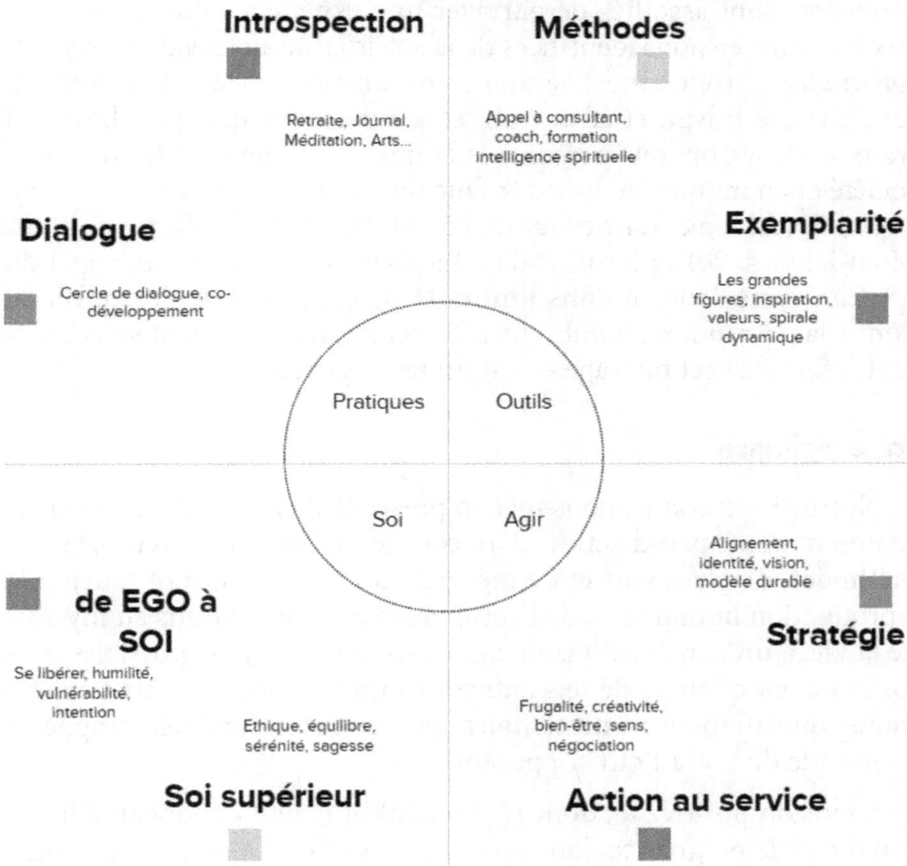

Du côté de **l'action**, il s'agit de la mettre au service de l'altérité : accorder le droit d'être humain dans toute sa complexité et son intégralité, agir de façon frugale, accorder le droit à l'erreur, libérer la créativité, tolérer l'ambiguïté, pratiquer un dialogue social authentique, savoir négocier grâce à la distanciation, protéger les intérêts de l'équipe, donner du sens au travail et en retirer du sens, intégrer le bien-être. L'on peut aussi déployer une action stratégique qui reflète les dimensions de la spiritualité au travail : développer une vision stratégique partagée qui donne envie, chercher à développer le potentiel des autres, rendre visible l'invisible, partager des récits inspirants, s'engager dans un modèle durable, traiter la complexité comme élément de la réalité quotidienne, transformer, construire et préserver l'identité de l'organisation, attendre le moment opportun pour agir, aligner stratégie et singularité.

Nous constatons aujourd'hui, y compris chez les générations arrivant sur le marché du travail, qu'apprenants, salariés, managers et dirigeants sont assoiffés de partager une expérience qui correspond aux trois dimensions identifiées de la spiritualité au travail, *workplace spirituality* : être connecté à une communauté au travail, trouver du sens dans le travail et au travail, et œuvrer pour quelque chose qui transcende les intérêts personnels et qui contribue positivement à la société et au monde (Ashmos & Duchon, 2000 ; Emmons, 1999 ; Fry, 2003 ; Giacalone & Jurkiewicz (2003, 2010) ; Mitroff & Denton, 1999 ; Moal-Ulvoas, 2013 ; Neal, 2005 ; Tackney *et al.*, 2017). Cet appel du spirituel reste souvent dans l'intimité de chacun, mais lorsqu'on en donne la permission, nombreux sont ceux qui l'expriment sous différentes formes : cet ouvrage en est un témoignage.

Faire vigilance

Notre vie au travail nous met en présence de forces, perceptions et représentations paradoxales : d'un côté, le rationnel positiviste, fait de méthodes, de processus et de mécanismes avérés qui font tourner la « production humaine » ; de l'autre, nous sommes soumis au mystère de la vie, à un constructivisme qui ouvre un champ de possibles infini. Les conséquences de tels antagonismes dépassent le débat épistémologique du monde universitaire, car ce sont au fond deux rapports au monde du travail qui s'opposent.

La vision positiviste, dont H. Bouchikhi (1990) dénonçait déjà en son temps la prégnance dans le champ des sciences de gestion, considère tout comme un objet qui existe indépendamment du sujet qui déclare le percevoir ou l'observer. Il n'est donc pas étonnant qu'une certaine conception utilitariste découle de cette considération fondamentale de séparation : c'est le principe de *l'instrumentalisation*.

À l'inverse, le positionnement constructiviste envisage le principe de l'interaction sujet-objet (ou principe de projectivité) comme fondamental (Le Moigne, 1999) et considère les systèmes sociaux comme produits et reproduits dans l'interaction des acteurs et par l'organisation en elle-même (Giddens, 1987). Cette logique constructiviste n'écarte donc pas les objets dont les acteurs vont s'emparer. Mais elle considère la manière dont ils vont les adopter, les adapter ou les rejeter selon qu'ils fassent sens ou non : c'est le principe de *l'instrumentation*.

Dès lors, une démarche spirituelle en leadership peut proposer des pratiques et outils en considérant comment les acteurs s'approprient ces instruments – les apports de ce livre en témoignent – , mais elle doit cependant rester vigilante à une dérive utilitariste qui contreviendrait à ses principes mêmes et produirait des effets néfastes ou toxiques tant pour les individus que les organisations.

De part et d'autre, les acteurs peuvent exacerber ces deux paradigmes positiviste et constructiviste, en apparence opposés alors qu'ils ne sont que les facettes d'une même réalité.

On peut observer dans ces deux paradigmes des stéréotypes générés par nos tendances humaines aux dichotomies et aux oppositions. L'image que certaines personnes dubitatives pourraient avoir de la spiritualité peut aller du poète rêveur inutile au gourou de secte dangereux, de la passionnée d'astrologie déconnectée du libre arbitre au chamane guérisseur par incantation… Nous les retrouvons sous forme de caricatures dans les commentaires des journaux, les personnages de films, les documentaires à sensation. Les protagonistes de l'ouverture spirituelle renforcent parfois à leur tour ces stéréotypes par des postures prosélytistes ou puristes, sans prendre en compte la diversité et le respect d'interlocuteurs peu avertis.

Par ailleurs, il faut se rendre à l'évidence que la spiritualité a son marché, devenu un secteur commercial à part entière depuis plusieurs décennies, avec ses adeptes-consommateurs et dont les communications spectaculaires cherchent à générer un profit commercial avec une sincérité questionnable. Les dubitatifs comme les « prosélytistes » affirment ainsi leur existence et différence par opposition plutôt que par empathie. Nous sommes convaincus qu'en ce qui concerne la spiritualité au travail, les représentations antagonistes coexistent car les perspectives sont complémentaires et interdépendantes. On peut démystifier cette notion de spiritualité au travail, en faisant preuve de discernement entre croyance et spiritualité et en approchant ces sujets dans le respect des croyances et des non-croyances de chacun.

Prenons garde à ce que la spiritualité ne devienne, à son tour, une mode managériale de plus. Une mode managériale se définit comme le résultat d'une pratique de gestion qui a connu une popularité rapide, suivie, à relativement court terme, d'une chute soudaine, la popularité ne pouvant s'expliquer par sa valeur effective mais plutôt par la conjonction des effets du mimétisme, du conformisme et de la quête de légitimité de ses adeptes (Zerbib, 2020).

Ainsi, accepter la spiritualité comme mode managériale supposerait qu'elle soit à son tour instrumentalisée pour influencer les parties prenantes, des actionnaires aux salariés, et reviendrait à une considération réductrice et cynique de l'humain comme simple objet. Cette réification du sujet en objet économique, autrement dit, niant sa qualité humaine y compris dans ses aspirations les plus élevées contribue à la déshumanisation de l'environnement du travail, l'exact contraire de ce que suppose la définition et l'intention même de la spiritualité au travail.

Dans la mesure où cette dimension spirituelle humaine abonde d'inconnues et de profondeurs inexplorées, nous devons maintenir une grande vigilance sur les risques d'usurpation ou de déviance de l'intention initiale de la spiritualité au travail. Dans les cas de non-respect de l'autre, on passe d'une spiritualité éclairée, qui élève, à une spiritualité sombre, qui avilit.

Certains philosophes dénoncent d'ailleurs cette logique de la manipulation au travail comme synonyme d'emprise, de tromperie, de perversion, de culpabilisation voire de jeu sur les peurs d'autrui, l'homme n'étant alors envisagé que sous l'angle de l'intérêt (Manzano, 2008). C'est le règne de l'utilitarisme et de l'instrumentalisation des outils et des hommes, évoqué plus haut qui est critiqué, à juste titre.

C'est en fait l'intention qui détermine l'action délibérée du leadership. Pour ancrer philosophiquement la notion d'intention dans l'éthique, Aristote affirme que si le bien est souhaité pour ses résultats, ces derniers prennent préséance sur le bien pour ce qu'il est. Le présupposé *d'intention première* qu'on lui attribue stipule que la vertu et le bien sont souhaitables pour ce qu'ils sont et rien d'autre, sans instrumentalisation d'objectif et donc non utilitariste (Major, 2015).

La spiritualité au travail est-elle alors déviante ? Ce concept de déviance nous concerne. Contrairement à son acception courante, la déviance peut être positive car le terme désigne une action qui se départit d'une norme. Ainsi la déviance peut produire des résultats extraordinaires (Spreitzer & Sonenshein, 2003) ; c'est donc une question d'intention et de valeurs. Pour qualifier une situation de déviance, trois éléments doivent être réunis : l'existence d'une norme, le comportement de transgression de cette norme et le processus de stigmatisation de cette transgression (Carpentier, 2014).

La déviance peut donc être encouragée car source d'innovation sociale et organisationnelle. Pour exemple, la désobéissance civile a permis de nombreux progrès sociaux, des grèves de la fin du XIXe siècle à la lutte des droits civiques des noirs américains des années 1960. Dès lors, manipulation ou déviance prendraient une connotation négative en fonction des intentions de l'auteur vis-à-vis d'autrui, considéré comme un objet et non dans sa pleine humanité. Seules les valeurs manifestes et la spiritualité intérieure distinguent *de facto* la qualité de l'intention première.

Cette réflexion de synthèse illustre, en somme, le contraste entre la logique *d'instrumentalisation* – qui demeure un risque pour toute tendance sociale émergeante ou mode managériale – au profit de la productivité, de la consommation, du pouvoir autocratique…, et une approche *d'instrumentation* de pratiques et d'outils, afin de faciliter leur diffusion et leur appropriation par des acteurs considérés comme réels sujets opérant des choix délibérés et éclairés.

Il n'y a pas *une* spiritualité à laquelle se conformer, une démarche unique… la beauté des approches de cet ouvrage tient à leur diversité et à leur variété. Dans un domaine aussi sensible que la spiritualité, qui plus est au travail, avec sa multitude de situations et de manifestations possibles, l'intention demeure le critère fondamental de la vertu éthique de l'action en société.

L'appel de la transcendance

Il est arrivé à chacun de percevoir la présence d'une main invisible, d'instants d'ouverture, de partage, de créativité, de communion voire de la réalisation de résultats inespérés, que cela soit lors d'une réunion d'équipe projet, d'un entretien de coaching ou d'un comité de direction. Même si ces moments parfois insaisissables sont difficiles à conscientiser, ils n'en demeurent pas moins hautement significatifs en termes d'expérience et laissent une impression durable. Car l'expérience spirituelle est universelle, affranchie des frontières et des rapports hiérarchiques, transverse aux cultures, ethnies et aux pratiques. En effet, nul besoin d'être devant un autel pour vivre une expérience spirituelle, il suffit d'un moment de présence, de beauté, de contemplation ou de communion. Maslow (1964) parle de *Peak experiences* et de l'expérience de *B-cognition*, *B* pour *Being*, Être, vivre des instants d'éternité en quelque sorte où l'on ne perçoit plus la séparation systématique entre sujet et objet et où l'on fusionne avec le tout. Dans sa hiérarchie des besoins humains, Maslow (1943) place la notion de *réalisation de soi* au faîte de sa pyramide, et plusieurs années plus tard la remplace par la notion de *transcendance.*

« La transcendance fait référence aux niveaux les plus élevés et les plus inclusifs ou holistiques de la conscience humaine, se comportant et se rapportant à soi-même, aux autres, aux êtres humains en général, aux autres espèces, à la nature et au cosmos, comme des fins plutôt que comme des moyens. » (Maslow, 1971, p. 269)

La transcendance a été de tous temps l'un des principes des traditions humaines, païenne, tribale, philosophique, spirituelle ou religieuse. Que l'on cultive une foi personnelle ou non, un regard à la fois objectif et sensible de la vie humaine sur Terre suggère un profond respect de la vie et du sens à lui donner. Pourtant, cette expérience de transcendance et de spiritualité est exclue de la réalité économique et souvent considérée comme triviale dans le monde professionnel, comme si elle pouvait tout simplement être occultée de la réalité. Cependant, elle est un antidote, un sérum à la déshumanisation du travail, ou tout simplement source d'innovation sociétale et économique, permettant de dépasser les limitations et conséquences néfastes du positivisme dominant. Son émergence actuelle détient un potentiel fédérateur, de prise de conscience non sectaire, de réalisation et de bien-être, par la reconnaissance de ce besoin fondamental qu'autant d'approches ici permettent d'éclairer, de conceptualiser et de formaliser. Depuis plusieurs décennies, bien des auteurs renommés en sciences de gestion, non spécialisés en spiritualité, l'ont traité en la nommant (voir Barrett, 2010, 2012, 2015 ; Maslow, 1962 ; Mitroff *et al.*, 1994 ; Mitroff *et al.*, 1999 ; Senge, 2004, 2014).

Cette réalité est illustrée par le nombre de contributeurs à cet ouvrage, par l'existence de la division *Management, Spirituality and Religion* à l'*Academy of Management* depuis 20 ans, par la croissance du groupe de recherche thématique (GRT) *Management et Spiritualité* de l'*AGRH* (Association francophone de Gestion des Ressources Humaines) depuis 2016 et par la création en 2020 de l'Association *Spiritualité au Travail et Management.* L'objet de cette nouvelle association est de promouvoir des pratiques concernant la spiritualité en tant que ressource dans la quête de sens, la connexion et la transcendance dans les organisations, par l'animation de réflexions, d'échanges, de groupes de travail et d'évènements rassemblant praticiens en entreprise et académiques. Elle est ouverte à tous ceux, qui souhaitent réfléchir et partager autour de la spiritualité comme dimension universelle et humaine, forcément présente chez chacune et chacun, méconnue, voire rejetée, mais qu'il serait impératif de considérer enfin comme une ressource clé de tout système humain.

Aujourd'hui, les mondes académique et professionnel ont l'opportunité incroyable d'étendre leurs possibilités en intégrant de nouveaux paradigmes dans leurs principes et leurs croyances. En s'élevant au-dessus des dogmes et des barrières idéologiques qui séparent le monde du travail et la réalité intérieure et spirituelle de l'expérience humaine, enseignants, dirigeants, managers, chercheurs et professionnels RH, permettent l'expression de cette dimension, tout en s'assurant des précautions et réserves énoncées plus haut. Par voie de conséquence, nous assistons à l'expansion de capacités humaines latentes, créatives, innovantes et relationnelles, adaptées aux exigences de notre société imprévisible, globalisée, complexe et ambiguë. Nous développons alors d'autres circuits neurobiologiques qui ont le potentiel d'apporter à notre existence un plus grand équilibre entre notre orientation à produire des résultats et nos aspirations esthétiques, éthiques et contemplatives (Rochford *et al.*, 2017).

Pour affecter le niveau collectif dans les organisations, une condition essentielle : la transformation des individus présentés comme rôle-modèles, par une cultivation consciente, concrète et volontaire de cette dimension intérieure. Celle-ci se forme tout d'abord d'intention en attitude, puis est irriguée dans les actes, les comportements et le langage. Selon les philosophes grecs, avoir souci de soi, *epimeleisthai sautou*, en somme faire un travail sur soi, est la base de l'action juste et de la création d'une vie meilleure en société (Foucault, 1994). Le philosophe de l'Antiquité s'appliquait les préceptes qu'il enseignait, dans un cercle congruent de renforcement positif entre ses pensées, son langage, son action et son enseignement (Doron, 2007). Hadot (1993) parle *d'exercices philosophiques spirituels*, Foucault (2001) *d'exercices de soi* (retraites, recueillement, tâches pratiques, régime de santé, exercices physiques, communion avec la nature, méditations, remémorations de vérités, entretiens avec un confident, guide ou ami, activités de parole et d'écriture, liens avec autrui). Aujourd'hui, nous pouvons transposer ces préceptes et définir une nouvelle responsabilité managériale, celle non seulement d'apprendre à se connaître soi et les autres, mais aussi d'entreprendre ce travail intérieur qui clarifie motivations et intentions, ce que Thévenet (2008) nomme *l'éthique de proximité.*

Compte tenu du paradigme économique dominant, ancrer la spiritualité que chacun porte en soi, de manière plus ou moins développée, dans le monde du travail ne peut se réaliser par défaut. Cette entreprise nécessite des innovations managériales, sociales et sociétales, dont certaines sont décrites dans cet ouvrage, portées par des leaders qui ont compris et intégrés l'importance de cette dimension spirituelle pour eux-mêmes, dans leur pratique et dans leur gouvernance. En effet, il est ici question de reconsidérer fondamentalement la raison d'être et la mission de l'entreprise comme source de bien sociétal pour toutes les parties prenantes et non comme un objet au seul profit des actionnaires (Freeman, 1984 ; Laszlo *et al.*, 2014).

Cet ouvrage propose que les mesures de réussite de l'activité humaine ne soient plus exclusivement basées sur un paradigme de performance évalué aux seuls résultats tangibles mais de transcender la notion de sujet et d'objet. Si nous portons la vision d'une vie collective vertueuse, à savoir où prime l'atteinte du bien-être pour soi et pour autrui, il est opportun de nous concentrer davantage sur des mesures de l'excellence et de la qualité qui englobent toutes les dimensions de l'activité humaine, matérielle, visible, intérieure et spirituelle.

Ainsi, soit, nous continuons à nous conformer au paradigme de la théorie de Friedman (1962) :

« Peu d'évolutions pourraient miner aussi profondément les fondations mêmes de notre société libre que l'acceptation par les dirigeants d'entreprise d'une responsabilité sociale autre que celle de faire le plus d'argent possible pour leurs actionnaires. » (Friedman, 1962, p. 170)

Soit, nous choisissons d'évoluer – de manière déviante – vers un rôle vertueux des organisations comme contributeurs à l'épanouissement physique, cognitif, émotionnel et spirituel humain et à un équilibre de vie sur notre planète. Que décidons-nous de choisir ?

BIBLIOGRAPHIE

Abrahamson, E. (1991). Managerial fads and fashions: the diffusion and rejection of innovations. *Academy of Management Review,* 16(3), 586-612.

Abrahamson, E. et Fairchild G. (1999). Management fashion: lifecycles, triggers and collective learning process. *Administrative Science Quarterly,* 44, 708-740.

Adair, J. E. (1989). *Great leaders.* Talbot Adair Press.

Ahmed, A., Arshad, M.A., Mahmood, A., Akhtar, S., Khan, S., (2018). Spiritual intelligence research within human resource development: a thematic review. *Management Research Review.* 41(8), 987-1006.

Albert, S., Whetten, D.A. (1985). "Organizational identity", in Research in Organizational Behavior, L.L. Cummings et B.M. Staw eds., Greenwich, CT, JAI PRESS, *Research in Organizational behavior,* 7, 262-295.

Albouy, M. (1969). Présentation de certains travaux récents en matière d'équilibre économique : le cœur d'une économie dans un espace de mesure des agents économiques, *Cahiers du Séminaire d'Économétrie,* n°11.

Alter, N. (2011). Don, ingratitude et management : Suicide et désengagement au travail. *Revue Française De Gestion,* 37(211), 47-61.

Amabile, T.M. (1988). A model of creativity and innovation in organizations. In B.M. Staw & L.L. Cummings (Eds.), *Research in organizational behavior,* 10, 123-167. Greenwich, CT: JAI Press.

Amabile, T.M. (1997). Motivating creativity in organizations: on doing what you love and loving what you do. *California Management Review,* 40(1), 39-58.

Anderson, C. (1997). Values-Based Management, *Academy of Management Executive,* 11(4), 25-46.

André C., Jollien A., Ricard M. (2019). *A nous la liberté !,* L'iconoclaste, Paris.

Arendt, H. (1954, 2012). *La crise de la culture in l'Humaine Condition*, Quarto Gallimard, Paris.

Arendt, H. (1958). *Condition de l'homme moderne*, Calmann-Lévy, coll. Pocket Agora, 1983.

Aristote (1856). *Éthique à Nicomaque*. Trad. J. Barthélémy Saint Hilaire, Paris : Durand, Ladrange.

Ashmos, D.P., Duchon, D. (2000), Spirituality at work: a conceptualization and measure. *Journal of Management Inquiry*, *9*(2): 134-145.

Assagioli, R. (1973). *The act of will*. New York: Viking Press.

Astin, A. W., Astin, H. A., & Lindholm, J. A. (2011). Assessing students' spiritual and religious qualities. *Journal of College Student Development*, 52, 39-61.

Avolio, B.J. (2010). Pursuing authentic leadership development. In N. Nohria, R. Khurana (Eds.), *Handbook of leadership theory and practice* (pp. 739-768). Boston: Harvard Business Press.

Baer, R.A., Smith, G.T., Hopkins ,J., Krietemeyer, J. et Toney, L (2006). Using self-report assessment methods to explore facets of mindfulness. *Assessment*, 13, 27-45.

Bailey, C., Madden, A. (2016). What Makes Work Meaningful – or Meaningless. *MIT Sloan Management Review*, Summer, 53-61.

Bailey, C., Madden, A. (2017). Time reclaimed: temporality and the experience of meaningful work. *Work employment and society*, 3(1), 3-18.

Bakan, J. (2004). *The corporation: the pathological pursuit of profit and power*. New York: Free Press.

Bandura, A. (1969). Social-Learning Theory Of Identificatory Processes. In D. A. Goslin (Ed.), *Handbook of Socialization Theory and Research* (pp. 213-262). Rand Mc Nally & Company.

Bandura, A. (2007). *Auto-efficacité. Le sentiment d'efficacité personnelle*, Bruxelles, De Boeck.

Baranski, L. (2020). *Oser l'Invisible. Les véritables Sources de la Performance durable*, Chronique sociale.

Barbier, R. (1997). *L'approche transversale. L'écoute sensible en sciences humaines*. Anthropos.

Barrett, R. (2003). Culture and Consciousness – Measuring Spirituality in the Workplace By Mapping Values, In Giacalone, R., Jurkiewicz, C. (eds). *Handbook of workplace spirituality and organizational performance*. Armonk, N.Y: M.E. Sharpe.

Barrett, R. (2010). Culture and Consciousness: Measuring spirituality in the workplace by mapping values, In R. Giacalone, C. Jurkiewicz (eds) *Handbook of Workplace Spirituality and Organizational Performance*, 2nd ed., NY, NY: M.E Sharpe.

Barrett, R. (2012). *What My Soul Told Me*, Lulu publishing.

Barrett, R. (2015). *The Metrics of Human Consciousness*, Lulu publishing.

Bass, B. (1985). *Leadership and Performance beyond Expectations*. New York: Free Press.

Bass, B. (1999). Two Decades of Research and Development in Transformational Leadership. *European Journal of Work and Organizational Psychology*, 8(1), 9-32.

Beach, M.C., Roter, D., Korthuis, P.T., Epstein, R.M., Sharp, V., Ratanawongsa, N., Cohn, J., Eggly, S., Sankar, A., Moore, R.D. et Saha, S. (2016). A multicenter study of physician mindfulness and health care quality. *The Annals of Family Medicine*, 11(5), 421-428.

Beauregard, M. (2018). *Un Saut quantique de la Conscience*, Guy Trédaniel Éditeur.

Beazley, D. A. (2002). *Spiritual orientation of a leader and perceived servant leader behavior: A correlational study*, Ph.D., Walden University, 96 pages.

Bell, E., Taylor, S. (2004). 'From outward bound to inward bound': The prophetic voices and discursive practices of spiritual management development. *Human Relations*, 57(4), 439-466.

Ben Shahar T., Ridgway A. (2018). *Le Bonheur d'être leader*, Deboeck Supérieur, Louvain-la-Neuve, Belgique.

Bendix, R., Berger, B. (1959). Images of Society and Problems of Concept Formation, In L. Gross (ed.) *Sociology*, Symposium on Sociological Theory, Harper and Row Publishers.

Berger-Grosjean, E. (2020). *Retrouver l'intelligence du corps, une urgence dans nos organisations et nos modes de vie*, InterEditions.

Bertalanffy, L. von, & Chabrol, J.-B. (2012). *Théorie générale des systèmes : Physique, biologie, psychologie, sociologie, philosophie*. Dunod.

Bertaux, D. (1977). Comment l'approche biographique peut transformer la pratique sociologique. *Recherches économiques et sociales*, Avril.

Bertaux, D. (2016). *Le récit de vie*, 4e édition, Armand Collin.

Bessire, D., Mesure, H. (2012). La dimension spirituelle de l'entreprise : de l'occultation à la reconnaissance, in Barth, I. (Coord.) (2012). *Management et religions. Décryptage d'un lien indéfectible*, Cormelles-Le-Royal, Editions EMS.

Bligh, M., & Robinson, J. L. (2010). Was Gandhi "charismatic"? Exploring the rhetorical leadership of Mahatma Gandhi. *The Leadership Quarterly*, 21(5), 844-85

Boden, M. (1992). *The creative mind*. New York, Basic Books.

Bohm D. (1996). *On dialogue*. Ed. Routledge Lee Nichol.

Boje, D.M. (2001). *Narrative methods for organizational & communication research*. London: Sage.

Boje, D.M., (1991). The storytelling organization: a study of storytelling performances in an office supply firm, *Administrative Science Quarterly*, 36(1), 106-126.

Boltanski, L., Chiapello, E. (1999). *Le nouvel esprit du capitalisme*, Gallimard, Paris.

Bouchikhi, H. (1990). *Structuration des organisations*, Paris, Economica.

Bouilloud, J.-P. (2012). *Entre l'enclume et le marteau*, Seuil, Paris.

Bourdieu, P. (1986). L'illusion biographique, *Actes de la recherche en sciences sociales*, 62-63, juin, 69-72.

Bourgatte, M., Ferloni, M., Tessier, L. (2016). *Quelles humanités numériques pour l'éducation ?* MKF éditions.

Boyatzis, R. E. (2006). An overview of intentional change from a complexity perspective. *Journal of Management Development*, 25(7), 607-623.

Boyatzis, R. E. (2008). Leadership development from a complexity perspective. *Consulting Psychology Journal: Practice and Research*, 60(4), 298-313.

Boyatzis, R., Rochford, K., Jack, A.I. (2014). Antagonistic neural networks underlying leadership roles, *Frontiers in Neurosciences*, 8-114, 1-15.

Branchi, S. (2014). *Spiritualité, troubles anxieux-dépressifs et qualité de vie dans le champ de la santé et de la maladie.* Thèse de psychologie, Université de Lorraine.

Bright, D. S., Winn, B. A., Kanov, J. (2014). Reconsidering virtue: differences of perspectives in Virtue Ethics and the positive Social Sciences, *Journal of Business Ethics*, 119, 445-460.

Brockbank, A., McGill, I. (2006). *Facilitating reflective learning through mentoring and coaching*,London: Kogan Page.

Brown K.W. et Ryan R.M. (2003). The benefits of being present: Mindfulness and its role in psychological well-being. *Journal of Personality and social Psychology*, 84(4), 822-848.

Bryant, A. N. (2007). Gender differences in spiritual development during the college years. *Sex Roles*, 56.

Bryant, E. F. (2009). *Yoga Sutras of Patañjali.* 1st ed. New York: North Point Press.

Bryman, A. (1992). *Charisma and leadership in organizations*. London: Sage.

Buber, M. (2015). *Le chemin de l'Homme*, Les Belles Lettres.

Burletson, L., Grint, K. (1996). The deracination of politics: Outdoor management development. *Management Learning*, 27, 187-202.

Burns, J. M. (1978). *Leadership.* New York: Harper and Row.

Busco, C., Quattrone, P. (2015). Exploring how the balanced scorecard engages and unfolds: Articulating the visual power of accounting inscriptions. *Contemporary Accounting Research*, 32(3), 1236-1262.

Cacioppe, R. (2000). Creating spirit at work: Re-visioning organization development and leadership — Part I. *Leadership and Organization Development Journal*, 21(1), 48-54.

Capra, F. (2006). *Le tao de la physique*. Paris : Tchou.

Carpentier, S. (2014). Transgression. In : Zawieja, P. et Guarnieri, F. (coord.). *Dictionnaire des risques psychosociaux*. Paris, Le Seuil.

Carrière d'Encause, H. (2010). *La Russie entre deux mondes*, Pluriel.

Carroll, S.T. (2013). Addressing religion and spirituality in the workplace. In K.I. Pargament, Z. Mahoney, E.P. Shafranske (eds.). *APA handbook of psychology, religion, and spirituality (Vol 2): An applied psychology of religion and spirituality* (pp. 595-612). Washington, DC: American Psychological Association.

Cartwright, S., Holmes, N. (2006). The meaning of work: The challenge of regaining employee engagement and reducing cynicism. *Human Resource Management Review*, 16, 199-208.

Castillo, M. (2016). *Faire renaissance, une éthique publique pour demain*, édition VRIN.

Castro, J.-L. (2002). Une approche exploratoire de l'influence des valeurs catholiques du dirigeant de PME sur son mode de management : la doctrine sociale de l'église catholique à l'épreuve de l'entreprise. *Gestion et management*. Université Paris Dauphine - Paris IX.

Cavanagh, G.F. (1999). Spirituality for managers: Context and critique, *Journal of Organizational Change Management*, 12, 186-199.

Chabreuil, F., Chabreuil, P. (2019). *La spirale dynamique*, 4e édition, Malakoff, InterÉditions.

Chaillot, Ch. (Dir.) (2009). *L'Eglise orthodoxe en Europe orientale au XXe siècle*, Paris, Les Editions du CERF.

Chalofsky, N. (2003). An emerging construct for meaningful work. *Human Resource Development International*, 6(1), 69-83.

Chanlat, J.-F. (Dir.) (1990). *L'individu dans l'organisation. Les dimensions oubliées*, Les Presses de l'Université de Laval, Éditions ESKA.

Chateau, L. (2014). *La Tao-entreprise : performance globale et harmonie*, Deboeck.

Chateau, L. (2019). *Coaching taoïste des dirigeants du IIIe millénaire : 18 modules vers la performance, l'harmonie et l'ouverture de conscience*, Caen : Editions EMS.

Chateau, L. (2021). *Manuel pratique du leader taoïste. 81 conseils et outils pour gouverner sa vie, son équipe, son organisation*, Caen : Editions EMS.

Cheney, G., Zorn, T.E. Jr., Planalp, S., Lair, D.J. (2008). Meaningful work and Personal/Social Well-being Organizational Communication Engages the Meanings of Work. *Anals of the International Communication Association*, 32(1), 137-185.

Cheng, F. (2016). *De l'âme,* Paris, Albin Michel.

Cherniaev, A. (2007). Spirituality destroyed, *Russian Politics and Law,* 45(5), 26-42.

Chiesa, A., Serretti, A. (2009). Mindfulness-Based Stress Reduction for Stress Reduction for Stress Management in Healthy People: A Review and Meta-Analysis. *The Journal of Alternative and Complementary Medicine,* 15(5), 593-600.

Ciulla, J. B. (2006). Ethics: the heart of leadership. In T. Maak, N. M. Pless, (eds) *Responsible Leadership* (pp. 17-32). Abingdon: Routledge.

Cohen, N.J. (2008). *Moses and the Journey to Leadership: Timeless Lessons of Effective Management from the Bible and Today's Leaders,* Jewish Lights, Woodstock, VT.

Comte-Sponville, A. (2006). *L'esprit de l'athéisme : Introduction à une spiritualité sans Dieu.* Paris : Albin Michel.

Conche, M. (2014). *Philosophizing ad infinitum,* Suny Press, New-York (trad. de Ledoux, L. & Bonne, H.).

Conger, J. A. (1989). Leadership: The art of empowering others. *Academy of Management Executive,* 3(1), 17-24.

Conger, J. A., Kanungo, R. N. (1987). Toward a behavioral theory of charismatic leadership in organizational settings. *Academy of Management Review,* 12(4), 637-647.

Conger, J. A., Kanungo, R. N. (1998). *Charismatic Leadership in Organizations,* SAGE Publications.

Costigan, R. D., Ilter, S. S., Berman, J. J. (1998). A multi-dimensional study of trust in organizations. *Journal of Managerial Issues,* 10(3), 303-317.

Cote, R. (2018). Dark side leaders: Are their intentions benign or toxic?, *Journal of Leadership, Accountability and Ethics,* 15(2), 42-65.

Covey, S. (1989). *The seven habits of highly effective people: restoring the character ethic.* New York: Simon and Schuster.

Covey, S. R. (1990). *L'étoffe des leaders,* First.

Covrig, D. M., Ledesma, J., Gifford, G. (2013). Spiritual or religious leadership: what do you practice? What should you practice?, *The Journal of Applied Christian Leadership,* 7(1), 104-113.

Cowan, D. (2005). Translating Spiritual Intelligence into Leadership Competencies. *Journal of Management, Spirituality & Religion,* 2(1), 3-38.

Crain T.L., Schonert-Reichl K.A., Roeser R.W. (2017). Cultivating teacher mindfulness: effects of a randomized controlled trial on work, home, and sleep outcomes. *Journal of Occupational Health Psychology,* 22(2), 138-152.

Cristophini, R. (2019). *L'intelligence spirituelle au cœur du leadership,* Paris : InterEditions.

Cudy, A. (2013). Connect, Then Lead, *Harvard Business Review,* July-August, 55-61.

Culham, T., Major, R., Shivhare, N. (2020). Exploring the Efficacy of Contemplative Practices in Business Virtue Ethics Course, *Academy of Management Annual Conference.*

Dagenais-Desmarais, V. (2010). *Du bien-être psychologique au travail, Fondements théoriques, conceptualisation et instrumentation du construit.* Thèse de psychologie, Faculté des arts et des sciences, Montréal.

Dainty, P., Lucas, D. (1992). Clarifying the confusion: A practical framework for evaluating outdoor development programmes for managers. *Management Education and Development*, 23(2), 106-22.

Daloz, L. (1999). *Mentor: guiding the journey of adult learners,* 2nd ed., San Francisco: Jossey-Bass.

Danna, K., Griffin, R. W. (1999). Health and well-being in the workplace: A review and synthesis of the literature. *Journal of Management*, 25(3), 357-384.

Davy, M.-M. (1983). *Le Désert intérieur,* Albin Michel.

Deci, E.L., Ryan, R.M. (2000). The "What" and "Why" of Goal Pursuits: Human Needs and the Self-Determination of Behavior. *Psychological Inquiry,* 11(4), 227-268.

Demurger, P. (2020). *L'entreprise du XXIe siècle sera politique ou ne sera pas,* L'Aube.

Descamps, M.-A. (1993). *L'éducation transpersonnelle.* Ed. Trismégiste.

Deshimaru, T. (1977), *La Pratique du Zen*, Paris : Albin Michel.

Desjardins, A. (1987). *La voie du cœur,* Paris : La table ronde.

Deussen, P. (2011). *The Philosophy of the Upanishads.* New Ed edition. Delhi: Motilal Banarsidass.

Dewey, J. (1980), *The Middle Works of John Dewey, 1899-1924,* Vol. 1, Tome 15, Boydston, J. A., (ed.). Southern Illinois University Press, Carbondale, IL.

Dilts, R. (2006). *Changer les systèmes de croyances avec la PNL,* Paris : InterEdictions Dunod.

Dimitrov, D. (2012). Sources of Meaningfulness in the workplace: a study in the US hospitality sector. *European Journal of Training and Development,* 36(2-3), 351-371.

Domènech Francesch, J., Lepri, J.-P., Oriot, A. (2011). *Éloge de l'éducation lente.* Chronique sociale : Silence.

Doron, C.-O. (2007). Introduction à la notion d'attitude à partir de Pierre Hadot. *Séminaire Attitudes et philosophie morale,* Centre Georges Canguilhem, avec Emmanuel Halais.

Dosse, F. (2005). *Le pari biographique. Écrire une vie,* La Découverte.

Drucker, P. (2005). A lifetime of wisdom. *New Zealand Management,* 52(9), 42-44.

Duchon, D., Plowman, D.A. (2005). Nurturing the spirit at work: Impact on work unit performance, *The Leadership Quarterly,* 16, 807-833.

Duffy, R.D., Dik, B.J. (2013). Research on calling: What have we learned and where are we going?. *Journal of Vocational Behavior*, 83(3), 428-436.

Duffy, R.D., Blustein, D.L. (2005). The relationship between spirituality, religiousness, and career adaptability. *Journal of Vocational Behavior*, 67(3), 429-440.

Dumézil, G. (1968). *Mythe et Épopée*, Gallimard.

Dutton, J.E., Worline, M.C., Frost, P.J., Lilius, J. (2006), Explaining Compassion Organizing, *Administrative Science Quarterly*, 51, 59-96.

Duyck, J.-Y., Moal-Ulvoas, G., Voynnet Fourboul, C. (2017). *Management et spiritualité*. Caen : Management Prospective Editions.

Dyck, B., Schroeder, D. (2005). Management, Theology and Moral Points of View: Towards an Alternative to the Conventional Materialist-Individualist Ideal-Type of Management. *Journal of Management Studies*, 42(4), 706-735.

Dyer, W. (2004), *Le pouvoir de l'intention*, Paris : J'ai lu.

Eggert, N. (1998). *Contemplative leadership for entrepreneurial organizations: Paradigms, metaphors, and wicked problems*. Quorum Books, Greenwood Publishing Group, Inc.

Elangovan, A.R., Pinder, C.C., McLean, M. (2010). Callings and organizational behavior. *Journal of Vocational Behavior*, 76(3), 428-440.

Emmons, R.A. (1999). *The psychology of Ultimate Concerns: Motivation and spirituality in Personality*, New York, Guilford Press.

Emmons, R.A. (2000). Is Spirituality an Intelligence? Motivation, cognition and the Psychology of Ultimate Concern, *The international Journal for the Psychology of Religion*, 10(1), 3-26.

Etchegoyen, A. (1990). *Les entreprises ont-elles une âme ?* Paris : F. Bourin.

Eva, N., Robin, M., Sendjaya, S., Dierendonck, D. Van, Liden, R. C. (2019). Servant Leadership: A systematic review and call for future research. *The Leadership Quarterly*, 30(1), 111-132.

Fairholm, G. (1998). *Perspectives on Leadership: From the Science of Management to its Spiritual Heart*, Praeger Publishers Inc.

Faivre-Tavignot, B. (2018). *Vulnérabilité des dirigeants et renouveau de la créativité au sein des organisations : Vulnérabilité et innovation sociale*, Toulouse : Les Presses de l'IC de Toulouse.

Falque, L., Bougon, B. (2013). *Pratiques de la Décision*. Paris : Dunod.

Fédorovski, V. (2014), *Poutine, l'itinéraire secret*, Paris :Editions du Rocher.

Fiedler, F. (1964). A contingency model of leadership effectiveness, *Advances in Experimental Social Psychology*, 1, 149-190.

Filliot, P., Maffesoli, M. (2011). *L'éducation au risque du spirituel*. Desclée de Brouwer.

Fiol, C.M. (1989). A semiotic analysis of corporate language: Organizational boundaries and joint venturing. *Administrative Science Quarterly*, juin, 277-303.

Fisher, R., Ury, W., Patton, B. (2006). *Comment réussir une négociation*. Paris : Éditions du Seuil.

Follett, M.P. (1918). *The New State*, Chapter XIV: The Group Principle at Work.

Follett, M. (1998). *The New State: group organization the solution of popular government*. University Park, Penn: The Pennsylvania State University Press.

Foucault, M. (1982). The subject and power. *Critical inquiry*, 8(4), 777-795.

Foucault, M. (1988). *Technologies of the self A Seminar with Michel Foucault*. University of Massachusetts Press, Anherst. pp. 16-49.

Foucault, M. (1994, 2001). *Dits et Écrits II*, Paris : Gallimard.

Foucault, M. (2001). *L'Herméneutique du sujet*, coll. « Hautes Etudes », Paris : Gallimard-Seuil.

Freeman R.E. (1984), *Strategic Management: A Stakeholder Approach*, Pitman series in business and public policy, Boston: Pitman.

Friedman M. (1962), *Capitalism and Freedom*, Chicago, Chicago University Press. Trad. *Capitalisme et liberté* (1971), coll. « Le monde qui se fait », Paris : Robert Laffont.

Fromaget, M. (2018). *Les trois visages de l'Amour : Eros, Philia, Agape*. Le Mercure Dauphinois.

Fromm, E. (1978). *Avoir ou être*. Paris : Ed. Robert Laffont.

Fry, L. W. (2003). Toward a theory of spiritual leadership. *The Leadership Quarterly*, 14(6), 693-727.

Fry, L. W. (2005). Toward a theory of ethical and spiritual well-being and corporate social responsibility through spiritual leadership. In Giacalone, R.A., Jurkiewicz, C.L., (eds). *Positive psychology in business ethics and corporate responsibility*, Greenwich, CT: Information Age Publishing.

Fry, L. W. (2008). Spiritual Leadership: State-of – the-Art and Future Directions for Theory, Research, and Practice . In J. Biberman and Tishman, L. (eds.), *Spirituality in Business: Theory, Practice, and Future Directions*, New York: Palgrave, pp. 106-124.

Fry, L. W., Altman, Y. (2013). *Spiritual Leadership in Action: The CEL story Achieving Extraordinary Results through Ordinary People*, Information Age Publishing.

Fry, L. W., Matherly, L. L. (2006). Spiritual Leadership and Organizational Performance, *Paper presented at the Academy of Management*, Atlanta, Georgia.

Fry, L. W., Nisiewicz, M., Vitucci, S. and Cedillo, M. (2007). Transforming City government through Spiritual leadership: Measurement and Establishing a Baseline, *Paper presented at the National Meeting of the Academy of Management*, Philadelphia, Pennsylvania.

Fry, L. W., Slocum, J. (2008). Maximizing the Triple Bottom line through a Strategic Scorecard Business Model of Spiritual Leadership, *Organizational Dynamics*, 37(1), 86-96.

Fry, L. W., Vitucci, S., Cedillo, M. (2005). Spiritual leadership and army transformation: Theory, measurement, and establishing a baseline, *The leadership Quarterly's Special Issue on Spiritual Leadership*, 16, 807-833.

Fulton C.L., Craig S.C. (2015). Mindfulness-Based Awareness and Compassion: Predictors of Counselor Empathy and Anxiety. *Counsellor Education and Supervision*, 54(2), 122-133.

Gablier, M. (2019). *Les Mystères de la Conscience*, Paris : Hachette Pratique.

Gafni, M. (2012). The Evolutionary Emergent Of Unique Self A New Chapter in Integral Theory, *Journal of Integral Theory and Practice*, 6(1), 23.

Gandhi, M. (1950). *Autobiographie ou mes expériences de vérité*, éd. 1983, Paris : PUF.

Garcia-Zamor, J. (2003). Workplace Spirituality and Organizational Performance. *Public Administration Review*, 63(3), 355-363.

Gautier, E. (2018). *La révélation de la singularité identitaire par un consultant*, thèse de science de gestion, Paris II Panthéon-Assas.

Gautier, E. (2020). *La raison d'être authentique*, Bod, Paris.

Gautier, E., Voynnet Fourboul C. (2019). "Revealed identity": an ethnographic approach to singularity, *Recherches en Sciences de Gestion*, 133, 181-208. L'Institut de Socio-Économie des Entreprises et des Organisations (Écully, Rhône).

Gelardin, S., Muscat, E., Whitty, M. (2010). Slow Career: Mapping Out a Slow & Sustainable Lifework Process, *Business Renaissance Quarterly*, (5)1, 31.

George, M. (2006). How intelligent are you really? From IQ to EQ to SQ, with a little intuition along the way, *Training and Management Development Methods*.

Giacalone, R.A., Jurkiewicz, C.L. (2003). The interaction of materialist and postmaterialist values in predicting dimensions of personal and social identity, *Humans relations*, 57, 1217-1230.

Giacalone, R.A, Jurkiewicz, C.L. (2010). *Handbook of workplace spirituality and organizational performance* (2nd ed.). Armonk, NY : M.E. Sharpe.

Giacalone, R.A., Jurkiewicz, C.L. (2003, 2010). Toward a science of workplace spirituality. In Giacalone, R.A., Jurkiewicz, C.L. (Eds), *Handbook of workplace spirituality and organizational performance* (pp. 3-28). Armonk, NY: M.E.Sharpe.

Giddens, A. (1987). *La constitution de la société*, Paris : PUF.

Gilbert, P., Greffet, C. (2019). Ce que les outils de la RSE font aux systèmes humains. une perspective allagmatique. *Revue Management & Avenir*, (110), 131-152.

Ginger, S. (2000), *La Gestalt : L'art du contact*, Paris : Marabout.

Glomb, T.M., Duffy, M.K., Bono, J.E. et Yang, T. (2011). Mindfulness at work. *Research in Personnel and Human Resources Management*, 30, 115-147.

Gnass, G.E. (Ed.) (1991). *Ignatius of Loyola: Spiritual exercises and selected works*. Paulist Press, New York.

Godin, C. (2002). *La totalité*. Seyssel : Champ Vallon.

Goertzen, B.J., Barbuto, J.E. (2001). Individual spirituality: A review of the literature. *Paper presented at annual Institute for Behavioral and Applied Management.*

Gomez, P.Y. (2013). *Le Travail invisible. Enquête sur une disparition*, Paris : éd. François Bourin.

Gor, N. (2009). *The Dharma of Capitalism:* Nitesh.

Granger, G.-G. (1967). *Pensée formelle et Sciences de l'Homme*, Éditions Montaigne.

Grant, A.M. (2007). Job design and the Motivation to Make a Prosocial Difference. *The Academy of Management Review*, 32(2), 393-417.

Greenleaf, R. K. (1973). *The Servant Leader.* Greenleaf Center, Newton Center.

Greenleaf, R. K. (1977). *Servant leadership: A journey into the nature of legitimate power and greatness.* New York: Paulist Press.

Greenleaf, R. K. (1991). *The Servant as Leader*, Indianapolis: Robert Greenleaf Center.

Groysberd,B, Slind, M. (2012), *Leadership is a conversation*, Harvard Business Review-Spotlight on Leadership.

Guénon, R. (1957). *La Grande Triade*, Paris : Gallimard.

Guilford, J.P. (1950). Creativity. *American Psychologist*, 5, 444-454.

Guillemant, P., Morisson, J. (2015). *La physique de la conscience*, Ed. Tredaniel La Maisnie.

Guillory, W. A. (2000). *The living organization – spirituality in the workplace*, Ed. Innovations international.

Guillory, W. A. (2007). Spirituality in the Workplace, *Industrial & Commercial Training*, 39(2), 91-97.

Gyatso, T., His Holiness the Fourteenth Dalai Lama (2001). *Ancient Wisdom, Modern World: Ethics for the New Millennium*, Little, Brown and Company, UK.

Hackman, J.R., Oldham, G.R. (1976). Motivation through the design of work: Test of a theory. *Organizational Behavior and Human Performance*, 16, 250-279.

Hadot, P. (1993). *Exercices spirituels et philosophie antique*. Paris : Institut d'études Augustines.

Hadot, P. (1995). *Qu'est-ce que la philosophie antique ?* Paris : Gallimard.

Hadot, P. (1995). *Philosophy as a way of life: Spiritual exercises from Socrates to Foucault*. Edited with an introduction by A. Davidson. Oxford: Blackwell.

Hadot, P. (1997). *Plotin ou la simplicité du regard*. Paris : Gallimard.

Hadot, P., Carlier, J., Davidson, A. (2004). *La philosophie comme manière de vivre.* Paris : Albin Michel.

Hagelin, J. (1987). Is consciousness the unified field? A field theorist's perspective. *Modern Science and Vedic Science*, 1(1), 29-87.

Hanssmann, E. (2014). Providing safe passage into a larger life: supporting clients' transformational change through coaching. *International Journal of Evidence Based Coaching & Mentoring*, 24-38.

Hardy, J. (1987). *A psychology with a soul: Psychoanalysis in evolutionary context.* London: Woodgrange Press.

Hatch, M.J., Cunliffe, A.L. (2006). *Organization theory. Modern, symbolic and postmodern perspectives.* Oxford: Oxford University Press.

Hatch, M.J., Kostera, M., Kozminski, A.K. (2005). *The three faces of leadership: Manager, artist, priest.* Blackwell.

Hatch, M.J., M. Kostera, and A.K. Kozminski. (2006). The three faces of leadership: Manager, artist, priest. *Organizational Dynamics*, 35(1), 49-68.

Heisenberg, W. (1990). *Across the Frontiers.* Woodbridge: Ox Bow Press.

Henry, S. (2014). *Ces décideurs qui méditent et qui s'engagent,* Paris : Dunod.

Herrigel, E. (1998). *Le Zen dans l'art chevaleresque du tir à l'arc,* Paris : Dervy.

Hesse, H. (1957). *The Journey to the East.* New York: The Noon – day Press.

Hill, P.C., Pargament, K.I., Hood, R.W., McCullough, M.E., Swyers, J.P., Larson, D.B., Zinhauer, B.J. (2000). Conceptualizing religion and spirituality: points of commonality, points of departure. *Journal of the Theory of Social Behavior*, 30(1), 51-77.

Honneth, A. (2015). *Le Droit de la liberté. Esquisse d'une éthicité démocratique,* Paris : Gallimard, « NRF Essai ».

Honoré, L. (2014). Le management à l'épreuve de la religion, *RIHME : Revue Interdisciplinaire Management, Hommes & Entreprises,* 13, 54-67.

Hülscheger U.R., Alberts H.J.E.M, Feinholdt A., Lang J.W.B. (2013). Benefits of Mindfulness at Work: The Role of Mindfulness in Emotion Regulation, Emotional Exhaustion, and Job Satisfaction. *Journal of Applied Psychology*, 98(2), 310-325.

Hunsaker, W. D. (2017). Spiritual leadership and organizational citizenship behavior: exploring the conditional effects of self-determination and Confucian mindset. *International Journal of Business and Society*, 18(3), 485-502.

Hunt, J., Conger, J. (1999). From where we sit: An assessment of transformational and charismatic leadership research, *The Leadership Quarterly*, 10(3), 335-343.

Ibbetson, A., Newell, S. A. (1999). Comparison of a competitive and non-competitive outdoor management development programme. *Personnel Review*, 28(1-2), 58-76.

Islam, G., Holm, M., Karjalainen, K. (2017). Sign of the Times: Workplace Mindfulness as an Empty Signifier. *Organization*. online.

Ito, A., Bligh, M. C. (2016). Feeling Vulnerable? Disclosure of Vulnerability in the Charismatic Leadership Relationship. *Journal of Leadership Studies*, 10(3), 66-70.

Izoard-Allaux, S. (2017). Management spirituel : promesse ou imposture, in Duyck, J.Y., Moal-Ulvoas, G., Voynnet-Fourboul, C. (2017). *Management et spiritualité*. Caen : Management Prospective Editions.

Izoard-Allaux, S. (2018). Spiritualité et leadership du manager, in Izoard-Allaux, S., Christians, L.L., Lesch, W. (dir.) (2018). *Le nouvel esprit du management. Interrogations interdisciplinaires sur la spiritualité en entreprise*, Presses Universitaires de Louvain.

Izoard-Allaux, S., Falque, L. (2020). *Bâtisseurs de sens. Pour une esquisse d'un management intégral, Academia*, Paris : L'Harmattan.

James, M. (2003). Using the myers-briggs type indicator as a tool for leadership development? apply with caution. *Journal of Leadership & Organizational Studies*, 10(1), 68.

Jaotombo, F. F. (2019). Le fonctionnement optimal psychologique : apports conceptuels et méthodologiques. *Psychologie du travail et des organisations*, 25(4), 281-300.

Johnson, C. E. (2008). *Meeting the Ethical Challenges of Leadership: Casting Light or Shadow*. 7th Edition. SAGE.

Jones, D. A. (2009). The role of spirituality in the mediation process. *Conflict Resolution Quarterly*, 27(2), 145-165.

Jullien, F. (2005). *Conférence sur l'efficacité*, Paris : PUF.

Jung, C.G. (1933). *Modern Man in Search of a Soul*. New York: Harvest.

Jung, C.G. (1990). *L'Âme et le Soi*, Paris : Albin Michel.

Kabat-Zinn, J. (2003). Mindfulness based interventions in context: past, present and future. *Clinical Psychology Science and Practice*, 10(2), 144-156.

Karakas, F. (2010). Spirituality and Performance in Organizations: A Literature Review. *Journal of Business Ethics*, 94(1), 89-106.

Karjalainen, M., Islam, G., Holm, M. (2019). Scientization, Instrumentalization and Commodification of Mindfulness in a Professional Services Firm. *Organization*, online.

Katarzyna, S. (2015). Responsible leadership contribution to Human Resource Management – A study of CSR-HR interface. *Procedia Economics and Finance*, 34, 403-409.

Kessous, G.C. (2012). *Théâtre et sacré dans la tradition juive*, Paris : PUF.

Keyes, C. L. M. (2006). Subjective well-being in mental health and human development research worldwide: An introduction. *Social Indicators Research*, 77(1), 1-10.

Keyes, C. L., Shmotkin, D., Ryff, C. D. (2002). Optimizing well-being: the empirical encounter of two traditions. *Journal of personality and social psychology*, 82(6), 1007-1022.

Kim, W. C., Mauborgne, R. (2014). Blue Ocean Leadership. *Harvard Business Review*, 92(5), 60-72.

King, D., Decicco, T. L. (2009). A viable model and self-report measure of spiritual intelligence. *International Journal of Transpersonal Studies*, 28, 68-85.

King, S., Nicol, D. (1999). Organizational enhancement through recognition of individual spirituality: Reflections of Jacques and Jung. *Journal of Organizational Change Management*, 12(3), 234-242.

Kinjerski, V., Skrypnek, B.J. (2006). Measuring the intangible: Development of the Spirit at Work Scale. In M. Weaver (Ed.), *Best Paper Proceedings of the Sixty-fifth Annual Meeting of the Academy of Management* (CD), A1-A6.

Kirsebom, A. (2020). *Mediumship in Theory and Practice,* Holm, M. (trad.) non publié.

Klenke, K. (2003). The "S" Factor in Leadership Education, Practice, and Research. *Journal of Education for Business, 79*(1), 56-60.

Kœnig, H.G., King, D.E. Carson, V.B. (2012). *Handbook of religion and spirituality.* Second edition. Oxford University Press. New York.

Koestler, A. (1964). *The Act of Creation*. New York, Macmillan.

Köhler, H. (1994). *L'énigme de la peur où la peur a-t-elle sa source ? Comment lui faire place dans un art de vivre.* Montesson: Ed. Novalis.

Kolondinsky R.W., Giacalone R.A., Jurkiewicz C.L. (2008), Workplace values and outcomes: Exploring personal, organizational, and workplace spirituality, *Journal of Business Ethics,* 81, 465-480.

Korac-Kakabadse, N., Kouzmin, A., Kakabadse, A. (2002). Spirituality and leadership praxis. *Journal of Managerial Psychology*, 17(3), 165-182.

Krishnakumar, S., Neck, C. P. (2002). The "what", "why" and "how" of spirituality in the workplace. *Journal of Managerial Psychology,* 17(3), 153-164.

Krishnamurti, J. (2008). *Vivre dans un monde en crise,* Paris : Presses du Châtelet.

Kuhn, T. S. (1970). *The Structure of Scientific Revolutions*. London: University of Chicago Press.

La Bible de Jérusalem (1999). Paris : Les éditions du Cerf.

Ladkin, D. (2013). From perception to flesh: a phenomenological account of the felt experience of leadership. *Leadership,* 9(3), 320-334.

Laloux, F. (2015). *Reinventing organizations. Vers des communautés de travail inspirées*, Paris : Les Éditions Diateino.

Laszlo, C. (2020). Quantum management: the practices and science of flourishing enterprise. *Journal of Management, Spirituality & Religion*, 17(4), 301-315.

Laszlo, C., Brown, J., Ehrenfeld, J., Gorham, M., Pose, I., Robson, L., Saillant, R., Sherman, D. (2014). *Flourishing Enterprise: The New Spirit of Business*, Stanford, CA: Stanford University Press.

Laufer, N. (2008). *The Genesis of Leadership: What the Bible Teaches Us about Visions, Values and Leading Change*: Jewish Lights, Woodstock, VT.

Le Breton, D. (2012). *Marcher : Éloge des chemins et de la lenteur*, Paris : Métailié.

Le Flanchec, A., Rojot, J., Voynnet Fourboul, C. (2006). Rétablir la confiance dans l'entreprise par le recours à la médiation, *Relations Industrielles*, 26(2), 271-295.

Le Moigne, J.-L. (1999). *Les épistémologies constructivistes*. Paris : PUF.

Le Roy, F., Robert M. et Guiliani P. (2013). L'innovation managériale. Généalogie, défis et perspectives. *Revue Française de Gestion*, 235, 77-90.

Leclercq, J. (2008). *L'amour des lettres et le désir de Dieu : initiation aux auteurs monastiques du Moyen Age*. Paris : Éditions du Cerf.

Lemos, R., Kern, V. (2009). Technontologies, Complexity, and Hybrid Interfaces. Triple C: Communication, Capitalism & Critique. *Open Access Journal for a Global Sustainable Information Society*, 7(1), 29-37.

Leroy H., Anseel F., Dimitrova N.G., et Sels L. (2013). Mindfulness, authentic functioning, and work engagement: A growth modeling approach. *Journal of Vocational Behavior, 82*, 238-247.

Liddy C., Good D.J., Glomb T.M., Bono J.E., et Brown K.W. (2016). Contemplating mindfulness at work: an integrative review. *Journal of Management*, 42(1), 114-142.

Lindholm, J.A., Astin, H.S. (2008). Spirituality and Pedagogy: Faculty's Spirituality and Use of Student-Centered Approaches to Undergraduate Teaching. *Review of Higher Education*, 31(2), 185-207.

Lips-Wiersma, M., Wright, S. (2012). Measuring the Meaning of Meanigful Work: Development and Validation of the Comprehensive Meaningful Scale (CMWS). *Groupe&Organization Management*, 37(5), 655-685.

Lips-Wiersma, M., Dean, K. L., and Fornaciari, C. J. (2009). Theorizing the dark side of the workplace spirituality movement. *Journal of Management Inquiry*, 18(4), 288-300.

Llluansi, O. (2016). *Histoires managériales dans les pays en transition, Etude de cas et retour d'expérience du Groupe Saint Gobain en Pologne et en Roumanie*, Paris : ESKA.

Luckcock, T. (2008). Spiritual Intelligence in Leadership Development: A Practitioner Inquiry into the Ethical Orientation of Leadership Styles in LPSH. *Educational Management Administration & Leadership*, 36(3), 373-391.

Luthans, F., Avolio B. (2003). Authentic leadership: a positive developmental approach, In Cameron, K., Dutton, J, Quinn, R. (eds), *Positive Organizational Scholarship: Foundations of a New Discipline*, pp. 241-258, San Francisco: Berret-Koehler.

Lynn, M., Naughton, M., Van der Veen, S. (2009). Faith at Work Scale (FWS): Justification, development, and validation of a measure of Judeo-Christian religion in the workplace. *Journal of Business Ethics*, 85, 227-243.

Mabey, C., Conroy, M., Blakeley, K., de Marco S. (2017). Having burned the straw man of Christian spiritual leadership, what can we learn from Jesus about leading ethically? *Journal of Business Ethics*, 145(4), 757-769.

Madoun, M., Autissier, A. et Peretti, J.-M. (2019). *Transformer sans rompre ni exclure : Étonnante actualité de l'Inde ancienne*. Caen : Editions EMS.

Maffesoli, M., Strohl, H. (2019). *La faillite des élites : la puissance de l'idéal communautaire*. Paris : Les éditions du Cerf.

Maillard, N. (2011). *La vulnérabilité. Une nouvelle catégorie morale*, Labor et Fides, Genève.

Major, R. (2015). *L'exemplarité managériale perçue par les collaborateurs : Dimensions et effets*. Thèse doctorale de l'IAE Aix-Marseille Graduate School of Management, soutenue le 16/12.

Malik, M. S., Tariq, S., (2016). Impact of Spiritual Intelligence on Organizational Performance. *International Review of Management and Marketing*, 6(2), 289-297.

Mandela, N. (2010), *Le temps est venu, Discours de Nelson Mandela 10 mai 1994*, Paris : Points.

Mandela, N. (1994). *Un long chemin vers la liberté*, éd. 1995, Le livre de poche.

Mandela, N. (2011). *Pensées pour moi-même. Le livre autorisé de citations*, Paris : La Martinière.

Manfred, F., Kets de Vries, R. (2001), The anarchist within: Clinical reflections on Russian character and leadership style, *Human Relations*, 54, 585-627.

Manotas, M., Segura, C., Eraso, M., Oggins, J. et McGovern, K. (2014). Association of brief mindfulness training with reductions of perceived stress and distress in Colombian healthcare professionals. *International Journal of Stress Management, 21(2)*, 207-225.

Manzano, M. (2008). *Extension du domaine de la manipulation. De l'entreprise à la vie privée*. Paris : Éditions Grasset.

Marinho, R. M. (2013). Religious versus spiritual leadership. *Leadership Department Newsletter*, 11(3), Andrews University.

Martuccelli, D. (2010). *La Société singulariste*, Paris : Armand Colin.

Maslow A. H. (1943). A Theory of Human Motivation, *Psychological Review*, 50, 370-396.

Maslow, A. H. (1954). *Devenir le meilleur de soi-même*, Paris : Fayard, éd. 2003.

Maslow, A. H. (1962). *Toward a Psychology of Being*. NY: Van Nostrand.

Maslow, A. H. (1964). *Religions, Values and Peak experiences*. Ohio State University Press.

Maslow, A. H. (1971). *The farther reaches of human nature*. New York: The Viking Press.

Maslow, A. H. (1972). *Vers une Psychologie de l'Être*, Paris : Fayard.

Mathieu, P., Monneyron, F. (2015). *L'imaginaire du luxe*, Paris : Imago.

Mauss, M. (1968). *Sociologie et anthropologie*, Paris : PUF.

McMahon, D. M. (2006). *Happiness: A History*. New York. Grove Press.

Meeberg, G A. (1993). Quality of life: a concept analysis. *Journal of Advanced Nursing*, 18, 32-38.

Meyfret, S. (2010 réédité 2014). *Gagnez en impact, développez votre charisme, votre leadership, et votre influence*, Paris : Eyrolles.

Michaelson, C., Pratt, M.G., Grant, A.M., Dunn, C.P. (2014). Meaningful Work: Connecting Business Ethics and Organization Studies. *Journal of Business Ethics*, 121, 77-90.

Michaud, Y. (2013). *Qu'est-ce que le management responsable ? Confiance, décision, réflexivité*, Paris : Eyrolles.

Miller, D.W, Ewest, T. (2013). The present state of workplace spirituality: A literature review considering context, theory, and measurement/assessment. *Journal of Religious and Theological Information*, 12(2), 29-54.

Miller, D.W, Ewest, T., Neubert M.J. (2019). Development of The integration Profile (TIP) Faith and Work Integration Scale. *Journal of Business Ethics*, 159, 455-471.

Miller, D.W. (2007). *God at Work: the history and promise of the faith at work movement*. New York, NY: Oxford University Press.

Miller, D.W., Ewest, T. (2013). The integration box (TIP): An individual and institutional faith, religion, and spirituality at work assessment tool. In J. Neal (Ed.). *Handbook of Faith and Spirituality in the Workplace* (pp. 403-417). New York, NY: Springer.

Mitroff, I.I., Mason, R., Pearson, C. (1994). Radical surgery: What will tomorrow's organizations look like? *Academy of Management Perspectives*, May 1, 8(2), 11-21.

Mitroff, I.I., Denton, E.A. (1999). *A Spiritual Audit of Corporate America*, Jossey-Bass, San Francisco, CA.

Mitroff, I.I., Denton, E.A. (1999). A study of spirituality in the workplace, *Sloan Management Review*, 40, 83-92.

Moal-Ulvoas, G. (2013), *Influence de la spiritualité des personnes âgées sur leurs motivations à voyager : une approche par la théorie de la gérotranscendance*. Thèse soutenue le 25 /1.

Mol M.J., Birkinshaw J. (2008). Giant steps in management: creating innovations that change the way we work. *Prentice Hall, London*.

Monroe, R. (1971). *Le voyage hors du corps*, Paris : Ed. Du Rocher.

Morin, E. (1973). *Le paradigme perdu : la nature humaine*, Paris : Seuil.

Morin, E. (1990). *Science avec conscience*, nouvelle édition. Paris : Points Seuil.

Morin, E. (1992). *Introduction à la pensée complexe*. Paris : ESF.

Morin, G., Janand, A. (2019). La fabrique du leadership : quel rôle pour la mobilité interne ?, *Revue de gestion des ressources humaines*, 2019/2, 112, 21-39.

Müller, D. (2002). Les sources religieuses du soi et l'éthique de l'action juste. *Laval théologique et philosophique*, 58(2), 341-356.

Neal, J. (2005), Spirituality in the Workplace: An Emerging Phenomenon, *Studies in Spirituality*, 15(1), 267-282.

Neal, J. (2018). *Handbook of Personal and Organizational Transformation*. Cham: Springer International Publishing Imprint Springer.

Neal, J. (2013). *Handbook of Faith and Spirituality in the Workplace*. New York, NY: Springer.

Neck, C., Milliman, J. (1994). Thought self-leadership: Finding spiritual fulfillment in organizational life. *Journal of Managerial Psychology*, 9(6), 9-16.

Nesti, A. (1990), Implicit religion: The issues and dynamics of a phenomenon. *Social Compass*, 37, 423-438.

Neubert, M.J., Halbesleben, K. (2014). Called to commitment: An examination of relationships between spiritual calling, job satisfaction, and organizational commitment. *Journal of Business Ethics*, 132(4), 859-872.

Neubert, M.J., Bradley, S.W., Ardianti, R., Simiyu, E. M. (2015). The role of spiritual capital in innovation and performance: Evidence from developing economies. *Entrepreneurship Theory and Practice*, 1-20.

Nicolescu, B. (1985). *Nous, la particule et le monde*. Le Mail.

Nicolescu, B. (1996). *La transdisciplinarité : Manifeste*. Paris : Ed. du Rocher.

Nicolescu, B. (2014). *From modernity to cosmodernity: Science, culture, and spirituality*. State University of New York Press.

Nifle, R. (1996). La trialectique sujet objet projet. Les structures de l'expérience et de l'existence humaine. *Le Journal Permanent de l'Humanisme Méthodologique*, 10.

Nonaka I., Takeuchi H. (1995). *The knowledge-creating company: How Japanese companies create the dynamics of innovation*, New York: Oxford University Press.

Northouse, P. (1997). *Leadership: theory and practice*. Thousand Oaks, California: SAGE Publications, Inc.

Norton, D.P., Kaplan, R. S. (1992). *The Balanced Scorecard: translating Strategy into action*, Harvard Business School Press, Boston, Massachusetts.

Ockrent, Ch. (2014), *Les oligarques : Le système Poutine*, Paris : Robert Laffont.

Pandey, A., Gupta, R.K., Arora, A.P. (2009). *Spiritual Climate Inventory*. San Francisco, CA : Pfeiffer Annual for Consulting.

Paraschiv, D.M., Nemoianu, E.L., Langă, C.A. and Szabó, T. (2012). Eco-innovation, Responsible Leadership and Organizational Change for Corporate Sustainability; *Amfiteatru Economic*, XIV(32), 404-419.

Pargament, K. (1999). The Psychology of Religion and Spirituality? Yes and No, *International Journal for the psychology of Religion*, 9(1), 3-16.

Pasquier, F. (2017). Prenez le pouvoir. Comment enrôler les futurs enseignants en formation dans un processus d'apprentissage autonome et responsable ? *Les Cahiers pédagogiques*, 46-47.

Pasquier, F., Barbry, R. (2018). Pratiques de pleine attention et effets de la méditation. *Les Cahiers Pédagogiques*, 547.

Patel, T., Holm, M. (2018). Managerial Reactions to Ecological Concerns: The Role of Mindfulness. *Journal of Environmental Planning and Management*, 61(13): 2231-2256.

Patterson, K. (2003). *Servant leadership theory: A theoretical model* (Doctoral dissertation). Available from ProQuest Dissertations and Theses database. (UMI No. 3082719).

Pauchant, T. *et al.* (2000). *Pour un management éthique et spirituel. Défis, cas, outils et questions.* Montréal : Editions Fides – Presses HEC.

Payette, A., Champagne, C. (1997). *Le groupe de codéveloppement professionnel.* Sainte-Foy : Presses de l'Université du Québec.

Péguy, C. (2014). *Œuvres poétiques et dramatiques,* Paris : La Pléiade.

Peltonen, T. (2019). Transcendence, consciousness and order: Towards a philosophical spirituality of organization in the footsteps of Plato And Eric Voegelin. *Philosophy of Management*, 18(3), 231-247.

Perls, F., Hefferline, R.E., Goodman, P. (1979). *Gestalt thérapie,* Stanké, Ottawa.

Perroux, F. (1963). Économie et société. Contrainte-échange-don, *in Pouvoir et économie généralisée*, PUG, 1994.

Perroux, F. (1975). *Unités actives et mathématiques nouvelles, révision de la théorie de l'équilibre économique général*, Paris : Dunod.

Pielstick, C. D. (2005). Teaching spiritual synchronicity in a business leadership class. *Journal of Management Education*, 29(1), 153-168.

Pirson, M. (2019). A humanistic perspective for management theory: Protecting dignity and promoting well-being: *Journal of Business Ethics*, 159(1), 39-57.

Pirson, M. A., Lawrence, P. R. (2010). Humanism in business – towards a paradigm shift? *Journal of Business Ethics*, 93(4), 553-565.

Plane, J.-M. (2015), *Théories du leadership*, Paris : Dunod.

Posner, B. Z. (2009). On Putting Theory Into Practice. *Journal of Management Inquiry, 18*(2), 139-141.

Prahalad, C.K. (2005). *The fortune at the bottom of the pyramid.* Upper Saddle River, NJ: Wharton School Pub.

Prahalad, C.K., Stuart L. Hart (1998). *The Fortune at the Bottom of the Pyramid*, Strategy+Business.

Praquin, N. (2017). Historiographie, épistémologie et méthodologie du genre βίος. Ses apports possibles aux sciences de gestion, *22e journées d'Histoire de la Comptabilité et du Management*, 22-24 mars, Cnam, Paris.

Pratt, M.G., Schultz, M., Ashforth, B.E., Ravasi, D. (2016), *The Oxford Handbook of Organizational Identity*, Oxford, OUP.

Promta, M. (2008). *An essay concerning Buddhist ethics.* Chulalong kom University Press.

Quattrone, P. (2015). In search of what accounting is not: speculations on the future of valuing, transparency, and a new aesthetics for governing capitalism and democracy. In *A research agenda for management & organization studies* (pp. 1-25). Cheltenham: Elgar.

Rana, A., Anwar, A., Hasan, M. N. (2017). Cognitive intelligence and spiritual management for effective managerial decision making. *Independent Business Review,* 10(1), 43-64.

Reed, P. C. (1992). An emerging paradigm for the investigation of spirituality in nursing. *Research in Nursing & Health,* 15, 349-357.

Rethel, L. (2018). Corporate Islam, global capitalism and the performance of economic moralities. *New Political Economy,* 1-15.

Richard, D., Christin, J.-L. (2019). Les effets réels d'un système holacratique et de nouvelles perspectives. *In* Karsenty L. (Edt). *Libérer l'entreprise, ça marche* ?, Toulouse, Octarès Editions, 249-273.

Ricœur, P. (2005). « Devenir capable, être reconnu, *Esprit,* juillet, 125-129.

Robert, N. (2007). *Bien-être au travail : une approche centrée sur la cohérence des rôles.* INRS Département Homme au Travail, Laboratoire Gestion de la Sécurité.

Roberts, R. H. (2012). Contemplation and the 'performative absolute': Submission and identity in managerial modernity. *Journal of Management, Spirituality & Religion,* 9(1), 9.

Rochford, K.C., Jack, A.I., Boyatzis, R., French, S.E. (2016). Ethical leadership as a balance between opposing neural networks, *Journal of Business Ethics,* 144, 755-770.

Rockström, J., Steffen, W., Noone, K. *et al.* (2009). A safe operating space for humanity. *Nature,* 461, 472-475.

Rød, A., Fridjhon, M., (2016). *Creating Intelligent Teams.* Randburg, kr publishing, South Africa.

Rodinson, M. (1966). *Islam et capitalisme,* Paris : Seuil.

Rogers, C. (1961). *On becoming a person: A therapist's view of psychotherapy.* London, Constable.

Rojot, J. (2020). *La Négociation,* Paris : ESKA.

Rok, B. (2014). Naprawdę odpowiedzialne przywództwo, Odpowiedzialny biznes. *Kompendium CSR,* 13(9).

Roof, R. (2015). The Association of Individual Spirituality on Employee Engagement: The Spirit at Work. *Journal of Business Ethics,* 130(3), 585-599.

Ropo, A., Parviainen, J. (2001). Leadership and bodily knowledge in expert organisations: Epistemological rethinking. *Scandinavian Journal of Management,* 17(1), 1-18.

Rosa, H. (2013). *Accélération une critique sociale du temps.* Paris : La Découverte.

Rosa, H. (2018). *Résonance – Une sociologie de la relation au monde.* Paris : La Découverte.

Rosado, C. (2004). *Building Your Leadership Team: Value Systems, Memetics, and Education — A Spiral Dynamics Approach.* Rosado Consulting For Change in Human Systems. online.

Rosso, B.D., Dekas, K.H., Wrzensniewski, A. (2010). On the meaning of work: A theoretical integration and review. *Research in Organizational Behavior,* 30, 91-127.

Rothausen, T.J. (2017). Integrating leadership development with Ignatian spirituality; A model for designing a spiritual leader development practice. *Journal of Business Ethics,* 145, 811-829.

Russell, R., Stone, A. (2002). A review of servant leadership attributes: Developing a practical model. *Leadership & Organization Development Journal,* 23(3/4), 145-157.

Ryff, C.D., Singer, B. (1998). The contours of positive human health. *Psychological Inquiry,* 9(1), 1-28.

Ryff, C.D., Singer, B. (2001). From social structure to biology: Integrative science in pursuit of human health and well-being. In Snyder, C. R., Lopez, S. J. (eds.), *Handbook of positive psychology.* Oxford, New York: Oxford University Press.

Saint Ignace de Loyola. (1673). *Les exercices spirituels,* traduits du latin en français, on line https://gallica.bnf.fr/ark:/12148/bpt6k5679765x

Sandra, D., Nandram, S. (2017). *Spiritual leadership as a driver of organizational entrainment.* Kidmore End: Academic Conferences International Limited.

Sanséau, P.-Y. (2005). Les récits de vie comme stratégie d'accès au réel en sciences de gestion : pertinence, positionnement et perspectives d'analyse, *Recherches qualitatives,* 25(2), 33-57.

Sartori, M. (2012). *Éclipse et résilience spirituelle. Le drame du suicide dans les forces armées canadiennes. Quand la vie perd tout son sens, une parole peut-elle encore émerger du chaos,* Thèse en théologie pratique, Université de Laval, Québec.

Sartre, J.-P. (1951). *L'existentialisme est un humanisme,* Les éditions Nagel.

Satprem. (2003). Sri Aurobindo ou L'aventure de la conscience. Paris : Buchet Chastel.

Savall, H. (1975). *Enrichir le travail humain : l'évaluation économique,* Paris : Dunod.

Savall, H. (1979). *Reconstruire l'entreprise – Analyse socio-économique des conditions de travail,* Paris : Dunod.

Scharmer, O. (2011). *La Théorie U, Diriger à partir du futur émergent,* Pearson Education & Génération Présence.

Scharmer, O. (2016). *La théorie U, renouveler le leadership.* Editions Yves Michel.

Scharmer, O. (2018). *The essentials of theory U*, Berrett-Koehler Publishers, San Francisco, CA.

Schein, E. H. (1992). *Organizational Culture and Leadership* (2004, 3rd Ed.) CA: Jossey – Bass, San Francisco.

Schmauch, D. (2005). *Les conditions du leadership, la question de la promesse, de la tension et de l'être*, Paris : L'Harmattan.

Schmidt-Wilk, J., Heaton, D. P., Steingard, D. (2000). Higher education for higher consciousness: Maharishi university of management as a model for spirituality in management education. *Journal of Management Education*, 24(5), 580-611.

Schnell, T., Höge, T., Pollet, E. (2013). Predicting meaning in work: Theory, data, implications. *The Journal of Positive Psychology*, 8(6), 543-554.

Schwartz, S.H. (1992). Universals in the content and structure of values: Theoretical advances and empirical test in 20 countries, in Zanne M. (ed.), *Advances in experimental social psychology*, 25, pp. 1-65, New York: Academic Press.

Schwartz S.H. (2006). Les valeurs de base de la personne : théorie, mesures et applications. *Revue Française de Sociologie*. Ed. Ophrys.

Seligman, M. E., Csikszentmihalyi, M. (2000). Positive psychology: An introduction. *American Psychologist*, 55(1), 5-14.

Sendjaya, S., Sarros, J.C., Santora, J.C. (2008). Defining and Measuring Servant Leadership Behaviour in Organizations. *Journal of Management Studies*, 45(2), 403-424.

Senge, P. (2004). *Presence*, NY, NY: Doubleday.

Senge, P. (2014). *Spirituality in Business and Life: Asking the Right Questions.*

Shakun, M. (2013). The Connectedness Decision Paradigm: Group Decision, Negotiation and Leadership in World Problems. *Group Decision & Negotiation*, 22(4), 599-615.

Shamir, R. (2010). Capitalism, governance, and authority: The case of corporate social responsibility, *Annual Review of Law and Social Science*, 6, 531-553.

Shapiro, S.L., Carlson, E., Astin, J.A., et Freedman, B. (2006). Mechanisms of Mindfulness. *Journal of Clinical Psychology*, 62(3), 373-386.

Sheldrake, R. (2001). *L'âme de la nature*, Paris : Albin Michel.

Shelton, C. K. and Darling, J. R. (2001). The quantum skills model in management: A new paradigm to enhance effective leadership. *Leadership and Organization Development Journal*. 22(6), 264-273.

Singer, M. T., Lalich, J. (1995). The Jossey-Bass social and behavioral science series. *Cults in our midst*. Jossey-Bass/Wiley.

Spears, L. (2004). The understanding and practice of servant leadership, In Spears, L., Lawrence, M. (eds), *Practicing Servant Leadership: Succeeding Through Trust, Bravery, and Forgiveness*, pp. 167-200, San-Francisco: Jossey-Bass.

Spicer, A. (2013). Shooting the shit: the role of bullshit in organisations. *M@n@gement*, 16(5), 653-666.

Spreitzer, G. M., Sonenshein, S. (2003). Positive deviance and extraordinary organizing. In K. S. Cameron, J. E. Dutton, R. E. Quinn (Eds.), *Positive organizational scholarship: Foundations of a new discipline*, pp. 48-65. San Francisco, CA: Berrett-Koehler Publishers.

Staal, F. (2008). *Discovering the Vedas.* Penguin Book.

Steger, M. F., Dik, B.J., Duffy, R.D. (2012). Measuring Meaningful Work: The Work and Meaning Inventory (WAMI). *Journal for Career Assessment*, 20(3), 323-337.

Strazzieri, A. (1994). Mesurer l'implication durable vis-à-vis d'un produit indépendamment du risque perçu. *Recherche et applications en marketing*, 9(1), 73-91.

Swidler, A. (2002). Saving the self: Endowment vs. depletion in American institutions. In R. Madsen, W. M. Sullivan, A. Swidler, S. M. Tipton (eds.), *Meaning and modernity: Religion, polity, and self* (pp. 41-55). Berkeley, CA: University of California Press.

Tackney C.T. (2020). On quantum intrigue, or "what's up with that adjective?", *Journal of Management, Spirituality & Religion.* 17(4), 348-351.

Tackney, C. T., Chappell, S., Harris, D., Pavlovich, K., Egel, E., Major, R., Finney M., Stoner, J. (2017). Management, Spirituality, and Religion (MSR) ways and means: a paper to encourage quality research, *Journal of Management, Spirituality & Religion*, 14(3), 245-254.

Taki, O. (2019). *Le développement du leadership par l'intelligence spirituelle.* Colloque « Spiritualité, développement, transformation » organisé par le laboratoire CORHIS (EA 7400) de l'Université Paul-Valéry Montpellier 3 et de l'Université de Perpignan VD.

Tan, C.M., Goleman, D. et Kabat-Zinn, J. (2014). *Search Inside Yourself: The Unexpected Path to Achieving Success, Happiness (and World Peace).* Harper One.

Tapoyo, F. (2019). *La spiritualité un facteur de performance du leadership. Expériences de dirigeants en France et au Gabon,* Paris : L'Harmattan.

Teilhard de Chardin, P. (1955). *Le phénomène humain.* Paris : Éd. du Seuil.

Thera, N. (1962). *Le cœur de la méditation bouddhiste : l'art de cultiver l'harmonie et l'équilibre de l'esprit.* Librairie d'Amérique et d'Orient, Jean Maisonneuve Successeur, édition française : 1983.

Thévenet, M. (2008). L'éthique de la proximité ou l'éthique pour tous, *Revue internationale de Psychologie*, XIV, 21-30.

Thomas, R.J. (2009). *Intrinsic Motivation at Work. What really Drives Employee Engagement*, San Francisco, Berrett-Kohler Publishers.

Thompson, C. M. (2000). *The congruent life: Following the inward path to fulfilling work and inspired leadership.* San Francisco: Jossey-Bass Inc.

Torrance, E.P. (1988). *The nature of creativity as manifest in its testing.* In R.J. Sternberg (ed.), The nature of creativity, pp. 43-75, New York: Cambridge University Press.

Tourish, D. (2013). *The dark side of transformational leadership.* London: Routledge.

Tremblay, D.-G., Larivière, M. (2009). L'articulation emploi-famille dans le secteur infirmier au Québec. Une conciliation possible ? *Revue internationale d'éthique sociétale et gouvernementale*, 11(2), 43-51.

Tsao, F., Laszlo, C. (2019). *Quantum leadership: new consciousness in business.* Stanford, California: Stanford Business Books, an imprint of Stanford University Press.

Ury, W., Fisher, R., Patton, B. (2006). *Comment réussir une négociation*, Ed. Seuil.

Van Dierendonck, D., Nuijten, I. (2011). The Servant Leadership Survey: development and validation of a multidimensional measure. *Journal of Business Psychology.* 26, 249-267.

Van Dierendonck, D., Patterson, K. (2015). Compassionate love as a cornerstone of servant leadership: An integration of previous theorizing and research. *Journal of Business Ethics*, 128(1), 119-131.

Vaughan F. (2002). What is Spiritual Intelligence? *Journal of Humanistic Psychology.* 42(2), 16-33.

Vinson, E., Viguier-Vinson, S. (2018). *Mandela et Gandhi. La sagesse peut-elle changer le monde ?* Éditions : Albin Michel.

Vitalis, A. (2016). *Les Créatifs culturels : l'Émergence d'une nouvelle Conscience*, Éditions Yves Michel.

Voynnet Fourboul, C. (2017). La question de la mesure des valeurs spirituelles, in Duyck J.Y., Moal-Ulvoas G., Voynnet-Fourboul C. (dirs), *Management et spiritualité*, Caen : Management Prospective Editions.

Voynnet Fourboul, C. (2011). La spiritualité des dirigeants en situation de passage de leadership, *Management & Avenir*, 48, 202-220.

Voynnet Fourboul, C. (2013). *Quelles valeurs pour un leadership spirituel ?* GRT leadership AGRH Montpellier, 5/7.

Voynnet Fourboul, C. (2014). *Diriger avec son âme : Leadership et spiritualité.* Cormelles-Le-Royal : Editions EMS.

Voz'mitel', A.A., Osadchaia, G.I. (2011). Way of Life in Russia: Dynamics of Changes, *Sociological Reaserch*, 50(2), 67-87.

Waldman, D.A. (2011). Moving Forward with the Concept of Responsible Leadership: Three Caveats to Guide Theory and Research, *Journal of Business Ethics*, 98, 75.

Waterman, A. S. (1993). Two conceptions of happiness: Contrasts of personal expressiveness (eudaimonia) and hedonic enjoyment. *Journal of Personality and Social Psychology*, 64, 678-691.

Weaver, G., Agle, B. (2002). Religiosity and ethical behavior in organizations: a symbolic interactionist perspective. *The Academy of Management Review*, 27(1), 77-97.

Weber, M. (1905). *L'éthique protestante et l'esprit du capitalisme*, Paris : Champs Flammarion.

Weil, S. (1991). *Les causes de la liberté et de l'oppression sociale. Œuvres complètes, II. Écrits historiques et politiques*, Paris : Gallimard.

Weisberg, R. (1999). *Creativity and knowledge: a challenge to theories*. In R.J. Sternberg (ed.), Handbook of creativity, pp. 226-250, Cambridge, Cambridge University Press.

Wheatley, M. (1992). *Leadership and the new science*. San Francisco: Berrett-Koehler.

Whitty, M., Koeplin, J. (2011). Putting More Soul into Our Work: Teaching the Whole Person. *Business Renaissance Quarterly*, 6(1), 21-28.

Wilber, K. (1984). *A sociable God: Toward a new understanding of religion* (1st ed. Shambhala). Boulder, CO: New Science Library.

William, J. (1890). *The principle of psychology*, Ed Henry & Company, NY.

Yalom, I. (2017). *Thérapie existentielle*. Paris : Le Livre de poche.

Yeoman, R. (2014). *Meaningful Work and Workplace Democracy: A Philosophy of Work and a Politics of Meaningfulness*. Basingstoke: Palgrave Macmillan.

Young, J. E. (2002). A spectrum of consciousness for CEOs: a business application of Ken Wilber's spectrum of consciousness. *International Journal of Organizational Analysis*, 10(1), 30-54.

Yunus, M., Weber, K. (2007). Creating a world without poverty: social business and the future of capitalism. New York: PublicAffairs.

Zajonc, A., Lenormand, P. (2012). *La méditation, une recherche contemplative*. Laboissière-en-Thelle : Triades.

Zbaracki, M.J. (1998). The rhetoric and reality of Total Quality Management. *Administrative Science Quarterly*, 43, 602-636.

Zerbib, R. (2020). *Les modes managériales. Du conformisme à l'innovation*, Caen : Editions EMS.

Zohar, D., Marshall, I. (2000). *Spiritual Intelligence – SQ: the ultimate intelligence*, Bloomsbury.

LES AUTEURS

Diplômé d'HEC et de l'IEP de Paris, **Jérôme BALLARIN** préside 1762 Consultants, cabinet spécialisé dans l'accompagnement humain des transformations, et l'Observatoire de la Qualité de Vie au Travail (ex-Observatoire de la Parentalité en Entreprise), association loi 1901 animant un réseau de 30 000 employeurs. Conférencier et auteur d'ouvrages, dont *Manager par les équilibres* (Vuibert), il est membre du Haut Conseil à l'Egalité entre les Femmes et les Hommes et Chevalier de la Légion d'honneur. www.1762-consultants.com ; www.observatoire-qvt.com

Laurence BARANSKI est coach et conférencière. Elle enseigne depuis 8 ans sein du Master2 « Coaching et développement personnel en entreprise » à l'université Panthéon-Assas Paris II. Elle anime depuis 20 ans des réflexions-actions sur le thème de l'interaction entre la transformation personnelle et la transformation sociale, et plus récemment du triptyque Science-Conscience-Politique. Son dernier ouvrage *Oser l'invisible. Aux véritables sources de la performance durable* (Chronique Sociale). Son site : www.laurencebaranski.com

Stéphanie CARPENTIER est Docteur en sciences de gestion, expert en management des RH et prévention de la santé au travail. Conférencière, chargée de cours et consultant-chercheur, elle est la fondatrice de la société de conseil DR.RH & CO spécialisée dans la détection des situations et comportements toxiques au travail et son corollaire, la mise en place de solutions bienveillantes permettant un retour durable à la performance, au bien-être et la qualité de vie au travail. La question spirituelle s'est donc vite imposée dans ses interventions. Elle est secrétaire de l'Association Spiritualité au travail et Management.

Auteur de six ouvrages compilant ses outils et sa pensée, **Laurent CHATEAU** est le créateur original du « Leadership taoïste® ». Ancien cadre supérieur dans le monde de l'énergie et des transports publics, il est titulaire d'une Maîtrise en sciences économiques et de deux Masters 2 de l'Université de Paris IX Dauphine (Marketing et Aide à la décision). Il est aujourd'hui conférencier international, formateur, conseil et coach de dirigeants. Pratiquant d'arts martiaux sino-vietnamiens pendant douze ans, il est également enseignant diplômé de Qi Gong traditionnel taoïste et a été membre d'une école taoïste pendant seize ans. https://www.leadershiptaoiste.com

Jean-Luc CHRISTIN est motivé par l'entente au travail depuis qu'il a constaté, en tant que responsable des ressources humaines, la violence qui apparaît dans l'univers professionnel. Il est l'auteur originel de la gouvernance cellulaire qui vise à laisser le vivant qui nous traverse individuellement et collectivement se manifester dans et par le travail. Pratiquant zen, gestalt-thérapeute, consultant, ancien ingénieur, RH et sportif de haut niveau, il œuvre pour régénérer les capacités d'agir en conscience de chacun. cellulargovernance.org

Marie DAVIENNE-KANNI est enseignante, formatrice et consultante en management interculturel, diversités et gestion du fait religieux en entreprise. Elle a fait son mémoire de recherche de Master 2 RH sur les valeurs spirituelles des dirigeants chrétiens et musulmans.

Muriel de FABRÈGUES est Maître de conférences en sciences de gestion, habilitée à diriger des recherches à l'Université Paris 2 Panthéon Assas. Codirectrice du CIFFOP, la grande école universitaire des métiers RH, elle dirige le Master GRH et relations du travail, le Master Coaching et le DU Expert en rémunérations et avantages sociaux. Elle enseigne la finance pour les managers et le contrôle de gestion, ses travaux de recherche portent sur l'évolution des normes dans les organisations.

Miguel DELATTRE est Maître de conférences à l'iaelyon school of management (université Lyon 3). Il dirige le Master 2 Management : Développement et Transmission des Petites Entreprises (MADE TPE). Membre du centre de recherche ISEOR Magellan, ses travaux portent sur la contribution du potentiel humain aux performances organisationnelles. Trésorier de l'ADERSE et membre de l'AGRH, il a conduit et participé depuis plus de 25 ans à des recherches-interventions en entreprises et organisations de tailles et de secteurs variés.

Carole DRUCKER-GODARD est professeur des universités en sciences de gestion. Elle enseigne le management stratégique à l'université Paris Nanterre et co-dirige le pôle de recherche « Management Identité Légitimité » du centre de recherche en gestion, le CEROS.

Hervé ESSA, coach professionnel certifié RNCP/PCC, formateur et conférencier, membre du bureau du club SpiritualitéS HEC Alumni, il contribue à éveiller les dirigeants au leadership spirituel. Son approche holistique aide à libérer les ressources insoupçonnées des individus et des groupes. Hervé est convaincu que la combinaison de l'alignement professionnel et personnel est création de valeur autant pour l'entreprise qu'individuellement. Son accompagnement aide à trouver ou redécouvrir du sens, grandir et faire grandir tout en étant soi-même.

Anne-Marguerite FERREIRA, diplômée du CIFFOP et coach certifiée HEC, est consultante et fondatrice de www.bliss-conseil.com. Elle accompagne les organisations dans leur évolution pour leur permettre d'assurer un développement harmonieux, responsable et durable, en cohérence avec leur raison d'être. Assurant le déploiement de groupes de codéveloppement pour de nombreuses entreprises, elle souhaite contribuer à l'expansion de cette pratique impactante et forme les étudiants de l'Executive Master du CIFFOP à son utilisation.

Xavier GARCIA-WEIBEL est coach de dirigeants et facilitateur d'atelier de développement de leadership et de dynamique d'équipes. Il met au cœur de son approche systémique l'innovation et la spiritualité, en vue de la transformation globale des organisations et des systèmes, « un être humain à la fois ». Xavier intervient au sein de grands groupes, d'incubateur de start-up et de *business schools.* soultricity.com ; humancentricleaders.com

Éric GAUTIER est Docteur en sciences de gestion et du management de l'Université Paris 2 Panthéon-Assas. Enseignant-chercheur-praticien, ses recherches sur la raison d'être, l'identité et la singularité l'amène à participer à de nombreuses interventions auprès de grandes organisations privées et publiques, start-up, PME au sein de la société de recherche patrickmathieu singularité. Il est l'auteur de *La « raison d'être » authentique* (2020) qui établit un lien entre identité et spiritualité du dirigeant. www.ericgautier.fr

Mathilde GOLLETY est Docteur en sciences de gestion, spécialisée en marketing. Elle est Professeur à l'université Paris II Panthéon Assas et elle dirige le Master Marketing et Communication de Paris 2

(Master MC2) en formation initiale, en apprentissage et en formation continue. Elle s'intéresse aux pratiques de *mindfulness* et à leur impact dans des environnements de travail.

Marie HOLM est Professeur-Chercheur, spécialisée dans les techniques contemplatives et les états d'esprit cultivés par la méditation. Après des années en tant que dirigeante d'une société de gestion d'événements, elle a obtenu son PhD en sciences de gestion à l'ESCP Europe et un doctorat à la Sorbonne. Son travail est publié dans des revues telles que *Organization* et le *Journal of Environmental Planning and Management*. Elle est également ministre/médium/thérapeute holistique de l'organisation spiritualiste norvégienne. marieholmphd.com

Ilda Ilse ILAMA est Maître de conférences en sciences de gestion à l'Université de Bourgogne Franche-Comté. Elle est actuellement directrice du département AES-Droit-Management au sein de l'UFR-STGI à Belfort. Elle est membre du Conseil d'Administration dans une association d'aide à domicile. Ses recherches portent sur la spiritualité et le management ainsi que la gestion des ressources humaines. Elle est membre du laboratoire de recherche CREGO et du groupe de recherche RHESO.

Sophie IZOARD-ALLAUX est Docteur en théologie et juriste (Collège d'Europe). Spécialiste de l'éthique sociale, elle enseigne la théologie en tant que Maître de conférences à l'Université catholique de Lille et est collaboratrice scientifique de l'Université catholique de Louvain ; co-auteur de *Bâtisseurs de sens. Pour une esquisse d'un management intégral* (L'Harmattan, 2020, avec Laurent Falque).

Franck JAOTOMBO est Docteur en sciences de gestion et Data Scientist. Spécialiste des méthodes de recherche et du Développement de la Personne au Travail, il est chargé de cours en Statistiques, Méthodes Quantitatives et Management des RH. Après une quinzaine d'années en tant qu'entrepreneur dans la Formation Professionnelle, il exerce aujourd'hui en tant que Data Scientist et formateur indépendant.

Guila Clara KESSOUS est détentrice d'un MBA de l'ESSEC, d'un doctorat sous la direction du Prix Nobel de la Paix Elie Wiesel et d'un post doctorat à l'Université de Harvard. Elle est coach certifiée ICC et a enseigné à la Harvard Kennedy School et à SciencesPo Paris. Créatrice du cours « Résilience et judaïsme » à l'Institut Universitaire Elie Wiesel, elle fait partie du pôle Ambassadeurs de Bonne Volonté de l'UNESCO ; co-auteur de *Le grand livre de la psychologie positive* (Eyrolles, 2020).

Laurent LEDOUX est fondateur, associé et Président du CA de Phusis-partners, une équipe spécialisée en gouvernance collaborative (libérée, agile, sociocratique, holacratique,...). Il a été préalablement DG de différentes grandes organisations privées et publiques. Il est titulaire d'un Master en Economie et d'un post-graduat en Business Administration. Il donne des cours sur l'éthique des affaires, la RSE et le leadership dans diverses universités. Il est également administrateur bénévole de PhiloMa.org qui organise des séminaires de philo pour managers.

Quentin LEFEBVRE est docteur en sciences de gestion et Maître de conférences à l'université Panthéon-Assas Paris II. Il est codirecteur du DEUST Paris 2 – Systèmes d'information et réseaux, Gestion et Développement, codirecteur du M1 CIFFOP GRH-RT et coordinateur de l'incubateur Assas Lab. Il enseigne l'entrepreneuriat et le management ; étudie et pratique le management spirituel.

Bernard LEMAIRE occupe les fonctions de Directeur Général pour Action Logement Formation et de Directeur des Ressources Humaines Groupe. Il est diplômé de l'Université de Dauphine en Maîtrise des Sciences de Gestion et de l'Université de Panthéon-Assas au CIFFOP en DESS de Relations du Travail (1992). Il accompagne également les étudiants dans leur parcours de l'Executive Master du CIFFOP en tant que tuteur professionnel.

Mouloud MADOUN est Professeur à l'Institut de recherche en management Firebird à Coimbatore, (Tamilnadu, Inde). Après avoir complété son doctorat à l'IAE d'Aix-en-Provence, il a enseigné durant 20 ans à l'école de commerce de Marseille puis à IIM Trichy. Il publie régulièrement dans les domaines des ressources humaines, du comportement organisationnel, du leadership et du management interculturel. Il est coauteur de *Transformer sans rompre ni exclure : étonnante actualité de l'Inde ancienne* (Éditions EMS, 2019).

Richard J. MAJOR est Enseignant-Chercheur à l'Institut de Gestion Sociale et coach d'équipes de direction en stratégie, leadership, engagement managérial et transformation culturelle. Il a été DRH worldwide chez Hewlett Packard en Europe et aux USA puis VP RH chez Solectron Corporation en Californie. Il est titulaire d'un DU de management relationnel, un Master II RH, un Master II Recherche et un Doctorat en sciences de gestion de l'IAE d'Aix-en-Provence. Sa recherche porte sur l'exemplarité managériale perçue, fruit du travail intérieur de connaissance de soi, de nos motivations et de nos intentions.

Mohamed MAKKAOUI est Docteur en sciences de gestion, habilité à diriger des recherches. Il enseigne la sociologie et la gestion des ressources humaines à l'Ecole Nationale de Commerce et de Gestion (ENCG) de Tanger, Université Abdelmalek Essaadi au Maroc. Intéressé par la spiritualité au travail, il tente de croiser le regard des psychologues, théologiens et gestionnaires en défendant la thèse d'une spiritualité à alimenter, satisfaire et développer de manière équilibrée au même titre que l'affectif, le cognitif ou le corporel.

Patricia MARTIN est psychothérapeute alcoologue diplômée de la Faculté de Médecine de Paris, formée dans les domaines de l'ethnologie et l'anthropologie médicale. Elle est praticienne en psychothérapie transpersonnelle et membre professionnel de l'Institut Monroe et transmet une formation sur les Etats Modifiés de Conscience, prenant en compte à la fois, l'empirisme (pratique de transes Chamaniques) et les techniques de pointes (la mécanique Quantique et les neurosciences). Elle est présidente et formatrice coordinatrice de l'Institut Français de Psychologie Sacrée.

Elisabeth MARTINI est co-fondatrice du cabinet Dialogue en Intelligence Collective. Elle vient en appui aux acteurs de changement et de transformation dans l'accompagnement des mutations des organisations, du leadership et plus largement des mutations sociétales, par les méthodes et processus en intelligence collective et créative. Elle intègre la dimension spirituelle de la transformation intérieure des leaders et son impact sur la transformation culturelle des organisations. Elle a œuvré à la publication du livre blanc *Leadership et Spiritualité dans les Organisations : pour un leadership au service du bien commun* (2014).

Patrick MATHIEU développe depuis 20 ans des recherches sur la théorie de la singularité. Leur mise en application a lieu dans le cadre de missions de conseil par sa société « patrickmathieu singularité », pour de grandes entreprises et des start-up. Il accompagne des dirigeants dans leur développement vers un management qui les rapproche de la spiritualité. Trois thèses ont été développées sur ses travaux. Il est un conférencier reconnu, formateur, et intervient en Master à Paris II et Paris V. www.patrickmathieu.net

Diplômée de l'Executive MBA HEC et sociologue, **Sandrine MEYFRET** est dirigeante du cabinet Alomey, conférencière, executive coach et formatrice pour les dirigeants et les équipes, dans les domaines du management, de la communication et du leadership. Elle a publié *Gagnez en Impact, développez votre charisme, votre leadership et votre influence* (Eyrolles, 2011) ainsi que *Le Couple à double carrière, une figure qui réinvente les frontières entre vie privée et vie professionnelle* (Connaissances et savoirs, 2012) et intervient sur les questions d'égalité entre les femmes et les hommes en entreprises. Elle préside l'Association Spiritualité au travail et Management.

Andrea MICHEAUX a une expérience multiple, en tant que directeur d'entreprise, pionnier du data-driven marketing et professeur en marketing. Elle est titulaire d'un doctorat de l'Université de Paris 1 et publie sur les thèmes du marketing orienté données, de l'innovation pédagogique et de l'éthique marketing. Ses recherches actuelles portent sur l'intégration du marketing et des RH et sur l'ancrage spirituel du Servant Leadership. Elle est directrice du département Management, Marketing et Stratégie à Institut Mines-Telecom Business School.

Stefka MIHAYLOVA-MARBURGER est Docteur en sciences de gestion, habilitée à diriger des recherches. Elle est Maître de conférences en gestion à l'Université Sorbonne Nord. Elle est responsable pédagogique de Master 1 et Master 2 en Marketing Digital. Ses dernières études portent sur le leadership spirituel et notamment sous l'angle de la comparaison multiculturelle.

Pierre MONIZ-BARRETO est diplômé d'études supérieures de commerce, de philosophie et de théologie (ISG et Facultés Jésuites de Paris). Il a exercé dans diverses multinationales, puis comme Délégué National des Entrepreneurs et Dirigeants Chrétiens, avant de diriger la Société immobilière et la Fondation de l'Abbaye de Bassac. En 2019, il crée L'Académie des Intelligences Humaines, où il déploie une expertise en intelligence spirituelle. Il est l'auteur de *Slow Business* (Eyrolles, 2015) et de *Slow Power* (Mardaga, 2021). www.pierre-moniz-barreto.net

Patricia NIGLIS est Maître de conférences en sciences de gestion à l'Université de Bourgogne Franche-Comté. Elle est responsable de la Licence AES AGE-RH (Administration et Gestion des Entreprises – Ressources Humaines) au sein de l'UFR STGI à Belfort. Ses recherches portent sur la spiritualité et le management, le marketing relationnel en tant que grille d'analyse de la dimension relationnelle du contrôle de gestion, le comportement du consommateur dans le domaine culturel. Elle est membre du laboratoire de recherche CREGO et du groupe de recherche CERMAB.

Florent PASQUIER est Maître de conférences en sciences de l'éducation et de la formation à l'Inspé de Sorbonne Université. Il codirige le groupe de recherche « Spiritualité et éducation ». Il est Président du Centre International de Recherches et Études Transdisciplinaire (CIRET). Il a codirigé le n°56 (2020) de la revue *Éducation et Socialisation* : « Éducation(s) et Spiritualité(s) : conceptualisation, problématisation, applications ». bit.ly/fpasquier, spiritualiteducation.blogspot.com, ciret-transdisciplinarity.org, journals.openedition.org/edso/9362

Stéphane PRADINES, diplômé de Neoma BS et du CIFFOP, est coach professionnel (entreprises et particuliers) et fondateur du cabinet de conseil Be RH. Il enseigne également les Ressources Humaines dans différents programmes universitaires. Son ancienne carrière de RH au sein de grands groupes industriels l'a amené à se spécialiser dans les thématiques du leadership et de l'accompagnement des transformations. Aujourd'hui, il intègre la Spiritualité au cœur de sa pratique professionnelle.

Nicolas PRAQUIN est Professeur des Universités à l'Université Paris-Saclay, IUT de Sceaux. Initialement spécialisé en histoire de la comptabilité financière depuis la Révolution industrielle. Ses travaux ont porté sur la façon dont la comptabilité, tant par ses pratiques que sa réglementation, façonne les organisations et participe à la transformation de la société. Il s'intéresse plus particulièrement aujourd'hui aux innovations managériales et pédagogiques. Ses recherches portent aujourd'hui sur les rapports existant entre spiritualité, écologie, intelligence collective et transformations des organisations. Il dirige un DU en Économie Circulaire et Intelligence Collective.

Miora RANAIVOARINOSY explore, depuis 15 ans, des modèles d'organisation et de leadership réconciliant l'économie et l'intérêt général, aussi bien avec des start-up que des grandes entreprises. Elle recourt dans ses expériences et missions aux outils d'intelligence collective, de *user centric design*, d'intelligence émotionnelle et d'apprentissage immersif. Depuis 2019, elle se concentre avec EUNOIA et The Caring Company Project sur le rôle essentiel que l'entreprise a face aux défis de notre société vieillissante.

Damien RICHARD est Docteur en sciences de gestion, Professeur à l'INSEEC Grande École et chercheur associé dans la chaire Management & Santé au travail à l'IAE de Grenoble. Il mène des enseignements en théorie des organisations, management et leadership, éthique des affaires en Grande École et en formation permanente auprès de managers. Ses recherches portent sur les nouvelles formes d'organisation, le bien-être au travail et la performance globale des organisations. Il publie régulièrement des articles dans des revues scientifiques.

Michaël ROUX est docteur en sciences de gestion et s'intéresse aux innovations managériales, notamment à la place de la pleine conscience dans les organisations. Après 14 années d'expérience professionnelle en marketing puis en conseil en stratégie et en management, il enseigne le marketing à Audencia Business School et y codirige la Majeure « Marketing for Product Managers ».

Michèlle SCHITTER est titulaire d'une maîtrise universitaire en lettres modernes et en droit. Elle a dirigé une structure de la MAIF pendant 20 ans. En 2005, le vécu apprenant du management l'a inspirée pour se former à accompagner les personnes et leurs objectifs professionnels, en conscience du processus de mutation qui nous régit. Chemin faisant, Fil de Soi s'est imposé à elle et a donné naissance à une maison d'édition de récits d'expériences transformatrices : celles qui nous ramènent à la beauté de l'être. contact@fildesoi.fr / www.fildesoi.fr

Omer TAKI est doctorant en sciences de gestion à l'université Panthéon-Assas Paris II et Enseignant en management interculturel et en éthique des affaires à l'université de Lille. Il intervient en tant que conseiller et conférencier sur les sujets en rapport avec la spiritualité, le management et le leadership. Il a réalisé un mémoire de recherche sur l'apport de l'intelligence spirituelle dans le leadership au sein de l'université Catholique de Louvain. www.OmerTaki.com

Faviola TAPOYO est Enseignant-Chercheur en sciences humaines et sociales. Ses domaines d'intervention sont l'anthropologie et le management. Membre du laboratoire CORHIS à l'Université Paul-Valéry Montpellier III. Auteur de *Les règles coutumières au Gabon : parenté, mariage, succession* (L'Harmattan, 2016) et de *La spiritualité un facteur de performance du leadership : expériences de dirigeants en France et au Gabon* (L'Harmattan, 2019). Actuellement ses recherches portent sur la théorisation des savoirs endogènes gabonais en anthropologie et en management.

Aymeric THON-ADJALIN, diplômé d'un Master communication à Sciences PO Paris est consultant indépendant dans les technologies de l'information et de la communication. Président du Cercle International de Leaders Humanistes (CILH), une association qui promeut et favorise le développement du leadership pour le développement de l'Afrique, il est auteur du livre *Le plafond de verre est noir* (Envolume, 2015). Il est aussi curieux et passionné de cultures étrangères, de spiritualité et d'ésotérisme.

Catherine VOYNNET FOURBOUL est Docteur en sciences de gestion, habilitée à diriger les recherches. Elle enseigne la gestion des ressources humaines en tant que Maître de conférences à l'université Panthéon-Assas Paris II et dirige l'Executive Master du CIFFOP. Elle codirige le groupe de recherche thématique Management et Spiritualité de l'AGRH ; autrice de *Diriger avec son âme – Leadership et spiritualité* (Éditions EMS, 2014). Contact : voynnetf.fr et labmanagementspiritualite.com

TABLE DES FIGURES ET TABLEAUX

INDEX